巴黎评论
作家访谈 7

美国《巴黎评论》编辑部 编　唐江 等 译

人民文学出版社

著作权合同登记号　图字 01-2021-5247

THE PARIS REVIEW INTERVIEWS Vol.7

Copyright © 2022 by THE PARIS REVIEW
This edition arranged with The Wylie Agency (UK) Ltd.
Simplified Chinese edition copyright © 2022 Shanghai 99 Readers' Culture Co., Ltd.
All rights reserved.

图书在版编目(CIP)数据

巴黎评论·作家访谈.7/美国《巴黎评论》编辑部编;唐江等译.—北京:人民文学出版社,2022(2024.2重印)
ISBN 978-7-02-017149-1

Ⅰ.①巴…　Ⅱ.①美…②唐…　Ⅲ.①作家-访问记-世界-现代　Ⅳ.①K815.6

中国版本图书馆 CIP 数据核字(2022)第 082890 号

责任编辑	卜艳冰　骆玉龙
封面制作	钱　珺

出版发行	人民文学出版社
社　　址	北京市朝内大街 166 号
邮　　编	100705
印　　刷	上海盛通时代印刷有限公司
经　　销	全国新华书店等
字　　数	369 千字
开　　本	890 毫米×1240 毫米　1/32
印　　张	12.875
版　　次	2022 年 8 月北京第 1 版
印　　次	2024 年 2 月第 3 次印刷
书　　号	978-7-02-017149-1
定　　价	65.00 元

如有印装质量问题,请与本社图书销售中心调换。电话:010-65233595

the PARIS REVIEW
INTERVIEWS *vol. 7*

By the editors of *The Paris Review*

目　录

阿尔贝托·莫拉维亚（1954）	唐　江 / 译	1
乔治·西默农（1955）	陈　焱 / 译	22
弗兰克·奥康纳（1957）	路旦俊 / 译	40
罗伯特·洛威尔（1961）	程　佳 / 译	60
威廉·S.巴勒斯（1965）	小　水 / 译	94
约翰·契弗（1976）	杨向荣 / 译	125
唐纳德·巴塞尔姆（1981）	杨凌峰 / 译	147
约瑟夫·布罗茨基（1982）	李以亮 / 译	180
欧仁·尤奈斯库（1984）	朱艳亮 / 译	219
艾丽丝·默多克（1990）	丁　骏 / 译	241
克洛德·西蒙（1992）	朱艳亮 / 译	257
纳吉布·马哈福兹（1992）	唐　江 / 译	272
乔治·斯坦纳（1995）	李小均 / 译	290
塔哈尔·本·杰伦（1999）	马　宁 / 译	341
朱利安·巴恩斯（2000）	苗　炜 / 译	360
赫塔·米勒（2014）	杨振同 / 译	386

阿尔贝托·莫拉维亚

◎唐江/译

奥卡路就在人民广场旁边。这是一条奇形怪状的街道，由河滩大道延伸到圣玛丽亚·迪米拉科利教堂一侧。这条不算长的圆石走道，由中段向外扩展，形成一个广场，两端逐渐变细。它的名字意为"鹅街"，像罗马的许多街道一样，取自一家被人遗忘已久的餐馆招牌。

在一侧，从台伯河畔一直延伸到里佩塔街，到处都是工人阶级的房子：一排排狭窄的门洞，阴暗潮湿的小楼梯，狭窄的窗户，一串小商店；蜜饯、修理店、卡斯泰利葡萄酒、发动机尾气的气味；街头顽童的叫喊，一辆古兹摩托车的试驾轰鸣声，法庭上的争论声。

对面的建筑更高大，隐隐有些不协调，没有缺口的檐板阳台上挂满盆栽的藤蔓和被精心照料的攀缘植物，透出宁静的贵气：这里是富人的家。阿尔贝托·莫拉维亚就住在这边，他住在附近唯一一栋现代建筑里，它就像用玉石和象牙筑成的堤坝，探入周围的红金色之中。

来开门的是女仆，她是一个肤色黝黑的女孩，穿着传统的黑裙子和白围裙。莫拉维亚在她身后的玄关那儿，正在检查刚到的一箱酒。他转过身来。记者们可以先去客厅。他马上就来。

乍看之下，莫拉维亚家的客厅不免让人失望。它就像电影演员租住的帕里奥里区公寓那样，优雅、正式、特色不甚鲜明，只是要小一些；或者说，就像瑞士大使馆的接待室，屋里没有旅行文件夹，也没有任何读物。家具极少，就像在十八世纪。四幅画装点着墙壁：两幅雷纳托·古图索的，一幅乔凡尼·马丁内利的；一张宽大的蓝色沙发上方，还有一幅

Atto secondo

Scena prima

Pomeriggio

Camera da letto della duchessa Gorina.

Giustina, Sebastiano.

Una camera grande, con un letto a baldacchino e colonne dorate, sormontato da un grande stemma spagnolesco. Mobili barocchi. Molto disordine, panni in terra, ~~xxxxxxxxxxxxxxxxxxxxxxxxxxxxxxxxxxxxxxxx~~ toletta ~~xxxxxxxxx~~ in tumulto, letto disfatto.

~~xxxxxxxxxxxxxxxxxxxxxxxxxxxxxxxxxxxxxxxxxxxxxxxxxxxxxxxxxxxxxxx~~

Nel momento in cui si alza il sipario, la cameriera Giustina sta riordinando rapidamente la stanza. Pur lavorando, Giustina canta sottovoce una filastrocca.

Giustina: E ti vuol dare un giovan della banda; e non lo voglio no.

    Che tutto il dì mi farà suonar la tromba; e non lo voglio no.

    E ti vuol dare un giovan caffettiere; e non lo voglio no.

    Che tutto il dì mi farà sciacquar le tazze; e non lo voglio no.

    E ti vuol dare un giovan cavaliere; e lo voglio sì.

    Che tutto il dì mi porterà a spasso; e lo voglio sì....

Si bussa alla porta.

Giustina: Avanti.

Sebastiano: (travestito da cameriere) Si può? sono venuto a prendere il vassoio.

Giustina: (continuando a cantarellare e guardando con intenzione a Sebastiano) Un giovan cavaliere.. e lo voglio sì.... Chi sei? uno dei nuovi?

Sebastiano: Sì, sono arrivato oggi.

Giustina: (indicando un tavolo sul quale sta posato il vassoio della colazione mattutina della duchessa) Eccolo, il tuo vassoio. Io sono la cameriera personale della duchessa e mi chiamo Giustina. E tu come ti chiami?

Sebastiano: (andando a prendere il vassoio) Ricardo.

Giustina: (lanciandogli uno sguardo assassino) Sei un bel ragazzo, sta attento alla duchessa.

莫拉维亚戏剧《假面舞会》手稿第二幕的第一页

托蒂·夏洛亚的。沙发两端各有一把扶手椅,被椅子和沙发围拢着的,是一张又长又矮的威尼斯咖啡桌,上面镶嵌着古色古香的星座图案和黄道十二宫标志。桌面的粉蓝色和旧玫瑰色,与桌子底下的波斯地毯色调相同。一个唱片柜靠在对面的墙上,柜子里有巴赫,斯卡拉蒂,贝多芬的《第九交响曲》和一些早期的四重奏,还有斯特拉文斯基、普罗科菲耶夫,以及蒙特威尔第的歌剧《奥菲欧》。这个房间清冷的格调似乎是经过精心布置的。只有窗外的景色能让人想起春天即将来到;屋顶阳台上鲜花盛开,城市暖融融的,被斜阳染红。莫拉维亚突然进来了。他高大、文雅、严肃;他的面部轮廓和倒影是冰冷的,几乎像金属一样;他声音低沉,也像金属似的——两者都会让人联想起炮铜。可以从他的举止中察觉到一丝不安,也许是羞怯,但他在自家客厅里颇为自在;他舒舒服服地坐在沙发上,叉起了腿。

——本·约翰逊、安娜·玛丽亚·德·多米尼西斯,一九五四年

《巴黎评论》:我们可以从头说起吗?

阿尔贝托·莫拉维亚:从头?

《巴黎评论》:你出生在……

莫拉维亚:哦。我生在这里。我一九〇七年十一月二十八日生于罗马。

《巴黎评论》:你受过什么样的教育?

莫拉维亚:我受的教育嘛,我受的正规教育几乎是零。我只有文法学校的文凭,仅此而已。我只上了九年学。因为骨结核,我不得不退学。从九岁到十七岁时的一九二四年,期间我总共有五年时间卧病在床。

《巴黎评论》：这样说来，《患病的冬天》肯定就是写的那些年。人们理解——

莫拉维亚：你该不会在暗示，我就是吉罗拉莫吧？

《巴黎评论》：嗯，是呀……

莫拉维亚：那不是我。我要说——

《巴黎评论》：是同样的疾病。

莫拉维亚：我要说清楚，我本人没有出现在我的任何作品里。

《巴黎评论》：也许我们可以稍后回到这一话题。

莫拉维亚：可以。但我希望大家明白：我的作品并非通常意义上的自传体作品。也许我可以这么说：任何自传成分都只是以一种非常间接的方式，一种非常宽泛的方式完成的。我跟吉罗拉莫有一些关系，但我并不是吉罗拉莫。我没有，也从来不会直接从生活中提取情节或人物。某些事件可能会暗示出以后的作品中要用到的事件，同样，人物可以暗示出未来的人物，但要记住"暗示"这个词。一个人写的是他所知道的。例如，我不能说我了解美国，虽然我去过那儿。我不能写它。是的，人们使用自己知道的东西，但自传是另一回事。我永远也写不出一本真正的自传，我总是以伪造和虚构收尾——事实上，我是个说谎者。这意味着，我毕竟是个小说家。我写的是我知道的。

《巴黎评论》：好的。不管怎么说，你的第一部作品是《冷漠的人》。

莫拉维亚：是的。

《巴黎评论》：给我们讲讲这本书好吗？

莫拉维亚：你们想知道些什么？我从一九二五年十月开始创作这本

书。很大篇幅是在床上写的——顺便说一句,是在科尔托纳,在莫拉[①]家。这本书出版于一九二九年。

《巴黎评论》:有很多反对意见吗?就是说,在批评界?甚至,在读书界?

莫拉维亚:反对?什么样的反对?

《巴黎评论》:我的意思是,在邓南遮之后,碎片主义[②]和艺术散文正值巅峰期……

莫拉维亚:哦。没有,没有人反对。那是一次巨大的成功。事实上,它是所有现代意大利文学中最成功的作品之一。真的是最大的成功,我可以很谦虚地这样说。从没有过这样的事情。当然,在过去的五十年间,还没有哪本书获得过如此一致的热情而振奋的回应。

《巴黎评论》:你当时很年轻。

莫拉维亚:二十一岁。报纸上刊登了一些文章,有些足有五个专栏。这本书的成功是史无前例的。我还可以补充一点,从那以后,我再没有遇到类似的事情,这样的事别人也再没遇到过。

《巴黎评论》:《冷漠的人》被阐释成对罗马资产阶级,还有总体上的资产阶级价值观相当尖锐,甚至严酷、有的放矢的批判。写这本书是为了反抗你所目睹的周遭的社会现实吗?

莫拉维亚:不是。至少不是有意为之。这本书不是对任何事的回应。它是一本小说。

---

① 即翁贝托·莫拉·迪劳里亚诺(Umberto Morra di Lauriano,1897—1981),意大利文学评论家、历史学家和翻译家,曾将弗吉尼亚·伍尔夫的作品译介到意大利。
② 碎片主义(Fragmentism),一种意大利文学运动流派,兴起于"一战"前,以对戏剧化散文片段或意象碎片的大量运用为主要特征。

《巴黎评论》：那你会说，把你跟斯维沃①相提并论的那些评论家是错的吗？

莫拉维亚：大错特错。说实话，斯维沃是一位我知之甚少的作家。我那时只读过他的《暮年》，另一本是什么？《泽诺的意识》——是在我写完《冷漠的人》之后读的。当然，不存在受其影响的问题。此外，斯维沃是一个有意识的资产阶级批评家；我自己的批评，不管有什么，都是无意的，完全是偶然为之。在我看来，作家的职责并非批评，而只是创造活生生的人物。只有这一条。

《巴黎评论》：那你写作——

莫拉维亚：我写作只是为了自娱自乐；我写作是为了娱乐他人，也是为了表达自己。每个人都有表达自我的方式，而写作恰好是我的方式。

《巴黎评论》：这样说来，你认为自己并非道德家，对吗？

莫拉维亚：不，我绝对不是。真和美本身就有教育意义。代表左翼或任何一"翼"这一事实本身，就意味着党派立场和非客观性。正因如此，一个人是无力进行有效批评的。社会批评必然是，而且永远是一种极其肤浅的东西。不过别误解我的意思。作家和所有艺术家一样，关注的是再现现实，是创造一套比现实本身更绝对、更完整的现实。如果要做到这一点，他们必须采取一种道德立场，一种明确的政治、社会和哲学态度；因此，他们的信念当然会融入他们的作品里。但艺术家的信仰是次要的，次要于作品本身。不管作家的信仰是怎样的，他的作品都会流传下去。无论人们对劳伦斯的性观念作何感想，他的作品都会被人阅读。苏联人也读但丁的作品。

另一方面，艺术作品具有代表功能和表达功能。在这种代表中，作者的想法、他的判断、作者本人，都与现实联系在一起。因此，批评不过是

---

① 伊塔洛·斯维沃（Italo Svevo，1861—1928），意大利小说家，大器晚成，六十岁后写出成名作《泽诺的意识》。

整体的一部分、一方面——一个次要的方面。我想，这样来说的话，我在某种程度上，终究还是个道德家。我们所有人都是。你知道的，有时候你会在清晨醒来，想要反抗一切。似乎没有什么是正确的。就在那一天，至少在你克服这股情绪之前，你就是一个道德家。这样说吧：每个人都以自己的方式充当着道德家，但除此之外，他还有许多别的身份。

《巴黎评论》：我们可以回到《冷漠的人》片刻吗？你创作它的时候，有没有觉得自己面临着技术上的特殊难题？

莫拉维亚：在我尝试的时候，有过一个大难题——我想借用一套戏剧技法，在一个界定清晰的短暂时间段内，让故事情节开始和结束，无一遗漏。事实上，所有的情节都发生在两天之内。这些人物吃饭、睡觉、自娱自乐、彼此背叛；简单地说，就是这些。一切都好像发生在"舞台"上。

《巴黎评论》：你写过舞台剧吗？

莫拉维亚：一点点。有一部《冷漠的人》舞台剧，是我和路易吉·斯夸尔奇纳合著的，我自己也写了一部戏剧《假面舞会》。

《巴黎评论》：根据这本书改编的吗？

莫拉维亚：不完全是。想法是一样的，但很多情节已经变了。米兰短笛剧院正在上演。

《巴黎评论》：你打算继续写剧本吗？

莫拉维亚：是的。哦，是的，我希望继续。我对戏剧的兴趣可以追溯到许多年以前。甚至在我还是个孩子的时候，我就开始阅读并欣赏戏剧，现在也是一样——它们大部分是大师之作：莎士比亚、伊丽莎白时代的其他作品、莫里哀、哥尔多尼、西班牙戏剧、洛佩·德·维加、卡尔德隆。在我的阅读中，最吸引我的是悲剧，在我看来，悲剧是最伟大的艺术表现，而戏剧本身就是最完整的文学形式。不幸的是，当代戏剧并不存在。

《巴黎评论》：怎么会呢？也许你是说，在意大利不存在？

莫拉维亚：不。简单地说，就没有现代戏剧。并不是说没有现代戏剧上演，而是剧本就没有创作出来。

《巴黎评论》：可是奥尼尔、萧伯纳、皮兰德娄……

莫拉维亚：不，没有。无论是奥尼尔、萧伯纳、皮兰德娄，还是其他任何人，都没能创造出戏剧——悲剧——就这个词最深刻的含义而言。戏剧的基础是语言，富有诗意的语言。即使是现代最伟大的剧作家易卜生，也诉诸日常语言。因此，按照我的定义，他也未能创造出真正的戏剧。

《巴黎评论》：克里斯托弗·弗莱[①]写诗剧。你可能看过埃利塞奥剧院上演的《这位女士不是用来烧的》。

莫拉维亚：没看过。

《巴黎评论》：也许你会赞成他。

莫拉维亚：我也许会吧。我得先看看。

《巴黎评论》：你的电影作品呢？

莫拉维亚：你是说，写剧本吗？其实，我并没有做多少事情，我做的那一点儿事情我也不是特别喜欢。

《巴黎评论》：但这是另一种艺术形式。

莫拉维亚：当然是。当然。凡是有技艺的地方，都有艺术。但问题是：在何种程度上，电影允许充分的表达？即使是在爱森斯坦手中，摄像机也是一种不如笔完善的表达工具。它永远无法表达普鲁斯特能表达的一切。永远不行。尽管如此，它是一种引人入胜的媒介，充满活力，所以这

[①] 克里斯托弗·弗莱（Christopher Fry, 1907—2005），英国诗人、剧作家，诗剧《这位女士不是用来烧的》是他的代表作，创作于1948年。

种工作并不完全是折磨。由于巨大的财力支持，电影是如今意大利唯一一门真正有活力的艺术。但为电影工作是很累人的。作家永远只能是创意人或编剧——实际上是一名下属。除了获得报酬之外，他得不到什么满足感。海报上都没有他的名字。对作家来说，这是一份苦差事。更重要的是，电影是一门不纯粹的艺术，受制于杂七杂八的各种机制"技法"——用英语说的话，就是各种"噱头"。自主性非常小。当然，这也是很自然的，当你想到数百套机械设备用于拍摄电影的时候，技术人员就像组成了军队一般。整个过程都是照章办事。在电影工作中，个人的灵感会变得陈腐；更糟的是，个人的头脑变得习惯于不断寻找噱头，长此以往，最终会毁于一旦。我一点也不喜欢电影工作。你明白我的意思：从真正意义上讲，它是件得不偿失的事；除非你缺钱，否则那点钱根本不值得。

《巴黎评论》：你能给我们多少讲讲《罗马女人》吗？

莫拉维亚：《罗马女人》起初只是一个往报纸第三版投稿的短篇。我从一九四五年十一月一日开始写。本打算写三四页打印纸，讲一个女人和她女儿的关系。但我一直往下写。四个月后，三月一日，初稿完成。

《巴黎评论》：这岂不是尾巴带着狗跑了？

莫拉维亚：我最初想写短篇，四个月后发现是长篇。

《巴黎评论》：有人物超出掌控的时候吗？

莫拉维亚：我发表的作品可没有。一旦有角色失控，就说明这部作品并非源于真正的灵感，我就不会继续写下去了。

《巴黎评论》：你是从笔记开始创作《罗马女人》的吗？有传言说——

莫拉维亚：根本没有。我从不根据笔记创作。十年前，我遇到过一个罗马女人。她的生活与小说没有任何关系，但我记得她，她似乎点燃了一个火花。没有，我从未做过笔记，甚至连笔记本都没有。事实上，我的工作是事先不做任何准备的。我还要补充一点，在我不工作的时候，我根本不会考虑我的工作。当我坐下来写作的时候——每天上午九点到十二点之间，顺便说一句，我从来没有在下午或晚上写过一行字——当我坐在桌边写作的时候，我从不知道自己会写些什么，直到我开始写为止。我相信灵感，它有时来，有时不来。但我不会枯坐等待。我每天都工作。

《巴黎评论》：我想，你妻子大概给你提供过一些帮助。从心理层面——

莫拉维亚：完全没有。对我笔下角色的心理，以及我的工作的其他方面，我完全依靠自己的经验；但你要明白，绝不是纪录片或教科书意义上的经验。不，我遇到过一个叫阿德里安娜的罗马女人。十年后，我写了这部小说，她给了我最初的灵感。她可能从来没有读过这本书。我只见过她一次；我想象了一切，我杜撰了一切。

《巴黎评论》：就像一首真实主题的幻想曲？

莫拉维亚：不要把想象力和幻想混为一谈，它们是心灵的两种截然不同的活动。贝内代托·克罗齐在他写得最好的几页书里，对它们做了伟大的区分。所有艺术家都必须拥有想象力，有些艺术家拥有幻想。科幻小说，或者阿里奥斯托的作品……这是幻想。至于想象力，就以《包法利夫人》为例好了。福楼拜有伟大的想象力，但绝没有幻想。

《巴黎评论》：有意思的是，你笔下最富有同情心的人物总是女人：《罗马女人》《省城》《墨西哥人》……

莫拉维亚：但这不是事实。我最富有同情心的人物里，也有一些是男人，有些是男孩，比如《冷漠的人》中的米歇尔、《阿戈斯蒂诺》中的阿戈斯蒂诺、《反抗》中的卢卡。我想说，事实上，我的多数主角都是富有同情心的。

《巴黎评论》：马尔切洛·克莱里奇[《墨守陈规的人》中的人物]也是？

莫拉维亚：是的，克莱里奇也是。你不这么认为吗？

《巴黎评论》：什么都好，但这方面不像——他更像是普拉托利尼[1]的《当代英雄》。你该不是说，你真的对他抱有爱意吧？

莫拉维亚：爱意，算不上。更多的是怜悯。他是一个可怜的人——可怜是因为他是环境的牺牲品，被时代引入了歧途，就像茶花女。但他并不消极。现在我们快要说到重点了。我没有消极的性格。我认为，围绕一个消极的人格，写出一部好小说，这是不可能的。不过，对我笔下的一些角色，我是抱有爱意的。

《巴黎评论》：阿德里亚娜。

莫拉维亚：阿德里亚娜，是的。当然，阿德里亚娜。

《巴黎评论》：创作时没有笔记，没有计划、大纲之类的东西，你得做不少修改吧。

莫拉维亚：哦，是的，确实如此。每本书都要写好几遍。我喜欢拿我的方法跟几百年前的画家的方法进行比较，他们从一层画到另一层。初稿很粗糙，远非完美，绝对算不上是完稿；但即使在那时，即使在那个时间点，它就已经有了最终的结构，框架是清晰可见的。在那之后，我还要重写数遍——用尽可能多的"层"——只要我觉得有必要。

《巴黎评论》：通常要几遍？

莫拉维亚：嗯，《罗马女人》写了两遍。然后我又仔细过了第三遍，非常仔细，逐字逐句地看。直到改出理想的样子，直到我满意为止。

---

[1] 瓦斯科·普拉托利尼（Vasco Pratolini, 1913—1991），意大利小说家，意大利新现实主义文学的代表。

《巴黎评论》：就是写两遍草稿，然后是最后一稿，详细订正第二遍的草稿，对吗？

莫拉维亚：是的。

《巴黎评论》：通常都要写两遍草稿吗？

莫拉维亚：是的。《同流者》就写了三遍。

《巴黎评论》：你认为谁对你有影响？比如，在你写《冷漠的人》的时候？

莫拉维亚：这很难说。在叙事技巧方面，也许是陀思妥耶夫斯基和乔伊斯。

《巴黎评论》：乔伊斯？

莫拉维亚：呃，不是那样——我来解释一下。乔伊斯的影响仅仅是在这种程度上：我从他那里学到应该如何运用跟情节绑定的时间要素。从陀思妥耶夫斯基那里，我了解到了戏剧性小说的错综复杂之处。《罪与罚》在技法方面，让我很感兴趣。

《巴黎评论》：还有没有其他的偏好，其他的影响？比如说，你是否觉得，你的现实主义源自法国？

莫拉维亚：不。不，我不这么认为。假如有这样的渊源，那我完全没有意识到。我认为我的文学前辈有曼佐尼、陀思妥耶夫斯基和乔伊斯。关于法国，我主要喜欢十八世纪的伏尔泰和狄德罗；然后是司汤达、巴尔扎克、莫泊桑。

《巴黎评论》：福楼拜呢？

莫拉维亚：没有特别的感觉。

《巴黎评论》：左拉？

莫拉维亚：没有！……我有严重的头痛，头像要裂开似的。我很抱歉。来，再吃点。你们要喝点咖啡吗？我说到哪儿了？

《巴黎评论》：你不喜欢左拉。那你读诗人的作品吗？

莫拉维亚：我非常喜欢兰波和波德莱尔，还有一些跟波德莱尔相仿的现代诗人。

《巴黎评论》：英语作家呢？

莫拉维亚：我喜欢莎士比亚——人人都这么说，但话说回来，这是真的，这是必须的。我喜欢狄更斯、爱伦·坡。许多年前，我试着翻译过约翰·邓恩的一些诗。我喜欢这些小说家：塞缪尔·巴特勒，他有一部很漂亮的长篇小说。更现代的作家有托马斯·哈代、约瑟夫·康拉德——我认为他是一位伟大的作家——史蒂文森的某些作品，还有伍尔夫的某些作品。狄更斯只在《匹克威克外传》里写得好；其余的就不怎么样了。（我的下一本书也会有点类似——没有情节。）我一直喜欢喜剧作品，胜过悲剧作品。我最大的愿望是写一本好笑的书，但正如你们所知，这是最难的事。这种书有多少呢？你们能说出多少种？不多：《堂吉诃德》、拉伯雷的作品、《匹克威克外传》《金驴记》、朱塞佩·贝利的《十四行诗》、果戈理的《死魂灵》、薄伽丘的作品和《萨蒂里孔》——这些都是我理想中的书。如果能写一本像《巨人传》这样的书，我情愿付出一切。[笑] 我所受的文学教育，正如你们现在看到的，大部分都是古典散文和古典戏剧。坦率地说，现实主义作家和自然主义作家并没有引起我多大的兴趣。

《巴黎评论》：显然，那些战后出现的年轻作家对他们很感兴趣，也深受他们影响。尤其是美国作家，似乎对他们很有影响力：海明威、斯坦贝克、多斯·帕索斯……

莫拉维亚：是的，就我所知道的战后意大利创作来说，的确如此，但这种影响是间接的：经过了维托里尼①的提炼。维托里尼对意大利的年轻一代作家影响最大。正如你所说，这也是美国文学的影响，但它是经过维多里尼之手的美国文学。我曾在《团结报》举办的小说奖比赛中担任评委。在提交上来的五十份稿件里，有一半是受维托里尼影响的年轻作家写的，还有那种"诗意"散文，你可以从中找到海明威和福克纳的影子。

《巴黎评论》：不过，给《新话题》当编辑，你肯定能看到大量的新式作品。

莫拉维亚：我倒希望我能看到！意大利作家都很懒。总之，我收获甚少。就拿我们的共产主义艺术座谈会来说吧。我们得到承诺，将会收到二十五笔大额捐款。我们得到了多少呢？想想看吧——只有三笔。在意大利经营一份评论刊物，真的是一项重任。我们需要的，是二三十页长的文学和政治文章，却得不到。我们收到很多四五页长的讽刺文章，但那不是我们想要的。

《巴黎评论》：但我指的是小说。编辑过《新话题》以后，你对当代意大利小说的了解，肯定比你承认的要多。

莫拉维亚：不。老实说，我只认识那些大家都认识的作家。此外，你并不需要读遍所有东西，才知道你喜欢什么。我不想指名道姓，那样会出现可怕的分歧和失礼。

《巴黎评论》：你如何解释，意大利的长篇小说传统出现过大片的空白？你能给我们讲讲意大利的长篇小说吗？

莫拉维亚：这是个很大的问题，不是吗？不过我会尽力回答。我认为，可以说，意大利在很久以前就有长篇小说了。当资产阶级真正变成资产阶级的时候，在十三和十四世纪，叙事得到了充分发展（要记住，所有

---

① 埃利奥·维托里尼（Elio Vittorini, 1908—1966），意大利小说家，意大利现代主义文学的代表人物，曾发掘卡尔维诺等后起作家，代表作有长篇小说《西西里的谈话》等。

的绘画也都是叙事），但自从反宗教改革以来，意大利社会不喜欢从镜子里看自己。毕竟，叙事文学的主要内容是某种形式的批判。在意大利，当人们说什么东西很美时，那就是给出定论了：意大利人更喜欢美而不是真实。小说的艺术也与欧洲资产阶级的成长和发展有关。意大利还没有形成现代资产阶级。意大利是一个非常古老的国家；在某些方面，它看起来很新，那是因为它太古老了。如今在文化上，它追随着欧洲其他国家的脚步：做其他国家做的事，但步子要慢一些。还有一件事——在我们的文学史上，有过伟大的作家，他们是巨人，但没有中等块头的。彼特拉克在十四世纪著书立说，之后的四个世纪里，每个人都在模仿他。薄伽丘耗尽了十四世纪意大利短篇小说的所有可能。我们的黄金时代就是那个时候，我们的文学语言那时就已经存在，已经结晶。英国和法国的黄金时代要晚得多。就以但丁为例吧。但丁写的是纯正的意大利文，时至今日，仍然是完全可以看得懂的。但与他同时代的乔叟，却是在用一种仍在发展的语言写作：今天，现代读者要看懂乔叟，就必须翻译过来才行。所以大多数现代意大利作家，都不太意大利化，他们必须从国外寻找他们的师父：因为他们的传统太过遥远，是真正的中世纪。在过去的十年里，他们从美国寻找他们的师父。

《巴黎评论》：你能给我们讲讲你的《罗马故事》吗？

莫拉维亚：关于它们，我没太多可说的。它们描写了战后特定时期的罗马下层阶级和小资产阶级。

《巴黎评论》：仅此而已吗？我是说，不能再补充点什么吗？

莫拉维亚：我有什么可以补充的？其实也不是，我有很多话可说。关于我的上一部作品，我总有很多话要说。随便问我什么问题吧，我会努力回答的。

《巴黎评论》：说实话，我只读过其中的一篇。我很少看《晚邮报》，而且这本书本身也很贵……

莫拉维亚：二千四百里拉。

《巴黎评论》：无论如何，迄今为止，你还没有，或者至少不经常写到下层阶级和小资产阶级。这些故事跟你以前的作品截然不同。或许你可以谈谈你在写作过程中遇到的任何问题。

莫拉维亚：我的每一本书都是结果，假如不是预先设计的结果，那也是深思熟虑的结果。在写《罗马故事》的过程中，我必须处理一些具体的问题——语言的问题。我这样说吧：在《罗马故事》之前，我所有的作品都是用第三人称写成的，甚至在写《罗马女人》的时候也是一样，在此之后——在我刚刚完成的小说里——都是用第一人称写的。我所说的第三人称，是指简单地用一种持续的文学风格来表达自己，也就是作者的风格。顺便说一下，我在企鹅版《罗马女人》的按语中解释过这一点。另一方面，在《罗马故事》里，我第一次采用了人物的语言，第一人称的语言；但话又说回来，不是语言本身，而是语言的调子。采取这种策略有利有弊。这对读者有好处，因为可以让读者获得更多的亲切感：他直接进入了事物的中心；他没有站在外面往里面偷窥。这种手法基本上是摄像式的。第一人称的最大缺点在于，它对作者所能表达的内容，施加了极大的限制。我只能谈人物自己可能谈的话题，只说他可能说的话。我甚至受到了更大的限制，比方说，一个出租汽车司机甚至连洗衣女工的工作都不能真正了解，而我用第三人称说话的时候，可以想说什么就说什么。那个罗马女人阿德里亚娜，用我的第三–第一人称，可以说出我本人作为罗马人能说的一切。

使用第一人称的方式来写罗马的下层阶级，当然意味着使用方言。方言的使用对一个人使用的材料做了严格的限制。你不能用方言说出你能用意大利语说的所有话。即使是使用罗马方言的大师贝利[①]，可以谈论某些

[①] 朱塞佩·乔奥基诺·贝利（Giuseppe Gioachino Belli，1791—1863），意大利诗人，以其用罗马方言创作的十四行诗闻名。

事情，但没法谈及别的事情。工人阶级的表达方式受到了严格的限制，就我个人而言，我并不是特别喜欢方言文学。方言是一种较为低级的表达形式，因为它是一种文化水平不高的形式。它确实有迷人的地方，但它仍然比语言本身更粗糙，更不完美。在方言中，人们主要是很好地表达出了原始的欲望和迫切的需求——吃喝、睡觉、做爱，等等。

在《罗马故事》里有六十一个短篇，不过我现在已经写了一百多篇；它们是我的主要收入来源——口语是意大利语，但语言结构不规律，偶尔会有方言里的一个词，捕捉到一种特殊的、方言里的微妙之处，罗马方言里的韵味和活泼。这是唯一一本我尝试着在书中创造喜剧人物或故事的书——有一段时间，每个人都认为我没有幽默感。

如前所述，我试图在这些故事中描绘次底层阶级和小资产阶级在战后时期的生活，包括黑市和其他一切。它的体裁是流浪汉小说。流浪汉这种人物，完全是以经济存在的方式活着，是马克思主义的原型人，因为他首先关心的是他的肚子：吃饭。没有爱情，真正浪漫的爱情；更重要的是，一个令人信服的事实是，他必须吃饭，否则就会死。因此，流浪汉也是一种贫瘠的生存。他的生活充满诡计、欺骗和不诚实，如果你愿意这样说的话。情感生活，以及与之相伴的感性的语言，始于远高于此的层次。

《巴黎评论》：通观你的作品，某些主题反复出现。

莫拉维亚：当然。这是自然而然的事。在每一位努力写出若干作品的作家的作品中，你都会发现反复出现的主题。我认为小说——一部小说，作家全集也是一样——是一部以人物为主题的音乐作品，从一个变奏到另一个变奏，完成了整条抛物线；主题本身也是如此。我想，我之所以想到音乐作品这个比喻，是因为我对素材的处理方法：它从来都不是经过计算和预先设计的，而是本能的，可以说是靠耳朵完成的。

《巴黎评论》：最后一本书了。我们不能全都讨论。你能给我们讲讲《假面舞会》吗？还有它是如何通过审查的。

莫拉维亚：啊，既然你提到它，那时我对写社会批评很上心。不过，那是唯一的一次。一九三六年，我去了墨西哥，拉丁美洲的场景让我有了写讽刺文学的想法。回来之后，我有好几年都在考虑这个想法。然后，一九四〇年，我去卡普里岛写了这本书。之后发生的事——你问到了审查员的问题——是一个有趣的故事。至少现在看起来很有趣。当时是一九四〇年。我们处在战争、法西斯主义、审查制度等事物的洪流中。书稿一旦写好，就像所有书稿一样，必须提交大众文化部审批。让我解释一下，这个部门被那些每读一本书就能得到三百里拉（现在大约值六七千里拉）的文法学校老师所占据。当然，为了保住他们的闲职，只要有可能，他们就会做出负面的判断。我把手稿交上去了。但无论是谁读到了它，此人都不想对这本书采取任何立场，他就把它交给了副部长；副部长怀着同样的疑虑，把它交给了部长；然后是总理；最后是墨索里尼。

《巴黎评论》：我想，之后你遭到了训诫？

莫拉维亚：根本没有。墨索里尼下令出版这本书。

《巴黎评论》：哦！

莫拉维亚：确实如此。但一个月后，我收到一封未署名的邮件，通知我这本书将被撤回。就是这样。这本书直到解放后才再次出版。

《巴黎评论》：这是你唯——次与审查员作斗争？

莫拉维亚：哦，不。绝非如此！我终生都是反法西斯分子。我和法西斯当局打了一场持久战，从一九二九年开始直到一九四三年德军占领，我不得不躲在南部前线附近的山里，在那里等了九个月，直到盟军到来。我的书一次又一次被禁止在报刊上被提及。有好多次，在文化部的命令下，我失去了报社的工作，有好几年，我不得不用笔名"Pseudo"（意为"化名"）写作。

审查制度是一件可怕的事！它就像一棵该死的顽强植物，一旦生根就无法铲除！文化部是最后一个关门的。法西斯主义垮台前两个月，我把《阿戈斯蒂诺》寄过去了，那时离他们的末日还有两个月。当他们周围的一切都在倒塌、走向毁灭时，大众文化部却照常运转。看起来批准无望。所以有一天我去了那儿，去了威尼托路——你知道那个地方；顺便说一句，他们那些人还在那儿，我全认识——去看看问题出在哪儿。他们告诉我，他们恐怕不能批准这本书。我的档案摊放在桌上，打开着，秘书离开房间时，我瞥了一眼。里面有一封来自巴西文化参赞的信，他是一位诗人，他告诉部长，在巴西我被视为颠覆分子。偏偏是在巴西！但这封信本身就足以阻止这本书的出版。还有一次，是《错误的野心》，我上楼之后，发现手稿分散到了好几间办公室里，有许多人在阅读它的片段！审查制度是丑恶的，是丑恶的东西！关于这个，你想知道什么，我都可以告诉你。

但刚开始的时候，他们是相当宽松的。随着时间的推移，情况变糟了。除了充斥着胆小的文法学校教师外，审查者要么是官僚，要么是失败的作家；如果你的书落入其中一位"作家"之手，那就只有上帝保佑了！

《巴黎评论》：现在，它对作家怎么样？你刚才说，审查员们"还在"。

莫拉维亚：作家们没有什么可担心的。他想发表什么就发表什么。是那些在电影院和剧院里的人，他们很麻烦。

《巴黎评论》：那个《禁书目录》[①]呢？

莫拉维亚：《禁书目录》其实并不是审查制度，至少在意大利不是。梵蒂冈是一回事，意大利又是一回事，它们是两个独立的国家。如果它在意大利掌权，或者像在爱尔兰或西班牙那样掌权，那会非常严重。

《巴黎评论》：但当你的书被列入《禁书目录》，你提出抗议时，人们

[①] 《禁书目录》（拉丁文：*Index Librorum Prohibitorum*），指罗马教廷自16世纪起开始出版的一份禁书目录，其中收录被教廷认为具有危险性、内容有损天主教徒信仰和道德的著作。凡被列入该目录的著作，都严禁印刷、进口和出售。最后一版《禁书目录》出版于1948年，莫拉维亚作品在被禁之列。1966年该目录被正式废止。

会认为，你将此视为是对你身为作家的自由进行限制。

莫拉维亚：不，不是因为这个。我当然很心烦，但主要是因为，我不喜欢这桩丑闻。

《巴黎评论》：不管怎样，它肯定增加了你的作品销量。我记得大概就在那时，邦皮亚尼出版社开始推出你的豪华版作品集。

莫拉维亚：不，在意大利，《禁书目录》并不会对作品销量有所影响。我的作品销量一直不错，而且在《禁书目录》事件之后，销量并没有明显增长。

《巴黎评论》：你没有看到，意大利有可能落入新的极权主义政权手中？

莫拉维亚：有这个可能，但可能性很小。假如我们落入新的极权之下，我现在相信，作家们除了完全放弃写作之外，没有像样的办法。

《巴黎评论》：顺便说一下，你对未来的小说有何看法？

莫拉维亚：嗯，我们在十九世纪熟知的那种小说，被普鲁斯特和乔伊斯摧毁了。他们是十九世纪最后一批作家——伟大的作家。现在看来，我们似乎正在向着观念小说或纪实小说发展——要么是满篇思想观念的小说，要么是如实记录生活的小说，没有立得住的人物，没有心理活动。同样明显的是，好的小说可以是任何一种形式，但现在流行的两种形式是散文小说和纪实小说或个人经历，这种情况不同寻常。在我们这个时代，生活走了两条路：群众和知识分子。群众的日子充满意外，知识分子的日子全是哲学。现在没有资产阶级了，只有群众和知识分子了。

《巴黎评论》：法国人如此关注的"作为丑闻的文学"是怎么回事？

莫拉维亚：哦，他们彼此诽谤，到现在已经有三十年了。

《巴黎评论》：你有没有从你自己的作品中看到一个新方向？

莫拉维亚：我会继续写长篇和短篇小说。

《巴黎评论》：你没预见到会有这样一个时候，你会用别的方式度过你的上午。

莫拉维亚：我没预见到我会感觉无话可说。

（原载《巴黎评论》第六期，一九五四年夏季号）

乔治·西默农

◎陈焱/译

法国作家安德烈·纪德在晚年写过一篇关于乔治·西默农的论文,称西默农"也许"是当代法国"最好的小说家"。

西默农在十七岁就出版了第一部小说《在拱桥上》,这部小说仅用十天完成。从此,他走笔如飞,开始了惊人的写作生涯。他用过至少十六个笔名,包括克里斯汀·布鲁尔斯、戈姆·古特。为了训练自己写较为严肃的作品,他开始时写了大量商业化小说,其中一本刚刚好用时二十五个小时。当开始写过渡性小说,亦即写梅格雷探长①系列小说时,西默农缩短了写商业化小说的训练时间。从梅格雷探案系列开始,他迅速转为写作篇幅不到两百页、情节紧张的心理小说,也就是他的成千上万欧洲读者所说的"西默农作品",迄今已写了逾七十五部。

如今,除了罕有的一部梅格雷系列小说之外,他只发表严肃小说。这些书他是用法语写的,不仅译成了多种文字,还不断被改编为影视作品。对于这些改编,西默农不做指导;改为戏剧后,他也不看。

目前,他的小说英译本有《一个男人的心》《雪是脏的》《一生的四天》《我要这个女人》《他以前的女孩》《里科兄弟》。最近出了两部合集,名为《魔术师》和《寡妇》。②

---

① 又译"麦格雷警长"。
② 西默农的作品译成英文或在英美出版时,书名常被更改。以上书名分别对应的法语中译如下:《绿色百叶窗》《雪上污痕》《可怜人的四天》《我要这个女人》《关于阿奈的记忆》《里科兄弟》;两本合集的原名是《安托万与朱莉》和《寡妇库德尔》。

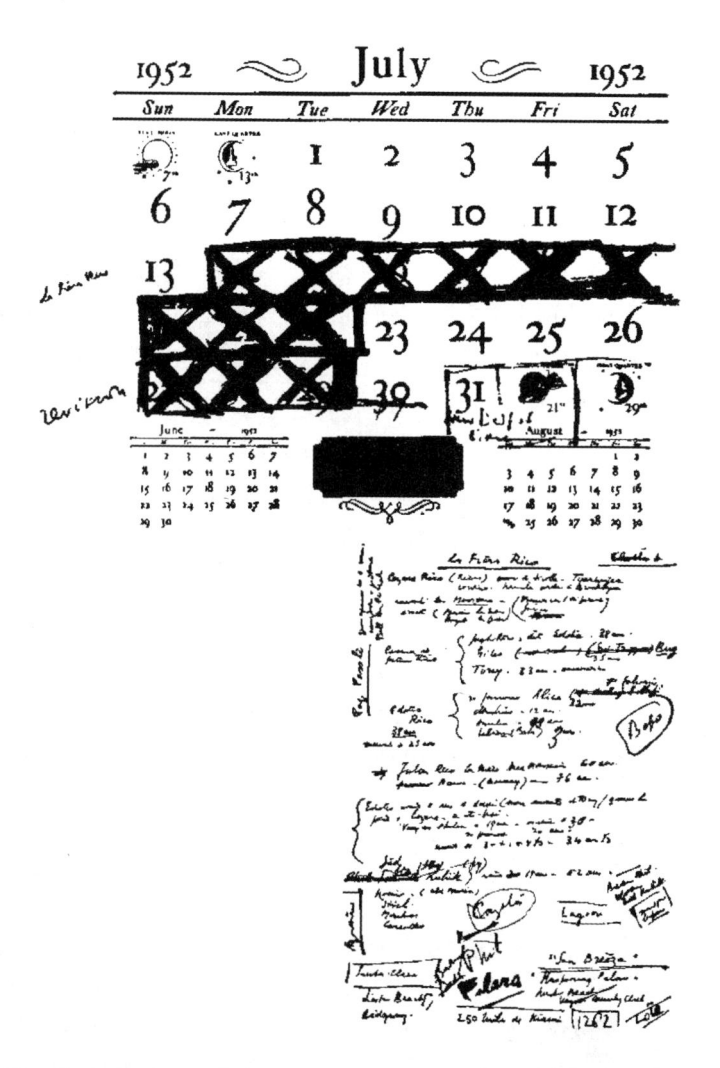

上图：在这种11×16英寸的日历纸上，西默农用黑笔标记他创作长篇《里科兄弟》时的写作进度，一天一章，并用红笔标记出了他修订这部小说所花费的那三天。

下图：在西默农于1952年7月14日正式动笔写《里科兄弟》之前两天，他开始有意识地在这张7×10英寸的棕色马尼拉信封上构思小说人物。

西默农一九〇三年出生于比利时,大半生在法国度过,十年前来美国定居。

采访场景

西默农的白色宅子很宽敞,位于康涅狄格州莱克维尔郊区。在一月的某天,阳光明媚,午餐之后,我们在他的书房里会面了。书房反映了主人的性格:爽朗、高效、好客、克制。墙上摆着法律与医学书籍,他靠自学成了这两个领域的行家;世界各地的电话簿,他用来给他的小说人物取名;一张小城镇的地图,他刚刚以此地为背景写了第四十九部梅格雷小说;还有日历,他用粗大的蜡笔标明写这部梅格雷小说的天数,一天写一章,再花三天修改。为了接受本次采访,他慷慨地暂停了写作。

在隔壁的办公室,西默农太太见到给丈夫和采访者的安排均已妥当,便再次专注于西默农的商业事务。这位作家一年有六部小说问世,要用二十多种语言签订有关出书、改编及翻译的合同。

西默农先生彬彬有礼,声音浑厚,这使他的表述有许多细微的弦外之意。他继续着我们开始于餐厅的讨论。

——卡维尔·柯林斯,一九五五年

乔治·西默农: 有一位作家给过我一条总的建议,很有用。是科莱特[①]给的。当时我在给法国《晨报》写短篇小说,科莱特是文学编辑。我还记得,我投给她两篇短篇小说,她退稿了,我再寄,一试再试。到了后来,她说:"这么说吧,你的小说文学性太强了,文学性总是太强。"我听

[①] 科莱特(Colette, 1873—1954),法国作家、记者、演员、剧作家和戏剧评论家。其代表作主要有小说"克罗蒂娜"系列及《谢里宝贝》《白日的诞生》等。

从了她的建议。这就是我写作时的做法，是我重写时的主要工作。

《巴黎评论》：你说的"文学性太强"是什么意思？你删了什么，某些词语？

西默农：形容词，副词，还有只是为了产生效果而写的每个词语。为了写而写的每个句子。就是说，见到一个漂亮的句子，删去。每次我在自己的小说里发现这样的东西，都要删去。

《巴黎评论》：你的大部分修改都是这种性质吗？

西默农：差不多都是吧。

《巴黎评论》：不是修改情节模式？

西默农：哦，我从来不碰这类东西。有时候，我写着写着会改动人物的名字：一个女人在第一章叫海伦，第二章改为夏洛特，所以我在修改的时候会把这个理顺。然后就是删，删，删。

《巴黎评论》：对写作新手，你有什么要说的吗？

西默农：写作被认为是一种专业，我不认为它是一种专业。我认为，每个不是必须做作家的人，如果觉得自己可以干别的，就应该去干别的。写作不是一种专业，而是一种不快乐的职业。我觉得艺术家永远都不会快乐。

《巴黎评论》：为什么？

西默农：因为，首先，我认为如果一个人有做艺术家的冲动，那是因为他需要找到自我。每个作家都试图通过自己塑造的人物，通过自己的作品，去找到自我。

《巴黎评论》：他是为自己写作？

西默农：对。当然是。

《巴黎评论》：你觉得小说是会有读者的？

西默农：我知道有很多人，他们或多或少遇到跟我同样的问题，或多或少的程度，他们会乐意通过读书来找到答案——如果有可能找到答案的话。

《巴黎评论》：即使作者找不到答案，读者是否也会因为作者有意义的探索而受益？

西默农：是的。当然。我不记得有没有跟你说过我这几年的感受。因为今天的社会没有非常强大的宗教，没有牢固的社会阶层等级制度，人们害怕自己只是庞大组织中的一小部分，对他们来说，读某些小说，有点像透过钥匙孔去窥视邻居在做什么、想什么——是否有同样的自卑情结、同样的恶习、同样的诱惑？这正是他们在艺术作品中寻找的东西。我认为现在缺乏信心的人更多了，他们在寻找自我。

比如说，现在极少有阿纳托尔·法朗士写的那种文学作品了——非常宁静、优雅和令人安心。相反，今天的人们要的是复杂之极的书，想要进入人性的每一个角落。你明白我的意思吧？

《巴黎评论》：我想是的。你的意思是，这不仅是因为今天我们认为我们了解更多心理学，而是因为有更多读者需要这类虚构作品？

西默农：对。五十年前的一个普通人——今天会出现许多他不懂的问题。五十年前他有解决方法，现在不再有了。

《巴黎评论》：大约一年前，你和我都听说，有一位评论家期望今天的小说回归十九世纪的那种小说。

西默农：不可能的，完全不可能，我认为。因为我们生活的时代，作家周围并不总是有障碍，他们能够尝试用最完整、最充分的表达方式去呈现人物。可以在一个非常好的故事里展示爱，一对情侣的头十个月，就像很久以前的文学作品一样。然后是第二个故事：他们开始感到厌烦；那是上世纪末期的文学。接着，如果可以更进一步，男人已经五十岁了，想要过另一种生活，女人嫉妒了，孩子掺和进来了，这是第三个故事。我们现在说的是第三个故事了。他们结婚的时候，我们不停笔，他们开始厌烦的时候，我们不停笔，我们走到末尾。

《巴黎评论》：说到这点，我经常听到人们问起现代小说中的暴力。我完全赞成写暴力，但我想问你为什么要写暴力。

西默农：我们习惯于看到人们被逼到极限。

《巴黎评论》：暴力与这个有关？

西默农：多少有点。我们不再从一些哲学家的视角来看一个人；有很长一段时间，人类总是被从有上帝存在、人是创造之王的观点来观察的。我们现在不再认为人类是创造之王。我们几乎是面对面看人。有些读者仍然想读一些令人非常安心的小说，那些让他们对人性感到欣慰的小说。做不到了。

《巴黎评论》：那么，如果读者关注你，是因为他们想借小说来探究他们的困境？你的作用是审视自己和——

西默农：是这样。但这不只是艺术家审视自己的问题，也是他运用自己拥有的经验去审视他人的问题。他的笔端带有感情，因为他觉得别人和他是一样的。

《巴黎评论》：如果没有读者，你还会写吗？

西默农：我开始写作时，并不知道我的书能卖出去。更严格地说，我刚开始写东西的时候，给杂志写文章是为了赚钱——比如为杂志写短篇小说之类的——是卖文为生，但我不叫这个为写作。不过，为了自己，每天晚上我都会写点东西，没想过它会不会出版。

《巴黎评论》：你可能和世界上任何人一样，都有过你刚才说的商业化写作的经历。它和非商业化写作有什么区别呢？

西默农：我称之为"商业化"的每一件作品，不仅有文学作品，还有音乐、绘画和雕塑作品——任何艺术——它们都是为某某公众或某一种出版物或某一特定收藏而创作的。当然，商业化写作有不同的等级，里面有优有劣。例如，所谓的每月精选书都是商业化作品，但其中有一些算得上完美，堪称艺术品。不全是，但也差不多。有些杂志文章也是如此，其中有些很精彩。但它们很少能成为艺术作品，因为艺术作品不可能是为了取悦某个群体的读者而创作的。

《巴黎评论》：这是如何改变作品的？身为作家，你知道自己是否会为某个市场量身定制而写某部小说，但是，如果仅仅从外面看你的作品的话，读者能看到什么区别？

西默农：最大的区别在于让步。任何为了赚钱而写的东西，都必须做出让步。

《巴黎评论》：比如说，生活是井井有条、甜甜蜜蜜的这种观念？

西默农：还有道德观。也许这才是最重要的。如果不接受某些规则，就写不了任何能赚钱的东西。规则总是有的，像好莱坞的规则、电视和广播节目里的规则。例如，现在电视上有一个非常好的节目，可能是最适合演出的。前两幕总是一流的。你有一种全新的、强烈的印象，接着到了最后，让步就来了。并不总会有快乐的结局，而是从道德或哲学的观点来安排一切。所有的人物，都塑造得很精彩，到最后十分钟却完全变了。

《巴黎评论》：在你的非商业化小说里，你认为没有必要做出任何让步？

西默农：我绝不让步，绝不，绝不，绝不。要么就不写。如果不能始终如一，那太痛苦了。

《巴黎评论》：你给我看了你准备写小说时用的牛皮纸信封。在真正开始写作之前，为一部小说你会有意识地做多少筹划？

西默农：正如你所说的，我们必须在这里分清有意识和潜意识。潜意识中我可能总有那么两三个，不是小说，也不是关于小说的构想，而是我脑海中的主题。我从来没想过它们可能对小说有用，更准确地说，它们是我所担心的事情。在我开始写小说的前两天，我有意识地采用其中一个构想。但即使在我有意识地采用它之前，也要先找到一些气氛。今天这里有点阳光。我可能记得是某个春天，也许在某个意大利小镇，或者在法国外省或美国亚利桑那州的某个地方，我不知道，然后一点一点地，一个小小的世界浮现在我的脑海，加上几个人物。这些人物一部分源于我认识的人，另一部分源于纯粹的想象，是两者的复合体。然后我以前的构想就会出现，紧紧地围绕着他们。他们会有和我心里一样的问题。这个问题——还有那些人——会帮我构思好一本小说。

《巴黎评论》：这是几天前的事？

西默农：是的，几天前。一旦想好了开头，我就不能忍受太久，所以第二天我就拿起信封，使用电话簿的名字，拿着我的城镇地图，想看看事情发生的确切地点。两天后，我就开始写。开始总是一样的，这几乎是一个几何问题：我想好了这样一个男人，这样一个女人，处在这样的环境，会发生什么事情逼他们走到极限呢？这就是问题所在。有时会是一个非常简单的事件，任何会改变他们生活的事情。然后我写小说，一章一章地写。

《巴黎评论》：供你筹划用的信封上写了什么东西？不是行动纲要吧？

西默农：不是，不是。开始写小说时，我完全不清楚要发生的事件。

信封上我只写了人物的姓名、年龄、家庭。我完全不清楚后来要发生的事情。要不然,我就没有兴趣写了。

《巴黎评论》:小说的事件何时开始成形?

西默农:在第一天的前夕,我知道第一章会发生什么。然后,一天又一天,一章又一章,我找到了后面会发生的事情。动笔之后,我每天写一章,一天也不少。因为这是一种压力,我一定要跟上小说的进度。比如说,万一我病了四十八个小时,就得舍弃之前的各章。我绝不接着写那本小说了。

《巴黎评论》:你写商业化小说时的方法,是不是跟这个很相似?

西默农:不,一点也不。写商业化小说时,除了在写作时,我是不去想那本小说的。但是现在写小说时,我不见任何人,不和任何人说话,不接电话。我就像一个僧侣那样生活。一整天,我化身为笔下的一个人物。我感受他的感受。

《巴黎评论》:在写那部小说的整个过程中,你都是里面的同一个人物?

西默农:一直都是,因为我的大多数小说都是展示某个人物周围发生的事情。总是从他的眼睛看其他人物。所以这个人物的内里必须是我。过了五六天,就几乎忍无可忍了。我的小说为何这么短,这就是一个原因;我撑不到十一天,不可能的。我必须——身体受不了,太累了。

《巴黎评论》:我也这么想。尤其是如果你把主角逼到极限的话。
西默农:是的,是的。

《巴黎评论》:你和他一起扮演这个角色,你是——
西默农:对。太可怕了。这就是为什么在我开始写一本小说前——听起来可能很蠢,却是事实——通常在开始写小说的前几天,我一看,要有十一天不能预约看医生。随后我就打电话叫医生。他给我测量血压,检查全身。然后他说:"还好。"

《巴黎评论》:批准行动。
西默农:正是。因为我必须保证自己在十一天内身体健康。

《巴黎评论》:十一天后他再来?
西默农:通常是这样。

《巴黎评论》:他的主意,还是你的主意?
西默农:他的主意。

《巴黎评论》:他发现了什么?
西默农:血压一般都下降了。

《巴黎评论》:他怎么看这个?没什么事?
西默农:他认为没什么事,但如果经常这样,会有害健康。

《巴黎评论》:他会给你定量的写作时间吗?
西默农:对。有时他会说:"请注意,写完这本小说后休息两个月吧。"比如昨天他就说:"好吧,但是你想在避暑前写几本小说呢?"我说:"两本。"他说:"好吧。"

《巴黎评论》:好的。我现在想问,你的小说表达了你的观点,你是否在你的观点发展中见到任何模式?
西默农:发现模式的不是我,而是法国的一些评论家。或者这么说吧,在我的一生,在我的文学生涯中,我在我的小说中提出了几个问题,大约每十年我就从另一个角度提出同样的问题。我的感觉是，也许我永远找不到答案。我知道，有些问题我已经提过不止五次了。

《巴黎评论》：你知道你会再提那些问题吗？

西默农：是的，我会的。还有一些问题，如果我可以称之为问题的话，我知道我再也不会提起这些问题了，因为我有一种感觉，我去到了它们的尽头。我不再关心它们了。

《巴黎评论》：你经常要处理的和预计将来要处理的一些问题是……

西默农：例如，沟通问题就是一个，或许是困扰我最多的问题。我是说两个人之间的交流。事实上，我不知道有多少千千万万的人，要在这些人中的两个人之间沟通，完全的沟通，是完全不可能的，对我来说，这是世界上最可悲的主题之一。我小时候很害怕这个。我几乎会因此而尖叫。它给我独处、孤独的感觉。这个主题我都不知道提过多少次了。但我知道它还会再来。它肯定还会再来。

《巴黎评论》：另一个是？

西默农：另一个好像是逃避的主题。两天之间，生活完全改变了：根本不在乎以前发生了什么，继续下去吧。你明白我的意思吗？

《巴黎评论》：重新开始？

西默农：甚至还没有重新开始。走向虚无。

《巴黎评论》：明白了。作为讨论的题目，这些主题中的一个或另一个即将会落实，你这样认为吗？或者这样问有害吗？

西默农：可能吧，有一个不太远了。是有关父与子的主题，两代人，人事代谢。也不全是那样，我没想清楚，还不能说出来。

《巴黎评论》：这个主题可能与缺乏沟通的主题有关？

西默农：是的，是同一个问题的另一个分支。

《巴黎评论》：有什么主题你觉得肯定不会再碰？

西默农：我想，其中之一是关于一个单元解体的主题，这个单元通常是一个家庭。

《巴黎评论》：你经常处理这个主题吗？

西默农：有过两三次，也许更多。

《巴黎评论》：在小说《血统》里？

西默农：你说对了，就是《血统》里。如果我必须选择一本拙著来存世，而不是其他的，我决不选《血统》。

《巴黎评论》：可能选哪本？

西默农：下一本。

《巴黎评论》：然后再下一本？

西默农：是的。总是下一本。你懂的，即使从技巧而言，我现在感到离目标还非常远。

《巴黎评论》：除了下一本，在你已出版的小说中，你愿意选哪一本当作传世之作？

西默农：一本也没有。因为每次写完一本小说，我总是觉得自己没有成功。我不气馁，但我明白——我想再试试。但有一点就是，我认为我的小说都在同一个层次，不过是有阶段的。写完一批共五六部小说之后，我取得了一种——我不喜欢"进步"这个词——但似乎是有进步。我认为，是质量有了飞跃。所以每五六本小说中，会有一本我最喜欢的。

33

《巴黎评论》：在已出版的小说中，你觉得是其中哪一本？

西默农：《里科兄弟》。如果不是写黑帮，而是写我们银行的出纳员，或者我们可能认识的老师，故事可能是一样的。

《巴黎评论》：当一个人的地位受到威胁时，为了保住地位，他什么都敢做？

西默农：是的。是一个总想在自己的小圈子里当老大的人。还有要不惜一切保住地位的人。他也许是一个很好的人，但他要尽力保住自己的位子，绝不能接受不在其位。

《巴黎评论》：我非常喜欢你写那部小说时所采用的那种简单的方式。

西默农：我尝试写得非常非常简单。里面没有一句"文学性的"句子，对吧？就像小孩子写的。

《巴黎评论》：刚才你谈到，你开始构思小说时，要思考气氛。

西默农：我所说的气氛，意思也许可以理解为"诗意的线条"。你懂我的意思吗？

《巴黎评论》：说是"心境"够贴切吗？

西默农：对。有了心境，再去写季节，去写细节——开始时它近乎一个音乐主题。

《巴黎评论》：到目前为止，完全没有定下地理位置？

西默农：完全没有。对我来说，它就是气氛，因为我尝试过，但我不认为自己做到了，否则评论家会发现它的。营造气氛，我尝试过用散文、小说，人们通常是用诗歌。我的意思是，我试图超越真实和可解释的观念去研究一个人，而不是像本世纪初的诗性小说那样，尝试运用文字的声音去做。我无法精确地解释，但我试着在我的小说中加入一些无法解释的东西，传达一些实际并不存在的寓意。你明白我的意思吧？前几天，我读到我推崇的T.S.艾略特，他写道，诗歌在有某种情节的戏剧中是必要的，但在有另一种情节的戏剧中却是不必要的，这取决于戏剧要处理的主题。我不这么看。我想，对于任何形式的主题，都可给出同样的秘密含义。如果你对世界的想象是属于某种特定形式的，如果有必要的话，你可以在万事万物中加入诗歌。

不过，我可能是唯一觉得我的书中有这种东西的人。

《巴黎评论》：你曾经说起，你的愿望是写一本"纯"小说。这就是你刚才说的，删去"文学性的"词语和句子——或者也包括你刚刚说的诗歌？

西默农："纯"小说只做小说能做的事。我的意思是，它不需要做任何教诲或报道工作。在一本纯小说里，不会花六十页去描述美国南方，或者亚利桑那州，或者欧洲某个国家。只有在戏剧里，只有这个才绝对是戏剧的一部分。我对当代小说的看法是，几乎把悲剧的规范转入了小说之中。我认为小说就是我们时代的悲剧。

《巴黎评论》：长度重要吗？这是你对纯小说定义的一部分吗？

西默农：是的。这听起来像是一个实际的问题，但我认为它是重要的，因为同样的原因，你不能分几次看完一个悲剧。我认为，纯小说太紧张了，读者无法中途放下，留待第二天再看。

《巴黎评论》：因为电视、电影和杂志都在你所说的规则之中，我理解为，你觉得纯小说的作者几乎是有义务去自由写作的。

西默农：对。为什么他应该这么做，还有第二个原因。我认为在如今，可能出于政治原因，宣传者在试图创造一种类型的人。我认为，小说家必须呈现人的本来面目，而不是供宣传的人。我指的不仅仅是政治宣传，我指的是他们在学校教的三年级的那种人，和人的本质毫无关系的人。

《巴黎评论》：把自己的书改编成电影和广播节目，你的体验是……

西默农：这些对今天的作家非常重要，因为它们可能是作家仍然保持独立的方法。你之前问过我，我有没有在某本小说里为了商业化而做了改变。我说过"没有"。但我一定是在没有广播节目、电视和电影的情况下才这样做。

《巴黎评论》：你曾经告诉我，纪德对你的一本小说提出了有益的实用建议。他有没有以更全面的方式影响了你的写作？

西默农：我觉得没有。但和纪德在一起很有趣。一九三五年，我的出版商说要举办鸡尾酒会，这样我和纪德就能会面了，因为纪德说读过我的小说，想见见我。我就去了，纪德向我提问，问了两个多小时。从那以后，我又见过他很多次，他几乎每个月都给我写信，有时甚至更经常，直到他去世，一直问我问题。我去拜访他的时候，总是看到我的作品页边空白处有很多笔记，几乎是纪德的字多过西默农的。我从来没问过他那些笔记的事，我对这个很害羞。所以今后我再也不会知道了。

《巴黎评论》：他问过你什么特别的问题吗？

西默农：什么都问，尤其是关于我的创造——可以用这个词吗？听起来有点自命不凡——方法。我觉得，我明白他为什么对此感兴趣。我认为，纪德一生的梦想是成为创造者，而不是道德家、哲学家。我和他完全相反，我想这就是他感兴趣的原因。

两年后，我又有了一段同样的经历，是和凯泽林伯爵[①]。他给我写信，跟纪德的情况一模一样。他请我去德国达姆施塔特会面。我去了那里，他问了我三天三夜。他到巴黎来见我，问了更多问题，还评论了我的每一本书——出于同样的原因。

凯泽林说我是一个"愚蠢的天才"。

[①] 应为赫尔曼·冯·凯泽林（Hermann von Keyserling, 1880—1946），德国社会哲学家，其思想在"一战"后曾颇流行。

《巴黎评论》：我记得你跟我说过，在你的商业化小说中，有时会插入一个非商业化的段落或章节。

西默农：是的，为了训练自己。

《巴黎评论》：如何区分这部分和小说的其他部分？

西默农：在这一章，我不只是写情节，而是尝试给出第三个层面，不一定是给整章，也许是给一个房间、一把椅子，或某个物体。用绘画的术语来解释会比较容易些。

《巴黎评论》：是怎样？

西默农：给予分量。商业化画家画画画得很平淡，用手指就能画出来。但是真正的画家，比如塞尚，画的苹果就有分量。它有汁水，什么都有，只要寥寥三笔。我试着给我的文笔加上分量，就像塞尚画苹果的笔触。这就是为什么大多数时候我用具体的词。我尽力避免抽象的词，或者诗意的词，你知道的。比如"暮光"，这词挺好，但它产生不了什么。你明白吧？要避免不能给这个第三层面带来某些东西的一笔一画。

在这一点上，我认为评论家所称的我笔下的"氛围"，不过是将画家的印象派风格移植到了文学上。我的童年正是印象派画家的兴盛时期，我经常去博物馆和展览馆，这让我对印象派绘画有了一种感觉，它萦绕着我。

《巴黎评论》：你口述过小说吗？商业化小说或任何其他小说。

西默农：没有，我是个手艺人，干活要用手。我倒是想把我的小说刻在木头上。我笔下的人物——我希望他们更有分量，更立体。我想创作一个人物，让每个人看着他，都能从这个人物身上发现自己的问题。这就是我谈到诗歌的原因，因为这个目标看起来更像诗人的目标，而不是小说家的目标。我的小说人物有职业、有特征，你知道他们的年龄、家庭状况，所有事情。但我设让每一个人物都像雕像那样厚重，成为世上所有人的弟兄。我常常收到来信，令我很快乐。是某个人写给医生或精神分析师的那种信件，他们从不提到我的漂亮文风。他们说："你是理解我的。我多次在你的小说里发现了我自己。"然后好几页都是他们的秘密。他们不是疯子。当然，也有疯子，但许多人并非疯子，甚至是重要人物。我很惊讶。

《巴黎评论》：在你的早年，有什么特别的书或作家让你钦佩不已吗？
西默农：最让我钦佩的可能是果戈理。当然还有陀思妥耶夫斯基，但比不上果戈理。

《巴黎评论》：你觉得果戈理为什么让你感兴趣？
西默农：也许是因为他塑造的人物和普通人一样，但同时又有几分钟前我说过的我正在寻找的第三层面。他们全部都有这种诗意，但不是奥斯卡·王尔德的那种诗意，而是天然流露的，是康拉德那种。每个人物都有雕像的分量，那么沉重，那么稠密。

《巴黎评论》：陀思妥耶夫斯基在谈到自己和一些同辈作家时说，他们是从果戈理小说《套中人》里出来的，现在你觉得你也是。
西默农：对，果戈理。还有陀思妥耶夫斯基。

《巴黎评论》：大概一两年前，你和我讨论过一个特别的审判，当时你说，你经常饶有兴趣地关注这些报纸的报道。你有没有跟进报道，对自己说："这是我将来有一天可能写进小说的东西？"
西默农：有的。

《巴黎评论》：你有意识地把它归档了吗？
西默农：没有。我忘了我说过它有一天可能用得上，三四年或十年后这种机会会出现的。我不存档案。

《巴黎评论》：说到审判，你认为你的侦探小说，比如你几天前完成的那部梅格雷小说，和你较严肃的小说有什么根本的区别？

西默农：两者的差别，完全等同于一位画家的油画作品与素描之间的差别，素描是他出于好玩或者给朋友或者要学东西而作的。

《巴黎评论》：在梅格雷系列里，你只从探长的角度看小说人物？

西默农：是的。梅格雷无法深入人物的内部。他会看到、解释和理解，但他没有给这个人物分量，也就是这个人物在我的另一部小说中应有的分量。

《巴黎评论》：那么在写这部梅格雷小说的十一天里，你的血压变化不大？

西默农：不大，几乎没有变化。

《巴黎评论》：你没有把这位探长逼到忍无可忍的地步。

西默农：是的。所以，只有我在打字机前长时间工作的自然疲劳感。其他的，没有了。

《巴黎评论》：不好意思，还有一个问题。那些刊登出来的普通批评，有没有让你有意去改变你的写作方式？根据你上面说的，我想应该是没有的。

西默农：从来没有。我对自己的写作有着非常非常强烈的意愿，我走自己的路。例如，二十年来，所有的评论家都说过同样的话："是时候要西默农给我们写一部'大'小说了，一部有二三十个人物的小说。"他们不懂。我永远不会写"大"小说。我的"大"小说是我所有"小"小说的拼图。你明白吗？

（原载《巴黎评论》第九期，一九五五年夏季号）

弗兰克·奥康纳

◎路旦俊/译

场景：弗兰克·奥康纳中等身材，不胖不瘦，一头浓密的银发，向后梳成一个大背头，眉毛漆黑。他说话时有着低男中音的音高，共鸣性很强，也就是那种被形容为自动唱机的低音。他带有爱尔兰口音，却没有丝毫的"乡土音"，说话时语调富有音乐性。他喜欢侃侃而谈，根本不需要人催促他谈论采访的话题。他的衣着倾向于粗花呢和休闲装：沙漠靴、灯芯绒夹克、粗花呢大衣；脖子上用绳子系着一件分量不轻的银质饰品代替领带，这种打扮明显带有一点加利福尼亚的气息。

奥康纳虽然平易近人、待人友好，在最初几次会面时却喜欢对人进行评定。这表明，如果他不喜欢所看到的东西，他会在看到你的那一刻就对你毫不留情。他妻子描述了他俩出去散步遇到一群游手好闲的青少年时的情景。他们说了句痞话；奥康纳走过去告诉他们，如果他们知道好歹，就赶快回家。男孩们见他满头银发，便带着几分尊敬走开了。

奥康纳的公寓位于布鲁克林，他和年轻漂亮的美国妻子住在那里。现代化的客厅很宽敞，白色的墙壁，外加视野开阔的屋角，可以看到曼哈顿下城和纽约港。布鲁克林大桥在不远处横跨大河，可以远眺港口的窗户下有张桌子，上面放着一台打字机、一小堆纸和一副双筒望远镜。双筒望远镜是用来观察"前往爱尔兰"的客轮的，因为他每年都要回爱尔兰一次。他说如果不回爱尔兰，他难以存活。

——安东尼·惠蒂尔，一九五七年

EXPECTATION OF LIFE.

When Shiela Hennessey married Jim Gaffney, a man twenty years older than herself, were all pleased and rather surprised. Because by the time she married him we were certain she would never marry at all. Her father was a small builder and one of the town jokers put it down to a hereditary distaste for contracts.

At the same time she had been keeping company with a fellow called Matt Sheridan off and on for ten years. Matt, who was a quiet fellow let on it was because he was interested in the bit of money her father left her, but he was really very much in love with her, and, to give her her due, she had been in love with him time and other young men permitted. Shiela had to a pronounced extent the usual feminine weakness for second strings. She would suddenly scare off the prospect of a long life with a quiet fellow like Matt and run a wild line with some intellectual bloke that lasted for six months or so. At first Matt resented it quietly, but then he grew resigned: he realised that the girl couldn't help it; it was the way she was made; she always had to have a spare part there in case the car broke down on a lonely bit of road. And she did get something out of each of those affairs. A fellow called Magennis left her with a really sound appreciation of Jane Austen and Bach, and another fellow, taught her to admire Henry James. But all of them had some grave fault, and Matt in his quiet determined way knew if only he sat tight and didn't seem to be jealous and encouraged her to talk about the drawbacks, she would be bound eventually to talk herself out of them. Until the next time, of course, but Matt had the hope that one of those days she'd tire of her wanderings and turn to him for good. He realised, of course, like the rest of us that she mightn't marry at all. She was the type of well-courted, dissatisfied girl that as often as not ends up in a convent; but he was in no hurry; she was worth waiting for and worth taking a chance on.

And no doubt she would have married him eventually if she hadn't got the crazy notion of marrying Jim Gaffney instead. Jim was a man in his early fifties, small and stout and good-natured. He was a widower with a grown son in Dublin, a little business on the Grand Parade and a queer old house on Fair Hill. Jim didn't even know was it right for him to marry her at all. He had the Gaffney expectation of life worked out over three generations, and according to this he had at the most eight years to live. But when Matt asked her bitterly what she proposed to do then

《巴黎评论》：是什么让你决心成为作家的？

弗兰克·奥康纳：我从来没有做过别的事情。从九岁或十岁起，我就一直难以确定自己将来是要当作家还是画家；而等到了十六七岁时，我发现油彩颜料太花钱，于是我就成为了一个作家，因为只要有一支铅笔和一个便宜的笔记本就能当作家。我曾经获得过去巴黎留学的奖学金，但因为家庭原因，我负担不起。我的人生就这样改变了，否则我早就成为画家了。我有很强的模仿本能，我注意到我的一些孩子也有这种本能。我总是用五线谱记下给我留下深刻印象的音乐片段，尽管我看不懂五线谱——我直到三十五岁才学会看五线谱——但这总让我有种音乐家的感觉。同样，我也作画。我记得我的一个朋友画水彩画，人很腼腆。他在城里画画，常常早上六点就起床，因为那时没有人注意他，然后他就出去画画。有一天，他九点钟去上班，看见一个小女孩坐在他坐过的地方，手里拿着一罐水和一根旧棍子，假装在画画——很明显，她一直从楼上的窗户里看着他。这就是我所说的模仿本能，我一直都有很强的模仿本能。所以我总是假装知道一些东西，直到我发现自己几乎是偶然学会它们的。

《巴黎评论》：为什么你更喜欢以短篇小说作为媒介？

奥康纳：因为这是我所知道的最接近抒情诗的东西——我写了很长一段时间的抒情诗，然后发现上帝并没有打算让我成为一个抒情诗人，而最接近抒情诗的东西就是短篇小说。一部长篇小说实际上需要更多的逻辑和环境知识，而短篇小说可以像抒情诗一样脱离环境。

《巴黎评论》：福克纳说过："也许每个小说家都想先写诗，但发现自己做不到，然后就尝试写短篇小说，这是继诗歌之后要求最高的形式。失败之后，他才开始写长篇小说。"你对此有何看法？

奥康纳：我倒是想安慰自己，那样真是太妙了。这听起来绝对完美，只是从一个短篇小说家的角度来说，这句话意味着写长篇小说易如反掌，世人皆能从事，而事实上，从我本人创作长篇小说的经历来看，长篇小说对我而言始终太难驾驭。至少，写出一部像《傲慢与偏见》这样的小说，可不是一个失败的文学学士、失败的诗人、失败的短篇小说家或者一事无成的人所能做到的。在长篇小说中创造一种延续生命的感觉——这才是重点。我们在短篇小说中没有这个问题，因为在短篇小说中你只是建议延续生命。在长篇小说中，你必须创造它；这就解释了我与现代长篇小说之间的一个矛盾。即便是像《我弥留之际》这样我非常欣赏的长篇小说，也根本不是长篇小说，而是一个短篇小说。我认为，长篇小说是建立在时间的特性、时间的本质以及时间对事件和人物的影响之上的。当我看到一部长篇小说的故事情节仅仅发生在二十四小时内之后，我就会想，为什么这个人要把这个短篇故事拖长。

《巴黎评论》：叶芝说，"奥康纳为爱尔兰所做的事就像契诃夫为俄罗斯所做的一样"。你如何评价契诃夫？

奥康纳：哦，我自然非常钦佩契诃夫。我想每个短篇小说作家都一样钦佩他。他是独一无二的，是一个值得阅读、钦佩和崇拜的人。但千万、千万、千万不要模仿他。他拥有各种最非凡的技术手段，而一旦你开始模仿他却并不具有这些技术手段的时候，你就会陷入一种散漫的叙事结构中，我认为即使是像凯瑟琳·曼斯菲尔德这样优秀的短篇小说作家也未能幸免。她看到契诃夫显然在没有偶发性意义的情况下构建了一个故事，于是便认定如果她也构建一个没有偶发性意义的故事，那也同样会成功，结果却事与愿违。她忘记了一点：契诃夫做过很长一段时间的记者，也为多家幽默杂志撰稿，写过哑剧，写过杂耍剧，他很早就学会了如何保持读者兴趣这门艺术，学会了创造有着坚实骨架的结构。这一点只是在他的后期作品中隐藏了起来。他们认为没有骨架结构也行，但他们都错了。

《巴黎评论》：那你在爱尔兰共和军的经历呢？

奥康纳：我当兵就像我努力成为音乐家一样；那是对士兵行为的模

仿，而不是士兵的行为。无论是什么事情，超过十分钟我就会忘记。别人刚朝我开枪，我就会惊慌失措，所以我这个士兵可谓糟糕透顶，但这并不妨碍一个人感受到那个时代的气氛。我十五岁左右当童子军的时候就卷入其中，为爱尔兰共和军做一些杂事，直到最后我被逮捕并被关押了一年。几乎所有作家都支持极端的共和党组织。像奥费朗[1]、我、弗朗西斯·斯图亚特[2]、佩达·奥唐纳[3]这样的人，我们这一代的年轻作家都是共和党人。我们为什么这样做，上帝知道，我们只知道年轻作家永远无法正确地了解事实真相。

《巴黎评论》：在那之后，你就待在了阿比剧院[4]？

奥康纳：是的，有那么几年。叶芝说："我环顾四周，看到所有成功的企业都是由以前的枪手经营的，所以我说'我必须有枪手'，现在剧院又重新兴旺了。"叶芝这个人很浪漫，从浪漫主义的角度把我想象成了一个枪手，而我实际上还是个学生——我一直是个伪装成枪手的学生。我做了几年的董事，然后又做了一段时间的行政董事——在我之前唯一的另一位行政董事是叶芝。于是我对他说："作为剧院的行政董事，我该做些什么呢？"他说："嗯，这就是我被任命为行政董事时问过格雷戈里夫人的问题。她说：'少下命令，但要确保人人服从。'"大约在我成为董事一年之后，我们才终于把多年以来一直乱糟糟的剧院理顺，让其走上正轨。而当秘书提交报告，宣读当年的收益为一英镑六便士——大约三十美分——的时候，大家掌声雷动。这是剧院多年来第一次扭亏为盈。

---

[1] 塞恩·奥费朗（Seán Ó Faoláin，1900—1991），爱尔兰小说家、文学评论家，以其短篇小说创作著称。

[2] 弗朗西斯·斯图亚特（Francis Stuart，1902—2000），爱尔兰作家，代表作有小说三部曲《云柱》《救赎》《开花的十字架》等。

[3] 佩达·奥唐纳（Peadar O'Donnell，1893—1986），爱尔兰社会活动家、政治家、作家，爱尔兰独立运动的积极参与者。

[4] 阿比剧院（Abbey Theatre），又名爱尔兰国家剧院，由爱尔兰剧作家叶芝、格雷戈里夫人等参与创建于1904年。

《巴黎评论》：你觉得哪些作家在你的作品中对你产生了影响？

奥康纳：这很难说。我想，对我影响最大的其实是伊萨克·巴别尔，而且依然带着我天生的模仿别人的热情，《国家客人》和那本书中的其他几个短篇，其实都是对巴别尔《红色骑兵军》中的一些短篇的模仿。

《巴黎评论》：那工作习惯呢？你如何构思一个短篇小说？

奥康纳：莫泊桑的忠告向来是"在白纸上写上黑字"，而我一直都是这么做的。我不在乎最终写成什么样子，我是什么样的烂文字都写，只要这些烂文字能够覆盖故事的主线，然后我才能看出端倪。在我写作时，在我给一个短篇写草稿时，我从来没有想过要写一个漂亮的句子，"那是八月里一个美好的晚上，伊丽莎白·简·莫里亚蒂正沿着大路走来"。我只是粗略地写下发生了什么，然后我就能看到结构的样子了。对我来说，故事的设计最重要，因为它可以告诉你，这里的叙述中有一个很糟糕的漏洞，而你真的应该用某种方式来填补它。我总是关注故事的设计，而不是故事的处理。我昨天刚写完一篇关于我朋友 A.E. 科帕德的文章，这位英国最伟大的短篇小说大师约两周前去世。我描述了科帕德撰写短篇小说时的方法，带着笔记本到处转悠，记录闪电的形状，记录某栋房屋的外观，并且始终使用比喻给自己以提示："这条路宛如一条巨蟒匍匐上山"或者类似的东西，"她说了这些，酒吧里那个男人说了些别的"。他把这些全都写下来之后，就一定有了故事框架，然后他就会开始设计所有的细节。我可永远做不到这一点。我得先看看这些人都干了些什么，然后我开始想，这是一个美好的八月夜晚还是一个春天的夜晚。我必须等主题出来后才能进行下一步。

《巴黎评论》：你会重写吗？

奥康纳：没完没了地、不断地、不断地重写。一直不断地重写，在它发表之后重写，在它以书的形式出版之后，我通常会再重写一遍。我已经重写了我大部分早期作品的不同版本，还有最近的一篇，上帝保佑，这些重写后的作品我也会出版的。

《巴黎评论》：你会把笔记用作未来作品的素材吗？

奥康纳：只是一些主题的笔记。如果有人给我讲了一个好故事，我会用四行字把它写下来；这就是主题的秘密。如果你把一个故事的主题写成十二行或十四行，那就是一种处理。你已经将自己投入了那个角色、那种环境中，而一旦投入进去，这个短篇就已经写成了。它不再反复变化，你不能再对它进行构思，也不可能模仿它。所以我总是把自己限制在四行之内。如果四行字写不下，那就意味着你还没有把它简化到最简单的程度，没有把它简化到寓言的程度。

《巴黎评论》：我注意到，在你的短篇小说中，对人物和地点的描述很少。为什么会如此明显地拒绝感官印象呢？

奥康纳：我完全同意，我知道我有这个问题，我有时看科帕德的作品时感到这完全不对。我很希望自己也能够像他那样描述人物，像他那样描述风景，但我的故事是在人物的脑海里开始的，因而也永远无法离开人物的脑海。事实上，在现实生活中，当你在街上遇到某人时，你不会开始记录她有这种鼻子——至少男人不会。我是说，如果你是那种人，在街上遇到一个女孩，便立刻注意到她眼睛的颜色、头发的颜色和她所穿的衣服，那么你一点也不像我。我只注意我对人的感觉。我特别注意他们说话的节奏，他们会用什么样的短语，这就是我时刻试图在脑海中听到的东西，也就是人们如何表达事物——因为每个人都说着完全不同的语言，这才是它真正的含义。我的听力非常灵敏，对不同人说话的声音十分敏感。比方说，如果我记得某个我非常喜欢的人，我不会记得他或她长什么样，但我完全能想起他的声音。我很会模仿；我估计我有一点表演天赋，这才是真正重要的一点。除非我自己把故事联起来，除非我知道故事里的每个人如何说话，否则我不会将某个短篇视为已经完成，这一点与我之前所说相一致，我根本无法告诉你作品究竟会是什么样子。如果我用了正确的短语，读者在脑海中听到了这个短语，那么这个人物就会在他的脑海中鲜活起来。你看，这就像为剧院写剧本。一个糟糕的剧作家会"拉拽"一个演员，因为他会告诉演员该做什么，但一个真正好的剧作家会给你一个角色，任由你自由地发挥。这就把表演这些场景的责任转移给了读者。我把我知道的所有信息都给了他，并把这些信息放置在他自己的生活中。

《巴黎评论》：将自己的作品改编成另一种媒介怎么样？比如电影。

奥康纳：嗯，我在不同地方试了试，但总的来说，情况比较糟糕。首先，他们从来不允许我按照我喜欢的方式去完成一部电影。说起拍电影，我的一个惨痛经历是我为救生艇协会拍摄的电影。他们告诉我，在我的剧情中，被弄沉的东西绝对不能大于一艘小渔船，因为他们的经费只有那么多，于是我写了个关于渔船的故事——两兄弟相互不买账，一个指挥救生艇，另一个是渔船的船长。当导演来到拍摄地时，一艘华丽的美国船已经搁浅在沙滩上，他决定改变剧情，把这条美国船添加进来，结果他还真的把它加了进来。制片人看了电影后说："可这不是我们让你拍的故事！"于是，制片人将这部添加了美丽船只的影片束之高阁，所有的钱也都花光了，他们因而无法再给我造一艘小船，只能找个人来讲述这个故事。那种感觉完全不同。我真正喜欢做的是通过电台将我的短篇小说传出去。我的短篇很适合在电台播出。我在电视上看到的那些，我都不喜欢。此外，电视上的东西变得太精确了。当然，在电视行业，甚至电影行业，还有一点令人厌倦，那就是所涉及的资金数额，所以每件事都必须一次又一次地测试；这个东西必须提交给某某人、某某人，他们都制定了不同的法律，而你的剧本一直在被他们篡改。最后，拍摄出来的东西也不知道是谁的作品——完全是一种意外之作，而有时候，凭着这种意外，你会得到一个相当不错的电影或相当不错的电视节目。但你永远没有在剧院里或者小说中的那种感觉，最重要的是（这是我喜欢写短篇小说的原因），在短篇小说中你就是自己的剧院。你可以控制一切——如果你说这里需要采用渐暗灯光，那肯定就会有渐暗灯光，你并不是在询问灯光师的意见，不是要听他说:"嗯,你不能再用渐暗灯光,十分钟前刚刚用过,所以不能再用。"你可以随心所欲,因为最终负责的只有你。说实话,我认为这些大众媒体都不是令人满意的艺术形式。真正的问题在于,一旦你拥有了大量受众,商业利益就会介入其中。他们会说,"哦,天哪!这里面有大钱!我们现在得考虑观众喜欢什么"。然后他们告诉你,"你现在不能冒犯天主教徒,不能冒犯犹太人,不能冒犯救世军,不能冒犯市长"。他们列出一长串禁忌,然后说,"现在,在这个范围内,你可以畅所欲言"——这简直是疯了。

一旦涉及大笔资金,一旦有了压力,上述情况就会发生。他们可是世界上最出色的艺术家。我是说,这话一点都没有错,好莱坞有世界上最好的头脑,但他们面对的是所有这些既得利益,而既得利益对艺术家来说就是魔鬼。在阿比剧院,政府投票给我们十万美元建造一座新剧院,各种阴谋立刻随之而来:谁将成为这家剧院的经理?"这将是一份非常有价值的工作,伙计们,这里面有大钱哪。"只要谁愿意赔钱接受这份工作仍是一个问题,你就能得到服务。但这是事实,这才是真正可怕的事情。想要剥削这四千万的人才是真正的危险。他们也不想将这四千万剥削得太过头——上帝保佑他们,他们是那么善良,那么正派——("我是说,我们私下里说,你并非真的想伤害这个老犹太人的感情吧?")——你不会,你不会!你只知道你不能说任何伤害他感情的话。但是有人在为他进行解读,他根本没有机会发表自己的观点。你会遇到一个具有商业头脑的聪明家伙,他会告诉你:"好吧,他们现在真正喜欢的是一点施虐狂。你就不能添加一场虐待狂的戏吗?"他会把这场戏添加进来的。再说一次,四千万;如果他们有权选择使用一些体面的手段,他们可能会拒绝这种虐待狂的戏。倒是有人告诉他们:"这就是你们喜欢的。"不,不,你只能在你认识的观众面前搞艺术,让所有商界的人靠边站。伟大的剧院就应该像阿比剧院那样,由几个人在业余时间真正经营,演员也是在业余时间演戏。他们在办公室里工作到五点,吃个三明治,然后来剧院,他们得到的最高报酬是每周六英镑,大约十五美元,这是我在那儿工作时支付的最高工资,就连那些签约演员也一样。

然后你便得到了真正的艺术品。可是好莱坞突然出现在了阿比剧院，并且说："哦，好吧，我们可以解决这些，我们可以给他两万美元。"从那一刻起，他们开始互相尖叫，开始相互竞争。

《巴黎评论》：你如何看待长篇小说的学院派和天生派？

奥康纳：对我来说，长篇小说充满了人性，这也是我唯一的兴趣所在——我无法想象世界上还有什么比人更好。长篇小说所写的是人，也是写给人们看的。长篇小说一旦过于理性，超越了人的范围，把人简化为学术公式，那我就不再对它感兴趣了。在哈佛大学举办的长篇小说会议上，我真的卷入了这场大争论。我当时请了几个人谈论各种类型的长篇小说，并对它们进行分析，然而这时有一位小说家站了起来，说起了小说家的责任。我当时和安东尼·韦斯特坐在主席台上，我渐渐歇斯底里起来。我以前从未在公共场合做过这种事；我咯咯地笑着，控制不住自己。"好吧，"我最后说，"如果有我的学生在这里，我希望他们记住，写作充满了乐趣。"这才是你写小说的原因，因为你喜欢它，你读小说，因为你喜欢它。你读它不是因为严肃的道德责任，你写它也不是因为它是严肃的道德责任。写小说的原因与画画或者和孩子们玩耍是一样的。这是一种创造性的活动。

比如说福克纳，你之前提到过他。福克纳试图变得严肃，试图运用各种各样的手段，技术手段，而他偏偏天生不具有这些手段，并且对这些缺乏兴趣，结果他给每个人留下的印象是他很自负。怎么说呢，他并不自负，他很天真——而且很幽默。真是个幽默家！没人能碰他。他真的很朴实。乔伊斯可不朴实。乔伊斯读过大学。《巴黎评论》对福克纳的采访让我强烈地想起了罗伯特·格林[①]对莎士比亚的描述。莎士比亚那个时代的大学生都认为他是个笨蛋，有点像白痴。他没受过教育，不知道怎么写。我认为福克纳与乔伊斯就像莎士比亚与本·琼森一样。本·琼森读过大

---

① 罗伯特·格林（Robert Greene，1558—1592），英国伊丽莎白时代的大学才子派剧作家，与莎士比亚关系不睦，曾对其有颇多批评。

学①，懂希腊语和拉丁语，福克纳从来没有想过自己比乔伊斯更伟大，正如莎士比亚也从来没有想过他比本·琼森更伟大一样。看看莎士比亚在《第十二夜》中模仿本·琼森的方式——这是典型的琼森式的戏剧——他竭尽全力去模仿琼森，结果却成功地做到了让自己变得外强中干。我真的想到了他受到本·琼森影响的那段时间——那大概是他创作《尤利乌斯·恺撒》的时候。琼森曾经拿莎士比亚没有受过教育这一点开玩笑，说他甚至都不知道波希米亚没有海岸；琼森提到他曾经和演员们谈论过莎士比亚剧作中可怕的错误。他引用了《尤利乌斯·恺撒》中的一句台词"恺撒从不冤枉人，凡事皆有正当理由"，并且说，"我告诉演员们，这句台词很荒谬"。莎士比亚把它从《尤利乌斯·恺撒》中删除了，现在已经没有了这句台词。作为一个天生的作家，福克纳必须接受自己已有的天赋，他必须认识到密西西比的普通百姓对文学的了解比剑桥大学的教授们还要多。

《巴黎评论》：你认为技巧在写作中有多重要？

奥康纳：我天生就对各种写作技巧如痴如醉，但那完全另当别论。我认为我还不会傻到认为安格斯·威尔逊②的《盎格鲁—撒克逊态度》之所以是一部好长篇小说，仅仅是因为它运用了现代长篇小说中所有已知的写作技巧。这部长篇小说运用了电影手法，这种手法的运用始于《点对点》，而《点对点》本身采用了各种技巧，其实根本没有必要。只要有一个关于人的故事，并且按照时间顺序来讲述，你便有了小说创作中的最佳素材。但是，你看，现代长篇小说的一个问题在于，小说情节必须集中发生在二十四小时、四十八小时、一周、一个月里——你必须删掉之前发生的一切。古典小说却意识到，你首先得构思主人公，然后再构思其他情节——你借助他成长的各个阶段来展示他的一切。这就是现代小说中主人公只是

---

① 此处应系奥康纳误记。本·琼森（Ben Jonson，约1572—约1637）虽然是与莎士比亚同时代的著名学院派剧作家，但他其实并未上过大学。——原注

② 安格斯·威尔逊（Angus Wilson，1913—1991），英国小说家，代表作有长篇小说《艾略特夫人的中年时代》等。长篇小说《盎格鲁—撒克逊态度》首次出版于1956年。

行尸走肉的地方，因为主人公不再重要，重要的是主人公所处的环境——也就是那二十四小时。我年轻的时候是二十四小时，但据我所知，至少已经有二十年没有出现过时间跨度为二十四小时的长篇小说了。

《巴黎评论》：难道你就不能用倒叙和回忆等手法来打破时间框架的限制吗？

奥康纳：这就是电影对小说的影响。就《盎格鲁-撒克逊态度》而言，如果它早写了二十年，就会是一部好长篇小说。假如考古界发生了一起犯罪行为，比如一桩诈骗案，那么如果你从诈骗案开始追踪这些人，就会写出一部很好的长篇小说。接下来会发生什么呢？你便有了一个生死存亡的危机——一位老先生怀疑有人诈骗——在他决定揭露这起诈骗案之前的最后几周，他遇到了哪些道德问题？——这是电影的手法。这种时间跨度在二十四小时内的小说始于二十世纪二十年代——我们便有了《尤利西斯》，有了弗吉尼亚·伍尔芙，当时每个人都在发表这种二十四小时内的长篇小说，三一律最终又回归到了文学中。仿佛三一律至关重要一样，不管怎样，仿佛你想要在长篇小说中得到的不是对生命的有机感觉，不是那种"事情就是这样发生的"——"如果事情真的发生了，就应该是这样发生的"——的感觉。

《巴黎评论》：难道你就不能把三一律作为一个便利的框架来承载你的故事，为其提供结构吗？

奥康纳：不，我完全不同意。这在长篇小说中不可行。你可以在倒叙中描述一些次要的点：他在这一点上做了这件事，而不是那件事。你永远不能让这个人频繁出入于倒叙之中——法语有一个很好的动词"fréquenter"（频繁出入），而这正是长篇小说的精髓。你必须进入这个人的脑海，而如果这个人随时都要遵守三一律，那么你永远无法进入他的脑海。这在戏剧表演中没有问题，因为戏剧表演既是一门艺术，也是一门手艺。

《巴黎评论》：戏剧表演当然有时间和空间限制。

奥康纳：还有观众，这是最大的限制——你能够施加在观众身上的手段数量有限。向观众提及一些他们闻所未闻的东西是没有用的——如果是路易十四时代的观众，你向他们提及一些神话人物，他们完全明白你在说什么，可今天这样做是没有用的——没有人知道你在说什么。

《盎格鲁-撒克逊态度》这部凭空构建出来的小说，从一开始就歪曲了长篇小说。我曾在图书馆当过管理员，完全理解这一点，因为你在编目的时候，要做的就是把读者可能需要的所有交叉参照项都提供给他们。比如，这是一本介绍爱尔兰考古学的著作，但它包含了很多关于现代美国历史的内容，因此你得给它标注一个美国历史的交叉参照项。如果你是一个编制目录的高手，那么这本书就会有一整套交叉参照项，让每一个想要了解现代美国历史的人都可以在爱尔兰考古学著作里找到相关内容。我认为，歪曲所带来的惊异才是此类长篇小说真正的基础。

《巴黎评论》：正如埃德蒙·威尔逊所说："谁在乎是谁杀了罗杰·阿克罗伊德[①]呢？"

奥康纳：我在乎，非常在乎。这完全是另一回事。我很喜欢侦探小说。侦探小说有货真价实的结构，没有人给它强加一个虚假的结构。这起码算得上是一个充满激情、合乎逻辑的结构。有人杀了这家伙。谁杀了他？如果是一个真正的作家来写它，你可以得到很好的效果。

《巴黎评论》：可侦探小说家并没有太多的人物刻画，不是吗？

奥康纳：天啊，一些出色的侦探小说家也有人物刻画，而且是非常出色的人物刻画。甚至是厄尔·斯坦利·加德纳[②]。他笔下的佩里·梅森一开始也是一个有血有肉的人物——现在他已经成为了一个原型——你感觉他

[①] 阿加莎·克里斯蒂推理小说《罗杰疑案》的主人公。
[②] 厄尔·斯坦利·加德纳（Erle Stanley Gardner，1889—1970），美国律师、作家，代表作为侦探小说"佩里·梅森系列"。

是一个真实存在的人,甚至可以感觉到他大步走进一个房间。我能看见那个人。

《巴黎评论》: 你认识詹姆斯·乔伊斯吗?

奥康纳: 只见过几次,也有过书信来往,仅此而已。他这个人比较腼腆,但与福克纳的腼腆不同——福克纳平易近人,但是乔伊斯比较傲慢。

《巴黎评论》: 乔伊斯的相貌有点不讨人喜欢,你不觉得吗?

奥康纳: 他的相貌非常英俊!他给人的印象是一个了不起的外科医生,根本不像一个作家。他也的确是个外科医生,不是作家。他总是穿着外科医生的白大褂,这更加深了他给人的印象;而且他还有着一张斧头般怪异的脸和巨大的下巴,我还从来没有见过哪个人有那么大的下巴。我曾经在一次关于乔伊斯的谈话中提到,他有着我所见过的最大的下巴。T.S.艾略特写信给我说,他经常看到其他爱尔兰人也有那么大的下巴。我不知道对此该怎么回答。

现在回到我们刚才说的学院派小说家与天生小说家之间的对比。三十年来,学院派小说家们一直我行我素,现在轮到天生小说家重操旧业,真正讲述人的故事了。普里切特认为(我写过一本关于长篇小说的书,我不知道你有没有看到过,《路面上的镜子》),这种构思人物的方法已经完全消失了,也就是我现在所说的这种人物构思方法。你听我说,我不相信世界上除了人还能有别的东西,人才是你可能发现的最好的东西,而他说:"好吧,这一切都结束了。"我知道普里切特的意思:共产主义者之类的已经把人全部消灭了,不再有个体。没有个体。我无法理解一点:在美国这个最后一个中产阶级国家,你们为什么仍然会失去对个体的信心。

我已经把这个争论解决了。我当时在为一家伦敦报纸写评论,一位英国情报官兼小说家写了一本书,他在书中为对囚犯使用酷刑辩护。我的文章比较保守,于是我问:"我能写到什么分上?"他们说:"你可以写到极限。"我们请来了他们的律师,律师说:"你想说什么就说什么吧。"我照做了。他们在这件事上表现得很出色。但一些左翼杂志对那本书进行了评论,并且认为该作者为酷刑辩护没有错。我很清楚,酷刑只要用到一定分上,你可以让人说任何话、做任何事,但这并不证明这个人不存在。

《巴黎评论》:难道看不见的和未被袒露的东西,那种潜意识的东西,对一个人的真相没有影响吗?

奥康纳:我们刚才在讨论情节发生在二十四小时内的长篇小说:对我来说,最出色的代表就是乔伊斯,时刻谈论对事物真谛的顿悟;而事实上,你却永远无法了解一个人物。在某个时刻,他会无意识地袒露自己,你在一旁望着,然后走出房间,把它写下来:"在这个时候,某某人暴露了他的真实性格。"我仍然认为,和一个人住在一起,了解一个人,那你就能对他有充分的了解——也就是说,你能了解他的百分之九十。如果你折磨他或者他将死于癌症,那么所发生的事不仅与我无关,而且也与这个人无关。一个人在濒死和极度痛苦时所说的话不能作为证据。好吧,他会皈依任何近在咫尺的信仰,但这个人物的实体与我同在,而这才是最重要的,即真实的东西。

《巴黎评论》:我记得在哈佛的时候,一些学生认为忽视心理因素的做法有点老派。

奥康纳:我确实老派!这是你唯一可以回归的老派风格。你最终会回到人文主义上来,而且是"人文主义"这个词原本的含义,即拉丁人和希腊人对人类的看法,而不是美国人对这个词的理解。美国人的看法是,每个人都受条件之困;希腊人和拉丁人则认为,"不,这是一个完整的个体"。这就是你从普鲁塔克那里得到的感觉,人们就是你看到的那样,没有哪个心理医生能给你讲出根本不同的道道来。如果他这么做了,那他就是个混蛋,仅此而已。人的行为所展示出来的就是真实的本我。你和一个人共事多年,他在所做的大部分事情中都表现得很善良,于是你说:"他很善良。"心理医生说:"不,不,不,他真的很残忍。"然后你便面对一个该何去何从的难题——要么接受自己的感官给你提供的证据,你心中的证据,你自己的历史感带给你的证据,要么接受这个东西对你说的话:"你不了解人的运行机制。"

《巴黎评论》:那么,为了谋生而苦苦挣扎的作家这个问题呢?

奥康纳:这就是我对美国的不解之处。这是一个幅员辽阔、慷慨大方的国家,但我的许多学生似乎认为,他们不能靠别人生活。我的一个学生说,你不能靠父亲生活,我和他争论了起来。我解释说,一个欧洲作家会靠任何人过活,迫不得已时,甚至会靠一个妓女生活——这无关紧要——最重要的是把活干完。但他不相信这一点,所以他向父亲打电话,告诉对方他的一个短篇被《纽约客》退稿了。他父亲说道:"我可以再养你四十年,难道你认为你四十年都无法在《纽约客》上发表一个短篇小说吗?"嗯,这家伙过来给我讲了这个凄惨的故事。怎么说呢,我觉得我理解并同情这位父亲,他是一个正派的人。但是这个男孩觉得他不能靠父亲养活自己,所以他来到了纽约,开始卖办公家具。

《巴黎评论》:你为什么不教书呢?

奥康纳:我不能靠教书谋生。你只能靠大学支付的那种薪水勉强度日。我在哈佛的时候没写过一行字。什么可写的素材都没有——我整天和学生在一起。我对一个学生的成功比对我自己的成功更满意,但这是错误的。你得给自己留点嫉妒心。

《巴黎评论》:你认为长篇小说是多个短篇小说合在一起,还是一个宏大的短篇小说?

奥康纳:它应该是一个宏大的短篇小说,不仅是一个宏大的短篇小说,还应该是一个宏大的长篇小说。这才是真正的问题——长篇小说不是一个短篇——这就是那些情节发生在二十四小时内的长篇小说的问题所在,它们只是短篇小说;这也是海明威的问题所在,他们大多数人的问题所在,时间跨度太小。一部长篇小说的时间跨度应该很大。有些人喜欢把一个长的短篇小说变成一部长篇小说,我经常收到这类作品。时间跨度太短,完全没有什么可以用来检验这些人物。以《尤利西斯》为例,它的情节就发生在二十四小时内,而我始终认为这是一个很长的短篇小说。别忘了,它是作为短篇小说写出来的。它最初的标题是《亨特先生的一天》。它仍然是"亨特先生的一天",仍然是三十页。一切都是横向展开。这就是我真正想说的:那些有展开、讲究时间延伸的长篇小说,与这部横向延伸、不能算作长篇小说的长篇小说之间的区别。它不是向前推进,它不会向前引导你的心灵。《盎格鲁-撒克逊态度》也是一样的:"好了,孩子们,读完我们小说中的这一小段之后,我们将让时光倒流一段时间。"他们总是这样退去,因为他们害怕前进。

《巴黎评论》:奥费朗谈到一点:海明威试图将自己的主人公孤立在某个时刻——试图将他孤立在接受考验的那一刻。

奥康纳:关于海明威的这一点,奥费朗可谓一针见血。他是在说:"故事开始前他什么事都没有,之后他也什么事都没有。"我认为大多数短篇小说都是这样。他说的是海明威一个特殊的方面——海明威不会让这个人物有任何过去。你承认他有一段过去,但整个过去笼罩在现在所讲述的这个特殊事件的阴影中,也笼罩在整个未来的阴影中;你可以从中预测一个人物的发展。我承认,从短篇小说的角度来看,你应该可以说:"在这个短篇小说之前发生的事情没有什么是真正重要的,在它之后发生的事情也没有什么会是非常重要的。"但你不会像海明威那样把它剪掉。你可以说:"这件事无足轻重,我就不提了。"

《巴黎评论》:你如何看待美国文学中的地域影响?

奥康纳:我把美国所有优秀的文学作品都归功于新英格兰——包括凯

瑟琳·安·波特。

《巴黎评论》：薇拉·凯瑟呢？

奥康纳：你在她的小说中看到了对平原难以忘怀的思念，对新英格兰的思念，对归属感的渴望，于是她跑去哈利法克斯，试图得到这些；而当她没得到时，她为了得到天主教传统又一路跑到了新墨西哥州。但她是货真价实的新英格兰人，从来没有找到归属。她是一个背井离乡的作家，一个伟大的作家。

《巴黎评论》：短篇小说最重要的要素是什么？

奥康纳：你必须有一个主题，一个需要讲述的故事。桌子对面有个人，我在和他说话；我要告诉他一些他感兴趣的事情。你很清楚，我们在哈佛遇到的主要困难在于，有些人跟女孩子有过风流韵事，或者有过其他有趣的经历，他们想直接进来讲这件事。这不是主题。主题是对每个人都有价值的东西。说实在的，如果你曾经有过这种经历，你肯定不会在酒吧里抓住一个男人，对他说："听着，我昨晚约了一个女孩出去，就在查尔斯桥下。"你绝对不会干这种事。你抓住一个人说："听着，我昨天遇到了一件非同寻常的事情——我遇到了一个人，他对我说了这些……"对我来说，这就是一个主题。当你抓住一个人的衣领想要诉说的时候，那就是一个真实的故事。这意味着你想告诉他，并且认为这个故事本身很有趣。如果你开始描述自己的个人经历，一些只有你自己感兴趣的事情，那么你就无法表达自己，你最终无法说出你对人类的看法。你开口说出来那一刻，你就有了一份责任。

我来告诉你我想说什么吧。我们当时在爱尔兰南部海岸度假，和一个老农民聊天。他说他的儿子（其实已经死了）去了美国，娶了一位美国姑娘，她来看他，独自一人。她的医生显然告诉她去爱尔兰旅行有益于她的健康。她和他们住在一起，看望了他儿子的朋友和其他亲戚，直到她走了之后，他们才知道男孩已经死了。她为什么不告诉他们？这就是你的故事。吸引读者，让读者成为故事的一部分。你一直在说："这是关于你的故事——这是关于你的故事①。"

《巴黎评论》：你认为作家应该是改革者还是观察者？

奥康纳：我认为作家是改革者。"观察者"这个概念很古老，可以追溯到福楼拜。对于我不欣赏的东西，我写不出作品来——这又回到了"颂扬"这一旧概念上：你颂扬英雄，颂扬一个想法。

《巴黎评论》：你为什么要用假名？②

奥康纳：真正的原因在于我是一名公职人员，在科克市的一家图书馆上班。当时另一个作家引发了激烈的争论，因为他发表了一篇被认为亵渎神明的短篇小说，于是我改了名字，我的中间名字是弗朗西斯，我母亲的名字为奥康纳，这样一来我就可以正式说，我不知道弗兰克·奥康纳是谁。委员会很满意，我也很满意。现在奇怪的是，我作为弗兰克·奥康纳的知名度远高于我作为迈克尔·奥多诺万的知名度。我从来没有想过改名字，只是图一时方便，而且我记得改名字的时候还打算改回来，可当我真的想改回来的时候，这个名字已经成为了一个文学财产，我无法轻易改回去。

《巴黎评论》：你有什么鼓励的话要送给年轻作家吗？

奥康纳：嗯，有一句：不要把退稿信太当回事。我认为他们根本就不应该把退稿信寄出去。我觉得单单是这些退稿信就可以构成一个非常有意思的选集。这在很大程度上是要让你记住，当你寄出某个作品时，某某人在另一端等着你的作品，而且他有一定的兴趣。举个例子来说明我对退稿这件事的看法：我有一个短篇被某家杂志录用了，于是我又一如既往地重

---

① 原文为拉丁语，语出贺拉斯。
② 弗兰克·奥康纳系作家笔名，其本名为迈克尔·弗朗西斯·奥多诺万（Michael Francis O'Donovan）。

新写了一遍,然后寄了回去。嗯,收到稿子的却是另一个人,结果我收到了一封信,信的措辞非常友好,说他们无法采用这个短篇,但他们会对我以后写的任何东西非常感兴趣。

(原载《巴黎评论》第十七期,一九五七年秋/冬号)

罗伯特·洛威尔

◎程佳/译

在洛威尔先生书房的一面墙上，挂着一幅埃兹拉·庞德的巨幅画像，那疲惫、傲慢的面部线条，密集如放大的密封圈上凸起的轮廓线。另一面墙上，在书桌上方，同样留着胡子的詹姆斯·拉塞尔·洛威尔[1]处于一个刚好形成的三角形的顶点，从一张老式灰色照片里注视着下方。他的曾孙正坐在书桌旁接受采访。洛威尔先生在谈他在波士顿大学讲授的课程。四楼书房的窗户下面，汽车呼啸着穿过早春的雨幕，向波士顿公共花园驶去。

——弗雷德里克·赛德尔[2]，一九六一年

《巴黎评论》：您现在在教什么？

罗伯特·洛威尔：我正在教一个诗歌写作班，上的是一门名叫"实践批评"的小说课程，这门课我每年都教，但是教材在变，从俄国短篇小说到波德莱尔、新批评派研究，或者只是讲虚构作品。我手头在做什么我就

---

[1] 詹姆斯·拉塞尔·洛威尔（James Russell Lowell, 1819—1891），美国浪漫主义诗人、评论家，外交家，罗伯特·洛威尔的曾祖父。
[2] 弗雷德里克·赛德尔（Frederick Seidel, 1936— ），美国诗人，曾任《巴黎评论》编辑。

THE VOYAGE

　　I

For the child playing with its globe and stamps,
the planet equals its rapacity--
how grand the world in the light of the lamps,
how small in the blue day of maturity!

One morning we set sail, giddy with brave
predjudices, judgements, ingenuity--
we swing with the velvet swell of the wave,
our infinite is rocked by the fixed sea.

Some wish to fly a cheapness they detest,
others their cradles' terror--others stand
sky-watching the great arc of a woman's breast,
reptilian Circe with her junk and wand.

Not to be changed to reptiles, such men craze
themselves with spaces, light, the burning sky;
cold toughens them, they bronze in the sun's blaze,
and dry the sores of their debauchery.

But the true voyagers are those who move
simply to move--balloons; their heart
is a sick motor thumping in one groove,
their irrational scream is, "Let's depart!"

Oh conscripts lusting for the first fire of the guns,
our sciences have never learned to tag
your dreams--unfathomable, enormous, vague
hopes grease the gears of these automatons.

罗伯特·洛威尔译波德莱尔诗歌《旅途》的一页手稿

讲什么。

《巴黎评论》：过去几年的教学对作为一个作家的您来说有什么样的意义？

洛威尔：我认为对我意义很大，但教书只是我的兼职工作，没有太多好处可得，也没有真正做老师的负担。教书与写作完全是两回事。你总是能胜任这份工作，或多或少胜任它吧，不存在什么思路堵塞或灵感来不来的问题。这份工作不是太主观，就其本身而言是个非常愉快的选择。在我的课堂上，比如谈话课、研讨课，如果学生表现好，会很有趣，极其开心，他们大部分时间都表现得很好。现在，我还不知道它和写作有什么关系。你温习很多你喜欢的东西，读一些你以前没有读过或没有认真读过的书，把它们大声读出来，有机会更加仔细地去研读，这样肯定会让你受益良多。但是从教书到写作，跨度还是蛮大的。

《巴黎评论》：那么，您认为学术生活有可能钝化作家教授的直觉敏感度吗？

洛威尔：我认为这个问题不可能笼统作答。我们这一代几乎所有的诗人，所有最优秀的诗人，都在教书。目前我只知道一个人，伊丽莎白·毕肖普，她没有教书。他们这样做是为了生计，但也是因为你不可能所有的时间都在写诗。他们这样做是为了拓展自己，我认为这无疑是他们的收获。现在的问题是，做其他工作是否可能收获更大。当然，教书的危险在于，它太接近你正在做的事情——接近又不接近。教学会使你成为行家，实践会让人变得粗糙。修订，对诗歌进行推敲修改，与教书和做文学批评有些关联。但是，想要创作一首诗，想要使它变得无比重要，这种一时兴起的念头与教书是两码事。

《巴黎评论》：您是不是也认为教书保护了您，使您在细读诗歌和小说时不受其所带来的任何东西的影响？

洛威尔：我想你得把它分开来说。教书可能会让诗歌变得更不一样，学术性没那么强吧。我确信写作不是一门手艺，也就是说，它不是你学到一些技能之后就可以为之的。它必须来自内心深处的冲动，来自内心深处的灵感。这是不能教的，它不可能是你在教学中使用的材料。如果你不教书，你可能会去更远的地方寻找。我不知道，是真的。教书很可能使你变得更谨慎、更自觉，让你写得更少。它也可能让你写作的时候变得更加胆大。

《巴黎评论》：您认为最后一句话可能是那样吗？

洛威尔：这种胆大是个模棱两可的概念。它不仅仅是在教，而且是在这个我们都很清楚的批评时代成长起来的，不管我们是喜欢还是不喜欢，不管是实践还是不实践。你思考再三之后写下一个词，又十次把它删除。这就和胆大有关。词句写下来了，它们就必须有所作为，你不会去写些陈词滥调。但这也和谨慎有关，你写得更少了。

《巴黎评论》：您本人很少写评论文章，对不对？您曾经写过一篇研究霍普金斯[①]的文章。

洛威尔：是的，我写过几篇综合性的评论。一年写一到两篇吧。

《巴黎评论》：您写过一篇评论瑞恰慈[②]诗歌的文章，很精彩。

洛威尔：我当时感觉想要写些东西，我有话要说。有时我希望自己多写一点东西，但是在评论方面我不愿去做标准的分析性论文。我想让自己的文章变得更加随意松散，更加直观。但我的朋友们都是评论家，而且大多数都是诗人评论家。我二十岁学习写作那会儿，艾伦·泰特、艾略特、

[①] 杰拉德·曼利·霍普金斯（Gerard Manley Hopkins, 1844—1889），英国维多利亚时代的伟大诗人、耶稣会牧师，创造性地在诗歌中使用跳韵，被视为传统英语诗歌的革新者。
[②] I.A. 瑞恰慈（I.A. Richards, 1893—1979），英国文学评论家、修辞学家、诗人，新批评派的代表人物之一。

布莱克默尔[1]和温特斯[2]，所有这些人都是很火的新闻人物。你等待他们的文章，一篇好的评论文章出现时，会让人产生阅读一部富有想象力的新作时的那种兴奋感。

《巴黎评论》：您认为今天那些评论家完全不可同日而语，是吗？

洛威尔：好的评论家几乎都还是老一代人。我这一代最出色的评论家，我认为是贾雷尔[3]，他在某种程度上和更老一代的评论家联系紧密。但是他现在不像以前写得那么多了。

《巴黎评论》：您在圣马克中学和哈佛大学求学的时候——我们稍后再谈肯庸学院——有没有老师或是朋友对您的写作产生过影响？不是通过他们自己的写作，而是通过个人督促或指导，比如阅读建议什么的？

洛威尔：嗯，当时中学里有一套卡内基艺术丛书，我有一个朋友，弗兰克·帕克，他在绘画上很有才华，但是从来没有受过系统的训练。我们一起阅读那套丛书和艺术史，看艺术复制品，在描图纸上描《最后的晚餐》，研究动态对称性，学习塞尚等。我对绘画并没有实际的兴趣，但那种学习似乎与诗歌靠得很近。我就是从那时起开始写诗的。我想我读过伊丽莎白·德鲁[4]或是一本关于现代诗歌的书，里面的自由体诗，似乎很容易上手。

《巴黎评论》：那时候您在哪个班？

洛威尔：那是我的最后一个学年。我曾经非常想成为一名足球运动员，也得到了推荐信，但最终没有入队。嗯，很是令人满意，但也很是令

---

[1] R. P. 布莱克默尔（R. P. Blackmur，1904—1965），美国文学评论家、诗人。
[2] 伊沃·温特斯（Yvor Winters，1900—1968），美国诗人、文学评论家。
[3] 兰德尔·贾雷尔（Randall Jarrell，1914—1965），美国诗人、文学评论家、小说家，代表作有诗集《华盛顿动物园中的女人》等。
[4] 伊丽莎白·德鲁（Elizabeth Drew，1887—1965），英国学者、文学批评家。著有《诗歌——理解与欣赏导读》(1959)、《发现诗歌》(1962)等。

人失望。我读了很多书,但从未动笔写过。所以说现在是一个反冲。后来我运气好,理查德·艾伯哈特①在那里教书。

《巴黎评论》:我还以为他和您都是那里的学生呢。

洛威尔:不,他是个大约三十岁的年轻人。我没上过他的课,但我常常去找他。他会大声朗诵,我们会聊天,他很招人喜欢。他抽蜂蜜味的香烟,读波德莱尔、莎士比亚和霍普金斯——这些都让诗歌变得活生生的——他还朗读自己的诗作。起初我写得很糟糕,但他总是热情地鼓励我。这点可能很关键,因为有一个我钦佩的人在从事诗歌创作。

《巴黎评论》:我听说《醉酒的渔夫》最早发表在圣马克中学的校刊上。

洛威尔:不,是在肯庸学院的杂志上发表的。这首诗当时写得很不一样。我一直在读温特斯,他的楷模是罗伯特·布里奇斯,而我想要写的是一首相当遥远、安静、没有任何象征意义的古典诗歌。四音步双韵体,我尽量把它写得很流畅。《肯庸评论》在此之前发表过我的一首诗,然后就停止了。当时他们是这么说的,假如你把这首诗投稿给我们,我们会接受的。

《巴黎评论》:然后您就把其他诗作投给了《肯庸评论》?

洛威尔:是的,但是那首诗和我写的其他任何诗作都有很大的不同。那时我也读哈特·克莱恩、托马斯、泰特以及燕卜逊的《复义七型》②。每首诗都比以前难得多,而且更富有复义。这些诗作令兰色姆③印象深刻,

---

① 理查德·艾伯哈特(Richard Eberhart,1904—2005),美国诗人,获得过一个美国诗人所能得到的几乎所有重要荣誉,包括普利策诗歌奖、美国国家图书奖、博林根诗歌奖、雪莱纪念奖、美国诗歌协会的弗罗斯特奖章等。
② Seven Types of Ambiguity,亦译《朦胧的七种类型》。"ambiguity"后成为新批评派的重要术语,大陆有"复义""歧义""含混""朦胧"等多种译法。
③ 约翰·克劳·兰色姆(John Crowe Ransom,1888—1974),美国文学批评家、诗人,新批评派的代表人物之一。

他当时是《肯庸评论》的编辑，但他并不想发表这些诗作。他觉得它们处于凝固状态，让人望而却步。

《巴黎评论》：但他最后的确兑现了承诺。

洛威尔：是的，那都是我毕业之后的事。我大学三年级时便发表作品了，可是接下来大约三年都没有杂志接纳过我的任何稿件。我会收到那种措辞令人充满希望的信件——"这组诗中有一首我很感兴趣，你要是能再多写七首的话就好了。"那时候，我一年才写两三首诗。渐渐地我就不写了，真是有点放弃的那种感觉。我似乎陷入了一个死胡同。我觉得那种有趣的、我会写的诗，变得如此混乱与夸张，真是让人不痛快。

《巴黎评论》：我在读《异样的国度》，发现您拒绝放进《威利爵爷的城堡》中的诗和您收入这部新作的几首诗和几个段落区别很大，我感到非常吃惊。

洛威尔：我想我大概收了三分之一吧，但是我收进去的诗都是重新改写过的。我想知道到底是什么让你感到非常吃惊。

《巴黎评论》：有一点是这样的，泰特在他为此书撰写的序言中谈到书中的两类诗，在我看来，几乎所有被拒绝的诗似乎都是泰特所谓的更为严格的宗教诗和象征诗，与之形成对比的是他所说的另一类诗作，这些诗可能更有力量，因为体验更多，或者更多地依赖了您的历史感。您收入的诗歌似乎真的比你所弃用的要好。

洛威尔：是的，我拿掉了几首早期基督教释义诗，我摒弃了一首颇为枯燥的抽象诗，然后是我认为似乎有点凌乱的诗。我认为所有这些诗都有宗教的意象，而我收入的诗歌都更具体。这就是这本书要走的方向：更少象征意象。正如我所说的，我试图采纳意象不那么狂热的诗作。第一本书中似乎有太多扭曲和令人反感的东西。

《巴黎评论》：我想知道您当时的阅读面有多宽。我在泰特的序言中读到您的一首诗，有一节是以《弗吉尼亚航行》中的诗节为基础的，我想知道，是否有人让您读过德莱顿的这首诗。

洛威尔：我和泰特合编过一本选集。我与泰特和他妻子在一块儿相处了一年，过得非常有趣。泰特写起诗来思如泉涌，他已经写了大约一本书的三分之一了。我打算写乔纳森·爱德华兹①的传记，他打算写一部小说，我们各自的妻子也打算写小说。嗯，她们嘴上不停地念叨。她们会在一天结束的时候说："我刚写完三页纸。"她们的书稿越堆越高，但是我们的书没有多少进展，尽管有一天早上艾伦写了四页纸，写得非常精彩。我们那时待在一个小书房里，隔着一个屏风。我在码堆关于乔纳森·爱德华兹的参考书，边读边记笔记，对那个话题越来越麻木，看着那些皮面装的关于自由意志等的旧书，越来越没有使命感。我们都卡住了。然后我们就决定一起做一本选集，我们都喜欢形式比较传统的、有难度的诗，特别是十六世纪和十七世纪的诗歌。到了晚上，我们大声朗读，开始为选集制作一个卡片目录。然后我们就开始写诗。在我看来，我们采用了一些旧的样板，比如德莱顿的《颂歌》——泰特用那种诗节写了一首名为《空中的年轻总督》的诗。我认为写传统诗歌有一个诀窍。大多数诗歌形式都非常传统，但如果一个现代诗人传统起来，他会比老一辈诗人更加关注形式。我们试图让它看起来很难掌握。例如，雪莱可以飞快地写出一整页三行体诗，而且写得很顺利，对他来说似乎形式根本不是障碍——有时你希望它更有难度一些。如果今天有人这样做，而且带有现代风格，他似乎就是在与每一行诗句角力，有可能陷入混乱之中，他似乎是在与形式和内容进行真正的角斗。这一点在那首已完成的诗中有所体现。我想泰特和我都觉得，我们想要我们的传统形式看起来有一定的难度，

---

① 乔纳森·爱德华兹（Jonathan Edwards，1703—1758），18世纪北美殖民地著名的清教徒布道家。推动北美殖民地的"大觉醒运动"，引导日益脱离教权主义的民众重新皈依基督教。

是一种我们不能轻而易举就写出来的东西。

《巴黎评论》：但在《威利爵爷的城堡》中，有几首诗趋向一种叙事上的平静，几乎是散文式的平静——例如《凯瑟琳的梦》，或者关于爱德华兹文本的两首诗，或者是《幽灵》——然后，另一方面又坚持了诗的传统形式，也可能是在炫技吧，您当时的诗歌有些特点——跨行，压韵，当然还有格律——看起都是有意为之，而且是勉力而为，因此您遭遇了由重音、意义、张力构成的一个异乎寻常的困境。

洛威尔：我知道有一个对照，是我感觉到的，它在不同时代会以不同的形式体现出来。理想的现代形式似乎是长篇小说和某些短篇小说。也许托尔斯泰就是一个很好的例子——他的作品是意象主义的，所有经验都能处理，并且在形式和内容上似乎没有冲突。所以有一点就是，以一种简单的描述性语言深入诗歌，因为它具有人的丰富性。诗歌还有另一面：浓缩性，节奏感非常强，也许是被拧压进一个很小的空间的。这两点一直让我非常着迷。我通常是把所有内容分几个诗节写在一页纸上，尽可能压缩，然后反复修改，虽说不可能做到完美，但每一个词和节奏都是深思熟虑的产物，经过仔细推敲的——散文就做不到这一点，那样的话你的书永远也写不完。《凯瑟琳的梦》是一个真正的梦。我发现我给它做了造型，动了剪刀，并且把它寓言化了，但这仍然是某个人做过的一个梦。我认为，一般情况下，这种材料可以写进散文，然而，它一定会很长，或者是某个长篇的一部分。

《巴黎评论》：我认为您可以寻找形式，为了形式您可以做一些特定的阅读，或者，形式可以由您想表达的内容来决定。当诗歌素材似乎处于难以忍受的压力之下时，您就想弄清楚这种形式有没有把诗人想表达的东西裁切掉。但是您选择了对韵，是吧？您的一些最自由的段落是用对韵体写成的。

洛威尔：我使用的对韵体很像勃朗宁的《索尔德洛》[①]中《我的上一任公爵夫人》使用的对韵体，韵脚因词意连贯而被埋没了。我使用对韵体的时候，总是试图给人这样一种印象：我选择押韵词时就像在选择其他任何词一样，有很大的自由度。然而，它们几乎都是真正押韵的词，也许有一半时间押韵之后会出现暂停。我想要的是像散文一样流畅的东西，你注意不到它的形式，但回过头一看，你会发现已经翻过了巨大的障碍。从这个意义上说对韵是件好事——一旦你有了两行诗押韵，那就成了，就可以进行到下一行了。你不会为整个诗节所束缚，可以去不断充实，建立一个高潮。对韵可以是一个对句或是一句分成两行，或者连续分成上百行；任何形式的压缩或展开都是可能的。诗节就不一样了。我觉得对韵体没有诗节那么富有抒情性，更接近散文。然而它是一种诚实的形式，很多难点也是公开的。要使每一行都和它后面的一行押韵真的很难。

《巴黎评论》：《生活研究》的风格变了，是否与您通过例如《凯瑟琳之梦》这种散文式的清晰来摆脱那种压缩和压力有关？

洛威尔：是啊。我开始写《生活研究》之时，我一直都在写我的自传，也写一些打破格律的诗。我一直把诗歌大声朗读出来。我去西海岸旅行时，每天至少做一次朗读，有时是两次，共十四天，而且我越来越发现我在简化我的诗作。如果有拉丁引语，我会把它译成英文。如果一行中增加几个音节会更清楚，我会增加，而且在朗读过程中我会做一些即兴的小小改动。这样做似乎有利于朗读效果。

《巴黎评论》：您能想起在通常的诗行里添加一两个音节的地方吗？

洛威尔：我添加的通常是冠词和介词，改动很小，而且我并没有修改印刷的文本。只是临时起意罢了。

[①] 《索尔德洛》(*Sordello*)是英国诗人罗伯特·勃朗宁的长篇叙事诗，创造时间长达七年，主要写于1836年到1840年之间，1840年3月出版。它虚构了索尔德洛·达·戈伊托的一生。但丁在《神曲·炼狱篇》第六章中也描写过这位13世纪的伦巴第游吟诗人。

《巴黎评论》：您为什么要这样做？就因为您认为最重要的事情就是把这首诗读完吗？

洛威尔：是的，把它读完，而且我开始对这些紧凑的形式不那么尊重了。如果你能通过增加音节使之更容易朗读，为什么不呢？我在写《生活研究》的时候，很多诗的韵律一开始都非常严格，我发现除了押韵之外，有规律的节奏并不是我想要的。我有一首关于我父亲的长诗，叫作《洛威尔中校》，实际上大部分是用对韵写的，但我最初用的是非常严谨的四音步对韵。以那种形式来写，很难不听到安德鲁·马维尔[①]的回声。那种规律性似乎破坏了情感的诚实性，变成了一种修辞；它说："我是一首诗"——它只是对我修改最初的骨架有过很大帮助。我想要这些对韵时就要，不想要的时候就去掉，还是会回到某种形式的。

《巴黎评论》：您原来打算用散文来处理所有那些素材吗？

洛威尔：是的。我发现，完成过渡，把看似不重要但对散文连续性必不可少的东西加进去，非常单调乏味，而且修改起来也很困难。把它拆分成小块，我就可以做得更仔细，快速过渡。但是，关于散文和诗歌、形式和内容，以及打破形式的种种原因，还有另外一点。我不认为有什么令人满意的答案。我在高度韵律化的东西和高度自由的东西之间来回摇摆，没有任何一种方法可以写作。但在我看来，我们似乎已经进入了一个亚历山大时代。我这一代的诗人，尤其是年轻一代的诗人，对这些形式已经非常精通了。他们写一首音乐性很强、难度很大的诗时，技巧娴熟，也许从来没有过这样的技巧。然而，写作似乎在某种程度上脱离了文化。它已经成为某种过于专业化的东西，处理不了太多体验。它已成为一门手艺，纯粹是一门手艺，我们必须有所突破，回到生活中去。散文在许多方面比诗歌好。很难想象一个年轻的诗人有塞林格或索尔·贝娄那样的活力。然而，散文往往是非常分散的。长篇小说实际上比看上去的要难得多，很少有人

[①] 安德鲁·马维尔（Andrew Marvell，1621—1678），17 世纪英国著名玄学派诗人，代表作有《致我羞涩的情人》等。

有勇气写那么长的东西,即使是短篇小说也需要近乎诗意的完美。然而总的来说,散文不像诗歌那样完全与生活隔绝。现在,有些亚历山大体的诗歌写得非常出色,你可能根本改变不了它,但我觉得它越来越令人窒息。我无法把我的经验用紧凑的韵律形式表达出来。

《巴黎评论》:所以您对自己的诗歌,对自己的技巧有这样的感觉,不仅仅是关于诗歌的一般状况?

洛威尔:是的,我感觉格律把我想说的话粉饰得过于复杂,矫揉造作,已经严重妨碍到我了。

《巴黎评论》:不管怎样,这也解释了您对伊丽莎白·毕肖普诗歌的仰慕之情。我知道您说过,这些特质和那种描述性语言的丰富性比其他任何东西都更能让您想起俄罗斯小说。

洛威尔:很多人都犯了一个过错,他们写复杂的诗,诗中运用了一定数量的象征手法,理解起来非常困难,写有教育意义的好诗。然后你解开它,感觉到智力、经验,不管其中投入的是什么,都是肤浅的。伊丽莎白·毕肖普的《人蛾》里,出现了一个全新的世界,你不知道在任何一行之后会发生什么。它在探索。它和卡夫卡一样原始。她得到了一个世界,而不仅仅是一种写作方式。她很少写一首没有那种探索性的诗,然而它非常坚定,不像节拍诗,它是完全在掌握之中的。

《巴黎评论》:斯诺德格拉斯[①]怎么样?您在《生活研究》里试图去做的,肯定与您钦佩他的作品有关。

洛威尔:他在我之前就做了这些事,他比我还小,是我的学生,但他很可能影响了我,尽管人们有相反的提法。他在爱荷华大学待了十年,先是上写作班,后来当了讲师;他不懂人情世故,也不怎么挣钱,只专注于

---

① W.D.斯诺德格拉斯(W. D. Snodgrass, 1926—2009),美国诗人,多化名"S.S.戈登斯"写作,普利策诗歌奖得主,主要作品有《心的指针》和《元首的掩蔽部》等。

和写诗的人交谈，你可能会说他被细微的技术问题和地方经验困扰了——然而他写的就是这方面的东西。我的意思是，那些诗写的就是他的孩子、他的离婚、爱荷华城，写他的孩子是一个像接受斯波克医生[①]治疗的孩子——一切都用短小的诗节，处理得很老到。我相信这是一种新的诗歌。别的写得很直白的诗，都很松懈，毫无生气。他的体验之所以那么有趣，那么令人信服，就在于那种奇思、那种音乐、那种平衡，在于一切经过修订、划分和深思之物。所有这些都来自高超的技巧，照亮了那些关于痛苦主题的诗作。

《巴黎评论》：然而，他最好的诗作都近乎纤细甚至有些多愁善感。

洛威尔：我认为很多好诗作都是如此。拉福格[②]——很难想出比他更令人愉快的诗人了，他的散文也很精彩。嗯，他的诗处于多愁善感的边缘，如果他没有胆量表现得多愁善感，他就不会成为一个诗人。我是说那是他灵感的来源。有某种方法可以区分虚假的多愁善感和对一些奇怪的、细腻的、温柔的小情绪的运用：前者突然就爆出一个话题，激起一些你感觉不到的情绪，而后者那些情绪大多数人都感觉不到，但拉福格和斯诺德格拉斯却能感觉到。所以我会说他具有令人感伤的特质，很脆弱——但这也是一个大话题。他周边的毛细血管很脆弱，但是穿过中心的主动脉却强劲有力。

《巴黎评论》：有些人对《生活研究》感到失望，正是因为您之前写了一种英雄史诗，一种美国版本的英雄史诗。除了您自己写的，最近还没有出现过这种诗歌。您有可能回到那个主题上去吗？

洛威尔：我并不认为个人历史可以永远持续下去，除非你是沃尔

[①] 本杰明·斯波克（Benjamin Spock，1903—1998），美国医学博士，致力于儿科研究。1946年出版的《斯波克育儿经》在很长一段时间内都是畅销书，影响了几代人。斯波克是第一个积极研究并运用精神分析的儿科医师。

[②] 儒勒·拉福格（Jules Laforgue，1860—1887），出生于乌拉圭的法国象征主义诗人。

特·惠特曼，自有一种方法。我觉得我的个人诗歌已经写足够了。这并不意味着我不会再这么写，但我现在不想再写了。我觉得我还没有记录下自己所有的经验，甚至最重要的经验都还有待记录。但是我已经把我确实有很多灵感要表达的东西都表达完了，再写只会被稀释。所以你需要一些更加非个人化的东西，其他东西同样重要，最好把你的情绪发泄在麦克白身上，而不是在忏悔中。麦克白身上一定有很多莎士比亚的成分。我们不知道在哪里寻找，莎士比亚的生活中没有任何东西像麦克白一样，然而他多少给人一种直指莎士比亚内核的感觉。那样来写自传体诗，自由度更高。

《巴黎评论》：这些诗，我从您之前说过的话中得知，它们确实和之前的诗一样，都花了很多工夫。

洛威尔：它们一样都很难写。它们并不总是真实的，会对事实进行大量的修补拼凑。你会漏掉很多，强调的是这个，而不是那个。你的实际经验是一个完整的变体。我创造了事实，改变了事物，而诗的整体平衡是虚构的。所以我希望这些诗里有很多艺术性。但有一点是这样的：如果一首诗是自传体的——任何形式的自传写作和历史写作都是如此——你会希望读者说，这是真的。就像读麦考莱的《英国史》，你认为你真的了解了威廉三世。那就像小说中的一个好情节。所以真实的标准一直都有，只是你通常在诗歌中不会去用——读者会去相信他正在了解那个真的罗伯特·洛威尔。

《巴黎评论》：我想问问关于从之前的诗中取一些段落，把它们放在新的语境下重写这件事。我想到了《异样的国度》中《在德国的西多会修士》这首诗结尾的一段话，您把这段话改写成了《在印度杀手的坟墓前》中那些精彩的诗行。我知道哈特·克莱恩重写了早期的碎片诗，并且大部分的重写都得到了使用。但是这样做，难道不意味着诗歌理论更多的是关于技巧而不是经验吗？

洛威尔：我不知道。如果你写出的诗句对错参半，那就是一个奇迹了，而不仅仅是一个技术问题。这些诗句对你一定意味着很多东西。你所有的诗作在某种意义上都只是一首诗，你总是在为得到某种平衡的、进展顺利的东西作斗争，这种斗争中所有的部分都是好的，而且有你所珍视的体验。所以，如果一首诗中有几句发着光，或者开始要发光了，然后却黯淡了，被盖住了、淹没了，那也许它们的真正形式是在另一首诗里。也许你误解了原诗中真正的灵感，这些灵感完全属于另一种东西。我不认为这一点违背了体验。《在德国的西多会修士》于我不是很近，但最后几行诗句似乎还有些感觉；我放弃了那些西多会修士，把波士顿的一块墓地放了进去。

《巴黎评论》：克莱恩的《美瓷赞》是一首关于一个私人朋友的诗，但其中有几行最初用来描述一些与之非常不同的事物，因此，在一个版本或另一个版本中，它们至少不能被称作是个人化的。

洛威尔：我想我们总是通过移换诗行来克服一些无法解释的模糊之处。在最初的版本中，有些清晰的东西在最终的诗作中会显得古怪，无法解释。当然，那可能是相当糟糕的事，但你总是想要——我认为契诃夫谈到了这一点——那个你无法解释的细节。它就在那里。在你看来它就是对的，但是你不必拥有它，你完全可以拥有其他的东西。如果所有的事情都是这样的，你就会陷入混乱，但有一些无法解释的困难——它们似乎是变化的生命之血——它们可能会起作用。在原先的诗中，有些似乎有点古怪、有点困难的东西，它们在新诗中会以新方式变得更加困难一些。这纯粹是偶然的，然而你可能得到的比失去的更多——一种新的暗示和魔力。

《巴黎评论》：您会做很多修订吗？
洛威尔：没完没了地修订。

《巴黎评论》：您经常使用某个习语或某个很常见的词组，要么用来讽刺，要么让它比习惯上承担更多的意义——这些词要是迟迟不出现，您会不会四处寻找它们？

洛威尔：它们迟迟不出现，是因为它们自身并没有什么用途，而且它们经常替换那些更庄重、更能唤起情绪的东西。我后来的一些诗确实具有以前所不具备的特质：有几行诗几乎就像和你在谈话一样。也许和一个朋友或者和我妻子聊天时我会说"听起来不太对"，就在说这话时，我有点感觉了，于是改了几个词。从这点来说，新的风格更容易写，我有时自然而然就摸索出一系列有效的诗句。但整首诗就不会这么写，我那些看似轻松得来的诗和那些苦思之作差不多一样辛苦。

《巴黎评论》：这种对合与熟悉，在《门廊和祭坛之间》的几个用对韵写成的段落中就有。

洛威尔：我写格律诗时，发现简单的诗行永远不会立刻出现。不会。能保留原先诗作一行诗句的格律诗，我相信我一首都没有。通常，我重写我的旧诗时，我会把它们写成无韵诗，然后再来押韵。当然，我会改变很多韵脚。首先我所能希望的是，押韵的版本不要比无韵诗差太多。然后，真正的工作才开始，克服用律的种种困难，使它比原来的作品好上加好。

《巴黎评论》：您看过叶芝的书吗？先写出散文观点，然后再来确定用韵。

洛威尔：我后来的一些诗作，都是先写出散文版，然后把它删减。很快写成的散文诗稿似乎没有什么好处，也没有多少痛苦；但真正写出来的诗，一定会有无价的词句。这是一个很好的技术问题：如何保留词句短语并弄出格律来？

《巴黎评论》：您在发表作品之前通常会把它拿给朋友看吗？

洛威尔：我现在很少这么做。过去一直都会，给贾雷尔和另外一两个人看。去年我还让斯坦利·库尼茨看了很多。

《巴黎评论》：在写《威利爵爷的城堡》中那些诗歌的时候，您觉得阅读您诗稿的诗人是不是天主教徒这点会对你有影响吗？

洛威尔：我想我从来没有给一个天主教徒寄送过我的诗稿。那时我最亲近的人是艾伦·泰特，他当时还不是天主教徒；后来我寄给贾雷尔，他根本就不是天主教徒。我的两位关系亲密的天主教作家朋友都是散文作家，J.F.鲍尔斯和弗兰纳里·奥康纳，他们对诗歌的技术问题不感兴趣。

《巴黎评论》：所以您觉得宗教才是诗歌的事，跟教会或宗教人士完全不相干。

洛威尔：不应该有关系。我的意思是，宗教应当具有客观有效性。但是，当它进入到一首诗的时候，它就与技术和想象力的问题交织在一起了，神学家、牧师、严肃的宗教人士都没有太大用处。这首诗对他来说太奇怪了，他感觉不自在，所以也提不出任何建议。

《巴黎评论》：是什么让人把这些宗教诗理解成了一个宗教练习？

洛威尔：至少可以这样说，这首诗作试图成为一首诗，而不是一段纯粹的宗教声明。这里就有一点不足。在我看来，任何一首诗，特别是一段有共同兴趣的宗教诗篇，不是诗人的智者，他们的意见应当是有用的。不从宗教人士和局外人那里听取建议这种做法不仅有点自恃，而且是很狭隘的。还有一个问题，我的诗作是不是宗教诗，或者说它们只是使用了宗教意象？我真的不知道。我最后的诗都没有使用宗教意象，也没有使用象征手法。在许多方面，它们似乎比早期的那些诗作更虔诚，尽管那些诗充满了基督和上帝的象征和暗示。我确信那些象征和天主教观点并没有使那些诗成为对宗教的体验。然而，我并不觉得是我的体验有了很大的改变。在我看来，这种体验现在比过去更清晰了，这跟写宗教诗歌的情况很相似——同样的挣扎，光明与黑暗，经验的变迁。道德观似乎也差不多，但是象征手法已经消失了；你不可能说出我信仰的信条。我自己也经常想弄明白。然而，使早期诗歌有价值的，似乎是对一些体验的记录，这点似乎成就了后来的诗歌。

《巴黎评论》：所以您最终会说，这首诗确实有某种诚实性，除了所表达的信念，还可以有一些美的东西。

洛威尔：我认为除了信念之外，只能是诚实；没有任何政治立场、宗教立场、宽宏的立场，或诸如此类的东西能使一首诗成为好诗。如果一首诗能运用政治学、神学、园艺学，或任何除诗歌之外有其自身有效性的东西，那就再好不过了。但这些东西本身并不能构成一首诗。

《巴黎评论》：这个难题就在于，当一首诗中所表达的信念令人讨厌时，整首诗是否还可以被认为是美的——这就是《比萨诗章》的问题。

洛威尔：《比萨诗章》中的诗歌质地参差不齐，不是吗？如果你把大多数人都认为最棒的一百个段落拿来看，那些段落中的信念会让人反感吗？我想你会得到一个很复杂的答案。你可以为庞德的幽默开脱，他并不自怜，他目光敏锐，他回忆文学上的朋友，他具有那些任何人都会认为是好的慷慨的品质、开放的品质和抒情的品质。即使他写了类似墨索里尼之死的事情，就在《比萨诗章》的开篇，人们还在为此争论。我和意大利游击队员谈过，他们说这是写墨索里尼的唯一的一首好诗。庞德常常很狡猾：墨索里尼像牛一样被挂起来——他那残忍的外表。我不知道你是否可以说这些信念是错误的。我脑海里想起了别的诗作：艾略特在《枯叟》中用小写字母"j"拼写"犹太人"（Jew）这个单词，这是不是反犹太主义呢？艾略特在任何方面都不是反犹太主义的，但他早期的诗歌中，肯定有不喜欢犹太人的成分。他用一个小写的"j"写他的"犹太人"，这种激烈行为让他获得什么好处了吗？他说，你写你必须写的东西，在写批评文章时，你可以表达你认为你应该相信的东西。表达非常丑恶的情感或许也可以写成一首诗。

《巴黎评论》：在将伯林根诗歌奖授予庞德时[①]，您是伯林根奖评委会的成员。您怎么看待这次纷争？

---

① 庞德凭诗集《比萨诗章》（1948）于1949年获得了由美国国会图书馆授予的伯林根诗歌奖。

洛威尔：我认为这个问题很简单，投票选出年度最佳书目；在我看来，庞德的书就是。我认为《比萨诗章》是庞德所写过的最好的作品，尽管其中也包括了他的一些最糟糕的诗作。它是一本好坏参半的书：这就是问题所在。但如果我们由于一些不相干的原因，从某种角度上说甚至是一些可怕的原因，没有把奖项授予年度最佳书目——我认为这是艺术的死亡。然后就是禁止发表帕斯捷尔纳克的作品，一切都变得令人窒息。特别是在我们这样一个强大的国家，你必须客观地奖励事物，而不是让你所信仰的人来支配你的选择。战争刚刚结束不久，大家一定会觉得，与集中营相比，诗歌奖只是一件微不足道的事情。实际上我认为他们离庞德很远。他没有任何政治影响，而且他这个人相当古怪，不切实际。庞德的社会声望、他的法西斯主义以及所有这些各式各样的东西，对他来说都是巨大的收获；没有这些，他将成为一位非常高蹈派的诗人。即使它们都是些不好的信念——有些是错误的，有些不是，当然有些只是很可怕——它们使得他更有人情味，更多地与生活有关，更多地与时代有关。它们为他所用。采用他在这些事物中感兴趣的东西，会赋予他的诗歌一种现实主义和生命力。

《巴黎评论》：您做翻译是为了满足自己的需要，还是因为您想把某些诗（大多数之前都没有被翻译过）译成英文？或者是两者兼而有之，就像我通常所想的那样，和庞德的情况一样吗？

洛威尔：我想是兼而有之吧。我总觉得我翻译过来的诗歌完全不同于英语中的已有之作，另一方面，它们在某种程度上又很接近，我感觉有一种亲缘关系。我感觉我所翻译的里尔克和兰波就在某种程度上很接近，但他们所做的是我不能做的事。那些翻译既是对我自己偏见的一种延续，又是对自我的一种解脱。

《巴黎评论》：您是怎么翻译普罗佩提乌斯[①]的——事实上，您是怎么

[①] 普罗佩提乌斯（Propertius），古罗马诗人，以写作哀歌体诗歌、特别是爱情哀歌闻名。洛威尔曾翻译过其《哀歌集》中的几首诗。

对罗马历史和拉丁文学产生如此大的兴趣的呢?

洛威尔:在哈佛上学的第二年,我选修的几乎全是英语课程——这是一条捷径。现在想这可能会是一场灾难。但在去肯庸学院之前,我跟福特·马多克斯·福特和兰色姆谈过,兰色姆说你必须选修哲学和逻辑学,于是我修了。他的另一个建议是古典文学。福特则轻描淡写地说:"你当然必须学习古典文学啦,如果不修,你就是在自断人文经脉。"我认为古典文学给了我衡量英语的某种尺度。那些文学作品真是令人惊叹,特别是古希腊的作品;英语和希腊语没有任何相像之处。我们的戏剧在形式上也完全不同于埃斯库罗斯和索福克勒斯。他们的灵感完全不同,真是难以置信,尽管他们的声望很高,你甚至想不到要去模仿他们。像《安提戈涅》《俄狄浦斯》或《伊利亚特》中伟大的阿喀琉斯时刻这样的东西,都会成为一种文学的核心,这对于任何在英语文化中长大的人来说都是不可思议的——古希腊人的野性和精明完全不同,女人也不同,一切都不同。拉丁语当然更接近英语一些。英语是半拉丁语,我们已经尽了最大努力吸收拉丁语文学。但是一个古罗马诗人没有英国人那么理智,也不怎么喜欢抽象。他在某种程度上更接近自然——有些像我们对法国人的那种感觉,但犹有过之。然而他很精明。虽然他所探索的形式数量相当有限,但他有自己的做事方式。他可以从希腊人那里学到大量的东西,但改变才是一条非凡铁律。你也可以阅读几乎任何一位真正优秀的古罗马诗人——朱维纳尔、维吉尔或普罗佩提乌斯、图卢斯——他比英语中的任何东西都更原生、更直接,但他有这种像方块一样的形式。古罗马人的坦率令我很感兴趣。直到现在我们的文学也没有像古罗马人的那种原生状态,因此翻译作品必须要有星光。他们的历史有着一种可怕的人性之坦率,这是我们所不习惯的——对当权者进行刻薄的抨击,对政治和道德沦丧进行激烈的评论,所有这些,诗人和历史学家都有强烈的感受。读古典文学的英语作家手头在做一件事,他的眼睛却盯着另一件做不到的事。我们将永远拥有拉丁语和希腊语的经典,它们永远也吸收不完。这点毋庸置疑。

《巴黎评论》：但是，更具体地说，拉丁语诗歌——您对它的研究，您的翻译——是如何影响您衡量英语诗歌的呢？

洛威尔：我最喜欢的英语诗歌是伊丽莎白时代那些难懂的戏剧诗和玄学诗，然后是十九世纪的诗，讲到它，我就有些颤栗和厌恶，它比其他任何东西都更接近我自己的写作。拉丁语文学与这两个时代的东西似乎很不相同。我很快就可以发现雪莱不像贺拉斯、维吉尔或者埃斯库罗斯——拉丁语诗歌是一种很成熟的诗歌，一种现实主义的诗歌，没有玄学诗派的那些机巧曲折。马维尔同贺拉斯相比，是多么脆弱、枯瘦、紧张的一个人啊！

《巴黎评论》：您对普罗佩提乌斯的改写呢？

洛威尔：我是通过庞德知道他的。后来我读拉丁语原著时，发现了另一个普罗佩提乌斯，你在庞德的译本中读不到的那一个。庞德笔下的普罗佩提乌斯是一个相当奥维德式的人物，有着很多庞德式的流畅、幽默和讽刺。真正的普罗佩提乌斯是一个激情四射、充满张力的诗人，相当绝望；他的行文更像是马洛[①]写的《浮士德博士的悲剧》中的部分章节。在所有古罗马诗人当中，他最像一个绝望的基督徒。他的种种经历，他与辛西娅的恋情，完全是撕心裂肺的，杀伤力很大。他就像一个堕落的基督徒。

《巴黎评论》：您翻译过其他拉丁语诗歌吗？

洛威尔：我译过一段独白，本来是想翻译维吉尔的，然后就完全变成改写了，其他好几首诗里也埋藏着一些翻译。在我的上一本书中，有一首

[①] 马洛（Christopher Marlowe，1564—1593），英国诗人，剧作家。代表作《浮士德博士的悲剧》《帖木儿大帝》《马耳他岛的犹太人》等。

诗叫作《说起婚姻中的不幸》[1]，开头就是对卡图卢斯诗句的翻译。我不知道有没有留下什么痕迹，但没有卡图卢斯，它就写不出来。

《巴黎评论》：您翻译过帕斯捷尔纳克。您懂俄语吗？

洛威尔：不懂。我是在其他几个英文译本的基础上改写的，甚至很少请俄语专家审读过。我想出版一本翻译集子。除了俄语，我读的都是原著，但我觉得自己完全可以做些自由的改动，而且我也不知道帕斯捷尔纳克看起来会不会比我仔细研究过的那个意大利人高冷一些。在出版之前，我想请一位俄语专家审读一下。

《巴黎评论》：我可以将您带回哈佛一会儿吗？您试过参加《哈佛呼声》编辑的选拔，为自己的候选资格吃了苦头，然后被拒绝了，这都是真的吗？

洛威尔：我帮他们固定了一块地毯。我忘记了当时的编辑是谁，但他写过弗罗斯特。那时候写弗罗斯特的人和现在写他的人很不一样，他们往往很保守，故步自封。那时候我写得并不是很好，也许我应该被拒绝。我试着像威廉·卡洛斯·威廉斯那样，写些很简单的自由体意象派诗歌。其中有几首我非常得意的诗当时被接收并排入校样了，但当我离开哈佛时，它们被撤稿了。

《巴黎评论》：那时候您认识什么诗人吗？

洛威尔：我有个朋友，哈利·布朗，现在写电影剧本，在好莱坞待了很多年。他那时是一个非常有前途的诗人。他来哈佛时还和哈里特·门罗通信往来了很长时间，比其他任何人都要领先得多。他可以模仿奥登、韦伯斯特、艾略特或克莱恩的风格。他高中都没毕业，不是大学生，但他是我感觉最亲近的人。我的其他朋友都不是作家。

---

[1] 这首诗被收录在《生活研究》的第三部分。

《巴黎评论》：您遇见过年纪更大一些的诗人吗？比如弗罗斯特，他一定就住在附近吧。

洛威尔：我带着写第一次十字军东征的一沓厚厚的史诗去拜访过弗罗斯特，诗是用笨拙的手写体在画着横线的纸上写出来的。他读了一页就说："你没有压缩。"然后他给我读了一首柯林斯①的短诗《勇敢的睡眠》，说："这不是一首伟大的诗，但它有节制。"他真的表现得很友善。你知道他怎么讲诗歌中的声音：他举了一个非常不寻常的例子，《海皮里昂》②开篇关于水泽仙女奈安的那一行，讲她用冰冷的手指按在唇上，看起来根本不像是要传递声音。接着他说："现在济慈在此活了。"这是给我的启示，当时令我深刻印象的是《海皮里昂》中那种对弥尔顿的极大模仿。我不知道自己当时是怎样的反应，但我退缩了，意识到自己的诗很散漫，很单调。

《巴黎评论》：是什么令您离开哈佛去肯庸的？

洛威尔：我结识了梅里尔·摩尔，他曾在范德比尔特当过"逃亡者"。他说我应该跟着诗人一块学习。他和兰色姆走得很近，就计划让我去范德比尔特；我本来是要去那里的，但兰色姆改去了肯庸。

《巴黎评论》：我知道您的离开极大地违背了家人的意愿。

洛威尔：嗯，我那时变得相当郁郁寡欢，很孤独，他们差不多也就接受了。他们本来希望我成为一个温雅合群的哈佛学生，但至少我会这样努力去做。在他们看来，这一步走得奇怪，但还是按部就班的。

《巴黎评论》：您家族中的知识分子和文学人物对您有帮助吗？

洛威尔：去南方之前，我真的不知道家族中还有这些人物。对我的

---

① 威廉·柯林斯（William Collins，1721—1759），18世纪英国诗人。
② 济慈的诗作。

家人来说,詹姆斯·拉塞尔·洛威尔是驻英大使,不是作家。艾米[①]在他们看来似乎有些古怪。我开始写作的时候,如果把艾米或詹姆斯·拉塞尔·洛威尔当成榜样,我认为就无法想象了。

《巴黎评论》:您是通过兰色姆认识泰特的吗?

洛威尔:我几乎是同时遇见了他们,但实际上,我在了解兰色姆之前就和泰特在一起了。

《巴黎评论》:福特·马多克斯·福特也曾在那里待过一阵子,是吗?

洛威尔:我在波士顿的一个鸡尾酒酒会上遇见了福特,并在雅典·奥林匹亚餐馆与他共进晚餐。他打算去拜访泰特夫妇,说:"来看看我吧,我们都要去田纳西州。"所以我就开车去了。他比我晚到,所以在他出现之前我就跟泰特夫妇很熟悉了。

《巴黎评论》:住在小帐篷里。

洛威尔:那时候年轻不懂事,脸皮很厚。他们虽然有一个黑人妇女到家中帮忙,但还是泰特夫人料理所有的家务。她要照顾三个客人和自己的家人,还要做饭、写小说。我这个年轻人来了,充满激情、性格古怪。我想我跟他们说了也许我应该和他们待在一起。他们就说:"我们真的没有房间了,你得在草坪上搭帐篷。"于是我去了罗巴克的西尔斯百货商场,买了帐篷在他们家草坪上搭起来。泰特夫妇碍于情面,不会告诉我,他们不过是打个比方。于是我在帐篷里住了两个月,吃饭就和泰特夫妇在一起。

《巴黎评论》:您一直都在给他看您的作品。

洛威尔:噢,我改变了自己的写作风格,从虚弱的自由体转向了形式

[①] 指艾米·洛威尔(Amy Lowell, 1874—1925),美国女诗人,著有诗集《多彩玻璃顶》等,去世次年获普利策诗歌奖。

主义，就几个月的时间。所有的诗行都押韵了，还是写得不好。但这是一个巨大的刺激。我的诗歌喷涌而出，并且去参加了各种作家会议。

《巴黎评论》：福特呢？

洛威尔：我去见他，暂时做起了他的口授记录员。这份活儿简直就是地狱，因为我不知道怎么打字。我把口述先手写记录下来，他说话有些含糊不清。我问他说了些什么，他便说："哦，你没有散文的节奏感。"然后又嘟囔了几句。等他说的我大部分都听懂了，我就在打字机上即兴发挥。

《巴黎评论》：所以，福特的作品有一部分我们还得感谢您。

洛威尔：《文学的演进》中的一些词句，论述普罗旺斯诗人的那几句吧。

《巴黎评论》：这件事发生在您进肯庸学院的前一个夏天。但是在《异样的国度》里，大部分的诗都是在您毕业后才写的，是吗？

洛威尔：是的，那些诗几乎都是我后来与泰特夫妇一起度过的那一年写的，尽管其中有些是对以前诗作的重写。我认为成为天主教的皈依者与再次写作有很大关系。我对当天主教徒比当作家更感兴趣。我读天主教作家的作品，但我不打算自己写作。但不知为什么，当我重新开始时，我不会说天主教给了我主题，但它确实给了我某种形式，我可以开始写诗，并把它发展到高潮。这和我以前的做法很不一样。

《巴黎评论》：那么，您为什么选择在那些宗教立场和政治立场与你迥然不同的小型自由派杂志上发表您的作品呢？您向《纽约客》或《大西洋月刊》投过稿吗？

洛威尔：我想我可能给《大西洋月刊》投过一篇写桑塔亚纳的稿子，而《纽约客》我什么也没给过。我认为《纽约客》发表了全国最好的一些散文,在许多方面比那些季刊和小杂志有趣得多,但诗歌却迷失在其中,没有目录,有的诗是轻体诗,没有特别好的连续性,在那里发表诗歌似乎没有什么意义。有一段时间,那些小杂志的宗教、政治立场和我的立场虽然大相径庭,但只有它们会发表我的东西,我想和它们待在一起。我喜欢像《新政治家》《国家》《新共和》这类稍微有点偏离主流的杂志。

《巴黎评论》:就因为它们离经叛道?

洛威尔:我想是的。一个我不一定同意的政治立场,会有一点点不利,但对我来说,它似乎比一个随波逐流的传统立场更有吸引力。那些杂志往往有很好的评论。我想你是为一小部分读者写的,为一个热忱的有批评精神的评论家写的。你知道,格雷夫斯说诗人应该互相帮助,因为他们是唯一有责任感的读者。这样也有一个危险——你会变得过于专业——但是我非常赞成你为这样的读者写作。如果作品能走得更远,那也挺好。

《巴黎评论》:然而,那些杂志,至少那些文学季刊,都患有一种先天性的、群体性的贫血症。例如《宗派评论》,我认为它是那些杂志中做得最好的一本,几乎难以想象他们会针对您最近出版的那本诗集发表一篇糟糕的评论,甚至是尖锐的批评。

洛威尔:我认为没有一家杂志喜欢抨击它的老撰稿人。《宗派评论》有时只是不去评论他们非常喜欢而他们的评论家却不喜欢的人写的书罢了。我知道沙皮罗在《宗派评论》中受到过攻击,然后又在那里发表了文章,其他人得到了不利的评论都会在事后特意给他们寄一些东西。你会觉得你发表过作品的杂志是不会发表那些比较差的作品的。优秀的小刊物可能会发表很多相当枯燥的东西,但至少那些是严肃的东西。即使写得很糟糕,想出风头,努力把某些东西推向公众也不是什么坏事。得到发表的是一种痛苦扭曲的个人无能,而不是一篇公开的花言巧语。我认为这和杂志上发表的好评论有关系。我们都在谈论《党派评论》没有猛烈抨击自己的投稿人,但《党派评论》在审稿方面有着相当严苛的标准,他们肯定不会去赞扬他们那些变糟糕了的投稿人。

《巴黎评论》:同代人中您最仰慕谁?

洛威尔:我最亲近的两个人是伊丽莎白·毕肖普——我之前谈到过她——还有贾雷尔,他们不是同类人。贾雷尔是一个伟大的文学家,一个见多识广的人,也是我这一代最优秀的文学评论家,最优秀的职业诗人。他写下了最好的战争诗,我觉得那些诗是我们的文化了不起的产物。我说过,伊丽莎白·毕肖普的诗更个人化,更多是她自己做的事,她不是个评论家,但有她自己的品位,而且可能是非常独特的。她的诗带给我的乐趣比任何人的都要多。我很喜欢沙皮罗的一些东西,还有罗特克[1]和斯坦利·库尼茨的一些东西。

《巴黎评论》:罗特克怎么样?他恰恰试图做您不想尝试的一切。

洛威尔:我们都给对方念过诗,有过争论,实际上我们的性情可能很相似,但他想要一首很有音乐感的诗,总是会和我的耳朵吵架,就像我会和他的眼睛吵架一样。他写情诗、儿童诗,还有令人吃惊的超现实主义诗歌,都是简单经验和力量之焰的糅合。他喜欢讲究修辞和音韵,但会有些打破常规的东西,有时会毁掉一首诗,有时又会成就它。我觉得自己对他所知道的东西一无所知,比如花花草草之类的。我认为我们分享的是狂欢时刻,尽情燃烧。每当我尝试写他那种诗的时候,我都会感到很无助,这才意识到他真的是精于此道。

《巴黎评论》:您显然也是戴尔莫·施瓦茨[2]非常亲近的一个朋友。

洛威尔:是的,而且我认为我从未见过像他这样深深影响我的人。说

---

[1] 西奥多·罗特克(Theodore Roethke, 1908—1963),美国诗人,曾凭诗集《苏醒》获普利策诗歌奖。

[2] 戴尔莫·施瓦茨(Delmore Schwartz, 1913—1966),美国作家、批评家和编辑。他最杰出的作品是讽刺诗,但也有评论家更欣赏他的短篇小说和批评性随笔。

起来还是个复杂的私人交往。他的阅读非常多样化，马克思、弗洛伊德和罗素，十分广泛，一点儿也不保守。他从小就知道这些东西，并且会用一种极好的透彻的风趣的方式来谈论它们。要是他见到 T.S. 艾略特，他会把对艾略特的印象与他对弗洛伊德的印象，以及他所读到的有关艾略特的文章混为一谈；所有这些东西都在他身上反反复复。我的大多数作家朋友都比施瓦茨更为专门化，学识有限，他们中大多数人所持的与社会格格不入的立场也同样狭隘。施瓦茨这个人给人以启示。他觉得有感而发的诗人要比技法娴熟的诗人好得多。华兹华斯会比济慈更加让他感兴趣——他希望对直接经验持开放的态度。他说，如果能让人们在一首诗里交谈，那你也就无所不能了。他自己的作品，《科利奥兰纳斯》和《谢南多厄》，在这方面就很有趣。

《巴黎评论》：这不就是您在谈自己对《生活研究》寄予的希望时所讲的吗？

洛威尔：是的，但从技术上来说，我认为戴尔莫和我很不一样。很少有诗人能够在技术层面让我有所获益。泰特是距离我最近的人之一。我认为我早期的诗作都是出于对他的诗歌的崇拜而写出来的。

《巴黎评论》：过去的诗人呢？

洛威尔：模仿某个人对我而言是件很难的事。我在这方面很自觉。这也许是个优势吧——你不会变得过于模仿——但这也是一个局限。当我觉得自己和别人很相像时，我就会颤抖。如果是里尔克、兰波或者是普罗佩提乌斯，你知道语言是个很大的障碍，而且如果你在模仿，你就是在做另外的事情。那样的模仿让我感觉有更大的自由。我想我尝试过像伊丽莎白时代的某些作家那样写。

《巴黎评论》：克莱恩呢？您说您读过很多克莱恩的作品。

洛威尔：是的，但他的风格很难模仿，我一直都不怎么会使用。他可能非常晦涩，但他用晦涩写出的诗比我所能写的更有启发性。克莱恩和泰特之间有某种关联，出于某种原因，泰特对我来说要容易得多。我可以看明白泰特是怎么做的，尽管泰特有一种节奏我从来都模仿不来。他比我更不守规则，我不知道那种节奏的出处，但我很欣赏。克莱恩在某个地方说过，他能写出五六行好诗句，但泰特能写出十二行合在一起的好诗句，而且你能看得明白这十二行诗是怎么写成的。泰特在某种程度上更像是个榜样：他这个人有很多野路子，他有很多结构。当然我了解他，从不了解克莱恩。我认为克莱恩是那一代人中的伟大诗人。他的作品比任何人发表的都多。不仅是作品拥有巨大的力量，而且他还以某种方式得到了整个纽约的认可，他让自己处于事物中心的方式，其他诗人是做不来的。他的生活充满各种混乱，但这都没有让他像其他诗人那样偏离正道，他所受到的限制比他同时代的任何诗人都要少。各种经验都齐全了，没有这点，如果你学到的只是他的各种造作，而不是他那简单的文风——如果写得不好，就只是滥情伤感——或者学到的只是他的晦涩，那么整个东西就只是词语的堆砌。那不是克莱恩。他整个人的力量都在这点上。但他的风格对我从来都没有起过作用。

《巴黎评论》：但是克莱恩的某些东西似乎已经进入您的作品中了——或许只是那种奔腾的力量感吧。我以为它来自对克莱恩的仔细赏读吧。

洛威尔：是的，我猜想是某种野性和力量吸引了我。但是，我写出难以理解的诗作并不是有意为之的，尽管我不知道克莱恩是不是有意的。我想写得丰富充实，但我觉得那些诗的逻辑都清晰而完美。解释一首像《航行Ⅱ》这样伟大的诗作，你可度过一段美妙的时光，它的一切都可以被解释，但是，它最后只是一首爱情诗，里面的各种意象极其混乱，但在情感上又是清晰的；散文性的释义不会让你对这首诗留有任何印象。我认为我写不出那样的诗，至少我从来没写过。

《巴黎评论》：您说您认识的大多数作家都与这个社会格格不入，这话是什么意思？

洛威尔：我开始写作那会儿，大多数伟大的作家都不受欢迎。他们的作品在大学里都没有，发行量很小。就连艾略特也不是很受欢迎。但是生活似乎就在那里。那时候似乎属于"揭盖"时期吧。其中一个伟大的"揭盖"时期就是勋伯格、毕加索、乔伊斯和艾略特早期的那个年代。那时候，一种力量进入了此后我们可能再也没有过的艺术领域。这些人都是相当传统的人，但他们所做的事情却让他们无法自由呼吸，他们几乎是破釜沉舟不顾一切去完成他们的伟大作品——即使是名不见经传但非常优秀的作家也一样，比如威廉斯，或者玛丽安·摩尔。他们的那种抗议和奇特之处几乎再也没有被重复过。他们是很棒的作家。你不会再见到像玛丽安·摩尔这样奇怪的人了，好久都没有见到了。尽管她很保守，具有詹姆斯式的风格，但她的诗却是一种惊世骇俗的、个人化的、奇怪的革命性诗歌。现在没有这么做的动机了。然而，那都是经典之作，而且在我看来，他们都是反主流的，玛丽安·摩尔和克莱恩在某种程度上是一样的。这就是小众的生活所在。要说明这些情感是否也是反主流的，是否是净化的、虚无的，或者是两者兼而有之，这将是一个巨大的话题。

《巴黎评论》：您和艾略特接触多吗？

洛威尔：我这一生中可能见过他二十来次吧，他总是那么善良。早在他出版我的作品之前，他的文件袋里就收了我的一些诗。我们之间存在着某种新英格兰式的联系吧。

《巴黎评论》：他有没有为您的作品写过一些帮助性的评论文章？

洛威尔：只是非常笼统的评论。对于我在费伯出版社出版的第一本书，他有喜欢之处也有不喜欢之处。然后他谈到我的上一本书《生活研究》——"这本书一流，我说的是真的"——这样的话说得非常低调又令人感觉欣慰。我觉得艾略特和许多受他影响的人相比，更不拘泥于形式，他的作品里有二十年代的一种自由，我觉得自己很赞同。他和弗罗斯特无疑都是伟大的新英格兰诗人。你不太会认为史蒂文斯是新英格兰的，是清教徒式的。他俩都是对传统的一种延续和批判，他们也可能是同样伟大的诗人。弗罗斯特不知何故把生命融入了一个死掉的传统。当时他那一类诗一定是几乎不能发表的，它刚被写出来的时候，是那么的陌生又新鲜。但它仍然是旧式诗歌，真的与现代写作无关——除了他是最伟大的现代作家之一。艾略特是极端现代的，是传统主义者所不能接受的。现在他被说成是一个文学独裁者，但在我看来，他处理他的立场时很精彩，尖锐而又优雅。那是一个狭隘的立场，而且不是我特别坚持的那种，但我认为他坚守的方式非常诚实，而且还对其有所完善和发展。艾略特做了他所说的莎士比亚做的事：他所有的诗都是一首诗，是一种延续的形式，已经成长，并随他像雪球一样越滚越大。

《巴黎评论》：我记得贾雷尔在评论《卡瓦纳家的磨坊》时说，弗罗斯特多年来一直在写叙事诗，笔调轻松，其他任何人都赶不上他。

洛威尔：贾雷尔说的是对的：除了弗罗斯特，没有人能像乔叟那样把故事写得有条理，清晰易懂。嗯，很多人都写叙事诗，但他们作品的肌理松软无力，缺乏灵感。弗罗斯特的诗却写得很有力量。其中大多数都是早期完成的，完成于《波士顿以北》的那个时期。这是一个奇迹，因为除了罗宾逊[①]——我认为弗罗斯特是一个比罗宾逊伟大得多的诗人，在英国和美国，没有人这样写。

《巴黎评论》：但您要是写《卡瓦纳家的磨坊》，并不会简单地只想讲一个故事吧。

洛威尔：对，我会写得比较晦涩，有点像伊丽莎白时代那种夸张的戏剧诗。我不太清楚如何去描述这种直接的经验。比如说勃朗宁吧，他天赋极高——几乎没有什么是勃朗宁不能运用的——可你觉得他所写的东西

[①] 指埃德温·阿灵顿·罗宾逊（Edwin Arlington Robinson, 1869—1935），美国诗人，生前曾三度获得普利策诗歌奖，四度获得诺贝尔文学奖提名。

和真正发生的事情还是有差别，有一层釉光，你觉得那些人物是编造出来的。但在弗罗斯特的诗中，你会觉得农民之类的人就是那个样子的。弗罗斯特的诗具有照片那样的特质，但又是艺术之作。这点非比寻常，现在几乎没有其他诗人能够做到这一点。

《巴黎评论》：您觉得拥有这种能力需要具备哪些特质？

洛威尔：我不知道。散文作家更具备它吧，相当多的散文作家都具备。这是对人的一种同情与观察。我最看重的就是深沉又带有点悲剧意味的诗。也许这样的诗弗罗斯特写得太多了吧，但那些诗有一种丰富性和亲切感，这点并非是悲剧性元素。有了那种遣词、造句和节奏感，再进入他的诗歌语言中，就会发现与他说话的语言非常相像——他的话语也是艺术之作，比其他人平时说话的语言好得多，而且对他来说很自然；他能将平凡的自我和诗意的自我保持一致——他的东西，其他人那样写只会平淡无趣。只有非常优秀的散文作家可以做到这一点，写出点东西来。你经常在福克纳那里看得到。虽然他有几分伊丽莎白时代那种修辞家的味道，跟弗罗斯特完全不同，但他可以写出这种惊人的即时性和简单性。到了诗歌这里，因为形式非常难，所有这点东西都被耗尽了。在一个非常传统的老式作家那里，或者在一个试图实事求是但又富有戏剧性和灵感的人那里，尽管他可能仍然是一个好诗人，但大多数的直白和现实主义都不见了。艾略特就很难做到这么直白，尽管你在《荒原》中会读到那么一点点，就是那个不可思议的伦敦佬片段[1]。他可以是他自己；我觉得艾略特在整个《四个四重奏》中都是真的他。在那里面，他可以非常聪明或是非常简单，他就在那里面，但是《四个四重奏》中没有其他人在。

《巴黎评论》：您的很多诗都是从真实的人和真实的事件中得来的吗？

洛威尔：我想，我在诗歌中用过我自己或偶尔几个实名的人，除此之

---

[1] 指"对弈"的最后一节。

外,那些人物都是纯粹虚构的。我试图把我实际看到的形象和我实际经历的事情以间接的方式放到诗歌来支撑他们。如果我写的是加拿大修女,那么这首诗里可能有上百种我看过的东西,但她并不是我所认识的任何人。我不相信有人会认为我写的修女是个真实的人。她有一颗心,活生生的,我希望吧。她有很多色彩和戏剧性,而且有些东西是弗罗斯特笔下的人物所没有的,但她不具备他们那种绝妙的生活品质。他的"库厄斯的女巫"① 绝对在那里。我从和他的谈话中得知,《波士顿以北》中大部分诗歌的人物都是他认识的真实的人,被他拽到一起。不过最重要的是,弗罗斯特的情节设计得如此精心与非凡,跟不存在似的。就像契诃夫的某些东西一样,这种技艺隐藏得非常之好。

《巴黎评论》:难道您不认为它很大一部分都取决于正确的细节吗?不论这些细节是否具有象征性,是它们把诗缠绕得越来越紧。

洛威尔:一点风景或者你已经感觉到的东西吧。几乎写诗的全部问题就在于把它带回到你真正的感觉上,而这需要一大堆的操练。可能门把手比某些重大的个人事件带给你的感觉更强烈,门把手会打开通向某个事物,你可以把这个事物当作自己的东西来使用。许多诗歌从传统上来讲似乎很好,只是不太能打动我,因为它没有个人的活力。我可能夸大了它的价值,但它对我来说是宝贵的。你注意到某个小小的意象、某个细节——你写的是一个乡村小店,仅仅是描述它,你的诗结果写成了存在主义的经验叙述。但是诗是这家小店引发的。你不知道为什么它对你意味着很多东西。通常都是意象,通常还有诗开始和结束的那种感觉,才是你所有的一切——写诗就是在这些东西之间穿行的一段旅程;你知道这点,但你并不知道它的细节。这太神奇了,然后你就觉得这首诗要出来了。这是一场可怕的挣扎,因为你真正感觉到的东西没有形式,它不是你能写在诗里的东

---

① 弗罗斯特写过一首名为《库厄斯的女巫》的诗,以一个寡妇和她四十岁的儿子的对话形式呈现,讲述了这个老女人年轻时不得不帮助丈夫藏起被她杀死的自己的情人骷髅,之后一直活在谎言和愧疚之中的故事,是一首非常精彩的叙事诗。

西。你所能写的诗,根本涉及不到你非常在意或有很多话要说的东西。你的技术装备分辨率足够高,你知道如何构建,用什么材料来创作一首诗,击中你真正想说的东西,当这些个东西都有了,最棒的时刻也就到来了。你可能都不知道你有话要说。

(原载《巴黎评论》第二十五期,一九六一年冬/春季号)

威廉·S.巴勒斯

◎小水/译

鞭炮和口哨声奏响了圣路易斯①一九六五年新年的到来。午夜降临,脱衣舞娘从煤气灯广场的酒吧里跑到大街上跳舞。此时,在圣路易斯最雅致的查斯公园广场酒店里,当晚独自在房间里看电视的巴勒斯已然熟睡。

第二天中午,他准备好了接受采访②。他身穿轻便的布克兄弟牌灰色西服三件套,里头一件来自直布罗陀的蓝色条纹衬衫,剪裁为英式风格,系一条有白色小波点的深蓝色领带。他的态度与其说是学究气,倒不如说有点好说教或爱辩论。他看上去就像一家私人银行的高级合伙人,为巨大但匿名的财富规划走向。笔者的一位朋友在大厅对面看到巴勒斯时,还以为他是英国的外交官。五十岁的他身材瘦长,每天进行复杂的腹部锻炼,并经常散步。他的脸上没有一点赘肉,表情紧绷,五官锐利,棱角分明。在采访过程中他面无笑容,只有一次发出了笑声,但你能想象,换一个场合他可以讥笑连连。他的嗓音铿锵有力,语气通情达理,富有耐心;他的口音是中大西洋式的,是美国人在国外旅居多年后获得的那种无地域的抑扬顿挫。他说话晦涩、简短,思路清晰。

在他房间的梳妆台上放着一台欧洲晶体管收音机、几本科幻小说、约瑟夫·康拉德和福特·马多克斯·福特的《浪漫》、吉姆·毕晓普的《林肯遇刺日》,以及詹姆斯·雷诺兹的《美国房子里的幽灵》。一台装在旧皮

---

① 美国密苏里州的第二大城市。
② 这次采访发生在巴勒斯的《新星快车》出版两个月后。

ST. LOUIS RETURN

(ticket to St. Louis and return in a first-class room for two people who is the third that walks beside you?) After a parenthesis of more than 40 years I met my old neighbor, Rives Skinker Mathews, in Tangier. I was born 4664 Berlin Avenue changed it to Pershing during the war. The Mathews family lived next door at 4660—red brick three-story houses separated by a gangway large back yard where I could generally see a rat one time or another from my bed-room window on the top floor. Well we get to talking St. Louis and 'what happened to so and so' sets in and Rives Mathews really knows what happened to any so and so in St. Louis His mother had been to dancing school with 'Tommy Elliot'—(His socks wouldn't stay up. His hands were clammy. I will show you fear in dancing school)—Allow me to open a parenthesis you see Rives Mathews had kept a scrap book of St. Louis years and his mother left a collection of visiting cards from the capitals of Europe. I was on my way back to St. Louis as I looked through Rive's scrap book dim flickering pieces of T.S.Elliot rising from the pages—(But what have I my friend to give you put aside on another tray? Those cards were burned in my winter house fire, October 27, 1961—Comte Wladmir Sollohub Rashis Ali Khan Bremond d'ars Marquis de Migre St.John's College 21 Quai Malaquais Principe de la Tour—Gentilhomo di Palazzo—you're a long way from St. Louis and visa versa.)

'I want to reserve a drawing-room for St. Louis.'
'A drawing room? Where have you been?'
'I have been abroad.'
'I can give you a bed-room or a roomette as is smaller.'
'I will take the bed-room.'

6.40 P.M. Loyal Socks Rapide out of New York for St. Louis—Settled in my bed room surrounded by the luggage of ten years abroad I wondered how small a roomette could be. A space capsule is where you find it. December 23, 1964, enlisting the aid of my porter, a discret Oriental personage and a far cry indeed from old 'Yassah Boss Gworge' of my day, a table was installed in this bed-room where I could set up my Facit portable and type as I looked out the train window. Snapping an occasional picture with my Zeis Ikon, I could not but lament the old brass spittoons, the smell of worn leather, stale cigar smoke, steam iron and soot. Looking out the train window—click click clack—back back back—Pennsylvania Railroad en route four people in a drawing room::: One lad's through an old joke magazine called LIFE:—('What we want to know is who put the sand in the spinach?')—A thin boy in prep school clothes thinks this is funny. Ash gathers on his father's Havana held in a delicate gray cone the way it holds on a really expensive cigar. Father is reading The Wall Street Journal .. mother is putting on the old pan cake, The Green Hat folded on her knee. Brother 'Al' they call him is looking out the train window. The time is 3 P.M. The train is one hour out of St. Louis Missouri. Sad toy trains it's a long way to go see on back each time. place what I mean dim jerky far away./take/ Look out the window of the train. Look. Postulate an observer Mr.B. from Pitman's Common Sense Arithmetic at Point X one light hour away from the train. Postulate further that Mr.B. is able to observe and photograph the family with a telescopic camera. Since the family image moving at the speed of light will take an hour to reach Mr.B., when he takes the 3 P.M. set the train is pulling into St. Louis Union Station at 4 P.M. St. Louis time George the porter there waiting for his tip. (Are you a member of the Union? Film Union 4 P.M.?). The family will be met at the station by plain Mr.Jones or Mr.J. if you prefer.
(It was called Lost Flight. Newspapers from vacant lots in a back alley print a shop lifted bodily out of a movie set the Editor Rives Mathews,

威廉·S. 巴勒斯《回归圣路易斯》的一页手稿

套里的蔡司伊康相机躺在其中一张单人床上，旁边还有一册《田野与溪流》杂志。另一张床上放着一把长剪刀、报纸社会版的剪报、许多照片和一本剪贴簿。一台法西特便携式打字机摆在书桌上。渐渐地你会意识到，这个房间虽然整洁，却有着大量纸张。

巴勒斯不停地抽烟，在一盒英椭和一盒金边臣之间交替取用。随着采访的进行，房间里变得烟雾缭绕。他打开了窗户。外面的温度有七十华氏度①，是圣路易斯历史上最暖和的元旦；一只黄胡蜂飞进来，停在窗玻璃上。明亮的下午光线渐暗。孩子们微弱的哭声从宽阔的砖砌小巷中传来，巴勒斯小时候就在那里玩耍。

——康拉德·尼克伯克，一九六五年

《巴黎评论》：你是在这里长大的吗？

威廉·S.巴勒斯：是的，我在约翰·巴勒斯中学和泰勒中学念书，之后在西部待了一段时间，然后去了哈佛。

《巴黎评论》：你和那家加法器公司②有什么关系吗？

巴勒斯：那是我爷爷的公司。你知道，加法器其实并不是他发明的，但他想出了使其便于使用的小花招，也就是一个装满油的气缸和一个带孔的活塞，活塞永远以相同的速度上下移动。非常简单的原理，就像大多数发明一样。这让我有了一点钱，不多，但有一点。

《巴黎评论》：你在哈佛做了什么？

---

① 约合二十一摄氏度。
② 即巴勒斯加法器公司（Burroughs Adding Machine Company）。巴勒斯的祖父威廉·西沃德·巴勒斯一世于19世纪80年代发明了新型加法器，随后创办了这家公司。

巴勒斯：学习英国文学。约翰·利文斯顿·洛斯。惠廷①。我旁听了基特雷奇②的课。这几个人是我主要记得的。我住在亚当斯楼，不久我吃腻了那里的食物，搬到了克拉弗利厅，最后两年我住在那里。我在大学里没写作过任何东西。

《巴黎评论》：你是什么时候开始写作的，契机是什么？

巴勒斯：我大约在一九五〇年开始写作，当时我已经三十五岁了。好像没什么强烈的动机。我只是想用一种比较直截了当的新闻报道风格，写下自己关于药物成瘾和药物成瘾者的经历。

《巴黎评论》：为什么你觉得有必要记录下这些经历？

巴勒斯：我没觉得有什么必要。我只是没别的事情可做，写作让我每天有点事做。我不觉得我那时写下的东西有什么了不起。说真的，《瘾君子》并不是什么像样的书。那时候我不懂要怎么写作。

《巴黎评论》：你写《瘾君子》的时候人在哪里？

巴勒斯：在墨西哥城。我当时住在西尔斯百货附近，离墨西哥大学就一个拐弯。我在军队里待过四五个月，靠《退役军人权利法案》给的补贴，在那里研究当地方言。我去墨西哥的部分原因是美国越来越难搞到药物了。在墨西哥入手药物很容易，我不用四处乱转，也没有来自法律的压力。

《巴黎评论》：你为什么开始接触成瘾药物？

巴勒斯：好吧，因为太无聊了。做一个成功的广告主管之类的，或者过哈佛为你设计的那种生活，我对这些似乎没什么兴趣。一九四四年我在纽约染上毒瘾后，事情开始接二连三地发生。我遇到了一些法律麻烦，结

---

① 指巴特利特·杰雷·惠廷。
② 指乔治·莱曼·基特雷奇。以上几位都是当时哈佛大学教授英国文学的老师。

婚了，搬到新奥尔良，然后去了墨西哥。

《巴黎评论》：在这个国家，谈到药物滥用问题总是伴随着大量中产阶级式的窥阴癖眼光，而在文学界，对瘾君子则有着彻头彻尾的崇拜心理。你显然不同意这些观点。

巴勒斯：是的，大部分都是胡说八道。我认为成瘾药物之所以有趣，主要在于它作为一种化学手段，通过改变新陈代谢，从而改变了我们所说的现实，我把现实比作一种多少恒定不变的扫描模式。

《巴黎评论》：你对致幻剂和新型迷幻药 LSD-25 有什么看法？

巴勒斯：我认为它们非常危险，比海洛因更危险。它们可以产生压倒性的焦虑状态，我见过有人想要跳出窗外的；而海洛因上瘾者主要对盯着自己的脚趾感兴趣。除了无药可嗑外，成瘾者最怕的是药物过量。幸好，我已经尝试过大多数的致幻剂，没有出现焦虑反应。LSD-25 对我产生的效果类似于麦司卡林①。像所有的致幻剂一样，LSD 放大了我对事物的感知，那不是任何实际的幻觉，而更接近于一层迷幻滤镜。比如你注视着一个门把手，它看上去仿佛在旋转，尽管你心里知道这是药物的作用。你还会看到梵高式的五彩斑斓，连同所有那些旋涡，耳边是宇宙噼啪作响。

《巴黎评论》：你读过亨利·米肖②关于麦司卡林的书吗？

巴勒斯：他的想法是走进自己的房间，关上房门，沉浸在这种体验中。关于麦司卡林，我最有趣的体验是在去户外四处走动时发生的——色彩、日落、花园。不过，它会产生一种可怕的宿醉症状，令人讨厌。它让你生病，干扰你的协调性。我已经体验过了所有我需要的有趣效果，我不想再重新经历那些极不愉快的身体反应。

---

① 学名三甲氧苯乙胺，一种致幻剂，在 20 世纪 60 年代被广泛使用。
② 亨利·米肖（Henri Michaux, 1899—1984），法国诗人和画家，曾尝试使用麦司卡林，并用文字和绘画记录下自己的感受。

《巴黎评论》：药物的幻觉和艺术的幻觉不会混为一谈吗？

巴勒斯：从来没有。迷幻剂会产生某种幻觉状态，但吗啡及其衍生物会降低人对体内变化、思想和感觉的意识。它们是止痛药，纯粹而简单。对于创造性工作来说，它们绝对是禁用的，我把酒精、吗啡、巴比妥酸盐、镇静剂——所有有镇定效果的药物——都包括在内。至于幻觉和海洛因，我在上瘾之初有过一段幻觉期，比如说，有种在空间中高速移动的感觉。但是一旦完全成瘾，我就完全没有幻觉了——任何幻觉——也很少做梦。

《巴黎评论》：你为什么不再使用成瘾药物了？

巴勒斯：一九五七年我住在丹吉尔①，有一个月的时间我都待在旧城区的小房间里盯着自己的脚趾。房间里堆满了"优可达"②的空盒；我突然意识到我什么都没在做。我正在死去。我一心想结束这种状态。于是我飞到伦敦，让约翰·耶伯里·丹特医生对我进行治疗。我听说过他使用阿朴吗啡疗法的成功事迹。阿朴吗啡仅仅是在盐酸中煮沸的吗啡，它不会令人上瘾。阿朴吗啡的作用是调节我的新陈代谢。它是一种代谢调节剂。它在生理上治愈了我。我在莱克星敦时已经戒过一次，虽然我出狱时戒掉了药物，但身体里仍有残留物。阿朴吗啡消除了这些残留。我一直试图唤起国人对它的兴趣，但四处碰壁。绝大多数人——社会工作者、医生——都对成瘾抱有警察式的心态。最近，加利福尼亚有位缓刑监督官写信给我，询问阿朴吗啡疗法的事情。我准备详细回答他。我总是回复这样的信。

《巴黎评论》：你复发过吗？

巴勒斯：有过几次。时间很短。两次都用阿朴吗啡治好了，现在海洛因对我不再有诱惑力。我纯粹是不感兴趣了。我周围经常能见到海洛

---

① 摩洛哥北部的滨海城市。
② 学名羟考酮，一种阿片类的强效镇痛药，曾被大量用于战场镇痛，希特勒也曾接受注射。

因。我认识很多瘾君子。我不需要动用任何意志力。丹特医生总是说，没有意志力这回事。你必须达到这样一种心理状态——你不想要它，也不需要它。

《巴黎评论》：你认为成瘾既是一种疾病，但也是人类的核心事实，是一种戏剧性事件？

巴勒斯：两者都是，毫无疑问。这就像任何人不小心成为酒鬼的过程一样简单。他们开始喝酒，仅此而已。他们喜欢酒，于是他们喝酒，然后他们变成酒鬼。我在纽约接触到了海洛因——也就是说，我和吸海洛因的人混在一起；我吸了；效果很好。我继续吸，然后就上瘾了。要记住，如果海洛因能唾手可得的话，十个人里十个会上瘾。有人说毒瘾多半是种心瘾，我觉得这种想法荒谬至极。它和疟疾一样无关心理。这就是能否吸到的问题。一般来说，人们会服用任何麻醉剂或能让他们愉快的药物，只要他们有获得的途径。例如，在伊朗，直到最近鸦片还在商店里出售，在两千万人口中，有三百万成瘾者。也有各种形式的精神成瘾。任何能通过化学手段完成的事情，都可以通过其他方式达成，只要我们对其中的过程有足够的了解。许多警察和缉毒人员正是对权力上瘾了，沉迷于对无助的人行使某种恶心的权力。那种恶心的权力也就是正确性——我称之为"白色毒品"；他们是正确的，正确的，正确的——如果他们失去这种权力，他们将遭受痛苦的戒断症状。整个俄罗斯官僚机构给我们的印象是，这些人完全醉心于权力和占据支配地位，这一定是一种瘾头。假设他们失去了它？好吧，他们这辈子就完了。

《巴黎评论》：你能详细谈谈你把图像比作成瘾药物的想法吗？

巴勒斯：这只是一种理论，而且，我觉得这种理论还不充分。我认为没有人真正了解麻醉药是什么，或者它是如何起作用的，它是如何扼杀疼痛的。我的想法没什么根据。在我看来，在疼痛中受到损害的无疑是图像，而吗啡一定在某种意义上取代了图像。我们知道吗啡可以覆盖细胞，而且吸毒者对某些病毒、对流感和呼吸道疾病几乎是免疫的。这很简单，因为流感病毒必须在细胞受体上打一个洞。当这些受体被覆盖时，就像吗啡成瘾时那样，病毒就无法进入。一旦停用吗啡，成瘾者就会立刻患上感冒，而且常常是流感。

《巴黎评论》：某些精神分裂症患者也能抵御呼吸道疾病。

巴勒斯：很久以前我曾提出猜测，在末期成瘾症和末期精神分裂症中存在着相似之处。这就是为什么我建议可以让这些人对海洛因上瘾，然后拿走海洛因，看看他们能否行动起来；换句话说，看看他们是否会穿过房间，拿起注射器。不用说，我没有进一步尝试，但我想这会很有意思。

《巴黎评论》：那么，麻醉药扰乱了正常的感知——

巴勒斯：然后给你随机植入一种对图像的渴求。如果毒品在美国不被禁止，它们将是完美的中产阶级恶习。吸毒者会完成他们的工作，接着回家消费大众媒体中等待他们的大剂量图像。瘾君子太喜欢看电视了。比利·哈乐黛说，当她不想看电视时，她就知道她要戒毒成功了。或者他们会坐着看报纸或杂志，天啊，从头看到尾。我在纽约认识一个老瘾君子，他会出去买很多报纸和杂志，外加一些甜食棒和几包香烟，随后坐在自己房间里，径直开始读那些报纸和杂志。不加区别。一字不落。

《巴黎评论》：大多数作家将他们的努力投注在意识层面的理性装置上，但你的主要兴趣似乎在于绕过这一装置。

巴勒斯：我不知道小说通常是怎样的走向，但我很刻意地把自己放进我们称之为"梦"的那一整片领域。确切地说，什么是梦？梦是某种文字和图像的并置。我最近用剪贴簿做了很多实验。我可能在报纸上看到了一些东西，让我想起以前写过的文章，或者和它们有些关联，我便把图片或文章剪下来，贴在剪贴簿上，一旁则是我书里的文字。又比如，我走在大街上，突然看到我书中的某个场景，我就把它拍下来，收进剪贴簿里。我可以给你看看其中一些。我发现，在准备一页内容的时候，当晚我几乎一准会梦到和这些图文组合有关的东西。换句话说，让我感兴趣的正是文字和图像之间极为复杂的相互关联。我做了很多我称作"时间旅行"的练习，记下各种搭配组合，比如我在火车上拍到的东西，我当时在想什么、读什么、写什么；所有这些都是为了看看我究竟能多么完全地将自己投射回时间上的那一点。

《巴黎评论》：在《新星快车》中，你表示沉默是一种理想的状态。

巴勒斯：是最理想的状态。从某种意义上说，用一种特殊的方式去使用文字和图像可以将人引向沉默。剪贴簿和时间旅行是扩张意识的训练，让我学会用联想区块去思考，而不是用文字。我最近花了一点时间研究象形文字系统，包括埃及和玛雅的象形文字。一整块的联想——嘭！——就像这样！文字，至少我们使用文字的方式，会阻碍我所说的"非身体体验"。现在是我们考虑离开身体的时候了。

《巴黎评论》：马歇尔·麦克卢汉说，你认为在海洛因的帮助下，能够把人体变成一个包罗万象的环境。但从你告诉我的情况来看，你对把身体变成环境毫无兴趣。

巴勒斯：不感兴趣，成瘾药物会缩小意识。对我这个作家来说，唯一的好处（除了让我接触到了那整个游乐场般的世界外）发生在我戒毒之后。我想做的是学会多看看外面的世界，看看外部，尽可能去实现一种对周围环境的完全感知。贝克特想向内走。他先是在一个瓶子里，现在是在泥浆里。我的目标在另一个方向上——向外。

《巴黎评论》：你是不是已经能够做到用图像的方式去长时间地思考，内心不发出一点声音？

巴勒斯：我在这方面越来越熟练了，部分是通过我的剪贴簿工作，以及转译文字和图像之间的联系。你试试看。仔细记住一段话的意思,然后读它;你会发现你实际上可以在心里不发出任何声音的情况下阅读这段文字。超凡的体验,而且这种体验会延续到梦中。当你开始用图像思考,不用文字,你就找对方向了。

《巴黎评论》:为什么脱离文字的状态如此令人向往?

巴勒斯:我想这是进化的趋势。我认为文字是一种遍及世界的、落伍的做事方式,是笨拙的工具,它们最终会被淘汰,可能比我们想象得更快。这是在太空时代会发生的事情。大多数严肃作家都拒绝让自己接受技术正在做的事情。我一直无法理解这种恐惧。他们中的许多人害怕录音机,而任何将机械手段用于文学创作的想法对他们来说都似乎是种亵渎。这是对剪切法[1]的一种反对意见。这种情况非常多,一种对文字的迷信敬畏。老天,他们说,你不能剪切这些文字。为什么我不能?我发现相比作家,那些不是作家的人——医生、律师或工程师,任何思想开放、头脑聪明的人——更容易对剪切法感兴趣。

《巴黎评论》:你是如何对剪切法产生兴趣的?

巴勒斯:我有个朋友叫布里翁·吉辛,他是一位美国诗人兼画家,在欧洲生活了三十年,据我所知,他是第一个发明剪切法的人。他的剪切诗《还有几分钟》由英国广播公司播出,后来以小册子的形式出版。一九六〇年夏天,我人在巴黎;那时候《裸体午餐》已经在法国出版。我对这种技法的潜力产生了兴趣,开始自己做实验。当然,当你想到剪切法,《荒原》是第一个伟大的剪切拼贴作品,特里斯唐·查拉[2]也沿着同样的路线做了一点。多斯·帕索斯在《美国》的"镜头之眼"片段中使用了

---

[1] 剪切法(cut-up)是一种由巴勒斯推广的文学技巧,通过剪切文本并重新排列来创造出全新的文本。
[2] 特里斯唐·查拉(Tristan Tzara,1896—1963),罗马尼亚裔法国先锋诗人,达达主义运动创始人。

同样的想法。我觉得我一直在朝着同一个目标努力,因此,当我亲眼看到有人完成了剪切法,这对我的启示是非常之大的。

《巴黎评论》:剪切法为读者提供了什么传统叙事所没有的东西?

巴勒斯:任何叙述性段落或说任何段落,只要包含着诗意的意象,都能千变万化,所有这些变化单独拿出来都可以是有趣且成立的。一页兰波的文字被剪切并重新排列,会给你带来耳目一新的意象。兰波的意象——真正的兰波的意象——但是是新的。

《巴黎评论》:你反对意象的堆叠,同时你似乎也在寻找新的意象。

巴勒斯:是的,这是任何用文字和图像工作的人都要面对的悖论的一部分,毕竟,这就是作家仍然在做的事情。画家也一样。剪切法在意象之间建立了新的联系,人的视野范围也随之扩大。

《巴黎评论》:与其麻烦地用剪刀和这些纸片来工作,同样的效果,你就不能简单地通过在打字机前自由联想来达到吗?

巴勒斯:人的思维无法用这种方式处理内容。举个例子,现在,如果我想对这个〔拿起一本《国家》杂志〕使用剪切法,我有很多方法可以做到。我可以跨栏阅读;我可以念,"今日人类的神经围绕着我们。电气化的每一项技术扩展都涉及集体环境的行为。人类的神经环境系统本身可以通过其所有的私人价值和社会价值重新编程,因为它是内容。它按照逻辑编程,就像任何无线电网被新环境所吞噬一样容易。感官的秩序"。你发现它往往和原文一样有意义。你要学会撇开文字,建立联系。〔打手势〕假设我把这个从中间切开,然后把这个放在这里。你的大脑根本完成不了。这就像要把无数的棋步记在心里,你想做也做不到。有关压抑和选择的心理机制也在阻碍你做到这些。

《巴黎评论》:你相信经过训练后,读者最终能对剪切法有良好的反应？

巴勒斯：当然，因为剪切法使一种时刻在进行的心理感知过程变得明确。有人正在阅读一份报纸，他的眼睛老老实实地跟随文章，一次读一个观点和句子。但在潜意识里，他正在同时阅读两侧的栏目，并留意着坐在他旁边的人。这就是一种剪切。有次我坐在纽约的一个小餐厅里品尝着甜甜圈和咖啡。我在想，人在纽约确实有点被框住的感觉，就像生活在一连串的盒子里。我看向窗外，有一辆巨大的耶鲁叉车。这就是剪切——外面发生的事情和你脑中所想之事的并置。走在街上，我会把这作为一种练习。比方说，我走到这里，看到了那个标志；我脑子里想的是这个。回到家后，我会把这些用打字机记录下来。这些材料中，有些我会用，有些不会。不夸张地说，我这里有几千页的笔记，没经过加工的，我同时还写日记。从某种意义上说，这就是在时间中旅行。

大多数人注意不到身边在发生的事。这是我最想对作家说的话：看在上帝的分上，睁大你的眼睛，注意你周围发生了什么。比如说，我和朋友走在街上。我问："你看到他了吗？刚刚走过去的那个人！"没有，他们没有注意到他。我在来这儿的火车上度过了一段愉快的时光。我已经很多年没坐过火车了。我发现那里没有贵宾包厢。我找了一间卧厢，这样我就可以摆上我的打字机，看看窗外。我也拍照。我还留意了所有的标志和我当时的想法，你看。我有一些绝妙的并置。举个例子，我的一个朋友在纽约有一间阁楼公寓。他说，"每次我们出门再回来，只要浴室的门没关，家里就会有一只老鼠"。我向窗外看去，那里是艾博虫害防治公司。

《巴黎评论》：剪切法的一个缺陷似乎在于我们所使用的语言基础，即直接陈述句。要改变这点需要很大的努力。

巴勒斯：是的，不幸的是，这是西方思想的重大错误之一，即整个非此即彼的主张。你还记得柯日布斯基[①]和他的非亚里士多德逻辑吧。非此即彼的思维就是不准确的思维。这不是事情发生的方式,我觉得亚里士多德式结构是西方文明的巨大桎梏之一。剪切法是一场打破这种结构的运动。我可以想象,中国人接受剪切法或许会容易得多,因为你知道,随便给出一个方块字,他们都已经有很多种方法来解读它了。汉字已经被剪切了。

《巴黎评论》: 使用剪切法后,小说中平铺直叙的情节会变成什么样?

巴勒斯: 情节一直具有明确的舞台指导功能,它使人物从这里去到那里,这点将延续下去,但新的技法,如剪切法,将对观察者的总体能力有更高的要求。它丰富了整个审美经验,将其扩展。

《巴黎评论》:《新星快车》是对许多作家的剪切?

巴勒斯: 里面有乔伊斯。莎士比亚,兰波,一些没人听过的作家,一个叫杰克·斯特恩的人。有凯鲁亚克。我记不清了,当你开始做这些叠入[②](不是剪切,而是折叠)和剪切,你就会忘记出处。热内,当然,我很欣赏他。但他写的是经典法国散文。他不是一个语言创新者。还有卡夫卡、艾略特,我的最爱之一是约瑟夫·康拉德。我的小说《他们只是渐渐消失》,就是将《吉姆爷》叠入了。事实上,它几乎是把《吉姆爷》的故事再讲了一遍。我书里的史泰和《吉姆爷》里的史泰是同一个人。理查德·休斯是我的另一个最爱。还有格雷厄姆·格林。作为练习,当我旅行时,比如从丹吉尔到直布罗陀,我会在一直随身携带的笔记本上分三栏记录。一栏是简单的行程流水账,记录发生了什么。我到达航站楼,工作人员说了什么,我在飞机上听到了什么,我入住了什么酒店。第二栏记下我

[①] 阿尔弗雷德·柯日布斯基(Alfred Korzybski, 1879—1950),波兰裔美籍哲学家,著有《科学与健全精神:非亚里士多德体系与普通语义学入门》,对现行的语体系即亚里士多德语言体系进行了批判,为普通语义学派奠定基础。

[②] "叠入法(fold-in)"是一种与"剪切法"相关的文学技巧,由巴勒斯和吉辛共同发明,通过将两页文字竖着折叠掉一部分后拼合在一起,创造出新的文本。

的回忆；也就是，我当时在想什么，我的见闻激活了我哪些回忆；第三栏，我称之为我的阅读栏，上面是我带在身边的书的书摘。在去直布罗陀的几趟旅行途中，我几乎完成了整部小说。除了格雷厄姆·格林，我还用过其他书。我在一次旅行中用了汤姆·李①的《锦绣山河》。让我们看看，还有艾略特的《鸡尾酒会》；理查德·休斯的《在危险中》。比如，我正在读《锦绣山河》，主人公刚刚越过边境进入墨西哥。好吧，就在这时我到达了西班牙边境，所以我在空白处记下这一点。或者我坐着船或火车，正在读《安静的美国人》。我环顾四周，看看车上或船上是否有一个安静的美国人。果然，有一个安静的美国小伙，剃着平头，拿着一瓶啤酒在喝。这妙极了，只要你好好睁大你的眼睛。我正在读雷蒙德·钱德勒的书，书里有个白化病枪手的角色。我的上帝，假使房间里有个枪手，那他一定得是个白化病人。

还有谁？稍等，我查一下我的搭配书，看看有没有漏掉谁——康拉德，理查德·休斯，科幻小说，很多科幻小说。埃里克·弗兰克·拉塞尔②写了一些非常非常有趣的书。这里有一本，《星际病毒》，你可能没听说过。他在书里提出了一个概念，他称之为"死线者"（Deadliners），他们外表怪异、衣衫褴褛。我在直布罗陀时读了这本书，我开始发现死线者到处都是。小说里有一个鱼塘，还有一个很大的花圃。我父亲总是对园艺非常感兴趣。

《巴黎评论》：考虑到上述一切，在未来的二十五年里，小说会发生什么变化？

巴勒斯：首先，我认为艺术和科学会有越来越多的融合。科学家已经在研究创作的过程，我觉得艺术和科学之间的整个界限将被打破，我希望

---

① 即托马斯·C.李三世（Thomas C. Lea III，1907—2001），美国插画家、作家，《锦绣山河》是其长篇小说代表作。
② 埃里克·弗兰克·拉塞尔（Eric Frank Russell，1905—1978），英国作家，以科幻小说和短篇小说写作闻名。但巴勒斯此处记忆有误，他下文提及的《星际病毒》并非拉塞尔作品，而是由另一位英国科幻小说家巴灵顿·J.贝利创作。

科学家会变得更有创造力,作家则更有科学性。而且我认为艺术界没有理由不能与麦迪逊大道完全融合。波普艺术就是朝这个方向迈出的一步。为什么我们的广告里不能有美丽的文字和美丽的图像?我注意到,已经有一些非常漂亮的彩色摄影出现在威士忌广告中。科学也将为我们发现联想区块究竟是如何形成的。

《巴黎评论》:你认为这会摧毁那种不可思议的魔力吗?

巴勒斯:一点儿也不会。我觉得这反而会增强它。

《巴黎评论》:你有用电脑创作过什么吗?

巴勒斯:没有,但我看过一些电脑生成的诗歌。我可以从那些电脑诗里选一首,试着找到与它相关的东西,也就是说,找到与之相配的图片。这是很有可能的。

《巴黎评论》:它出自机器这一事实会不会削弱它对于你的价值?

巴勒斯:我认为,任何艺术创作都必须借助外物。

《巴黎评论》:所以,你不会为黑猩猩能画出抽象画而感到不安是吗?

巴勒斯:如果猩猩画得很好,那就不会。人们对我说,"哦,你的作品是很棒,但你是通过剪切得到的"。我说,这和我怎么得到的没有关系。有什么写作不是剪切?必须有人去给机器编程;必须有人去进行剪切。请记住,我首先进行了选择。在我可能会使用的数百个潜在的句子中,我挑中了一个。

《巴黎评论》:顺便一提,《新星快车》中有一个画面一直在我脑海中浮现,我不太理解:灰色房间,"闯进灰色房间"。

巴勒斯:我认为那个房间非常像摄影暗房,现实照片在那里被实际生产出来。《新星快车》中隐含着一个理论,即我们称之为现实的东西实际上是一部电影。它是一种胶片,我把它叫作"生物胶片"。发生的事情是,地下组织和新星警察已经突破了守卫,进入了处理胶片的暗房,在那里他们能够曝光底片,阻止事件的发生。他们就像任何地方的警察一样。好吧,现在形势不妙,新星暴徒即将炸毁这个星球,所以重金属小子叫来了新星警察。一旦你请来了他们,天啊,他们就开始像所有警察一样行事。警方总是一个充满矛盾的机关。我记得有一次在南美,我向警察抱怨说有人偷了我一台相机,结果他们把我给逮捕了,说我没登记过还是啥的。换句话说,一旦你把他们请到现场,他们就真的开始四处打探。一旦司法人员开始问问题,那就没完没了了。如果你愿意的话,也可以把"新星警察"替换成"技术"。

《巴黎评论》:玛丽·麦卡锡[①]写过《裸体午餐》的书评,谈论了书中人物的狂欢节起源。他们有什么其他由来吗?

巴勒斯:这个狂欢节般的世界正是我想要创造的——美国中西部,小镇,CB乡村店[②],有着愚蠢滑稽剧式的民间传说,基本就是我自己的出身背景。那个世界是美国不可分割的一部分,你在其他地方找不着,至少不是以同样的形式存在。我母亲那边的家族都是南方人。我的外公是卫理公会的巡回牧师,有十三个孩子。他们中的大多数人都去了纽约,在广告和公关领域有所建树。我其中一个叔叔是形象设计大师艾菲·李,他是洛克菲勒的公关经理。

《巴黎评论》:听说你在完成《裸体午餐》时,为了创造书中角色做了大量的表演,这是真的吗?

巴勒斯:不好意思,对于一本书的创作,或者一个事件来说,不存在一种准确的描述。阅读达雷尔的《亚历山大四重奏》,可以了解到看待同一事物的四种不同方式。吉辛看到我往巴黎酒店房间的墙上贴图片,用录

[①] 玛丽·麦卡锡(Mary McCarthy, 1912—1989),美国小说家及文学评论家。
[②] Cracker Barrel,美国一家由餐馆与礼品店组成的连锁店,以南部乡村为主题。

音机录下自己表演的几种声音。实际上，这本书主要是在丹吉尔写的，是一九五七年我在伦敦接受丹特医生的治疗之后。我回到丹吉尔，开始研究我多年来做的大量笔记。这本书的大部分内容就是在那个时候写的。大约一九五九年的时候，我去了巴黎，身上带着一大堆手稿。吉罗迪亚斯[①]很感兴趣，问我能不能在两周内把书写完。吉辛提到的就是这段时间的事，我从多年来积攒的手稿、大概一千多页里，整合出了这本书。

《巴黎评论》：不过，你到底有没有跃跃欲试、演上一演，比如说，本威医生？

巴勒斯：是的，我有。本威医生可以追溯到我在一九三八年和朋友凯尔斯·埃尔文斯写的一个故事，他现在已经去世了。那是我在《瘾君子》之前写的唯一一篇东西。而且我们确实把这个东西演了出来。我们决定写作就该这样写。假设现在有这样一个家伙，他会说什么话，做什么事？在我们创作这个作品时，本威医生自然而然地出现了。我一直想用剪贴簿做的事情是为每个角色建立档案，就跟警察档案一样：爱好、怪癖、出生地、照片。也就是说，如果我在杂志或报纸上看到任何像本威医生的人（有几个人演过本威医生，算是业余演员），我就拍下他们的照片。我的许多角色首先是以声音的形式强烈地降临在我脑海中的。这就是为什么我使用录音机。他们也从一本书延续到另一本。

《巴黎评论》：有没有一些角色是有真人原型的？

巴勒斯："汉堡玛丽"是一个。纽约有个地方就叫汉堡玛丽餐厅。在汉堡玛丽的时候，有一个朋友给了我一批吗啡注射针管。那是我第一次尝试吗啡，然后我脑中就勾勒出了"汉堡玛丽"的完整形象。她也有一个真人原型。我不想说出她的名字，怕被起诉诽谤，但她是一个山达基[②]信徒，从俄勒冈州波特兰一家汉堡包店起家，现在有一千一百万美元的资产。

[①] 指莫里斯·吉罗迪亚斯，法国出版商。
[②] 又称科学教，总部位于美国，是一个具有争议的新兴宗教组织。

《巴黎评论》：重金属小子呢？

巴勒斯：情况是一样的，来源很复杂，部分是基于我自己的经历。我觉得重金属是毒瘾的终极表现，在毒瘾中确实有一些金属性的东西，其最终阶段与其说是植物，不如说是矿物。无论如何，它让人越来越不像活物。你看，正如本威医生所说，我现在已经决定成瘾药物不是绿色的，而是蓝色的。有些角色是我做梦梦到的，比如"长腿老爹"。有次我在一家诊所里做了个梦，看到一个男人在这间破诊所里，梦里他的名字就叫"长腿老爹"。很多人物就是像这样梦到的，然后我再在此基础上详细描绘。我总是记下我每一个梦，所以我在床头放了那个笔记本。

《巴黎评论》：前面你提到过，哪怕成瘾药物没有其他贡献，它至少让你接触到了狂欢世界。

巴勒斯：是的，黑社会、老派的小偷、扒手，以及诸如此类的人。他们是一个垂死的种族。那些老一辈的人已经快绝种了。好吧，他们就是马戏班。

《巴黎评论》：现代瘾君子同一九四四年的瘾君子之间有什么差别？

巴勒斯：首先，现在这些吸毒的都年纪轻轻；这在一九四四年可不多见。我认识的大多数都是中年人或老头。我认识一些老派的扒手、顺手牵羊的和零钱骗子。他们有一招叫"换钞大法"，是一种换钱的花招。我一直搞不清楚它是怎么操作的。我认识一个人用这招打败了中央车站所有的收银员。首先你需要一张二十美元钞票。你递给他们一张二十美元，当你拿到零钱时，你说："嗯，等一下，我在干啥，我本来就有零钱。"还没回过神呢，收银员就少了十美元。有一天，这个零钱骗子去了中央车站，明知道那里有警察蹲着，但他想换二十美元。好吧，一个家伙按下了报警器，警察逮捕了他。当控方在法庭上试图解释发生了什么时，没有一个人能够再现。我把像这样的故事记录在我的档案里。

《巴黎评论》：档案在丹吉尔的公寓里？

巴勒斯：不，我所有东西都在这个房间里。

《巴黎评论》：万一丹吉尔被炸毁了，你的东西也都没事？

巴勒斯：怎么说呢，不止为了安全。我需要这一切。我带着全部家当。这就是为什么我旅行不是坐船就是乘火车，因为，好吧，举个例子来说，这是本摄影档案［"嘭"地扔下］，里面除了照片还是照片。当我坐下来写作时，我可能突然想到我三年前写的东西，它应该在这边这本档案里。也可能不在。我总是在翻看这些档案。这就是为什么我需要一处地方，能把它们完全摊开来，清楚查看。为了找特定的一页往往要花掉我很长时间，有时还找不到。梳妆台的那些抽屉里都是档案。衣柜里的抽屉也都装满了档案。我把它们都分门别类了。这里有一份档案，"一九二〇年的电影"，其中有部分是关于电影的想法。这是"所有悲伤的老戏子"，里面记了一些有关银行劫匪的事情。这份是"新星警察公报"。这份是"模拟物"，其中包含有科幻小说材料。这是"船长日志"。我一直对海洋故事感兴趣，但我对海洋的了解太少，所以不怎么敢写。我收集了一些海难故事，比如玛丽·赛勒斯特号①。这份是关于卢斯先生②的档案。

《巴黎评论》：你钦佩卢斯先生吗？

巴勒斯：一点儿也不。他建立了世界上最厉害的图文库之一。我的意思是，有成千上万的照片，成千上万的关于万事万物的文字，全都在他的档案里。所有最好的照片都进了档案。当然，它们现在已经被加工成缩微照片了。我一直对玛雅系统感兴趣，那是一种控制历法。你瞧，他们的历法规定了每个人在特定时间应该有怎样的感觉，有幸运日、不幸日，等

---

① 19世纪大西洋上的一艘双桅船，被发现时船上物品完好但空无一人，成为"幽灵船"的原型。

② 指亨利·卢斯，美国出版商，创办了《时代周刊》《财富》与《生活》三大杂志。

等。我觉得卢斯的系统与此相当。它是一个控制系统,和新闻报道毫无关系。《时代周刊》《生活》《财富》是某种警察组织。

《巴黎评论》:你说过你的下一本书将是关于美国西部和一位枪手的。

巴勒斯:是的,我构思了很多年,我有几百页围绕着枪手主题的笔记。枪械决斗是一种禅宗竞赛,一种真正的精神性竞赛,就像禅宗的剑术。

《巴黎评论》:这本书会用剪切法写作,还是更偏向传统叙事?

巴勒斯:我在准备过程中会大量使用剪切法,这能让我获取人物、地点的不同侧面,但最终版本将是平铺直叙的。我不打算拘泥于太多事实细节,但我想去新墨西哥或亚利桑那采风,虽说那里的城镇实际上已经变成了人造旅游景点。偶尔我会感到我在作品里重复自己,我想做一些不同的事——可以说是存心想变一个风格。我不确定我能不能做到,但我想试试看。我想写西部故事想了很多年。小时候,我被送到新墨西哥州上学,战争期间我驻扎在得克萨斯州的科尔德斯普林,靠近康罗。那是真正的落后地区,我在作品里采用了一些当地真实的人物。比如,一个真的住在东得克萨斯的家伙。他总是和邻居闹矛盾,邻居怀疑他偷了他们的牛,我想是有根据的。但他枪法一流,没人愿意和他作对。他最后没能善终。他喝醉了,睡在一棵树下的篝火旁边,大火点燃了树,树倒在他身上。我对把报刊杂志的版式扩展到所谓的文学材料上很感兴趣。这个,就是我的一个尝试。这篇会在一本叫《麻雀》的小杂志上发表。

《巴黎评论》:[念道]"《科尔德斯普林报》,我们发布所有适合刊载的新闻,一八九九年九月十七日,星期日,编辑:威廉·巴勒斯。"[1] 里面又

---

[1] 这篇作品整体上模仿了报纸的版式。

写到了布拉德利·马丁①。

巴勒斯：是的，他就是那个枪手。我还没想好克莱姆指责他偷牛后会发生什么。我猜克莱姆去了科尔德斯普林，两人之间发生了枪战。当然，他肯定会干掉克莱姆。克莱姆其实已经是个死人了。克莱姆喝多了，以为自己能跟布拉德利·马丁比画两下，而布拉德利·马丁会干掉他，这是肯定的。

《巴黎评论》：你笔下的其他角色会再次登场吗？比如本威医生？

巴勒斯：他会作为当地的医生出现。这就是我想做的，你看，在一个纯西部故事中使用所有这些角色。有布拉德利先生-马丁先生，他在这篇里就叫布拉德利·马丁；有本威医生；还有"潜意识小子"②和所有骗子带来的各种狂欢巡演和药品秀。那是那些老伙计们的全盛时期。

《巴黎评论》：你是否认为艺术家归根结底就是一个骗子？

巴勒斯：某种意义上是的。你看，一个真正的骗子是一个创造家。他创造了一个场景。不，一个骗子更像是一个电影导演，而不是作家。"黄孩子"③创造了一整个布景，一整套演员阵容，一整个证券行，一整个银行。这就像一个电影制片厂。

《巴黎评论》：有瘾君子吗？

巴勒斯：好吧，书里会有很多吗啡上瘾者。你要记得，当时瘾君子的数量非常之多。杰西·詹姆斯④就是个瘾君子。他最开始用吗啡来给肺部的伤镇痛，我不知道他是不是永久性地上瘾了，但他尝试过自杀。他服下十六粒吗啡，不过没死成，这表明他有很强的耐受力，所以他一定有相当

---

① 在"新星"三部曲中有一个登场角色名叫"马丁先生-布拉德利先生"。
② 《新星快车》中的登场角色。
③ 指约瑟夫·威尔，绰号"黄孩子"，美国20世纪最知名的诈骗犯之一。
④ 美国19世纪的著名强盗，并在去世后被浪漫化为象征旧西部的传奇人物。

严重的毒瘾。一个愚蠢、野蛮的乡巴佬；这就是他，像迪林杰[1]一样。书里还写到很多文雅的老太太，她们如果不每天服用琼斯医生开的混合物，就会浑身不适。

《巴黎评论》：那绿男孩、推手伊兹、绿托尼、屠夫萨米和芬克威利呢？[2]

巴勒斯：你看，除了推手伊兹，所有人都可以成为西部角色。毕竟那时候的建筑还不够高。顺便提一句，"抛窗"[3]是个非常有趣的现象。一些容易被盯上的人是不住高楼的。他们靠近一扇窗户，隔壁房间的人听到一声惨叫，然后他们就嗝屁了。人们常说"坠楼或跳楼"。我想加一句，"或者被推下楼"。

《巴黎评论》：你还对哪些角色类型感兴趣？

巴勒斯：我感兴趣的不是那些广告、电视里的人，也不是美国邮递员或中产阶级家庭主妇；不是那些摩拳擦掌的年轻人。我对整个高级金融界感兴趣，比如洛克菲勒这样的人，他们是能在某种特定环境中生存的专能生物。他确实是一台赚钱的机器，但我很怀疑放在今天他还能不能赚到一毛钱，因为他仰赖的是自由放任的老式资本主义。他是一种专门的垄断生物。我的叔叔艾菲为他打造了形象。我不明白为什么像让·保罗·盖蒂[4]这样的人，形象却是那么的沉闷又无趣。他决心书写自己的生活史。我从来没读过如此枯燥的东西，激不起半点火花。好吧，毕竟他年轻时可是出了名的花花公子。一定有什么事情发生。书里只字未提。瞧瞧他，世上唯一一个独自经营巨额财富的人，可是没有人去呈现这一形象。嗯，是的，有机会的话我愿意做做看这种工作。我想找一个盖蒂这样的人，尝试

---

[1] 指约翰·赫伯特·迪林杰，"大萧条"时期中活跃于美国中西部的一个银行抢匪，有"头号公敌"之称。
[2] 以上均为《新星快车》中的登场角色。
[3] 指把某人或某物从窗户抛出的行为，该词源自布拉格抛窗事件。
[4] 美国实业家，1957年被《财富》杂志称为"最富有的美国人"。

为他设计一个有趣的形象。如果盖蒂想建立一个形象，他为什么不雇一位一流作家来写他的故事？说到这点，广告还有很长的路要走。我希望能看到诺曼·梅勒或约翰·奥哈拉写的故事，故事里会随口提到某个产品，比如说，"南方安逸"①。我可以想象奥哈拉的故事。故事开头某人走进一家酒吧，想点一杯"南方安逸"；店里没有这种酒，这人同酒保发生了漫长而愚蠢的争论。这种植入不应该太扎眼；故事本身必须有趣，这样人们就会像阅读《花花公子》中的任何故事一样阅读这个故事，而"南方安逸"将得到保证，人们会在它的广告上停留一定时间。你明白我的意思吗？他们会阅读这个故事。现如今，还有许多其他的点子；你可以利用系列连环画、系列故事。好吧，让詹姆斯·邦德抽某种品牌的香烟——这就是我们所要做的全部事情。

《巴黎评论》：你过去不是在一家广告公司工作过吗？

巴勒斯：是的，那是一九三六年我从哈佛大学毕业后。我做了一些人类学领域的毕业生工作。我略微了解了从事学术生活是怎么回事，但我一点也不喜欢。搞学术看起来要面对数不清的院系斗争、院系茶会、培养系主任，诸如此类的事情。然后，我在纽约的一家小广告公司做了一年文案，这家公司已经倒闭了。我们有很多稀奇古怪的业务委托。有一批用于深入结肠注射灌肠剂的设备，名叫"瀑布"，还有一种叫作"内分美"的面霜。据说这种面霜可以让女人看起来更年轻，因为里面含有一些雌激素。州际商务委员会总是与时俱进。正如你所看到的，我最近对广告有很多思考。毕竟，他们在做的事和我差不多。他们关注对文字和图像的精确操纵。总之，结束广告游戏后，我在军队里待了一段时间。光荣退伍，然后做了一些战时常见的奇怪工作——酒保、灭虫员、记者，以及工厂和办公室的工作。然后我去了墨西哥，一个罪恶的地方。

---

① 一种以威士忌为基底、带有水果风味的利口酒。

《巴黎评论》：为什么说它罪恶？

巴勒斯：我在那里的时候是阿莱曼[1]执政时期。如果你走进一家酒吧，店里至少会有十五个人带着枪。每个人都随身带枪。这伙人喝醉了，所有活物都要瑟瑟发抖。我是说，坐在酒吧间里，你必须有随时伏倒在地的准备。我有一个朋友被人用枪打死了，但这是他自找的。他在酒吧里四处挥舞着他那把小小的点25自动手枪，几个墨西哥人操起点45轰了他。他的死因被登记成自然去世，因为打死他的人是一位政界大亨。这算不上什么丑闻，不过走进酒吧间的时候，你的命确实就只值这么一点了。还有，我和我的妻子琼·沃尔默[2]发生了那场可怕的事故。我有一把左轮手枪，打算卖给一个朋友。我正在检查手枪，结果枪走火了——打死了琼。有谣言说我在玩一个威廉·退尔游戏[3]，想射中她顶在头上的一杯香槟酒。[4]荒谬可笑，无稽之谈。然后当地进行了一次浩浩荡荡的禁枪运动。墨西哥城是全世界人均凶杀率最高的城市之一。再说一件事，每次只要你一转身，就会有墨西哥条子朝你摊开手，要在你的证件或者别的什么上挑刺儿，一个劲地吹毛求疵。"证件不行啊，先生。"这真的有点过分了，在阿莱曼执政时期。

《巴黎评论》：墨西哥之后呢？

巴勒斯：我去了哥伦比亚、秘鲁和厄瓜多尔，就是四处看看。我对秘鲁的亚马孙地区尤其感兴趣，在那里我服用了一种叫"死藤水"的药物，用卡皮木熬制的，我敢说这种致幻剂和麦司卡林一样强力。整段旅途给了我非常多的灵感。许多经历我都写进了《爆炸的票》，这本书差不多介于

---

[1] 指米格尔·阿莱曼·巴尔德斯，墨西哥政治家，1946至1952年任墨西哥总统。
[2] 琼·沃尔默（Joan Vollmer，1923—1951），"垮掉派"早期圈子里最杰出的女性成员，和巴勒斯从未正式登记结婚，但是公认的夫妻关系，两人育有一子。1951年，她在一次意外中被巴勒斯射死，终年二十八岁。
[3] 来自瑞士传说中的英雄威廉·退尔，能一箭射中别人头顶的苹果。
[4] 根据警方的说法，巴勒斯最初向警方承认事故是源于"威廉·退尔游戏"，但他在咨询律师后改变了证词。最终巴勒斯在缺席判判中被判过失杀人罪，而此时他已逃回美国，因此未服刑。

《裸体午餐》和《软机器》之间。对于这本书现在的形式我并不满意。如果书在美国出版，我将不得不重写一遍。《软机器》是我在南美经历的扩展，书中有超现实的延伸，等时机合适的时候就会在这里出版。最近重写时，我加入了大约六十五页的直叙，写到本威医生、"水手"，还有《裸体午餐》中的各种人物。哪儿哪儿都能见到这些人。

《巴黎评论》：然后你从南美去了欧洲。地理上的转换对过去的美国写作来说很重要，现在还是这样吗？

巴勒斯：这么说吧，如果我没有走过很多地方，我就不会遇到那些真正异乎寻常的人和事，接触到超越常规的维度。但我认为流行客居他乡的日子肯定已经过去了。就我个人的感觉，在国外生活正在变得越来越不舒服、越来越昂贵，收获也越来越少。如今我特别关心安静的写作条件——能够集中精力——而不太注重具体待在哪里。对我来说，巴黎现在是世界上最令人不快的城市之一。我太讨厌它了。食物难以下咽，要么很贵，要么让人大倒胃口。为了在下午三点吃到一份像样的三明治，我必须坐上出租车，一路开到右岸。在这里，我只要拿起电话就行了。他们给我送来了一份总汇三明治和一杯白脱牛奶，我想要的午餐不过就是这样。法国人已经够讨人厌的了，而他们还在变得更加讨厌。阿尔及利亚战争，仗打完了数百万人被扔回法国，每个人都不满透顶。我不知道，我觉得那里的气氛很不愉快，想做点什么都做不好。你负担不起一套公寓。你找不到一个安静的工作场所。最好也就是在某处的酒店里弄一丁点大的房间。如果我想住个现在这样的地方，每天要花三十美元。离开圣路易斯二十年后，我最大的发现是，这里的服务水准比纽约好得多。这些都是克拉里奇或丽思卡尔顿才有的住宿条件。如果我住得起、能长住，这里对我来说会是很理想的。这儿听不到一点声音。这已经非常有利于工作了。我在这里有足够的空间，可以把我的文件放满所有的抽屉和橱柜。这里很安静。当我想吃点什么，我就打电话。我可以工作个不停。早上起来，到了两点左右拿起电话，点个三明治，然后一直工作到晚餐时间。另外，时不时看看电视也很有意思。

《巴黎评论》：电视上有什么好玩的？

巴勒斯：那是一种真正的剪切。它闪闪烁烁，就像以前的老电影一样。当有声电影出现后，人们完善了图像，电影变得像看窗外一样沉闷。拉巴特①有一群意大利人开了个电视台，我们在丹吉尔能收到信号。我坐在那里，看得嘴都忘了合上。由于画面模糊、收缩且有雪花噪点，他们放的一些西部片变得非常非常古怪。吉辛一直用一台他称之为"梦幻机"的小玩意试验闪视法②。塞纳路"英语书店"③的橱窗里曾经放着一台，赫莲娜·鲁宾斯坦④对它非常着迷，她买了几台，那个做经纪人的哈罗德·马森⑤认为这是一个价值百万美元的点子。

《巴黎评论》：描述一下你典型的一天工作。

巴勒斯：我差不多九点起床，叫早餐；我讨厌出去吃早餐。我通常工作到两点或两点半左右，这时我喜欢花大概十分钟吃一份三明治，喝杯牛奶。我会一直工作到六七点钟。然后，如果我要见人或出门，我就出去，喝几杯，回来，或许再读点东西，接着上床睡觉。我睡得很早。我不强迫自己工作。我只是做自己想做的事。独自一人待在房间里，知道接下来八个小时不会有任何事情来打扰，这正是我想要的——是的，宛如天堂。

《巴黎评论》：你用打字机写作吗？

巴勒斯：我用打字机，也用剪刀。我可以拿着剪刀和旧手稿坐下来，在照片上黏贴几个小时；我有好几百张照片。我基本上每天都会散步。在圣路易斯这儿，我一直在尝试拍摄一九二〇年代风物的照片，比如小巷什么的。这张鬼影一样的照片［指着照片］是我从小住的房子，我隔着

---

① 摩洛哥首都。
② 一种通过快闪烁造成的视觉暂留现象，让人对平面图像产生立体感觉的方法。
③ 一家由法国女性盖·弗罗日经营的书店，该书店曾多次对巴勒斯的创作进行资助。
④ 波兰裔美国女企业家，创办了"HR 赫莲娜"化妆品公司。
⑤ 美国文学经纪人，其代理的作家包括伊夫林·沃、阿瑟·库斯勒、弗兰纳里·奥康纳等。

119

四十五年的时光往回看它。这张照片拍的是一个旧的灰坑。圣诞节过后,孩子们会跑到巷子里去,用上全部的细刨花和包装纸在灰坑里生火,真是好玩极了。看,这些是社会版里的故事和图片。我一直在做一个社会类报道的剪切法作品。把这些名字堆在一起给了我很多乐趣;在社会版里你会碰到一些匪夷所思的名字。

《巴黎评论》:你最近说过你想在欧扎克地区①定居。这是认真的吗?

巴勒斯:我想要在欧扎克有个落脚处。那儿的秋天十分美丽,我想花一些时间,比方说每个月或每两个月,在完全孤独的情况下埋头工作,这需要一个与世隔绝的环境。当然,这样的话,我就必须买辆车,于是你会遇到一大笔开支。我必须考虑到公寓的问题。我想过在这里买一套公寓,但估计我多半还是会买在纽约。我不会再回丹吉尔了。我只是不喜欢它了。它已经变成了一个普通的小城镇。那里没有生活,也不再对我有新鲜感。我坐在那儿,心想,老天,就城镇对我的吸引力而言,我待在这里跟在俄亥俄州的哥伦布市有什么区别呢。我不过就是坐在公寓里工作。在别的地方,我可以拥有更好的公寓和更好的工作条件。晚上十点以后,街上就没人了。像保罗·鲍尔斯②这样的老定居者以及那些待了很多年的人,都像是在绝望地坚守着一样,他们问:"要是离开了丹吉尔,我们还能去哪儿?"我不知道,只是如今的丹吉尔让我沮丧。在那里生活甚至不便宜。如果我要远走,我就去远东,但只是去逛逛。我从来没去过雅典以东的地方。

《巴黎评论》:说到这儿,我想问你,你为什么会对那些比较异域的学说感兴趣,比如禅宗,或者赖希博士③的"奥根"理论④?

---

① 美国阿肯色州和密苏里州之间的一片自然高地。
② 保罗·鲍尔斯(Paul Bowles, 1910—1999),美国作曲家、作家,移民丹吉尔并在那里居住终身。
③ 指威廉·赖希,奥地利裔美国精神分析学家,曾是弗洛伊德的学生,其理论充满争议性。
④ "奥根"(orgone)是威廉·赖希的自创词汇,也是其核心理论,用来指一种假想的"生命能量",这种能量据称能通过性高潮获得。

巴勒斯：好吧，这些非常规理论经常触及哈佛和麻省理工学院无法解释的事情。我并不是说我对它们深信不疑，但只要是沿着这些方向的尝试，我都感兴趣。我使用过这些奥根吸收器①，我确信使用时发生了一些什么，虽然我说不清楚。当然，赖希自己走偏了，这一点毋庸置疑。

《巴黎评论》：你前面提到过山达基。你目前有热衷的学说吗，还是说你正在寻找？

巴勒斯：我对L.罗恩·贺伯特②这种粗制滥造的三维操控模式不感兴趣，虽说它也有它的优点。我研究过它，知道它的门道。这是一系列操控人的伎俩。他们让你环顾周围，根据你的表现决定下一步，其效果比戴尔·卡耐基的更潜移默化、更起作用。但要说我根据什么学说来生活，那没有。与此同时，我相信除非有某种力量——或个人——在推动着，不然这个宇宙中不会有任何事情发生。没有什么是自己发生的。我相信所有事件都是由意志引起的。

《巴黎评论》：那么你相信上帝的存在吗？

巴勒斯：上帝？我不信。我认为存在着数不清的神。我们在地球上所说的神不过是一个小部落的神，他把事情搞得一团糟。当然，有一些力量在通过操作人类的意识控制着事件。卢斯手下的一个作家可能是某种力量的代理人，天知道那是什么力量，一种对文字和图像贪得无厌的力量。这种力量打算如何处理如此庞大的图像垃圾堆呢？卢斯的杂志有一个常规的选角办公室。为了采访玛丽·麦卡锡，他们会派去一个瓦萨女校的害羞女孩，小姑娘尽力想和对方搞好关系。他们为我找了好几个二流子。"那啥，比尔，你有草③吗？"草？老天！"当然没有，"我告诉他们，"我不知道你

---

① 威廉·赖希发明的一种道具，声称能以此收集"奥根"能量，治疗各种疾病，后被禁售。赖希本人被判入狱，并在数月后去世。
② 山达基的创始人。
③ 大麻的俚语。

在说什么。"然而他们回去给杂志写了一篇充满恶意的文章。

《巴黎评论》：从某些方面来说，《新星快车》似乎是给各种社会病症开的一个处方。比方说，你认为未来有必要建立生物法庭吗？

巴勒斯：当然。科学最终会被迫建立生物仲裁法庭，因为随着人类进一步深入太空，生命形态将变得愈发不适合新的生存条件。如果我们要生存下去，人类到头来将不得不进行生物学上的改变。而具体要做哪些改变，就要靠生物法来裁定。比起让突变随机发生，我们将不得不利用我们的智慧来规划突变。因为许多这样的突变——看看剑齿虎——注定是非常糟糕的工程学设计。未来，很肯定地说，是的。我认为有无数的可能性，字面意义上的无数。人类的希望所在是发展非身体经验，并最终摆脱身体本身，摆脱三维坐标和与之相伴的恐惧与逃跑的动物反应，这不可避免地会导致部落的争斗和分歧。

《巴黎评论》：你为什么选择星际战争作为《新星快车》的冲突点，而不是国与国之间的不和？你似乎着迷于这样的想法，即一个超地球的力量正在使用一种设备来控制人类，比如"死亡侏儒"——

巴勒斯：它们是寄宿在人类身上的寄生生物，像无线电发射器一样指挥和控制人类宿主。研究脑电图和脑电波的人指出，从技术上讲，有朝一日可以实现在新生儿的脑中安装无线电天线，用以控制人的思想、感觉和对外界的感知，实际上还不只是控制思想，而是能让某些思想彻底消失。"死亡侏儒"是新星暴徒的武器，它们反过来又在冷战中发号施令。新星暴徒利用冷战的冲突试图炸毁这个星球，因为说到底，美苏之间实际上在争论什么？苏联和美国最终将由可互换的社会部分组成，没有一个国家能自诩道德"正确"。任何人在美国都可以经营自己的工厂——这种想法是荒谬的。政府和工会——两者相当于同一样东西：控制系统——告诉他可以雇哪些人、付多少工资、怎么卖货。假使工厂归国家所有，留他做个经理，又有什么区别呢？不管形式如何改变，主事的都是同一类人。今天的盟友就是明天的敌人。我假设了有这么一股力量存在——新星暴徒——它迫使我们玩抢椅子的游戏。

《巴黎评论》：你看到了人类的希望，但同时你也震惊于控制工具正在变得越来越复杂。

巴勒斯：嗯，虽然它们变得更加精密，但也变得更加脆弱。《时代周刊》《生活》《财富》杂志使用了一个比玛雅历法更复杂、更有效的控制系统，但它也更加脆弱，因为它是如此的庞大和机械化。就连亨利·卢斯都弄不清系统里正在发生什么。怎么说呢，机器是可以被改道的。一名技术军士就可以摧毁整个机械装置。没有人能控制得了整个系统的运作。它太复杂了。指挥官进来说："行吧，小伙子们，我们要向上移动了。"现在，谁知道要按哪些按钮？谁知道这一盒盒的午餐肉该送到哪里去，还有怎么填表格？军士知道。指挥官不知道。只要有军士在，这台机器就能被拆除，我们也许还能活着离开这里。

《巴黎评论》：在你的作品中，性似乎常常等同于死亡。

巴勒斯：这是将性作为生物武器这一想法的延伸。我觉得性，就像几乎所有其他的人类表现一样，在控制人类乃至反人类的目的之下，遭到了贬低。正如这整个清教主义的社会氛围。当性这一主题先验地被禁止研究，我们又如何能对性有任何科学发现呢？人们甚至不被允许思考性、书写性。这是赖希有意思的地方之一。他是少数几个试图从科学的角度研究性——性现象的人之一。大众对性既饥渴，又恐惧。我们对性一无所知。它是什么？为什么它带给人快感？什么是快感？从紧张中解脱？嗯，也许吧。

《巴黎评论》：你对二十世纪有不可调和的敌意吗？

巴勒斯：完全没有，尽管我可以想象自己出生在许多不同的境况下。

举个例子，我最近做了一个梦，梦见我回到了老家，发现父亲换了一个人，房子也是我没见过的陌生房子。然而在梦中，那个父亲和房子却让我有很熟悉的感觉。

《巴黎评论》：玛丽·麦卡锡把您形容成一个变质的乌托邦空想家。这准确吗？

巴勒斯：我非常认真地说，是的，我想让人们意识到我们这个时代真正的犯罪行为，对这些迹象提高警惕。有些人出于愚蠢或恶意，一心想要摧毁这个星球，或是把它变成一个不适合居住的地方，我所有的作品都是为了反对这群人而写。就像我们谈到的广告人一样，我关注的是通过精确操纵文字和图像来引发一种行动，不是要人出门去买可口可乐，而是让读者的意识发生改变。你知道，他们问我，如果我在一个荒岛上，明知没有人会看到我写的东西，我还会继续写作吗？我的回答是无比肯定的。我将继续写作来排遣孤独。因为我正在创造一个想象中的——永远在想象中的——世界，我愿意活在那个世界里。

（原载《巴黎评论》第三十五期，一九六五年秋季号）

约翰·契弗

◎杨向荣/译

第一次拜访约翰·契弗是在一九六九年春天，时值他的长篇小说《欢迎来到弹园村》出版不久。契弗往往在一本新书出版后会去国外住一段时间，但是这次却没有，结果东部的记者们纷纷奔向纽约州的奥西宁，这位小说大师让他们开心地在乡下度过一天，然而却很少谈论自己的作品或者写作技艺。

约翰是出了名的很难对付的采访对象。他对各种评论毫不在乎，自己的作品或者短篇小说一旦发表后就从不再去阅读，而且常常对作品的有关细节语焉不详。他不喜欢谈论自己的作品（尤其是那些"小件东西"），他不大情愿回顾曾经身在何处，而更关心自己将向何处去。

为了准备这次访谈，契弗穿了一件淡蓝色的衬衣和一条卡其裤。他全身上下都透着不经意和轻松的味道，似乎我们早已是老朋友。契弗一家住在一幢建于一七九九年的房子里，因此观光一番建筑和园地成为必不可少的项目。很快，我们就在二楼一间洒满阳光的书房里坐下来，在那里，我们谈到他如何不喜欢窗帘，他即将待下去的奥西宁附近的一条高速公路的兴建情况，意大利之行，他正构思的一部描写某人在脱衣舞表演剧场丢了车钥匙的短篇。我们还谈到好莱坞、园艺、烹饪、鸡尾酒会、三十年代的格林威治村、电视接收以及众多其他名叫约翰的作家，特别是老朋友约翰·厄普代克。

尽管契弗谈到自己时无拘无束，但当涉及自己作品时就会转移话题。他会说：你不觉得这种谈话太枯燥了吗？来一杯酒怎么样？恐怕午饭准备

The main entrance to Falconer--the only entrance for
convicts, their visitors and the staff--was crowned by an
escutcheon representing Liberty, Justice and, between the two,
the power of legislation. Liberty wore a mob-cap and carried a
pike. Legislation was the federal eagle, armed with hunting arrows.
Justice was conventional; blinded, vaguely erotic in her clinging
robes and armed with a headsman's sword. The bas-relief was
bronze but black these days--as black as unpolished anthracite or
onyex. How many hundreds had passed under this--this last
souvenir they would see of man's struggle for cohreence. Hundreds,
one guessed, thousands, millions was close. Above the escutchen was
a declension of the place-names: Falconer Jail 1871, Falconer
Reformatory, Falconer Federal Penitentiary, Falconer State Prison,
Falconer Correctional Facility and the last, which had never
caught on: Daybreak House. Now cons were inmates, the assholes
were officers and the warden was a superindendent. Fame is
chancey, God knows but Falconer--with it's limited accomodations
for two thousand miscreants was as famous as Old Bailey. Gone
was the water-torture, the striped suits, the lock-stepkthe balls
and chains and there was a soft-ball field where the gallows had
stood but at the time of which I'm writing leg-irons were still
used in Auburn. You could tell the men from Auburn by the noise
they made.

约翰·契弗长篇小说《猎鹰者监狱》的一页手稿

好了,我得下楼去看看。在林中散一会儿步,或者过会儿去游个泳怎么样?没准你更喜欢开车去镇上看看我的办公室?你喜欢玩双陆棋吗?你常看电视吗?

几次访谈过程中,其实我们把更多时间花在吃饭、喝酒、散步、游泳、玩双陆棋或者看电视上了。契弗从来没有邀请过我用他的链锯切割树木什么的,风传这是一项他玩得上了瘾的活动。最后一次录音那天,我们花了一个下午看纽约麦茨棒球队战胜巴尔的摩金莺队赢得世界联赛冠军的节目,最后,谢伊体育场的球迷们撕坏一片草皮留作纪念。"太棒了。"他不断重复着这句话,当然是指麦茨队和球迷们。

后来我们又去林中散步,绕了一圈回到家里,契弗说:"走吧,收拾你的活儿,我顺便带你去游泳池。"他在台上除掉衣服,跃进池子,水面发出一声巨响。他显然是想借裸泳来清洗掉几场访谈留下的疲惫。

——安妮特·格兰特,一九七六年

《巴黎评论》:我最近看到一个作家谈及长篇小说写作时坦承:"如果你想忠实于现实,那么就从对现实撒谎开始吧。"你怎么看这个问题?

约翰·契弗:胡说八道。因为如果不放在一个可理解的参照系内,"忠实"和"现实"是毫无意义的。不存在永远不变的忠实。谈到撒谎,我觉得虚构也许是小说创作中一个非常关键的要素。讲故事的兴奋感有一部分来自被欺骗或者抓住的随机性。纳博科夫就是精于此道的大师。在某种意义上,说谎是表现我们最深刻的感觉的手段。

《巴黎评论》:你能举出一个最能揭示生活本质的荒谬的谎言的例子吗?

契弗:可以。神圣的结婚誓词就是。

《巴黎评论》：那又如何理解逼真和现实呢？

契弗：据我理解，逼真是作家为了让读者相信他讲的故事是真实的而使用的技巧。如果他真的相信自己是站在地毯上的，你可以把地毯从他脚下抽走啊，当然，逼真也是一种谎言。我所追求的逼真是偶然性，在很大程度上这也是我的生活方式。这张桌子是真实的，这只小果篮是我祖母留下的，但可能随时会有一个疯婆子从门外闯进来。

《巴黎评论》：你的作品完成后要跟它们告别时心里会有什么感觉？

契弗：写完一本书后我往往会有一种临床上的那种疲惫感。我的第一部长篇小说《沃普萧纪事》完成后我感到心满意足。我们去了欧洲，在那里待了一段时间，所以我没有看到有关的评论，几乎有十年时间不知道麦克斯韦尔·盖斯玛① 对这部作品不看好。《沃普萧丑闻》则完全不同。我从来就不太喜欢它，写完后感觉非常糟糕，我都想把它烧了。有时我夜里醒来会听到海明威的声音——其实我从来没有听到过他说话的声音，但那声音显然是他发出的——他说："这仅仅是个小折磨，更大的煎熬还在后头呢。"我起来坐在浴缸的边沿上，一支接一支地吸着烟，直到凌晨三四点钟。我曾对着窗外那些黑暗的力量发誓，我永远、永远不打算写得比欧文·华莱士还好。《欢迎来到弹园村》出来后情况还不算很糟，我在这部小说中完全实现了自己的初衷：三个人物，一种简洁有力的散文化风格，一个男人挽救火灾中即将死亡的心爱的儿子。稿子送到哪里都很受欢迎，但是本杰明·德莫特却在《时代》周刊上严厉批判了它一通，每个人都是捡了便宜就没事了。当时我在一场滑雪事故中伤了左腿，觉得沮丧之极，乃至把稿纸都送给了我最小的儿子。这完全属于宣传上的背运，也是对自己的力量估计过高。但是，每当你写完一本书，无论它遭到什么待遇，都会跟预期有错位。我不想在这里瞎说什么。但是写完一部长篇，觉得它与自己的期许相符，而且你自己也很看重它，那难免会引起某种心理上的

---

① 麦克斯韦尔·盖斯玛（Maxwell Geismar，1909—1979），美国作家、文学评论家。

打击。

《巴黎评论》：要减弱这种心理打击，一般需要花多长时间？有什么对症良策吗？

契弗：我不知道你说的对症良策是什么意思，为了减轻冲击，我会狂赌一把、做些调剂、去埃及旅游、收割庄稼、做爱、潜进一个游泳池，不一而足吧。

《巴黎评论》：人物角色会始终保持其内在一致性吗？有过它们变得无法驾驭、你只好放弃的情况吗？

契弗：角色游离出作者的控制的传奇——吸毒、做爱、当上总统之类的——意味着作者对描写对象还没有吃透或者力不从心、驾驭不了。这是很荒唐的。当然，任何有价值的想象活动都要吸收来自记忆的复杂的丰富性，从而真正具备生命体的扩张性——包括意外的转折、对光明和黑暗的感应。但是，那些在他们白痴似的发明背后无助地东奔西跑的作者们的创意完全不值一提。

《巴黎评论》：小说家一定能兼做评论家吗？

契弗：我没有任何评论家的语汇，而且批评的敏锐性也不够强，我想，这也是我总逃避记者的原因之一。我对文学的批评性把握很大程度上限于实用层面。我只用自己喜欢的东西，而且我喜欢、利用的东西可能很随意。卡瓦尔坎蒂①、但丁、弗罗斯特，都有可能。我的书房凌乱不堪，也从不整理。我经常撕下自己想要的东西。我不觉得作家有什么义务把文学视为一种连续的过程。我相信，只有很少一部分文学作品可能会不朽。我知道一些书发挥了一辈子的美好作用，接着又突然没用了，而且可能很快就没用了。

---

① 圭多·卡瓦尔坎蒂（Guido Cavalcanti，1255—1300），意大利诗人，但丁的好友。

《巴黎评论》：你如何"利用"这些书……又是什么原因导致其失去"作用"的？

契弗：所谓"利用"一本书的感觉，就是在我们最亲密和最敏锐的交流手段的接受终端找到自我时的兴奋感。有时这种陶醉感会转瞬即逝。

《巴黎评论》：如果缺乏批评语汇，又不曾受过长期的正规教育，你如何解释自己这么可观的学识？

契弗：我并不博学。我对没有受过这种学术训练也不觉得遗憾。但是我确实很佩服同行中的博学家。当然，我也不是什么都无知。我这种情况可以用这样一个事实来解释：我是在新英格兰还充满文化氛围的末期长大的，家里每个人都喜欢绘画、写作、唱歌，特别是喜欢阅读，再往前十年这是新英格兰地区家庭相当普通而且很受欢迎的交流方式。我母亲声称曾读过十三遍《米德尔马契》，我敢说她没有。那得花一辈子的时间。

《巴黎评论》：《沃普萧纪事》中不是有人干过这种事吗？

契弗：是的，霍诺拉……我记不清具体是谁了，声称读过十三遍。我妈妈总是把《米德尔马契》落在花园里，天老下雨，大多数雨都下在这部小说上了，真的。

《巴黎评论》：人们都能从那本书里感觉到你们家屋檐上滴水的声音了。

契弗：《沃普萧纪事》直到我母亲去世后才出版，也有这个原因。一位姨妈（她并没有在这本书里出现）说："如果我不知道他是一个人格分裂者的话，我会永远不想再跟他说话。"

《巴黎评论》：朋友或者家人是不是老觉得他们出现在这本书中？

契弗：只有在感到人物被写得丢人时（我认为每个人都这样想）才

会这么觉得。如果你写了一个戴助听器的人，他们就会以为你写的是他们……尽管这个角色的原型可能来自另外一个国度，而且扮演着完全不同的角色。如果你把某个人物写得有些懦弱、笨拙，或者不够完美，他们就会轻易地对号入座，但是，如果你把他们写得都很美，他们就绝对不会对号入座。人们总是随时准备着贬低而不是赞美自己，尤其是那些读小说的人。我不知道对号入座是什么。我曾经碰到过这种事，一个女人越过一个很大的聚会场地对我说："你干吗在小说里那样写我？"我使劲琢磨那到底是自己写的哪篇小说。显然有十篇小说提到某人有一双红眼睛，她注意到自己眼睛里有血丝，就假定我在跟她过不去。

《巴黎评论》：他们会觉得特别愤慨，认为你无权干涉他们的生活吧？

契弗：如果他们能体谅写作的虚构性质，情况会好一些。我不喜欢看到那种人，他们觉得自己被恶意伤害了，但那根本就不是别人刻意为之。当然，某些年轻作家会试图恶意中伤别人，有的老作家也会如此。恶毒自然是巨大的能量源泉，然而这并非纯粹的小说能量，不过是一种孩子式的叫骂，这种事在描写新学生的题材中经常碰到。恶毒不是我的能量源泉。

《巴黎评论》：你认为自恋是小说必不可少的特质吗？

契弗：这是一个很有意思的问题。当然，我们所谓的自恋是指病态的对自我的迷恋，一个自我折磨的女孩，复仇女神的愤怒，麻秆似的植物想求得永恒，这些都是自恋。谁想那样？我们的确不厌其烦地喜欢着自己，但我想不会是大多数人。

《巴黎评论》：那狂妄自大呢？

契弗：我觉得作家一般都有很强烈的自我化倾向。优秀作家往往在其他很多方面同样很出色，但是写作所需要的自我的幅度要更宽。我曾说我的好朋友叶夫图申科的自我能在二十英尺远的地方击碎水晶，可我认识一个很不诚实的投资银行家，他可以做得更出色。

《巴黎评论》：你认为自己想象的内在屏幕，即你展示人物的方式，在某些方面受到电影的影响了吗？

契弗：我这一代作家和那些与电影共同成长起来的作家对这些完全不同的媒体是相当熟悉的，而且明白什么最适合摄像机，什么最适合作家。人们都懂得跳过人群场景、不祥之门，以及基于美女眼角鱼尾纹特写的陈腐讽刺。我认为，这些技艺中的不同之处已经被认识得很清楚了，结果好电影都不是由好小说改编而成。如果能找到一个善解人意的导演的话，我是愿意写原创剧本的。几年前雷内·克莱尔①打算把我的几个短篇小说改编成电影，但是全体决策人员一听到这事后，立刻把所有资金都撤走了。

《巴黎评论》：你觉得在好莱坞工作怎么样？

契弗：南加州永远弥漫着那种夏夜散发出的味道……这种味道对我而言，意味着航行的结束、游戏的结束，但其实完全不是那么回事。我最喜欢树……喜欢树的那种淳朴，当我发现自己待的那个地方所有的树都是移植的、而且也没有历史感时，我就觉得特别沮丧。

我去好莱坞是为了赚钱，非常简单。大家都挺客气，吃的也不错，但我在那里一直不快乐，也许因为我去那里不过是拿张支票而已。有那么十几个导演我非常尊敬，他们的一举一动都是大家关注的焦点，有些人即便面临那么严重的制片资金问题，还是拍出了优秀而且独具一格的影片。但是我对好莱坞的最大感觉是自杀。如果我从床上起来，然后去洗个澡，就会平安无事。我从不需要付账，我会抓起电话，订一份自己能想到的最精致的早餐，然后试着在上吊之前去冲个澡。这不是对好莱坞的反思，只是我在那里总有一种自杀情结。首先，我不喜欢高速公路。另外，游泳池的水也太热了……八十五华氏度②，我上次一月底到那里时，他们还在商店出售给狗用的圆顶小帽。天呐！我去参加一个晚宴，经过一个房间时一个女

---

① 雷内·克莱尔（René Clair, 1898—1981），法国著名导演、编剧、演员，曾执导《夜来香》等影片。
② 约合 29.4 摄氏度。

人身体失去平衡跌倒了。她丈夫冲她大喊:"我说过让你带上拐杖,你就是不听话。"这句台词简直太棒了!

《巴黎评论》:你觉得另一个群体——学术界——怎么样呢?它们制造出那么多的评论作品,并不厌其烦地给文学作品分类和贴标签。

契弗:这样庞大的学术界跟其他事物毫无二致,它们的存在取决于它们所生产的能确保其收益的东西。因此我们才能看到那么多议论小说的文章,但是它们在很大程度上是一种工业化产物。这些东西对创作或者小说阅读毫无助益。整个这个行当就是一项可有可无的事业,犹如从烟雾中提取有用的化学物质一样。我对你说过《壁垒》杂志上发表的那篇关于《欢迎来到弹园村》的评论吗?它说我因为离开圣博尔托夫斯[1]而错过了成为大人物的机会。如果我像福克纳待在牛津[2]那样待在那里,我没准会跟福克纳一样伟大了呢,而我却犯了一个错误,离开了那个地方。当然,那个地方完全子虚乌有。让人回到一个完全虚构的地方简直太荒谬了。

《巴黎评论》:我想他们是指昆西[3]。

契弗:那倒不是。但是我看到这篇文章时觉得很悲哀。我明白他们想表达什么意思。这就像告诉你回到一棵你曾住过十四年的树里面一样。

《巴黎评论》:你想象或者希望读你作品的都是些什么人?

契弗:所有既快乐又智性的人都会喜欢读那些书并写一些颇有见地的书信。我不知道他们是谁,但他们一定很特别,仿佛生活在与广告宣传、新闻报道、古怪离奇的学术界的偏见相隔绝的世界里。想想那些精神独立的人喜欢的书。比如《现在,让我们赞美伟大的人》《火山下》《雨王亨

---

[1] 圣博尔托夫斯(St. Boltoph),契弗在《沃普萧纪事》中虚构的新英格兰海滨小镇。
[2] 牛津(Oxford),此处指美国密西西比州牛津市,福克纳在此长大。
[3] 指美国马萨诸塞州昆西市,契弗出生于此。

德森》。虽然像《洪堡的礼物》这样了不起的作品都遭到颠覆和打击,但千千万万的读者仍然去购买精装本。我的工作室有一扇窗户可以看到外面的一片树林,我常常想那些热心、可爱、神秘的读者就在那里。

《巴黎评论》:你认为当代写作正在日趋专业化和自传化吗?

契弗:也许吧。自传和书信也许比小说更有意思,但是,我还是离不开小说。小说是一种非常敏锐的交流工具,各种各样的人都可能对小说产生从书信或者新闻报道中无法得到的反应。

《巴黎评论》:你从孩提时就开始写东西了吗?

契弗:我喜欢讲故事,我上过一所叫塞叶兰的很宽松的学校。我挺喜欢讲故事,如果大家都做完了算术作业——那是一所非常小的学校,也许不足十八九个学生——老师就会答应让我讲故事。我讲的都是连续性故事。我在这一点上是很精明的。因为我知道,如果在规定时段(一般是一个钟头)结束时我的故事还没有讲完,那么人人都会求着下次听结尾。

《巴黎评论》:你当时有多大?

契弗:我喜欢对自己的年龄撒谎,但我想当时大概八岁或九岁吧。

《巴黎评论》:在当时那个年龄你能想出一个能拖到一个小时的故事吗?

契弗:噢,当然可以,我当时就能做到。我现在也能做到这一点。

《巴黎评论》:那么最初的情节是从哪儿来的呢?

契弗:我从不以情节取胜。我完全靠直觉、分析、梦幻、概念。人物和事件都是自动从我头脑中浮现出来。情节意味着叙述和一大堆废话。那种东西刻意算计好想抓住读者的兴奋点,却以牺牲道德判断为代价。当然,别人也不想被搞得乏味无趣……人们需要某种悬念元素。但是出色的叙述应该是结构很简单的那种,就像肾脏的结构那样。

《巴黎评论》:你一直从事写作还是有过其他工作?

契弗:我曾经开过送报纸的卡车。我非常喜欢那份工作,特别是在《世界联赛》工作期间,当时昆西的报纸刊载个人成绩表和完整的分数统计。当时大家手里都没有收音机或电视机——这也不是说整个城里人们都点蜡烛照明,只是大家都喜欢等消息来。而我是那个传递好消息的人,这让我感觉很美。另外,我还在军队待过四年。我卖出自己的第一个短篇小说时只有十七岁。那篇小说叫《排斥》,给了《新共和》。我二十二岁时《纽约客》杂志就开始要我的东西了,《纽约客》支持了我好多好多年。那种关系令人感到很舒服。我每年要在上面发表十二到十四篇小说。一开始,我住在哈德逊大街一间肮脏破烂的屋子里,窗户玻璃都破了。我在米高梅公司替保罗·古德曼打工做摘要。也帮吉米·法雷尔干活。我们得差不多从每一本出版的书里做出不是三到五页,就是十二页的提要,这种活儿一份大概能赚到五美元。你得自己打字,而且用的还是复写纸。

《巴黎评论》:那段日子给《纽约客》写小说怎么样?谁担任小说编辑?

契弗:沃尔科特·吉布斯做过很短一段时间的小说编辑,后来就换成了古斯·洛布拉诺了。我跟他很熟,他是我钓鱼的伙伴。当然,还有哈罗德·罗斯,他挺难接触的,但我喜欢他。他经常对某个稿件提些非常荒谬的质疑——在每个人的稿件上都那样写,比如对一个短篇小说提出三十六条修改意见。作者常常觉得那太可气了,很倒胃口,但是罗斯毫不在乎。他喜欢亮出自己的手,把作者摇醒。有时他也能干得很漂亮。在《巨大的收音机》中,他做过两处改动。一次联欢会后主人在浴室发现了一枚宝石,男人说:"卖了它,我们弄几个钱花。"罗斯把"钱"改成了"子儿",非常贴切,真是太妙了。后来我写了"那台收音机温柔地响起来",罗斯铅笔一挥,又加了一个"温柔地",这样就变成了"那台收音机温柔地温柔地响起来"。他改得太对了。但是后面还有二十九条意见,诸如"这篇小说进行了二十四个小时,还没有一个人吃饭。没有一处提到吃饭的事儿。"类似的挑剔,最典型的例子莫过于对雪莉·杰克逊小说《摸彩》中有关石头仪式的描写的挑剔。他不喜欢这篇小说,于是开始恶毒攻击。他说佛蒙特州没有一个小镇会有那种石头。他对这些东西极尽挑剔,这并不让人意外。罗斯经常能把我吓得魂飞魄散。我常去一个地方吃午饭。我不知道罗斯也在,后来才发现他带着盘炒鸡蛋来了。我背靠椅子坐下,心里其实挺害怕的。他是一个非常喜欢挑剔而且很尖刻的人,是那种把内裤提得很高以至于在裤子和衬衣之间露出一道边儿的人。他经常劈头盖脸地挤对我,简直要从自己坐的椅子上跃起来似的。那是一种创造性和毁灭性兼具的关系,我从中学到很多东西,我很怀念他。

《巴黎评论》:那个时期你一定碰到过不少作家吧?

契弗:那段时间对我来说重要极了,因为我是在一个小镇长大的。我怀疑自己是否成器当得了作家,直到我遇到两个对我来说至关重要的人。一个是加斯东·拉雪兹[1],另一个是 E.E. 卡明斯[2]。我很欣赏卡明斯,尤其是他的记忆力。他能把从蒂夫利斯到明斯克的燃柴机车学得惟妙惟肖。他能听到三里之外的一枚针落到柔软的尘埃上的声音。那是九月,天还很热,卡明斯在新罕布什尔家后面砍引火柴,当时他已经六十六岁或七十岁左右。他的妻子玛丽恩从窗户探出身子问道:"卡明斯,这会儿砍柴恐怕太热了吧?"他说:"马上就好了,可我想在收工前把斧头磨尖了,亲爱的。"那是他说的最后一句话。在他的葬礼上,玛丽安·摩尔致了悼词。玛丽恩·卡明斯长着一双很大的眼睛。她吸烟很凶,经常穿一件黑色衣服,上面有许多烟烧的洞。

---

[1] 加斯东·拉雪兹(Gaston Lachaise, 1882—1935),法国雕塑家,后移居美国。其雕塑创作以端庄优美而性感的裸体女子著称。
[2] E. E. 卡明斯(E. E. Cummings, 1894—1962),美国现代派诗人、画家、评论家、剧作家。代表作有诗集《郁金香与烟囱》等。

《巴黎评论》：拉雪兹呢？

契弗：对他我不知道说什么好。我觉得他是一个杰出的艺术家，我觉得他很知足。他经常来这个大都市——从不画这个地方——去拥抱他喜爱的雕塑。

《巴黎评论》：卡明斯对你当作家提过什么忠告吗？

契弗：卡明斯从来就不会像父亲似的，但是他摆头，他那风入烟囱般的声音，他对笨蛋的谦恭，他对玛丽恩无边的爱就是全部忠告。

《巴黎评论》：你写过诗吗？

契弗：没有。我似乎觉得那需要完全不同的训练……另一种语言，另一种与小说不同的内容。有时，短篇小说比许多我们看到的诗歌更需要训练有素。而且这两种体裁的不同就跟步枪射击和游泳的区别一样。

《巴黎评论》：有杂志让你替他们写报道的吗？

契弗：《星期日晚邮报》让我写过采访索菲娅·罗兰的文章，我接受了。我还吻了她，我还接到过别的派活儿，但都感觉不是太好。

《巴黎评论》：你觉得小说家有向新闻写作发展的势头吗？比如诺曼·梅勒。

契弗：这个问题我不喜欢听。小说必须与一流的报道互相竞赛。如果你写出的小说不能与关于街头械斗或者游行的事实性报道相媲美，那么你也别写小说了。你最好还是放弃这个。很多时候，小说在这场竞赛中赢不了。近年来，小说界充满了描写养鸡场里一个未成年孩子的敏感或者一个妓女脱去职业光环的故事。《时代》周刊的新书广告里充满了垃圾。关于小说"死亡"或者"病态"的说法跟别的东西一样在逐渐消亡。

《巴黎评论》：你热衷于小说实验，喜欢描写那些怪诞不经的事物吗？

契弗：小说本身就是一种实验。如果它不再实验，就不成其为小说了。一个人写下一句话时会觉得这个句子以前从未这样写出来过，也许认为连这个句子的内容都不曾被感知过。每个句子都是一种新的发明。

《巴黎评论》：你认为自己属于某个特定的美国文人的传统吗？

契弗：不属于。其实，我想不起来哪个美国作家可以划到某个传统中去。你显然无法把厄普代克、诺曼·梅勒、拉尔夫·埃里森或者斯泰伦划入某个传统。作家的独立性从没有像在美国这样强烈。

《巴黎评论》：你觉得自己是一个现实主义作家吗？

契弗：我们在谈这个问题前需要先就现实主义的定义达成一致。那种记录式的小说，如德莱塞、左拉、多斯·帕索斯的小说——虽然我并不喜欢它们——我认为，可以划到现实主义的行列。吉姆·法雷尔[①]是另外一种记录式的小说家，在某种意义上，司各特·菲茨杰拉德也算，虽然这样说可能会贬损他的出色贡献……他的作品给人以试图呈现出一个非常独特的世界的感觉。

《巴黎评论》：你认为菲茨杰拉德是有意要记录的吗？

契弗：我曾写文章谈过菲茨杰拉德，而且读了他所有的传记和评论著作，每次读到结尾我都会纵情地哭一场——像个孩子那样大声哭泣。那是一个多么令人伤心的故事。所有关于他的评价都提到他对一九二九年那场股灾，那种极度的繁荣，衣服、音乐的描写，因此他的作品洋溢着浓厚的时代气息……就像是那个年代的记录。这些极大削弱了菲茨杰拉德的卓越之处。大家读菲茨杰拉德的小说总是知道它是在写哪个年代，确知你身在何处、哪个国家。没有哪位作家如此忠实于对环境的刻画。但我觉得这不是人为历史，而是他的生命感。所有伟大人物都是非常忠实于自己

[①] 即詹姆斯·T.法雷尔（James T. Farrell, 1904—1979），美国小说家、诗人，代表作为长篇小说《斯塔兹·朗尼根》三部曲。

那个时代的。

《巴黎评论》：你觉得自己的作品同样具有时代性吗？

契弗：哦，我不期望自己的作品被那样去解读。我不关心那种事。我明天可能就会被遗忘，对此我不会感到沮丧。

《巴黎评论》：但是你的许多小说却蔑视时代性，它们可以发生在任何时间，而且也几乎可以发生在任何地方。

契弗：当然，我是一直刻意如此。那种你能准确定位时代的东西往往是最差劲的。那篇以防空洞为背景的小说《旅长和高尔夫球迷的妻子》写的是最基本的焦虑，防空洞把这篇小说放置在一个很特殊的时期，不过那是一种隐喻……这是我刻意为之的。

《巴黎评论》：那是一篇令人伤感的小说。

契弗：几乎每个人都不停地这样评论我的小说，"噢，那些东西太伤感了"。我的代理人卡迪达·多纳迪奥打电话谈到我的一篇新作时说："噢，多美的小说啊，就是太伤感了。"我说："对了，我就是一个伤感的人。"《旅长和高尔夫球迷的妻子》中让人伤感的情节是在小说结尾，那个女人站在那里望着防空洞，然后被一个女佣弄走。你知道吗？《纽约客》曾想把这个情节去掉，他们认为，这篇小说要是没有这个结尾会更加感人。我去看校样时感觉好像掉了一页。我问小说的结尾上哪儿去了，有个女孩说："肖恩先生觉得这样更好一些。"我压抑着极度的恼火，坐火车回家了，喝了很多杜松子酒，后来给一个编辑打了电话。当时我的声音很大，毫不顾忌，而且非常下作。他正接待伊丽莎白·鲍恩和尤多拉·韦尔蒂，他不停地问能不能换个地方接电话。不过，我当天早上又回了趟纽约。他们重新编排了整个杂志，包括诗歌、新闻特写、漫画等，并且恢复了那个情节。

《巴黎评论》：那成为流传甚广的《纽约客》改稿的经典故事：拿掉最后一段，你就会有一个典型的《纽约客》式的结尾。你对一个好编辑的定义是什么？

契弗：我对好编辑的定义是：一个很有魅力的人，送给我大笔支票，赞美我的作品，赞扬我形象好，赞扬我性能力强，敢于对抗出版人和银行。

《巴黎评论》：你怎么看待小说的开头？你的小说开头一般都很直接，很抓人。

契弗：如果你想以一个讲故事的人的身份给读者带来好感，你就不能一开始就告诉他你头疼、消化不良，你在琼斯海滩染上了烦人的皮疹，原因是跟二三十年前相比，今天在杂志上做广告普遍多了。在杂志上发表东西，你就是在跟腰带广告、旅游广告、脱衣舞广告、漫画甚至诗歌竞争。这种竞争绝无得胜希望。我脑子里经常有一种老生常谈的开始。比如，有个人拿着富布赖特奖学金在意大利待了一年后回国，海关打开他的箱子时发现里面除了他的衣服、纪念品外，还有一具被肢解了的意大利海员的尸体，除了头，什么都是全的。我经常想到的一个开头用的句子是："第一天我就抢了蒂法尼一家，那天正下着雨。"当然，你可以用那种句子开头，但想让小说发挥某种作用的作者就不能用那种开头。有人禁不起诱惑是因为缺乏真正的定力，不仅体现在阅读大众的东西，而且体现在我们所有的生活中。耐心，也许甚至就是专注的能力。有一度，当电视流行起来后，便没有人想发表那种不能在一个电视或者无线电节目里读的文章。但是小说的生命耐力长久得足以战胜所有这一切。我不喜欢那种以这样的句子开头的短篇小说："我想去自杀"或者"我想杀了你"。皮兰德娄式的"我要杀了你否则你会杀了我，或者我们一起去杀别人，也许最后两个人互相残杀"。还有那种色情的开头也不喜欢："他开始脱裤子，可是拉链卡住了……他找来一盒润滑油"等等。

《巴黎评论》：显然你的小说节奏比较快，好像老在往前行走。

契弗：审美的首要原则不是有趣就是悬念。如果你本身就是个乏味的家伙，就别指望跟任何人交流。

《巴黎评论》：威廉·戈尔丁写道，有两种小说家，一种是让意义与角色或者情景共同演绎，另一种是先有个主题，然后找个故事把它表现出来。他属于第二种。他认为狄更斯属于第一种。你觉得自己适合这两种分类吗？

契弗：我不知道戈尔丁在说什么。作家科克托说过，写作是一种无法理喻的记忆的力量。我同意这种说法。雷蒙德·钱德勒把写作描述为直接跟潜意识对话。你真正喜欢的作品第一次打开它们时，都会给人一种似曾相识的感觉。那是一种创造，跟记忆中的格子间差不多。那些地方人们从来不曾去过，那些事物从未被看到或者听到过，却显得得体至极，你觉得曾身临其境。

《巴黎评论》：可是你显然借用了大量来自神话的共鸣，比如，借鉴了《圣经》和希腊神话。

契弗：可以这样来解释：我是在马萨诸塞南部长大的，那里人们认为神话是我们每个人都应该掌握的东西。那是我接受的教育中很重要的一部分。吃透这个世界的最简洁的方式就是通过神话。连篇累牍的论文曾谈到那些脉络——利安德[①]是海神波塞冬，有人是谷类女神克瑞斯，等等。这也许是一种非常浅薄的解读方式，但它造就了一批可以通过的论文。

《巴黎评论》：你还是想得到这种共鸣。

契弗：当然想了。

[①] 即利安德·沃萧普，《沃萧普纪事》中的人物。

《巴黎评论》：你是如何写作的？你把各种想法迅速记下来，还是琢磨片刻，让这些想法一直酝酿着？

契弗：两种情况都有。我喜欢各种完全不同的材料同时涌现。比如，我正坐在一家咖啡店读一封家书，信上说一个邻居的家庭主妇在一次裸体表演中独领风骚。我在读书时听到一个英国女人在训斥她的孩子们："如果你们还不听话，妈妈可要数三了。"这就是她的台词。一片树叶从空中落下，提醒我冬天到了，让我想到妻子离我而去，现在就在罗马。这里就有我的故事。我几乎经历过跟《再见，我的兄弟》和《乡下丈夫》的结尾一样的惊心时刻：海明威和纳博科夫挺喜欢这些小说。我把各种东西都写了进去：一只戴着帽子的猫，几个从海里浮出来的赤裸的女人，一条嘴里叼着鞋子的狗，一个穿着金色盔甲骑着一头大象从山间越过的国王。

《巴黎评论》：还有在雨中打乒乓球？

契弗：我不记得这是哪篇小说里的情景了。

《巴黎评论》：有时你也喜欢在雨中打乒乓球。

契弗：可能打过吧。

《巴黎评论》：你会记录下这种事情吗？

契弗：这不是记录的问题。那是某种带电的能量。当然，同时也是个给自己的经历赋予意义的问题。

《巴黎评论》：你觉得小说应该给人以教诲吗？

契弗：不。小说意味着发现、探索、振奋。我不觉得在小说中有什么贯穿到底的道德哲学就很精彩。我似乎向来以为感觉的敏锐性和迅捷非常重要。有人喜欢从小说中寻找道德教训，那往往是把小说和哲学混为一谈的缘故。

《巴黎评论》：你怎么把握一篇小说算是写得恰到好处了呢？一上来就让你觉得很到位，还是边写边挑剔呢？

契弗：我认为小说自有其火候。比如，我最近写的一篇小说就不对劲儿。我得重写结尾，我想这是试图让它尽量与先已存在的某种感觉相吻合。事先会有那么一个轮廓和长度，出了差错时作者是知道的。

《巴黎评论》：通过本能知道？

契弗：我想写作时间跟我一样长的人都会有这种也许就是你称为本能的东西。一个句子出了差错时，他显然会觉得不对劲。

《巴黎评论》：你对我说起过，你对构思角色的名字很感兴趣。

契弗：这对我来说很重要。我写过一篇小说，是讲几个男人有很多名字，都很抽象，都是些很少有人提到的东西：佩尔、威德、汉默尔、奈尔斯，这些虽然显得很古怪，但绝对不是刻意的。

《巴黎评论》：汉默尔家的房子在《游泳者》里出现过。

契弗：没错。那篇小说不错。那是一篇我在写的过程中感觉非常棘手的小说。

《巴黎评论》：为什么？

契弗：因为我始终不能露出自己的手。夜幕降临，一年即将结束。这不是技术上的难度，而是不可测的问题。当他发现天色变暗，而且又很冷时，那件事情就得出现，而且，谢天谢地，果然出现了。写完那篇小说后，我有一度感觉天很黑又很冷。其实，那是我近期写过的费时最长的短篇之一，因为当时我已着手写《欢迎来到弹园村》了。有时在一个读者看来貌似最简单的小说写起来最艰难。

《巴黎评论》：写这样一个短篇要花你多长时间？

契弗：三天、三星期、三个月，都有可能。我很少读自己的作品。那似乎是一种特别令人讨厌的自恋方式。这就像往回倒记录着自己谈话内容的磁带一样，像回过头看自己的起跑地。这也是我经常用游泳者、长跑运动员、跳远运动员这种意象的原因。最重要的是某件事情完成后继续做下一件事情。我还觉得——但感觉不像过去那么强烈了——如果往回看，我非死了不可。我经常想到萨奇·佩吉[①]和他的警告：你能看到的事物也许只是你喜欢看到的。

《巴黎评论》：有写完后感觉特别好的小说吗？

契弗：当然有了，大约有十五个短篇我觉得棒极了！我很喜欢那些小说，我喜欢其中的每个人——那些建筑、房子、所有我住过的地方，那种感觉特别好。它们中的大多数是我花三天时间写好的，每篇约三十五页篇幅。我喜欢它们，但我不会去读它们，很多时候，如果我愿意，我也可以不再喜欢它们。

《巴黎评论》：最近你直言不讳地谈到自己遭遇了写作瓶颈，这种事情你以前从未碰到过。现在，你对此有什么想法吗？

契弗：任何痛苦的记忆都会被深深地埋藏下来，对一个作家来说没有比不能工作更痛苦的了。

《巴黎评论》：就创作一部长篇小说而言，四年很漫长吗？

契弗：通常得花四年。这样的生活方式会有些单调，不过我可以很容易就调剂好。

《巴黎评论》：为什么？

契弗：因为在我看来，这似乎不是写作的适当作用。如果可能，写作

[①] 萨奇·佩吉（Satchel Paige，1906—1982），非裔美国职业棒球运动员，职业生涯长达三十年。

应该是升华,应该是让人们参与冒险。如果不能,则应该还人们以自身的神圣性,而不是矮化他们。

《巴黎评论》:你觉得自己在《欢迎来到弹园村》中把人塑造得太渺小了吗?

契弗:不,我并不这样认为。但我相信可以这样来理解。我相信哈默和内尔斯被认为是社会的偶然产物,这根本不是我的初衷。我认为自己的意图已经表达得很清楚了。但是如果你不理解,那不是别人的过错。哈默和内尔斯既不是精神病,也不是社会隐喻。他们就是两个喜欢冒险的男人。我觉得这本书在这些地方被误解了。不过我当时没有看到什么评论,所以我也并不了解真相如何。

《巴黎评论》:某个作品完成后,你怎么知道它是否达到自己满意的程度了呢?

契弗:完成一件事,最后达到自己绝对满意的地步,这种经历我这辈子从来没有过。

《巴黎评论》:你认为自己在写作过程中在某场对话里会投入很多个人色彩吗?

契弗:噢,当然,当然了!我以一个作家的身份讲话时,我用的是自己的声音,跟我笔下写的东西完全不同——在装得深刻或者愚蠢时我冒着极大的风险。

《巴黎评论》:作家坐在打字机旁,或者顷刻间创造出整部戏剧,那感觉就像上帝一样,是吗?

契弗:不是。我从未感觉自己像上帝似的。没有过,那是十足的有用感。我们每个人都有一种控制欲,这是我们生活的一部分,我们在爱情、在喜欢从事的工作中都有过这种控制欲。那是一种陶醉感,就这么简单。

那种感觉就是"这是我的作用,我要把它贯穿到底"。这会让你觉得挺伟大。一句话,你认为自己的生活是有意义的。

《巴黎评论》:你在做事或者事后都这样想吗?工作不就是工作吗?

契弗:我在生活中很少感觉这是一桩苦差,我在写自己真正喜欢的小说时,那是……怎么说呢,感觉妙极了。我能做到的也就是这个,我在做这件事时心里很喜欢,感觉很不错。我常常对玛丽和孩子们说:"好了,我要歇会儿了,让我一个人待会儿。我要逍遥上三天了。"

(原载《巴黎评论》第六十七期,一九七六年秋季号)

唐纳德·巴塞尔姆

◎杨凌峰 / 译

被问及个人生平履历，唐纳德·巴塞尔姆说："我认为，谁的注意力也不会被那东西吸引片刻的。"他生于费城，恰逢"大萧条"最深重的时候（一九三一年），然后在得克萨斯州的休斯敦被抚养长大，熬过了那艰难岁月。他在那里度过了一个平常的童年，入读休斯敦大学，师从莫里斯·纳坦森[①]攻读哲学，接着在当地一家报社工作。然后，他被征召入伍，赴朝鲜服役，退役后返回休斯敦，后来又离开那里去了纽约。他在纽约做编辑工作，尤其是为《定位》杂志服务；他的那些奇特的短篇小说逐渐获得了知名度。很快，走稳重保守路线的《纽约客》竟约他定期供稿；他是供稿者中最令人惊讶瞠目的，但他至今仍给《纽约客》写稿。

他在纽约生活——"我在城中随处转悠，挺愉快的；保持警觉，但也挺愉快"——居住于西村的一套公寓房中，二楼。这里地段不错，讨巧地位于圣文森特医院与一家自诩人气高、名气大的比萨店之间。那种典型巴塞尔姆风格的访谈，假如并非唐突生硬或无厘头，一般也是简短扼要的，但对于安排在周末的这次访谈，他却付出了大把的时间。采访从一顿晚餐开始，当时在场的还有同行作家安·贝蒂与其他人。在他家那宽敞的客厅里，访谈接续进行了两天，最后以颇对称的方式结束——还是在餐桌边，他的夫人玛丽恩弄出了一顿精致美妙的晚餐。

[①] 莫里斯·纳坦森（Maurice Natanson，1924—1996），美国哲学家，以研究萨特和胡塞尔著称。

slip slip slip slip slip. In sixteen years we've never had rent bills but now we have rent bills. He's raised the rent, and lowered the heat. The new owner creeps into the house by night and takes heat away with him. He wants us out, out. If we were gone, the building would be decontrolled. The rents would climb into the air like steam.

Bicycles out of the halls, says the new owner. Shopping carts out of the halls. My halls.

The new owner stands in profile in the street in front of our building. He looks up the street, then down the street. This wondrous street where our friends and neighbors live in Christian, Jewish and in some instances Islamic peace. The new owner is writing the Apartments-Unfurnished ads of the future, in his head.

The new owner fires the old super, simply because the old super is a wholehearted widowed shot-up black Korean 65% disability drunk. vet/ There is a shouting confrontation in the basement. The new owner promises the police. The old super is locked out. A new super is hired who does not put out the garbage, does NOT mop the halls. Roaches appear because the new owner has stopped the exterminating service. The new owner wants us out.

We whisper to the new owner, through the walls: Go away! Own something else! Don't own this building! Try the Sun Belt! Try Alaska, Hawaii! Sail away, new owner, sail away!

The new owner arrives, takes out his keys, opens the locked basement. The new owner is standing in the basement, owning the basement, with its single dangling bare bulb and the slightly busted souvenirs of all our children's significant progress. He is taking away the heat, carrying it out with him under his coat, a few pounds at a time, and bringing in with him, a few hundred at a time, his hired roaches.

-2-

巴塞尔姆短篇小说《新主人》的一页手稿

148

我们的谈话前后连贯,而且更确切来说,谈及的都是别的什么人,而不是他自己。他夸赞了很多自己喜欢的著述者及作家,其中包括哲学家克尔凯郭尔、陀思妥耶夫斯基、克莱斯特[①]、卡夫卡、海明威、S.J.佩雷尔曼[②]、弗兰克·奥哈拉[③]、约翰·阿什贝利与贝克特("贝克特,我可以这样认为吧,就是他让我的写作成为可能的……")。巴塞尔姆热切满怀地说起了那些哲学家与心理学家,还聊到了很多的当代作家。他拒绝这一角色:只限于内行小圈子的一位深奥小众作家。("我设想我的读者是多少经历了日常风霜磨蚀的那种人,就如同你我这般……平凡路人,芸芸众生。")与所有明智的艺术家一样,他含糊其辞,回避对他的故事写作加以概念化。("全部的魔力都来自无意识,假如真有什么魔力的话。")

　　访谈录音的背景音中,回响着交通噪声、杯子的叮当声,还有女主人玛丽恩那欢快的话语声;访谈被抄录转写成文字后,稿子被忠实地寄送到我们的作家手中。好几个月过去了,也经过了充分的沉思与反复的修订,下面的这个对话记录才浮现出来,剔除了那些纯事实的客观机械的陈述,也避免将人物安置到什么情境中去故作姿态。于是我们得到一个柏拉图式的纯知性的访谈。但你仍然可以诉诸直觉,仿佛感知到那古董木椅子的扶手圆头若有所思地摩擦着皱皱的粗呢夹克的袖筒,看到那烟灰毛色的雪达猎犬趴在忠实稳定的炉火前睡着了……作家那苦行禁欲气质的五官,被轮廓硬朗的丹麦裔加尔文教徒式的络腮胡环衬着;现在,当采访人斗胆一试提出第一个理性问题时,巴塞尔姆那严峻的面庞也柔和亲切起来。

——J. D. 奥哈拉,一九八一年

[①] 海因里希·冯·克莱斯特(Heinrich von Kleist, 1777—1811),德国诗人、戏剧家兼作家。
[②] S. J. 佩雷尔曼(S. J. Perelman, 1904—1979),美国幽默作家兼编剧。
[③] 弗兰克·奥哈拉(Frank O'Hara, 1926—1966),美国作家、诗人兼艺术评论家。

《巴黎评论》：你经常被与巴斯①、品钦、冯内古特以及这一类型中的其他人相提并论。在你看来，这是生硬无理的归类捆绑，或是其中也有些道理？

唐纳德·巴塞尔姆：他们都是我欣赏的作家。但我想说，我们的相似跟几张停车罚单之间的相似是两码事。几年前吧，《时代》杂志就热衷于把作家分成不同的团队；这当中的言外之意似乎是，《时代》想看到角斗士格斗的大场面，或者至少是一场足球大战吧。我被分派加入的这个队伍，一直让我挺高兴的。

《巴黎评论》：有哪些人，是你跟他们有密切的私人交往的？

巴塞尔姆：这个嘛，有格雷丝·佩利②，她就住在街对面。还有出版人柯克·塞勒与菲丝·塞勒夫妇，他们也住在这栋楼里，我们算是一个小小的街区协会吧。还有《纽约客》跟我对接的编辑罗杰·安吉尔。哈里森·斯塔尔也很熟，他是个电影制片人。此外还有我的家人。过去的几年间，也有几位密友去世了。

《巴黎评论》：对文学传记，你感觉如何？你认为，自己的传记能否让你的那些短篇和长篇作品变得清晰好懂一些？

巴塞尔姆：不会有很大帮助。我的那些小说中，没有浓厚的自传色彩或倾向，只有这里或那里零星出现的一点点细节材料。《看到月亮没？》③这个短篇里有一段，叙述者将一个新生儿的到来类比为有人交给他一艘战舰，要他去清洗和照管。这篇小说写于我女儿出生的前一夜，但这个生平事实并无多大的澄清效用，并不阐明什么。我不久前写过的一个作品里，我的祖父、祖母也出现了。我祖父在得州的加尔维斯顿做木材生意。在离圣安东尼奥不很远的瓜达鲁普河沿岸一个地方，他还有一座大牧场；在那

---

① 约翰·巴斯（John Barth, 1930— ），美国后现代主义小说家，代表作有长篇小说《客迈拉》等。
② 格雷丝·佩利（Grace Paley, 1922—2007），美国短篇小说作家。
③ 原文为"See the Moon"，该标题源自摇篮曲"I See the Moon"。

里骑马打猎都非常棒,还可以跟河里的鲇鱼说说话,可以尝试让风车倒转。故事里有几个来自瓜达鲁普的无名小卒,内容基本上就是他们陪伴着小说同名主角在纽约度过了相当沮丧低落的一天。这篇作品面世时,我立刻就接到了朋友们的来电,其中有几个我们有相当一段时间没联络了,而他们全都提到我应该吃点药,扑热息痛之类的,还提议我绑上绷带。这里有一种想当然的看法,认为把作者与虚构角色等同起来,不仅是被允许的,而且是受欢迎受鼓励的。这让我震惊不小。一个人抑郁、精神不振,你可以像对待任何其他东西那般来对待这种消沉,但我这里是抑郁吗?我可是在写一个故事啊。我写得挺快乐的,开心又开朗。

总的来说,几乎没什么自传色彩的,我觉得是这样。

· · · · ·

《巴黎评论》:塑造你童年形态的因素,有没有什么特别之处?

巴塞尔姆:我认为有一个事实一定程度上给我的童年着色了:我父亲是个建筑师,某种不寻常的建筑师——我们被现代主义所笼罩。我们居住其中的房子,由父亲设计,是现代派风格;家具也是现代派,墙上的画是现代派,家里的书也现代。我十四或十五岁时,他送给我一本书,是马塞尔·雷蒙德[①]写的《从波德莱尔到超现实主义》;我猜,他是在维滕伯恩出版公司的新书宣传目录上碰巧看到这本书的。那本书的序是由哈罗德·罗森伯格[②]撰写;十六七年之后,我认识了他,还和他一起工作;当时,我们在纽约合作编辑《定位》杂志。

我母亲在宾夕法尼亚大学读的是英语与戏剧,而我父亲在那里读了建筑专业。从所有各个方面来说,母亲对我的影响很大,她风趣机智又毒舌。

《巴黎评论》:在你的写作中,音乐是避免了被扭曲的人类活动的少数

[①] 马塞尔·雷蒙德(Marcel Raymond, 1897—1981),瑞士文学批评家,被归于日内瓦学派,专长于法国文学。《从波德莱尔到超现实主义》出版于1933年,是他的文学评论代表作。

[②] 哈罗德·罗森伯格(Harold Rosenberg, 1906—1978),美国作家、哲学家、艺术评论家,曾长期担任《纽约客》的艺术评论员。

几个领域之一。一个古怪的类比,音乐之于你就正如动物之于塞利纳[1]吧。

巴塞尔姆:我们家里那时有大量的古典音乐唱片。在外面,我成长的那些年,收音机里播放的通常都是鲍勃·威尔斯和他的乐队"德州花花公子"的歌,听到的实在是太多太频繁,以至于我都没法欣赏他了,也没法去喜欢一般而言的乡村音乐。现在我却非常喜欢乡村音乐。那时候我对爵士乐很感兴趣,我们会去那些黑人俱乐部,看厄斯金·霍金斯之类音乐人巡回演出的现场;我们这些可怜兮兮的、苍白孱弱的白人小家伙得到了很宽宏大量的默许容忍,被塞到了乐队演奏台后面的一个狭小空间,而在俱乐部门口,则有一个巨无霸身形的黑人警察杵在那里。在其他地方,你也可以听到另一些人的作品,比如爵士钢琴家派克·凯利——他真是个传奇般的音乐人,或者是莱昂内尔·汉普顿,又或者是很难得的,偶尔能碰上路易·阿姆斯特朗或者伍迪·赫尔曼。某种程度上,我是完全沉浸在这一切当中了。没过多久,一种狂热的学究精神便控制了我;一九三五年的乐队成员花名册,我如数家珍、倒背如流,恰如别人能将同一年的棒球队名称一一列出一样。

《巴黎评论》:假如说有所获益的话,你从中学到了什么?

巴塞尔姆:也许,是关于如何进行陈述声明的手法吧,关于如何在一个陈述中布置强调重点,或者是如何引入变体、插入变奏。这些家伙当中的有些人,你会听到他们拣起一支老旧曲调,比如说《现在谁遗憾?》,却以此为原型完成了简直难以置信的变奏,让那曲子听来极为美妙,实际上等于让它焕然全新了。这里的趣味与戏剧性,就在于那种形式上的操控变化,哪怕材料本身相当单薄平淡。这些人可是英雄般的人物,你知道的,非常浪漫。我的短篇小说《爵士之王》里的人物豪吉·莫基,就是来自这些早年的音乐体验。

---

[1] 路易-费迪南·塞利纳(Louis-Ferdinand Céline,1894—1961),法国作家,代表作为《长夜行》。

《巴黎评论》：有没有什么作家，他们的作品是你看重和期待的？

巴塞尔姆：很多。威廉·加斯、约翰·霍克斯[1]、巴斯、阿什贝利、卡尔维诺、安·贝蒂——太多了，一下想不起来。沃克·珀西的新书《第二次降临》我非常喜欢。其中的知识资讯的分量很大很不寻常，所涉及的事物范围广泛，从奔驰车减震器的构成，到十九世纪烧柴火的炉子如何装配，不一而足。当看到医生们在主人公身上诊断出他所患的病症是"wahnsinnige sehnsucht"[2]，或者说"不恰当的渴望"时，我几乎惊得从椅子上滑落下来。那写得太奇妙了，不可能是真的，但在珀西这里却是有可能的。让我们来看看……还有奥地利人彼得·汉德克、托马斯·伯恩哈德，瑞士人马克斯·弗里施，以及马尔克斯。

《巴黎评论》：甚至连《族长的秋天》也喜欢？

巴塞尔姆：《百年孤独》之后，很难想象马尔克斯还能写出那样大体量的又一本书，但他就是写了。在《族长的秋天》里，有着技术层面的策略手段——比如说，在一个句子之内叙述视角的有意改变——我认为这种手法很有效，几乎百分百有效。突出描摹独裁者的悲哀，传递猛兽怪物角色的忧虑，这是马尔克斯的天才。他的挑战来自他以前的书，我觉得他应对挑战的表现令人赞赏。

先前的作品能赋予新作以活力生机，这种影响方式令人赞叹，让人既惊讶又信服安心。艺术评论家托马斯·赫斯曾说过，对一件艺术品的唯一恰当充分的评论是另一件作品。真正的艺术品会触发再生出新作，赫斯所指或许就是这个情况。我怀疑，马尔克斯的出发点是《铁皮鼓》，君特·格拉斯莫名地就给了马尔克斯一个出发点……正如最精粹意义上的贝克特，他的起点是福楼拜的《布瓦尔和佩库歇》；还有，贝娄的《雨王亨德森》，是对海明威在非洲这一主题的幻想曲式发挥。这种情况不是影响

---

[1] 约翰·霍克斯（John Hawkes，1925—1998），美国后现代小说家。

[2] 德语，意即"不恰当的渴望"。

的焦虑，而是影响的愉悦①。

《巴黎评论》：那么，你是不相信熵？

巴塞尔姆：熵是属于品钦的。我近期读到过，有人提出证据，表明那进程并非不可逆的。有一种四处流传的、清晰明确的感觉，就是一切都在变得更糟；克里斯托弗·拉什②说过这个，很多其他人也说过。我不认为有什么社会学的指标能让我们以任何有意义的方式来衡量、测量这个，但那种感觉还在那里，是一种文化事实。我能感觉到熵———比如，汉斯·克劳斯③对背痛的论述，放在这里来看，大概也会是一个挺讨巧的文本。

《巴黎评论》：你有没有看到有什么东西是在好转的——比方说，艺术有没有变好？

巴塞尔姆：我认为，你不能说什么艺术中的进步之类的——有的是运动，而不是进步。你可以假设有一条线，讲到这条线上的某一个点，是为了给事物确定位置，但这是一条水平线，而不是垂直线。类似的，所谓先锋派的概念，也有点跑偏了。在军事术语中，先锋队的功能与后卫部队的作用实在是完全一致的，都是为了保护中间的队伍主体；这个概念所指、所说明的只是位置现状，是事实状态。

你可以说政治进步、社会进步之类的，当然可以的——这种进步，可能看不到多少，但这样说是可以的。

《巴黎评论》：那么，你这样否认进步，是把自己设定成老古董了。

巴塞尔姆：就这样吧，随它去。

---

① 此处应是在回应哈罗德·布鲁姆出版于 1973 年的文学批评名作《影响的焦虑》。
② 克里斯托弗·拉什（Christopher Lasch，1932—1994），美国历史学家与社会评论家。
③ 汉斯·克劳斯（Hans Kraus，1905—1996），登山家兼生理理疗师。

《巴黎评论》：你自己所受的影响呢？——有哪些人是你愿意认作你的精神先祖的？

巴塞尔姆：他们分成各自的组别，是要成对提出来的。佩雷尔曼与海明威是一对。克尔凯郭尔与萨巴蒂尼①是一对。卡夫卡与克莱斯特是一对。克莱斯特明显是卡夫卡的先父之一。拉伯雷与写早期西部历险故事的赞恩·格雷又是一对。还有写《地下室手记》的陀思妥耶夫斯基。还有十几个英国人。以及超现实主义者，既包括画家，也包括诗人。还有很多电影人，尤其是路易斯·布努埃尔。（精神渊源）这种问题总是令人焦灼，不是吗？埃罗尔·弗林②也应该在其中占有一席之地。还有大西德·卡特列特，这位爵士鼓手。

《巴黎评论》：为什么会有埃罗尔·弗林？

巴塞尔姆：因为我对萨巴蒂尼的记忆很清晰，而弗林是那记忆的组成部分，是萨巴蒂尼的肉体化身。萨巴蒂尼的《铁血船长》与《海鹰》被拍成了电影，都是弗林主演。根据我所记得的，《美人如玉剑如虹》本来也应该是他演的，但结果是斯图尔特·格兰杰取代了他。

《巴黎评论》：你也写过一个同名短篇，就叫《铁血船长》。

巴塞尔姆：那是特意模仿萨巴蒂尼，但并不是具体模仿他的那本书，而是模仿萨巴蒂尼这个风格整体。我希望，你在此能想起萨巴蒂尼给你带来的或曾经给你带来的那些快乐。这一篇，无论从何种意义上来看，都不是戏仿恶搞；在很大程度上，这是在致敬，在表达追怀。这是试图呈现，或是回顾萨巴蒂尼的精粹本质。同时，它也希望成为它自己，获得独立地位。

---

① 拉斐尔·萨巴蒂尼（Rafael Sabatini，1875—1950），意大利裔英国作家，以历史冒险小说知名。
② 埃罗尔·弗林（Errol Flynn，1909—1959），好莱坞黄金时代的男演员。

《巴黎评论》：更尴尬的一个话题，有些作家，你会感觉他挡住了你的路，束缚了你，对此你是什么看法？

巴塞尔姆：我认为，深度的爱慕欣赏会强迫你远离那受爱慕的作品，尽管同时也带来我们提到过的那种激发生产创作的影响力。对贝克特而言，乔伊斯可能有过这样的作用，而马尔克斯对年轻一代的拉美作家可能有着相似的影响——迫使他们去创作一些非马尔克斯式的东西。

《巴黎评论》：可是，所有的一切都已有人做过了、写过了，不是吗？

巴塞尔姆：我们不能相信这种说法，因为这没有任何益处。绘画领域的情况就很有启示意义。画家，尤其是"二战"结束以来的美国画家，形式层面的茫然迷乱令他们困扰，因此他们远比美国作家更为烦恼不安。他们充当了所有人的实验室。有些新的文艺态度随之浮现出来。这里看似清晰的是，如果你让一个问题加剧、让它更为恶化，新的解决办法似乎也就生成了。埃德·莱因哈特[①]便是一个例证。巴奈特·纽曼[②]通过继续做减法，在抽象简化之路上前行，或者是像弗兰克·斯代拉[③]那样，在另外类似的方向上奔走突围。

《巴黎评论》：为什么要不断调用"新"这个词？

巴塞尔姆：这个词等于是说某人有能力感受到什么东西，而不仅仅是感受到新奇本身；它是某种速写形式吧，是发现的速写形式。选择"新"这个词称呼它可能挺糟糕的。罗森伯格的《新之传统》所论述的，恰好就是牵涉其中的那些异常与畸形之物。

《巴黎评论》：这与你持续尝试重新审视你的风格或方法，或者将它们复杂化，有何关系？

[①] 埃德·莱因哈特（Ad Reinhardt，1913—1967），美国抽象派画家，1930年代起活跃于纽约画坛。

[②] 巴奈特·纽曼（Barnett Newman，1905—1970），美国抽象派画家。

[③] 弗兰克·斯代拉（Frank Stella，1936— ），美国抽象派画家。

巴塞尔姆：你将这个过程的各个方面孤立开来，单独看它们，就会一会儿担心这个，一会儿又担心那个。那就如同一个雕塑家，突然决定利用锈迹这一元素。锈迹并未得到其全部价值层面的欣赏认可，这直到最近才有改观。罗杰·安吉尔曾经问过我，我给他的一个短篇小说为什么用的是单倍行距？我告诉他，那是因为我在努力让自己保持兴趣。

《巴黎评论》：你昨天夜里说过，你喜欢教书，是因为年轻作家们会讨论他们关切的东西，讨论他们身上发生的事情，因为你可以从他们那里学到一些东西。

巴塞尔姆：他们也相互学习的。我不久前刚看过一篇文章，强烈暗示说教授写作是一种居心叵测的敲诈，是一场令人一贫如洗的骗局；在某些地方，那里的实践也许如此，但如果把这当成普遍的事实，那我必须反对。在纽约城市学院，我教一个研究生的工作坊，学写作的这些学生，就他们的认真程度与进步幅度而言，完全不逊于其他专业的研究生。写作也许真的没法教授，但编辑修订却是可以的——就像祈祷、斋戒与自残一样，可教可学。什么样的文字污浊恶劣，这种概念也可以教。属于写作伦理之类。

写作课，在大学里全然是新事物，我当年上学时还不存在这样的课程，但这个终归不能说是骗局。

《巴黎评论》：你对新事物的感受是矛盾的。

巴塞尔姆：我一般都认为新事物有希望，但也请记住，我早年就接触到了一种几乎是十字军那样的、宗教式的运动，也就是建筑领域的现代运动。即使尽可能善良宽容地说吧，这场运动也没能在多大程度上演变出此前预期的那种结局。包豪斯学派，掌门人密斯·凡·德·罗与他的追随者，现代主义建筑师弗兰克·劳埃德·赖特与他的追随者，还有柯布西耶，他们全都憧憬着，自己设计出的不仅是优秀建筑物，而且是会在人类生存中酝酿出激进革命与改良的一种建筑艺术。他们设想那些建筑物会作用于社会，会以积极正面的方式去改变社会。这些假想，没有一个如愿成真；实际上，一个并非微不足道的极权主义转向反倒显露出了迹象。离这里不远，有一所州立大学的全新校区，学生们称之为"阿尔法城"①——他们这样说是绝对有道理的。不知怎么搞的，建筑师们在那里成功制造出了"阴森怪异感"。现在，有些词组，比如"优良设计"，或者是"规划"之类的，我们发现它们的内容相当复杂、别有用意，相当奇怪。

确实是有一种内心矛盾的意思。雷纳兹·普莱斯②在《时代周刊》发表的文章中谈及我的短篇《新音乐》，说那就跟牙疼一样新鲜。他显然没弄明白其中的笑点，那玩笑的意思在于，总是会有一种新音乐的——新音乐大约每十分钟就会出现一种③。这跟牙疼可不一样。更多是像打嗝，那才对吧。

《巴黎评论》：这倒让我想起来了，污蔑你的人，其中有些人说了，你只不过是追寻时尚而已？

巴塞尔姆：好吧，把人说成"只不过是"如何如何的，一直都是挺有用的一种分类。

《巴黎评论》：也有人这么说——说你是寒鸦，而你的选择原则是，什么最闪亮你就挑什么。

巴塞尔姆：这说的，我只能泪奔了，只能委屈挠头。我可不同意这种说法。

《巴黎评论》：让我们来看一个具体的例子，相当于寒鸦鸟巢的——《印第安人起义》④中的街垒，你怎么说？

---

① Alphaville，见1965年同名电影，是外太空的一处暴君专制领地。
② 雷纳兹·普莱斯（Reynolds Price, 1933—2011），美国诗人、小说家、戏剧家，曾任杜克大学英语文学讲席讲授。
③ 意即任何新音乐都只有十分钟的新鲜度。
④ The Indian Uprising，巴塞尔姆的短篇小说，发表于1968年。

巴塞尔姆：我没看到那当中有什么特别时尚的东西。用一扇空心门做成的桌子也可能是在指涉一九六〇年代，但人们现在不是还在制作这种东西吗？

《巴黎评论》：但是，你小说中的街垒并非打算指向直截了当的现实主义吧，这些东西都是某种特定文化的造物。

巴塞尔姆：也可说是一个考古碎片吧。并没有那么闪亮。

《巴黎评论》：将来那岂不是需要有学究式的注解才行？

巴塞尔姆：我想说，并不需要。如果你看过《海角一乐园》[①]这个故事，那就会读到这家人在倾覆的大船和海岸之间往返，从船载小艇上拆包取出了哪些物品；但这里是不需要任何脚注的，即使那货物中甚至包括了四百磅的牛羊油脂。因为你会有一个模糊的印象，大概知道这是用来做蜡烛的。

实际上，我认为"寒鸦业务"[②]是在《纽约客》中以一定频率出现的一种露出功能。人们读杂志刊发的小说，而劳斯莱斯和劳力士的那些图像也闪现在他们的眼里，明晃晃的，很诱人。谈论小说的时候，能抵御诱惑绝口不提那些广告，这样的人恐怕极少。人啊，是需要关联想象与社群交际来镀金的。

《巴黎评论》：假设一下，我们现在把事情反转过来。假定说，读那个故事的时候，我根本不关注人们在一九六〇年代是不是用空心门做桌子。我反倒对那个说话者感兴趣，在故事那隐喻的语境中，那人是被印第安科曼奇人围困了。

巴塞尔姆：围困他的，远远不止科曼奇人，但科曼奇人当然也是围困

[①] *The Swiss Family Robinson*，或译《瑞士鲁滨逊一家人》。
[②] The jackdaw business，此处暗指《纽约客》的广告业务。《纽约客》所登广告中的奢侈品以"亮闪闪"为特征，而广告业务是该杂志的主要资金来源。

者。他并不是要被设定为一个在那里游荡的人,并非就像一个靶子、一个目标物那样。科曼奇人的箭,也是感官上的侮辱,政治意义上的侮辱,那里有着种种指涉,指向战争、种族、酷刑折磨、军国主义……但故事中的这些指涉,没一个是随意放进去的,没一个被用来仅仅当作装饰。即使看似随意,那很大程度上也是因为对一个短篇小说来说,指涉的内容太多、范围太广了——里面有巴顿将军、弗兰克·魏德金①、第七骑兵团,它们都共存于同一个平面上——但这种拥挤的布局是构思设计的一部分,就是特意设计的。

《巴黎评论》:你那些小说,是什么触发启动它们的?

巴塞尔姆:因素多种多样。举例说,我刚刚写了一篇小说,是关于一个中国皇帝的,秦始皇,所谓的始皇帝,第一个皇帝。这直接来自我妻子的研究。她之前在写一篇文章,是关于唐人街的医疗政治的——她已经搜罗积累了有关中国文化与中国历史的各种材料,而我就像寒鸦一样开始从那些资料中拣选宝贝。这个皇帝,就是几年前中国人刚发现了他墓葬的那一位,他墓中环绕着壮观的兵马俑大军,所有雕像几乎都是全尺寸的,真人大小。据我所知,那墓葬还没有被完整发掘出来,但已有发现的规模之大,足以给你一些清晰的提示,让你知道那人的想象力还有野心到底有多大。随着我对他的了解日益增多——这里的"了解"要加上引号才好,因为我读到的很多资料都是可疑的历史——我有了一种感觉,就是那位皇帝非常匆忙,总是在各个宫殿之间来来去去;我估计他有超过两百处宫殿吧,几乎每天都马不停蹄地奔忙,打理他的各类项目、阴谋和诡计。时间给他的压迫感非常非常地强烈,似乎十万火急,这既是实际情形,也有另一重意义上的原因——他的很多努力都是为了对抗死亡,以求得长生不老。他的墓葬本身就是一种策略;他施加在他手下那些人的生命形式上的设计,以及他对帽子应该多宽、战车应该多宽等具体规格的规定,也是策略。

---

① 弗兰克·魏德金(Frank Wedekind, 1864—1918),德国戏剧家,代表作有戏剧《春之觉醒》等。

我写过科尔特斯与蒙特祖马①的故事，而刚说到的那篇《皇帝》可被认为是那故事的另一个版本；同时，这两篇都可充当《亡父》的脚注，那篇写了另一个皇帝。

《巴黎评论》：换言之，你写作是有铺垫有准备的。

巴塞尔姆：我想，每个人都这样吧。做些研究，能产生一些东西，你可以对其给出反馈，可以是接受，也可以是不同意。我笔下的蒙特祖马与科尔特斯，两个人都可以被写成更高贵的人物，比负责任的历史学者所能默许的更高贵，但我希望自己不要过分，不能不合情理。关于蒙特祖马是怎么死的，故事有相互冲突的不同版本。我安排的是，他被空中飞来的一块石头砸死了，而石头有可能来自他治下某个臣民之手。与此相反的说法是，西班牙人杀了他。我情愿相信前一个版本。

《巴黎评论》：科尔特斯与蒙特祖马之间的友谊，你认为是真实存在的，而不仅仅是出于政治考量的一种姿态与手段？

巴塞尔姆：科尔特斯是操纵大师，老奸巨猾，这似乎倒也没什么疑问。不过，他似乎也真对蒙特祖马另眼相待。伯纳尔②记述了那场征服；你读他的东西，会看到他以一种非常恭敬的态度放大了蒙特祖马的出众品质。这位原住民首领既是祭司也是君王，居于一个相当复杂的宗教/政治建制体系的中心，而对此权势体制，科尔特斯毫无概念，极为迟钝。这就好比是你领头，带着你那勇敢的小小团队，进入如今的盐湖城，礼貌而又饶有兴味地看摩门教礼拜会堂合唱队的演出。你坐在会堂的最前排，然后突然抽出了你的长剑，宣告犹他州必须另投门户，转信山达基科学教。

---

① 此处指蒙特祖马二世，阿兹特克帝国（今墨西哥）的末代国王。阿兹特克帝国于16世纪20年代被西班牙殖民者科尔特斯率兵征服，蒙特祖马二世被科尔特斯设计擒获后意外身亡。

② 伯纳尔（Bernal Díaz del Castillo, 1495—1584），西班牙士兵兼历史写作者，参与了科尔特斯征服墨西哥的过程。

《巴黎评论》：故事里的豪华轿车与侦探，假如有读者这样理解，认为那意味着你对此是抱戏谑态度，那怎么办？

巴塞尔姆：豪华轿车只是一种手段，好让你想起从前的马拉车或大轿子。

《巴黎评论》：那女人的金色屁股呢，是什么用意？

巴塞尔姆：只是一种手法，让你去注意屁股。在故事里，如果我没把蟑螂说成跟熨衣板一样大，那也就没法呈现科尔特斯与蒙特祖马的携手；没有相应的铺垫，我那样写的话就只是感情用事吧。你要左右观望，找补偿材料；这些东西会告诉读者，尽管正在发生的是 X 事件，但你要参照 Y 事件，从这个背景来理解 X。

《巴黎评论》：奥尔德斯·赫胥黎曾坚称奥菲利娅[①]不能裸身出现在舞台上。他把构成悲剧的必要条件与喜剧的相对立，举例指出《汤姆·琼斯》中有一个场景，索菲娅·韦斯顿当时从马上摔下来，露出了她秀美的臀部，让垂涎于她的旁观者们大饱眼福。

巴塞尔姆：我能想象悲剧中的裸体，甚至是在舞台上。观念上稍微跳跃一下，就不至于觉得这差劲可鄙。

《巴黎评论》：你为什么不写悲剧？

巴塞尔姆：我命中注定要对付混合物和"便宜炖菜"，这就预先将悲剧排除在外了，因为悲剧需要一种纯净单一的路数。写什么，是头脑心智的一种习惯，是一种任性的怪癖。托马斯·赫斯讲过一个故事，也许那是出自刘易斯·卡罗尔吧，我记不清楚了，故事说的是一群愤怒激越的暴民冲击宫殿，高呼："更多税！更少面包！"而我一听到一个论点，就会立刻想到那论点的反面。一个双向思维、心思不定的人，他天生是要应对混杂

[①] 《哈姆雷特》中哈姆雷特的恋人。

之物的。

《巴黎评论》：让卡夫卡非常着迷的意第绪语戏剧中显而易见地包含了一点典型的喜剧元素，就是里面会有两个长相多少有些相似的小丑，他们甚至也出现在悲伤的场景中——比如，一对恋人分离的场景。观众在哀哭，而他们则继续滑稽搞笑的表演。这一特点在卡夫卡的《城堡》中尤其明显。

巴塞尔姆：对，那两个助手。

《巴黎评论》：观众也不知道该做什么。

巴塞尔姆：那些信号令人困惑，信号混沌不纯，就会给人一种逼真感。就仿佛你参加了一场葬礼，并且注意到——尽管你并不想注意到这些——那仪式操办得很糟糕。

* * *

《巴黎评论》：一旦写完一个故事，有没有什么人是你会拿作品给他或她看的？

巴塞尔姆：首先会给我妻子看。假如她反应不好，我就会回顾审视，寻思自己有什么地方做错了。偶尔地，我也会把东西拿给格雷丝·佩利看。《亡父》里的场景，就是汤姆跟朱莉做爱的那一段，我给格雷丝看了，因为我之前从没写过一个既常规又细致的性爱片段。她读过之后说，她觉得还不错。

《巴黎评论》：写性爱，作家们为什么会认为那么困难？

巴塞尔姆：有时候能找到与之约略等量的东西吧。在上面提到的那一片段里，我依赖于语词上的夸张，但那是一种冷夸张。或者，这一段也可以被拐弯抹角地表现出来——比如，一个少年在自己的头脑里想象父母做爱的场景，而在少年的感受中，那肯定跟两条鳄鱼交配是同一类活动。

《巴黎评论》：完成一个作品后，你就发给《纽约客》的罗杰·安吉尔？

巴塞尔姆：是的。他经常会给出非常尖锐的建议，通常是对具体的哪几行哪几句提出批评。

《巴黎评论》：他们有没有拒过你的稿？

巴塞尔姆：当然有的。有时候，一个作品，它的作者未必对它通篇全盘思考过；而有时候，就是编辑那边搞错了。退回的作品，我会仔细看的，会很怀疑是他们搞错了。

《巴黎评论》：偶尔地，在一个短篇集中，你曾反反复复地安排那些小说，直到还可改动的最后一刻，而对于单个小说，你也曾做过相当大的修改——举最近的一个例子，《新音乐》的改动就很明显。这些是基于什么考虑？

巴塞尔姆：特定的某本书，其中篇章的次序，主要而言是考虑到应该确保它们不至于彼此妨碍。跟画展中画的位置安排很类似吧。有些画作是相互冲突的，那并不是因为其中一方是烂货，而是因为作品的大小、尺幅或者颜色导致它们彼此间存在冲突。《新音乐》最初是两个故事，里面的人物角色相同。最终成书的那个版本，我多加了大概六页新的材料进去——虽然要说的还有更多——把两个故事合并在了一起。作品改动，这种事情可不是一次就能搞定的，甚至第二次也未必妥当。

《巴黎评论》：你最近写过十个或更多的对话体短篇小说，这是其中之一吧。为什么用对话体？

巴塞尔姆：对话的便利性类似诗歌的好处，同时你不需要承担诗歌需要承担的严苛责任。对话相当容易写，但也有些微妙之处很难掌控。句子节奏在此是暴露无遗了，但必须有一种怪异的音乐感才行，否则的话，用不了几秒钟,你就会把读者送到"梦乡"①去了。

《巴黎评论》:它们是贝克特式的。是不是贝克特式的?

巴塞尔姆:没有贝克特戏剧里的例子参照,它们当然是无法存在的。但我煎炸的可是其他的鱼。《伟大日子》里的对话,抽象程度要弱于《亡父》中两个女人之间的对话;《亡父》并不会让你很具体地想起贝克特,其中的对话也早于《伟大日子》。有一种朝着抽象而去的冲动吧,那非常诱惑人——

《巴黎评论》:是关于艺术的艺术?

巴塞尔姆:不是。我的意思是指你在格特鲁德·斯泰因那里能发现的那种东西,那在其他任何地方是很难发现的。菲利普·索莱尔斯②,创办《原样》的那家伙,在他的《乐园》一书里接近过它;我读过这本书翻译过来的一些摘录片段。我这里说的是一种点彩派的技法,在这一技法之下,你看到的并不是相邻的黄点和蓝点——按照光学效果,它们混合起来就让你看到绿色——而是意义的混合,无论那意义是来自以看似任性的方式并排安置在一起的单词,还是来自以类似方式排列的词组,大量的单词或词组。

《巴黎评论》:能不能举个例子?

巴塞尔姆:"佩特罗尼乌斯③樟脑丸。"这就是一例。当然,这事你可以玩一整天,而最终成果将会跟我刚提供的这个样本一样烂,程度丝毫不差。那依旧是一片陌生的海洋,等着人们去探索。

---

① 此处原文为 Slumberland,一个床垫与家具品牌。
② 菲利普·索莱尔斯(Philipe Sollers,1936—),法国作家、文学批评家。《原样》(*Tel Quel*)是由他创办的法国左翼团体杂志。
③ 佩特罗尼乌斯(Petronius),古罗马讽刺作家,尼禄皇帝时期的朝臣。据信他记录下了尼禄的享乐淫乱行径,写成《萨蒂利孔》一书。

《巴黎评论》：这种字词组合，电脑都能胜任的吧。

巴塞尔姆：但我们可爱的电脑不懂何时可以把这弄成一个笑话的。比如，"苹果里的虫子"[1]。唯一一次我多少算尽力尝试了这玩法的，是在一个题为《骨头泡泡》的短章里；那篇东西由一堆堆的词组构成，词组的"积木"相互碰撞摩擦，有一种令人烦躁不悦的生命感。我不想宣称那是多大的成功。我当时的出版编辑是亨利·罗宾斯，他要我别把这东西放进《城市生活》这部短篇集，但我们还是将它收录在内了，就好比是某种实验报告吧。

电脑行业内的人们有个说法，"输入垃圾，那输出的就还是垃圾"；这句话反映了一种理性思维，这是他们的工作所必需的。但与之相对，艺术家们偶尔却求助于"快乐的意外"。这是一种不同的思维模式。

《巴黎评论》：但是，这种思维不能解决问题吧？

巴塞尔姆：是的，不能。但这里的任务，与其说是解决问题，不如说是提出疑问。不妨引用卡尔·克劳斯[2]所说的，"作家，就是能把答案变成疑团的那种人"。固然也有事实报道的那种元素，有对新局势或新情况的描述，但写作这事，更多是发现和识别状况，而不是讨论解决方案。波德莱尔就注意到了，巴黎的大街不再是从这里到那里的交通途径，而是变得更像剧场大厅了，更像是你应该逗留其中的地方，而他写的也是这些内容。搜寻的目的是找出一个问题，一个能产生光和热的问题。

所有这一切，与之必然相关的是，方式手段要能延伸拓展。抽象是一个小天堂，一个我几乎不能抵达的小天堂。比如说，"凌乱"，这状态你怎么能达到？画家德·库宁可以做出"凌乱"；他只需拿炭棒在一幅画上画出一道污痕，然后用他那富于才华的大拇指把那同一画面擦乱抹污。而在

---

[1] 原文为 The worm in the apple，可以关联到苹果电脑与"蠕虫"；那时苹果电脑刚问世，自然也有蠕虫病毒（worm），因此说"苹果里的虫子"。不过，苹果里的虫子，基本含义是指内部隐藏的缺陷、疵谬。传统笑点在这里：你刚吞下一大口苹果，却看到果核上的虫眼……这当然不是电脑能懂的。

[2] 卡尔·克劳斯（Karl Kraus，1874—1936），奥地利讽刺作家及记者。

书面文字中,这同样的笔画动作看上去只可说是蠢笨。德·库宁有一整套的说辞来阐释破坏行为,让他能够建立那种最富有成果的矛盾体系。破坏与建设的对立被消解,他可以自由发挥。而我呢,打破窗玻璃的话,要为自己开脱找说法都有困难。

《巴黎评论》:关于艺术家的道德责任,你怎么看?我的理解是,你是一个负责任的艺术家(比如说,与X、Y、Z这些人形成对比),但你的作品中满是反讽、滑稽的扭曲变形、陌生奇异的声音以及种种碎片。所有这些都回避了坦率直爽这一美德,那么责任感是在何处展现出来的呢?

巴塞尔姆:我所回避的东西,不是坦率直爽,而是那种过于正确的东西。我可以紧盯着你的眼睛,坚定地宣告:"邻人之妻,不可勾搭,不可瞎搞。"你大概也会连连点头,对自己说,确实如此,不能胡来。然后我们也许会在附近的 Chili Parlor 餐馆一边吃午饭,一边说些有关X、Y、Z的龌龊传言。但那恐怕并不至于会让你忽略这一认知,也即,我声明的那一句其实并未扩展你的宇宙,而我,哪怕从最宽泛的意义上来说,也并未对艺术、对生活负责,也并未严肃对待通奸。

我相信,我的每个句子都因道德而瑟瑟发抖,它们每一句都试图去干预有问题的东西,而不是呈示一个主张,一个所有理性的人都必须赞同的主张。这里的干预或许只是很微小的努力,是一个词修饰另一个词,或是用"瞎搞"替换了"垂涎"这一类的——"瞎搞"让通奸这事更为赤裸了一些。我认为,艺术中可以诠释解说的那些内容,都是相当轻微的——借用德·库宁的说法,就是"微小的"。事情实施的方式才是最关键的,就像一个声音的抑扬变化才是最关键的。着重点从什么变为如何,在我看来,这是从福楼拜以降的艺术行为的主要冲动,而且这个变化不只是形式主义而已,它根本不是表面上的东西,它是一种去抵近真理的企图,是一种非常认真严肃的尝试。顺着这个路径,你并不会得到一个被用十个主张、十条戒律之类规定得清清楚楚的道德世界,何况那些明晰的道德教条早已经有了。这个尝试,它对其本身也是十足怀疑主义的。这个世纪以来，已经有很多的论述、很多的强调并未放在我们所知的东西上，而是放在了"我们知道我们的方法原本就可疑"这件事上——我们的《圣经·雅歌》就是测不准定理。

此外，关于一个艺术家在干什么，你无法正确理解或者主动积极地对其进行误读了；这都是完全可能发生的情况。我记得几年前我去看了巴内特·纽曼[①]的一场很大规模的特展；我是跟赫斯以及哈罗德·罗森伯格一起去的。我们以前看展览，都是先一起慢慢吃个午餐再去；那些午餐时光真是太美好，可惜已一去不回了。我像个确认无疑的傻瓜一样在展馆里走动，无法理解两位同伴的热情。纽曼的抽象画作很有气魄，色彩大胆醒目，这些特征都令我敬仰，可内心里我还是在咕哝：这是墙纸啊，墙纸，很棒的墙纸，但终归只是墙纸。我错了，我没有领悟到纽曼那宏大创举的内核；赫斯把那称为纽曼的豪迈努力，向着崇高伟大而去。我后来才开始对此有所理解。无论是普鲁斯特的作品，还是加拿大的壮美，你简单造访一次都是无法领会的。

回到你刚提出的问题：假如我一边直盯着你的眼睛看，一边说"女人之美让通奸成了一种严肃又痛苦的义务"，那我们就有了一个开端，一个有用的陈述可就此展开。

《巴黎评论》：你能否在你的某个作品中举出一个"过于正确"被回避的实例？

巴塞尔姆：也许《爱德华·李尔之死》中就有这样的例证。风度迷人被转换成了凶暴残忍，爱德华·李尔变成了李尔王。

《巴黎评论》：华兹华斯说过成长，说成长是"既受到美的养育，也受到恐惧的养育"。他还把恐惧经历放在第一位，认为它更重要；但他也说过，他首要的创作主题是"人的精神性灵"。你也是写精神性灵多于写外

[①] 巴内特·纽曼（Barnett Newman，1905—1970），美国艺术家，抽象表现主义的重要代表之一，色域绘画流派的先锋。

在世界,对吧?

巴塞尔姆:按通常的理解来说,我写的其实是人们彼此间的互动冲击——我的主体性冲撞到其他的主体存在,或者是冲撞到基础利率①。对我而言,你存在是存在于我对你的感知中——按某种粗糙朴实的、"布娃娃安"她哥"布娃娃安迪"②的风格来说,当然了,你是为自己存在,存在于自己的感知中。而这也正是那类说法显得奇怪的地方:人们说作家,说这一位是现实主义者,那一位是超现实,而另一位又是极端写实主义,如此等等。实际上,每个人都是现实主义者,在提交自己精神心灵活动的真实记述。世上只有现实主义者。

《巴黎评论》:有人对你做过鬼脸吗?你被人喷过吗?

巴塞尔姆:发表成文字的,没有吧。[思索片刻] 在报刊文章中有过一次,被戈尔·维达尔③骂过。我们这些自以为是、气焰嚣张的稍年轻的一辈,他想清理整顿一下吧。

《巴黎评论》:在《亡父》中,你踏进了卡夫卡的领地,而且暗示上帝已经自我暴露,表明那是个糟糕的在天之父。但你看来是不信上帝的,而卡夫卡还信。

巴塞尔姆:这个嘛,实际上这位"神圣幽灵"——按我们惯常的称呼——是我写作用到的主力角色吧。关于上帝,我倒也不认为我曾有过多少话要说,只除了他老人家是大家抱怨、吐槽的中心目标,是一种惯例,是人们明里暗里怨怼责难的对象。《亡父》暗指的一个看法是,心理成长的这一进程,其中本就绑定了很多其他知觉意识的体验;这些意识当中最重要的那些,又是在于它们跟人的自我是一种立法约束的关系。故事里的

---

① Prime Rate,直译为"最优惠利率",是银行机构大多数其他利率的基础。这里应是指其他主体存在物的本质属性。
② Raggedy Andy,美国乡村风卡通系列《布娃娃安与安迪》中的人物,该卡通系列风靡于20世纪上半叶。
③ 戈尔·维达尔(Gore Vidal,1925—2012),美国作家、公共知识分子。

人物对约束满怀怨气，他们泄愤的那种方式，我希望还算有趣。诅咒、谩骂那什么的，对作家来说倒是一个很棒的立场——有塞利纳为证。

《巴黎评论》：关于艺术，贝克特公开宣告过的话暗示了某种耐人寻味的观点：过去的艺术家们认定有终极真理，也寻求去传达终极真理（就像但丁所做的那样）；他们做的没错，但到了我们自己的时代，这些真理不存在了，因此艺术家必须走不同的路径。你认同这个意思吗？

巴塞尔姆：你大概知道的，在跟迪蒂①的对话中，贝克特拒斥能够"在可行可用的平面上"完成或实现的那些东西——他似乎是在索求一种艺术，能满足**虚空**的直觉力即可。他的美学观点，我不想去过度简化；对他的美学，我也没有任何第一手的直接了解。但是，这里的问题似乎并非是宣告真理的问题，也不是真理存在或不存在的问题，而是忠实坚持直觉——这才是最核心的——并仍然有所作为、有点成就的问题。对**虚空**而言，贝克特的作品构成一种窘迫的搅扰。我想起了德语作家赫米托·冯·多德勒②写过的一句话："首先，你打破窗子。然后，你自己变成一扇窗子。"

《巴黎评论》：你在纽约生活，是否有什么原因？

巴塞尔姆：因为，按照美国的概念，纽约已经算是古老城市啦。我觉得，作家们大多喜欢老城市，新城市会让他们非常紧张不安。我曾在哥本哈根住过一年略多点儿，在那里过得极为开心。纽约这里，有时候我倒也喜欢街上的那些垃圾废物，因为那让我想起了库尔特·施威特斯③。施威特斯曾经在各处印刷厂转悠，从废物桶里拣选、搜集纸片之类的；这些东西是套印用过的，或被当校版纸用过，这些丰富的零碎、偶然的材料，被用

---

① 乔治·迪蒂（Georges Duthuit，1891—1973），法国作家、艺术批评家和历史学家。
② 赫米托·冯·多德勒（Heimito von Doderer，1896—1966），奥地利作家，曾五次获得诺贝尔文学奖提名。
③ 库尔特·施威特斯（Kurt Schwitters，1887—1948），德国艺术家，达达派先锋。

在了他的拼贴创作中。几年前,我看过一个很大型的施威特斯的作品展,展出的几乎每一样东西都会让我联想起纽约。在这里,输入的是垃圾,输出的却是艺术。

《巴黎评论》:你会偷听别人说话吗?

巴塞尔姆:比一般认为正当得体的程度要多一些。没有来龙去脉的情况下,你说的话经常一下子就有了达达派色彩。在第五十五街的一个餐馆里,我有一次听到一个女人很热切诚挚地对她的同伴说:"可是,亨利,我可从未在白天教过的。"被我用在这一篇里,《来自黑潟湖的老师》。

《巴黎评论》:你之前说过,近期正在写一部长篇小说?

巴塞尔姆:永远都在写。

《巴黎评论》:长篇小说这种形式的吸引力何在?

巴塞尔姆:那吸引力在于在跟一个单一项目的持续牵绊。我没觉得哪一个长篇特别容易写。严格来说,我的《白雪公主》只是一个中篇小说,而《亡父》也根本没有多长。新写的这个,暂用的书名是《鬼魂》,我想,它会更长吧。开篇我已经写过很多遍,但都不成功;这些留下当作纪念的废稿,我偶尔也发表一点儿。比如《绿宝石》,说的是一个女巫,被月亮里的男人给弄怀孕了,结果生出了一块七千三百三十五克拉的绿宝石。我本来打算写成长篇的,但没能坚持写下去,所以它最终就当成一个长故事发表了。

《巴黎评论》:身为作家,你最大的弱点是什么?

巴塞尔姆:我在作品中没有提供足够的情感体验。那是人们读小说时所期待的东西之一,他们有这个需求也一点儿没错。我指的是更高层次的情感,日常很难遇到的那种。另外的一个弱点,是我忍不住还要扯淡开玩笑,尽管跟以前相比,我已经有了很大的节制。当然了,这些弱点是相互有关联的——玩笑会让情感短路,会弱化和简化情绪。我尤其看重一种低调的情感气质,笔触轻淡但含义丰富,可惜我并不能经常写出那种文字。举例来说,安·贝蒂的《坠落到位》(Falling in Place)这个长篇小说,在结尾部分,乔纳森许了个愿,然后夏校老师辛西娅问斯班格,乔纳森的愿望是什么,得到的回答是:"我估计,还是一切如常吧。"这里的笔调就很美。

《巴黎评论》:有没有什么主题是你想把玩一番,但还未尝试的?

巴塞尔姆:我们稍早说过恐惧这一主题,这是个挺难对付的领域。关于这个,可说的事情还不少。假如你浏览一下心理学方面的文献,就会发现没多少很好的资料——有很多讲的是焦虑,但关于恐惧,就几乎没有。格言警句是有的。尼采曾说,文明让所有好东西都可资利用,甚至懦夫也能轻松享用;这似乎挺健全,但也令人鄙夷。这是一个艰难的主题,但属于此时此际,是我们时代的一个主题。过去,小红帽提着篮子,独自出发去外婆家,信心满满;而如今,我们得开着布林克斯公司①的运钞车送她去才放心。这是个奇怪的时代。不久前,我搭乘出租车,有一处拐弯,司机转得太急了,于是,一位提着公文包站在路边的衣着考究的男士,便抬手拍打车身后翼子板——这在纽约是极为常见的动作。司机跳出出租车,准备好了要干一架;提公文包的那男的,单手熟练地拉开了外套衣襟——你简直误以为他是个露阴狂;他系着挂肩枪套,里面是一把点三八口径的手枪。而这是在公园大道上!

《巴黎评论》:司机怎么反应的?

巴塞尔姆:后退了,算是相当明智。总之,我们身边有着各种各样的恐惧,我甚至还没提到政府对此所做的贡献。这确实可以有所为,来写点什么的,但我还没想明白写什么。

---

① Brink's,美国知名的安保公司。

《巴黎评论》：你一直关注着哲学与心理学的最新进展，对不对？

巴塞尔姆：不能算真的关注。我那只是一种非常商业实用的态度，只要是觉得可能有用的，可能有助于我开始写什么东西的，我就都会读一读。我也读其他作家的书，去发现他们什么做得好、有何优点；这对我有所助益，能提醒自己，我起初究竟是为什么进入写作这个行当的。这一切阅读都是很不成体系的。

《巴黎评论》：你的崇拜者之一，一个消沉悲观的家伙，辩称《白雪公主》里霍戈所讲出的，是男女之间关系的真相。

巴塞尔姆：也许是一个真相吧。霍戈是一个彻头彻尾卑鄙肮脏的生命，一个动物；你可以肯定，他对事情的看法可能是最邪恶、最下作的。

《巴黎评论》：他带坏了那七个人。

巴塞尔姆：他被他们接受入伙了；他们有没有被败坏，却并不清楚。他挺有效率，这算是对效率的一个注解。

《巴黎评论》：《白雪公主》既预言了很多的女性主义写作，同时也领先和取代、废除了那些文本。关于其中的女性主义主题，你是否有话想说一说？那邪恶的后妈被你用白雪公主的一个同龄人替换了，是出于什么考虑？

巴塞尔姆：后妈这个人物的变换是一种手段，是为了把重点放到白雪公主与那七个同住者的关系网络上。她主要的怨诉在于，对她而言，那七个人加起来很可能只等于两个真人——这个算术题是这个故事的核心，由此导向了这个问题：什么才是真男人？男性角色的态度意味着什么？然后，故事中家庭主驸（horsewife）的境遇，潜在的拯救世界的英雄的境遇，也便可以结合这一点重新检视。

这本书里的行文组织和用词，我认为是过度加工、过度雕琢了，锤炼、推敲的痕迹过重，暗含太多的笑话——是我自己神经绷太紧、太用力了，本不该这样的。我并不是后悔这书出版了或者其他这类事情，而是感到遗憾：这个作品原本可以更好一点的。

《巴黎评论》：让我们来看看另外一段，出自《资本主义的兴起》这一篇："就像花儿会靠近卖花人，女人会去接近那些对她们有害无益的男人。自我实现不用依据他人的标准来执行，但刚开始的时候，你并不懂这个道理。"

巴塞尔姆：这一段不是很和善。写这一篇的时候，我头脑里浮现的这个声音的影像是一只高音喇叭，被安装在一根杆子上，竖立在类似感化院、教管所这样的营房中。喋喋不休的口号呼喊，金属感的嗡嗡声，私人信息与政治讯息以及宣传鼓动混合在一起；这里的宣传是左派的。假如要我引用的话，这就是一例："工人阶层的文化发展落后，是一种社会统治技术，这在晚期资本主义体系中到处可见。"

《巴黎评论》：但这个表达并不真诚。

巴塞尔姆：既真诚又不真诚吧。故事里的一切都是足够真实的，但那种大喇叭一般的语调削弱了那种诚恳感。这是什么意思呢——请原谅，要告诉你这是什么意思我竟然要用这么多字词——意思就是，我们都知道这些主张是对的（我现在所指的是那些政治主张），但人们对此不会有任何行动。我觉得真诚是透过表达中蕴含的恶意来标示的；这是一部愤怒的作品。

你刚刚引用的那几句话属于不同的类型；这是一种不同的主张，但跟前面说的那一种并无根本不同，只是它们牵连到的是私人领域，而不是社会层面。这几个句子起作用的方式也不同。第一个句子的效应，假如有的话，那是产生自它那种冠冕堂皇的确定性。而在第二句中，"自我实现"，它是一坨生硬的术语，同时又是绒毛般蓬松轻盈的一个理念，仍然还是有一点点价值的。这些各种各样的花边小零碎，与故事的其他元素组合到一起，你就有了像这样的东西——以前在军队服役时，军中配有这种奇怪的班排队伍,叫作"大喇叭与传单行动组"。我从未碰到过那行动组中的任何一个大活人,但我构思《资本主义的兴起》时,是设想它可作为一个行动中的"大喇叭与传单行动组",在拼命地高声广播,在起劲地发传单。

《巴黎评论》:《白雪公主》的洛可可风格,你很不客气地自我批判过;你还说过想追求一种贫乏的写作;但是,一个女巫因为月亮而受孕,然后生出一个绿宝石孩子,这也不可能是大多数人认可的、剥离虚饰的简约风格典范吧。

巴塞尔姆:当然,那个只是情节,那是相当稳固地植根在人类学中的,这情节当中没什么元素对人类学来说是陌生的。而风格就是另一回事了。假如你能把这一篇真正看进去,就会清楚它实际的文字书写是极为简省的,近乎骨架。因贫乏简省而闪亮。

《巴黎评论》:提到月亮,我是一直把月亮想象成女性的。

巴塞尔姆:绿宝石也引来了同样的反对意见。故事里的妈妈实实在在地指明了,在有些文化中,月亮被视为女性,而在另一些文化中,则被视为男性。这里的摩尔是个可怜的女巫,一个处于窘困之中、境遇每况愈下的女巫。她说到了自己念过的一个咒语,它甚至都不能擦亮一双皮鞋。她说到了自己为求生存而做的那些挣扎。魔法已经贬值,几乎不存在了。这一篇中提及的那个圣骨匣子,说是里面装有抹大拉的马利亚的脚骨的那个,几乎已经没有足够效能来充当一个魔法物件去最终解决困局了。而这种普遍的、整体的贫乏困顿,我认为,已反映在叙述语言当中。

《巴黎评论》:你写《一场金雨》的时候,有没有打算去嘲讽那些新价值观,也就是所有那些喜欢把一切上升到哲学高度的人所代表的价值观?

巴塞尔姆:那不是喜欢哲学吧,只是喜欢操弄术语罢了。写那篇小说的前后,一种被败坏的萨特式语言正风靡一时,几乎人人出口皆"哲学"。这是很久以前的事了,差不多二十年前。在故事里,主人公彼德森熟识的理发师已经写了四卷书,书名叫《存在的决定》,而电视台的人全都在夸夸其谈,狂热地讨论"真实实在"。空调通风口当中也聚集着这类东西,数量巨大;大象们把这些哲思概念抛向空中,在其中洗澡沐浴……这一篇的要点其实并不在于价值观,而是在于语言。如今,你可以再写这同样的故事,用现在的语言去替换旧词汇,而故事的结构几乎不用有什么改变。你可以把新作品命名为《拉康人》①。

《巴黎评论》:任意一类的批评理论或任何的批评家个人,除了为你的写作提供术语的"奇珍异宝",这些理论或个人,有没有哪个曾预警劝诫你躲开什么错误,或是协助了你的创作?

巴塞尔姆:有的。《伟大的日子》这一篇,黛安·约翰逊②写过一个非常友好的评论;她在其中说了,那故事中有这个也有那个,而且杜绝了图片。我此前已经写过好几篇东西,都是文字结合拼贴,真的是拼贴,是马克斯·恩斯特③的拼贴,而我根本没有意识到,这种组合体的讨好魅力这么快就耗尽了,完全又彻底。于是,我把拼贴请回了壁柜里。尽管如此,我有时候还是想做一个纯拼贴小说,就像恩斯特做过的那样;不过,这只是为了实验练习吧。一个壁柜专藏版作品。

此外,有很多人指出了,我的书里填塞的玩笑多过头了;还有很多人指出,每一个作品都太短了。有人把我称作一个小幅细密画画师,这个名头我享用起来困难重重。现在,我评论看得少了,笼统而言的各种评论,看得都比以往少了。加斯的文章总是会触动我,一贯地催人思考,苏珊·桑塔格的也是。理查德·霍华德④的评论很好很巧妙,很敏锐:他知道事情是如何完成的,而且更重要的是,甚至知道什么原本有可能做

---

① 原文为 The Lacanthrope。Lacanthrope 衍生自 lycanthrope(狼人),讽刺有人热衷于哲学概念或自我身份臆想;巴塞尔姆在此将词首替换为 Lacan(拉康),或隐隐指涉了哲学家拉康的走红。
② 黛安·约翰逊(Diane Johnson, 1934—),美国女作家,其小说多具讽刺色彩。
③ 马克斯·恩斯特(Max Ernst, 1891—1976),德裔超现实主义与达达派画家、雕塑家。
④ 理查德·霍华德(Richard Howard, 1929—),美国诗人、文学评论家与翻译家。

到——假如运气不错的话。

《巴黎评论》：有人问加缪，他作品中哪个方面很遗憾地遭到了轻忽，他的回答是"幽默"。同样的问题，你的答案呢？

巴塞尔姆：我觉得没什么被忽视、被遗漏的。过去有挺长一段时间，有一种令人沮丧的看法，把我划归为波普艺术家，这种观点如今仍旧会时不时地冒出来——这曾经让我极不舒服。好在这感觉似乎已经退散了。

怎么来对付"后现代"小说，该如何给这头暴烈难驯的野兽扣上一副鞍鞯？在评论家群体中，对此事有一定程度的困惑。在文学批评史上，这并非前所未有的现象。我猜想这局面大概还会持续一段时间。

《巴黎评论》：这样一个时代，诗歌已经无力，不能促成任何事情，而身为作家，同时又关注政治，在这个时代是怎样的体验？比如说，你跟国际笔会的关系，你感觉怎样？

巴塞尔姆：我认为，国际笔会的那些努力是值得的。在世界范围内，遇有作家因政治活动或文学行为被政府抓捕关押的情况——这在那些不可靠或丧失理性的政权里太常见了——国际笔会便争取让这些人能走出监狱。我记得，理查德·霍华德担任笔会美国中心的会长时，设法让两位菲律宾作家获得了释放，那是在他赴马尼拉访问过程中发生的事——马科斯总统夫人举办了一场场面奇异的准国宴，其间以大做文章的仪式花样将那两个人转交给了霍华德：拉开一道帘幕，他们就出现在帘布后面。这算是一种蚕食似的推进吧，将政府的恶劣行径稍稍弱化，国际特赦组织干的也是同样的事——这是一份始终不渝的努力，年复一年，坚持不懈。

《巴黎评论》：对于出版，你是什么看法？《出版人周刊》里的信息还会不会让你脉搏加快，或是让你颈背汗毛竖起？对于书评，你是什么态度？如果要你写的话，你愿意评论谁的书？

巴塞尔姆：作为"原料供给团体"的一员，从这个身份说，我认为我的出版情况还算好的，货色也算前后一致。毫无疑问，这个国家出的货，其中很大部分是"棉花糖"吧，然后各种书店里各类图书混乱售卖的模式也会伤害作家。从读者角度来看，就更无法去计较书市上的这种杂烩"餐食"会给大脑的"胃肠"带来何种营养。但对此你也不能埋怨过度、牢骚满腹；这毕竟是一种多元主义，能兼容 R. 克拉姆①、本雅明、威廉·加迪斯②与茱莉亚·柴尔德③，让所有这些大相径庭的人儿都济济一堂，欢聚在平装本图书的国度。不过，我这里是从出版人的立场来提出一个论点，我认为这挺荒唐的。能更多感觉到耻辱大概会更好，所谓良药苦口利于病。

至于书评，假如有空有精力，我愿意写写这些作品的鉴赏评论，托马斯·伯恩哈德的《惩戒》，或者马克斯·弗里施的《人类出现于全新世》，要么就阿什贝利的一本书吧——在这个评鉴过程中，我应该能学到一些东西的。

《巴黎评论》：在学术界，现在常规习惯的意见是，指出阿什贝利得到的媒体关注，还有他获得的种种奖项，然后把这些当成是证据，说明诗歌已经倒霉如斯、沦落至此，说明文学批评已无水准可言，也没人能知道以后将会发生什么情况。

巴塞尔姆：假如让你来评论的话，要想把握阿什贝利的诗其实是非常困难的。那些奖项之类的，是一个符号而已，只标志着人们知道他做的事重要、有价值，即使大家并不确切地理解那是什么。第一次读《荒原》的时候，我还是个学生小毛头，面前的诗行是什么来头是怎么回事，我连最模糊的概念都没有，但我仍然喊出了一声"哇靠！"或诸如此类的什么感叹吧。我认为，艾略特写的也是这个：在自己能明确理解之前，你就被突袭，被什么感受征服了。另外，某个名人或名作，假如被发现不过尔尔，

---

① R. 克拉姆（R. Crumb, 1943—   ），美国知名漫画家。
② 威廉·加迪斯（William Gaddis, 1922—1998），美国后现代主义小说家，代表作为长篇小说《认可》。
③ 茱莉亚·柴尔德（Julia Child, 1912—2004），美国知名厨师、烹饪书作家及美食节目主持人。

那评论者对此便会有一种特别的负面反应——这是意料之中的。

《巴黎评论》：如果你写评论，看来会很谨慎的；一位学者要是写关于你的学术文章，想来应该也同样谨慎才对，因为那是他的本行，他的专长所在。

巴塞尔姆：音乐评论家彼得·叶芝说过，批评家的恰当作为，应当是赞赏，而那些实在无法赞赏的东西，则应该用雅量高致的、深思熟虑之后的沉默，去把它围闭起来。我喜欢这说法。

（原载《巴黎评论》第八十期，一九八一年夏季号）

约瑟夫·布罗茨基

◎李以亮 / 译

　　一九七九年十二月,约瑟夫·布罗茨基在他位于格林威治村的寓所接受了采访。他未刮胡子,看上去有点苦恼。他正在校阅新书《言辞片断》的长条校样。他说,他已错过了所有可接受的最后期限。他客厅的地板上堆满了文件。我曾建议在一个更方便的时间采访他,但布罗茨基并不介意。

　　他寓所的墙壁和各处几乎都被书籍、明信片和照片淹没。有许多更早一些的照片,布罗茨基与奥登、斯彭德、奥克塔维奥·帕斯,以及其他的朋友在一起。壁炉上方,是两幅加框的照片,一幅是安娜·阿赫玛托娃,另一幅是布罗茨基和他的儿子,后者仍在俄罗斯。

　　布罗茨基冲了两杯速溶咖啡。他坐在壁炉旁边的椅子上,三个小时里保持着相同的姿势——偏着头,两腿交叉,右手要么拿着香烟,要么放在胸前。壁炉堆满了烟蒂。每当他厌倦了吸烟,就会把香烟扔往那个方向。

　　对于第一个问题的回答,他自认不甚满意。他说了几次:"让我们重新开始。"但是,访谈进行大约五分钟后,他似乎已经忘了录音机的存在,或者换句话说,忘记了采访者。他语速加快、热情高涨。

　　布罗茨基的声音,按照娜杰日达·曼德施塔姆的描述,如同"非凡的乐器",带有鼻音,非常洪亮。

　　在一个间歇时刻,布罗茨基问我喜欢何种啤酒,然后去了街角商店。在他穿过院子返回时,一个邻居问了一声:"你好吗?约瑟夫,你好像在

约瑟夫·布罗茨基的一页手稿：组诗《献给苏格兰玛丽女王的二十首十四行诗》的第十四首，被收录于俄语版《言辞片段》一书

减肥①?""不知道,"布罗茨基回答说,"当然,我在失去头发。"过了一会儿,他补充道:"以及我的心智。"

采访结束后,布罗茨基看上去很放松,与四个小时之前为我开门的那个人判然不同。他似乎还不愿停止说话。此时地板上的文件开始引起他的注意。"我非常高兴我们做了这么一个访谈。"他说。他目送我出门,并伴随他最喜欢的一语:"吻你!"

——斯文·伯克茨②,一九八二年

《巴黎评论》:我想首先引用娜杰日达·曼德施塔姆关于你的一句话,这话出自她的《被放弃的希望》③一书。她说:"他是……一个非凡的年轻人,我担心他的结局可能不好。"

约瑟夫·布罗茨基:在某种程度上说,我的结局是不好,在俄罗斯文学方面——以俄语发表作品来说。然而,我认为,她担心的是更糟糕的事情——身体的伤害。当然,对于一个作家来说,不能以他的母语发表作品,也是一样糟糕的结局。

《巴黎评论》:阿赫玛托娃对你有过什么预测吗?

布罗茨基:也许有过,但是,我想,要更好一些,所以我不记得了。因为你只会记得不好的事情——你留意它们,因为它们比你的工作与你更有关系。另一方面,好东西都是一种天意的安排。没必要操心天意的干

---

① 此处减肥(losing weight)可直译为"失去体重",由此引发布罗茨基后面的回应。这是布罗茨基与他的邻居开玩笑玩的文字游戏。
② 斯文·伯克茨(Sven Birkerts, 1951—),美国散文家、文学评论家,曾在多所大学教授写作,著有《古登堡哀歌》等。
③ *Hope Abandoned*,这是英译本书名,国内通译《第二本书》,是《曼德施塔姆夫人回忆录》的续篇。

预，因为它要么发生，要么不发生。那些都不由你控制。你可以控制的，是可能的坏结局。

《巴黎评论》：在多大程度上，你将"天意的干预"用作一种精神的隐喻？

布罗茨基：实际上，在很大程度上。我的意思是，语言在你身上的干预。奥登有句关于叶芝的名言："疯狂的爱尔兰使你痛苦进入诗歌"——使"你""痛苦"进入诗歌或文学的是语言、你的语感。不是你个人的哲学或政治，甚或创造性的冲动，或者青春。

《巴黎评论》：所以，如果你建立宇宙学的话，你会把语言置于顶部？

布罗茨基：嗯，语言不是小事——它很宏伟。当他们说"诗人听到了缪斯的声音"，如果对缪斯的性质不加具体说明，这就是一句废话。但是，如果你深入地看，缪斯的声音就是语言的声音。它比我现在所说的更为世俗。从根本上说，它就是我们对于听见、读到的一切东西做出的回应。

《巴黎评论》：你使用语言——我似乎感觉——就是叙述一个不断下行、直到完结的历史。

布罗茨基：很可能是。从根本上说，评价自己是一件困难的事，困难不仅在于那么做很不谦虚，还因为一个人没有能力评价自己，更不用说他的作品。然而，如果要我总结一下，我的主要兴趣在于时间的本质。这是我最感兴趣的。时间对一个人的作用。这也是我们可以拥有的、最深刻地洞察时间本质的途径。

《巴黎评论》：你在一篇关于圣彼得堡的作品里说，水是"时间凝结的形式"。

布罗茨基：是的，它是时间的另一种形式……没错，是有那么一篇关于圣彼得堡的作品,不过我没有读过校样,里面混进了许多错误,拼写错误以及类似的东西。这对我来说很重要。不仅因为我是一个完美主义者,更因为我对英语的爱。

《巴黎评论》:你如何看待你作为译者的经历?你翻译或重写自己的作品吗?

布罗茨基:不,当然不。我可能对翻译重新进行一些润色,这导致我与很多译者产生嫌隙,因为我尝试修正翻译中那些我认为的瑕疵。回头翻阅旧作本身是一件令人发狂的事情,翻译它更是令人发狂。所以,工作之前,你必须冷静下来,然后,当你开始正视你的作品,就像灵魂从其住所正视被废弃的身体。灵魂所感知的唯一的东西,是"腐朽"在缓慢地冒烟。

所以,你对它真的没有任何依恋。当你进行翻译时,你想保持那些树叶的光泽、色质。你得接受那样的事实,其中有一些人看起来丑陋,但是,也许出于某种考虑,你还是保持了原样。缺陷在一首诗里具有某种功能……它们有助于让读者认识到这一行或那一行的影响。

《巴黎评论》:你对他人将你的作品翻译成英文的方法介意吗?

布罗茨基:我对翻译的主要观点是要求"准确",而他们经常"不准确"——这是完全可以理解的。让这些人如你所愿地准确,是非常困难的。因此,与其为此事发愁,我想,也许不如我亲自来尝试翻译。

此外,我有原诗,这就够了。我把它翻译了,无论好坏,它都会保持不变。我的俄语桂冠——或者差个桂冠——已使我足够满意。在美国诗坛,我并不寻求一个好的座次。许多翻译令我不快,其实是因为它们不是很好的英语。这可能是因为我对英语的爱,还是相当无经验、相当新鲜的爱,因此也可能使我受制于一些额外的敏感性。所以,与其说我烦恼的,是我的诗歌的英语版本很糟糕,不如说我烦恼的是坏的英语诗歌。

某些译者信奉某种他们自己的诗学。在许多情况下,他们对现代主义的理解是极其简单的。他们的想法,如果简要说来,就是"散漫"。以我来说,却宁愿我的诗听起来老套平庸,也不愿它们松弛或散漫……我宁愿像有序的陈词滥调,也不愿是机巧的松散。

《巴黎评论》:有一些完美的高手翻译过你的作品——

布罗茨基:有时我很幸运。理查德·威尔伯[1]和安东尼·赫克特[2]两人都翻译过我的作品。

《巴黎评论》:最近我参加了一个诗歌朗诵会,在会上威尔伯向听众描述——我想,语气相当尖锐——你和德里克·沃尔科特在飞越爱荷华的飞机上,修改他翻译的你的一首诗。这让他很不高兴……

布罗茨基:这是真的。因此受益的是这首诗。我非常尊重他。我已经要求他修改了三四次或者更多次,我觉得,我没有权利再打扰他一次。我只是没有勇气。即使不修正,那个版本也是非常好的。这与我反对威斯坦·奥登[3]自告奋勇地翻译我的一些诗歌,理由或多或少是相同的。我想:"我算老几,轮得上威斯坦来翻译?"

《巴黎评论》:这是一个有趣的颠倒——诗人感觉配不上他的译者。

布罗茨基:是的,是的,这是问题的关键。对于威尔伯,我有同样的情感。

《巴黎评论》:你什么时候开始写作的?

布罗茨基:我十八或十九岁的时候开始写作。然而,直到约二十三岁时,我才认真对待它。有时,人们会说:"你最好的东西,是你十九岁时写的。"但我不认为我是兰波。

---

[1] 理查德·威尔伯(Richard Wilbur,1921—2017),美国诗人,曾于1957年、1989年两获普利策奖,1987年成为第二任美国桂冠诗人。
[2] 安东尼·赫克特(Anthony Hecht,1923—2004),美国诗人,曾获1968年普利策奖。
[3] 即诗人 W.H. 奥登。他的全名为威斯坦·休·奥登(Wystan Hugh Auden)。

《巴黎评论》：那时候你的诗歌视野如何？你知道弗罗斯特或者洛威尔吗？

布罗茨基：不知道。但是最后，我还是都知道了他们，先是通过翻译，然后通过原作。我第一次知道罗伯特·弗罗斯特时二十二岁。我得到了他的一些翻译诗，不是一本书，又是从我的一些朋友手上得到的——你知道，我们就是这样交换读物的——我真是吃惊于他的敏感、节制，以及他作品里隐藏和克制着的惊骇。我简直不能相信我所读到的。我想我应该进一步研究这事，检查一下这是译者的翻译，还是我们俄语里出现了一个天才。所以我那么做了，一切都如我所能地弄清楚了。我对诗歌的了解，完全是从弗罗斯特开始的。

《巴黎评论》：那时你在学校接触的是什么——歌德、席勒吗？

布罗茨基：我们学了个大概。英语诗人可能是拜伦和朗费罗，以十九世纪为主。经典作家，也可以这么说。你不可能听说艾米莉·狄金森、杰拉德·曼利·霍普金斯或其他任何人。他们给你讲讲两三个外国诗人，仅此而已。

《巴黎评论》：你知道"艾略特"这个名字吗？

布罗茨基：我们都知道"艾略特"这个名字。［笑］对于任何东欧人来说，艾略特是一种盎格鲁–撒克逊品牌式的名字。

《巴黎评论》：就像李维斯[①]？

布罗茨基：是的，就像李维斯。我们都知道有一个诗人艾略特，但很难得到他的任何东西。俄国人第一次尝试翻译艾略特是在一九三六年、一九三七年，作品收在一个英语诗歌选集里，译文相当邪门。但是，因为我们都知道他的名声，所以我们从那些诗行里读出了——至少在俄语

---

① Levi's，美国著名牛仔裤品牌，由李维·施特劳斯创立于 1853 年。

里——比诗行的意味更多的东西。就是这样……译者在完成翻译后不久就被处决或监禁了，当然，这本书也就不再流通了。

然而，我设法让自己逐渐理解它，用词典武装自己，学起了英语。我逐行逐行地理解那些诗，因为基本上，在二十岁、二十三岁时，我差不多已读完了全部的俄罗斯诗歌，所以不得不看些别的东西了。不是说俄罗斯诗歌已经不再满足我，但你读过那些文本，你就已经了解它们了……

《巴黎评论》：那时你也做翻译？

布罗茨基：那是谋生的方法。我翻译的，都是各种废品。我翻译过波兰人、捷克人以及斯拉夫兄弟的东西，但是后来我冒险越界，开始翻译西班牙语诗歌。不止我在这样做。在俄罗斯，有一个巨大的翻译行业，还有很多东西没有被翻译。在介绍或评论文章里，你会遇到一个名不见经传的诗人的名字，他的作品还没有被翻译，于是你会开始寻找他。

然后，我开始翻译英语诗歌，尤其是多恩。当我在北方开始国内流放时，一个朋友送了我两三册美国诗歌选集……奥斯卡·威廉姆斯[①]编选的，有图片，它们点燃了我的想象力。对于外国文化、一个你认为永远不会亲眼看到的陌生领域，你的爱意会更加炽烈。

所以，我就是在做这些事情，阅读、翻译；与其说是翻译，不如说是在接近……直到最后，我来到了这里，加入了原作队伍［笑］……太过靠近原作了。

《巴黎评论》：对于你曾经欣赏的诗人，你是否失去了一些兴致？对于多恩、弗罗斯特，你的赞赏是否一如既往？

布罗茨基：对于多恩、弗罗斯特，我仍然一如既往。对艾略特的欣赏感觉减少了，更不用说卡明斯。

[①] 奥斯卡·威廉姆斯（Oscar Williams，1900—1964），美国诗人、编选家。

《巴黎评论》：这里有个问题，卡明斯是一个令人印象深刻的人物吗？

布罗茨基：是的，因为现代主义曾经享有非常崇高的地位，属于先锋派的东西，很能骗人，诸如此类。我曾经认为它是一个最理想的目标。

很多偶像，我已经不再迷恋，比如说，林赛[1]、埃德加·李·马斯特斯[2]。然而，有些人的地位得到了加强，比如马维尔、多恩……这里我只是随便说出几个名字，但这倒是值得更深入地谈一谈的话题……比如，另外还有埃德温·阿林顿·罗宾逊[3]。更不要说托马斯·哈代了。

《巴黎评论》：你第一次读到奥登是在什么时候？

布罗茨基：是在一九六五年。当时我生活在一个村子里，在那次国内流放中，我被送到了那里。我已经写过一些诗，我把其中几首寄给了翻译弗罗斯特的那个人，因为他给我极深的印象——我认为他的意见就是最高评判，尽管我们很少通信。然后他告诉我："你的这首诗，"——他说的是《在一个空水槽里的两个小时》——"在幽默感方面，真的很像奥登。"我说："是吗？"[笑]。接下来，我设法去弄奥登的作品。然后，我弄到了，并开始阅读。

《巴黎评论》：你最初读到的是奥登的哪部作品？

布罗茨基：我真的不记得——当然是《悼念叶芝》。在那个村子里，我无意中发现了这首诗。我很喜欢，尤其是第三部分，是吧？"泥土呵，请接纳一个贵宾"，好像歌谣，又带着救世军的赞美诗的味道。节奏短促。我把它拿给一个朋友看，他说："他们比我们写得还好？这可能吗？"我说："好像是的。"

---

[1] 维切尔·林赛（Vachel Lindsay, 1879—1931），美国诗人。他有意识地吸收民歌和爵士音乐，使其诗歌具有独特的美国特色。

[2] 埃德加·李·马斯特斯（Edgar Lee Masters, 1868—1950），美国诗人。代表作《匙河集》是一部大胆创新的诗集。

[3] 埃德温·阿林顿·罗宾逊（Edwin Arlington Robinson, 1869—1935），美国诗人，曾三次获得普利策奖。他早在1896年就出版作品，但直到1920年代才得到承认。

接下来，我决定写一首诗，它在很大程度上模仿了奥登《悼念叶芝》一诗的结构。不过，那时我还没有更仔细地研究过奥登。然后，我去了莫斯科，给我的翻译家朋友看了那些诗。再一次，他说："这很像奥登。"所以，我走出去并找来奥登的诗，开始更系统地阅读。

我所感兴趣的是他描述症状的手法。他从来不说真正的……溃疡……他只是谈论其症状，是吧？他的双眼盯着文明、人类的状况。但是，他不会给你直接的描述，他采取间接的方法。于是，当你读他的诗行时，比如"水银柱跌进垂死一天的口腔"——事情就开始改变了。［笑］

《巴黎评论》：你早年的经历如何？最初怎么想起写诗的？

布罗茨基：我在十五六七岁的时候，写得很少，实际上不能称为写。我不停地换工作，要干活。十六岁时我到过很多地方。我随一个地质考察队一起工作。那些年，俄国人对找到铀非常感兴趣。所以，每个地质队都配备了盖革探测器①。我走了很多地方。那里完全靠步行，所以我们每天要走过大约三十公里的沼泽地。

《巴黎评论》：是在俄罗斯哪个地区？

布罗茨基：实际上，所有地区。我在中俄边境阿穆尔河②以北的伊尔库茨克待过很长时间。在一次洪水期间，我甚至去了中国。不是我想去，而是搭载我们所有东西的木筏子，漂流到了河流的右岸，所以我在中国短暂停留了一会儿。然后，我到了中亚，在沙漠中，在山区——天山是很雄伟的山脉，它在兴都库什山脉的西北部③。我到过俄罗斯在地理上属于欧洲北部的地区，也就是白海，靠近阿尔汉格尔斯克的地方。沼泽，可怕的沼泽地。沼泽本身不可怕，但是蚊子很可怕！你看，那就是我所做的事情。同时，在中亚，我有时要登山。我很会登山，我必须说。嗯，那时候我年

---

① 以德国物理学家盖革的名字命名的一种气体电离探测器。
② 即中国的黑龙江。
③ 原文如此。天山山脉实际位于兴都库什山脉东北部，布罗茨基恐记忆有误。

轻……所以，我走过许多地方，与地质队和登山队一起。当他们第一次逮捕我时，那是一九五九年，我想，他们试图威胁我说："我们要把你打发得远远的，送到从来没有人去过的地方。"好吧，我并不惊讶，因为我已经到过他们谈论的许多地区。当他们确实把我送到其中一个地方时，我发现它比我知道的地方更好，至少从气候上来看。那是在北极圈附近，靠近白海。所以，它对我来说似曾相识。

《巴黎评论》：不过，把你从山上带到阿赫玛托娃身边，其中一定有一个强有力的因素在起作用吧。

布罗茨基：在做地质工作的第三或第四年，我开始写诗。我开始写诗，因为我看了一个同事的一本诗集。它们的主题无非是浪漫主义的东西。至少在我看来如此。我认为我可以写得更好，所以我开始写作自己的诗歌。它们并不能说真的很好。嗯，但有些人喜欢，后来所有写诗的人，都成了那些东西的读者。很奇怪，是不是？所有的文人至少会有一个想象的朋友——一旦开始迷上写作。不过，尽管如此，当时我仍然不得不首先谋生。所以，我一直跟他们到处走。我获得的报酬不是那么高，但在野外花费也很少；无论如何，有一份薪水在等着你。

我领到这笔钱就回家，靠它可以过上一段时间。通常，到了圣诞节或新年，钱就会花完，我就得开始寻找工作。一种正常运转，我想。最后外出中的一次，又是向远东地区去，我带了一册普希金那个圈子里的一个诗人的作品——虽然他在某些方面比普希金更好——他叫巴拉丁斯基①。阅读他迫使我放弃整个愚蠢的旅行，开始更严肃的写作。这就是我正式的开始。我提前回了家，开始写一首真正称得上好的诗，我记得就是这样。

《巴黎评论》：我在一本书里读到过关于列宁格勒诗人群体的描述，写到你的住处，灯罩上覆盖着骆驼牌香烟包装纸……

---

① 巴拉丁斯基（Baratynsky, 1800—1844），俄国诗人。别林斯基说："在与普希金同时出现的诗人中，巴拉丁斯基无疑占有首要的地位。"普希金称其为"有思想深度的诗人"。

布罗茨基：那是我和父母一起住的地方。我们在集体公寓有一个大的、很大的房间，由两个拱门分开。那些拱门里，我塞进了各种各样的书架、家具，为了把我和我的父母隔开。我有我的桌子、沙发。对于一个陌生人、特别外国人来说，它看起来真的就像一个山洞；你必须穿过一个没有背面的木制衣柜，它就像一扇门。我在那里住了很多年。不过，我用挣来的每一笔钱，给自己租或转租了一个住的地方，只是因为在那个年纪，你宁愿在别处生活，而不是与父母一起，对吧？找女孩，诸如此类。

《巴黎评论》：你最后是怎样与阿赫玛托娃会面的？

布罗茨基：那是在一九六一年，我想。那时我和两三个人交上了朋友，后来他们在我的生活中发挥了很大的作用——就是后来所谓"彼得堡诗人圈子"。大约有四个人。其中一个人，我认为，是今天俄罗斯最好的诗人。他的名字叫叶夫根尼·莱茵[①]；这个姓取自莱茵河。他教会我很多写诗的诀窍。也不是他教。我读他的诗，他读我的诗，我们坐在一起，彼此慷慨地交流，假装我们比实际知道得更多；他比我知道得多，因为他比我大五岁。在那个年龄，这相当重要。他曾经说过一个事，我通常会把这个告诉其他诗人——他说，如果你真希望写出有效的诗，形容词的使用应该降低到最小程度；但是，你要尽可能多地塞进名词——甚至动词也有害。如果你给你的一首诗蒙上某种神奇的面纱，将形容词和动词蒙住，当你揭开面纱后，纸上留下的应该是一层"名词"。在某种程度上，我遵循了这个建议，虽然不是宗教般地虔诚。它带给我很多好处，我必须说。

《巴黎评论》：你有一首诗里说"我的叶夫根尼……"

布罗茨基：是的，那是写给他的，收在组诗《墨西哥余兴节目》里。我也给他写了另外几首诗，在某种程度上，他仍然是——用庞德的话说：

[①] 叶夫根尼·莱茵（Yevgeny Rein, 1935—　），俄罗斯诗人，普希金奖、俄罗斯国家诗歌奖得主。

"高明的匠师"[①]。有一年夏天,莱茵说:"你想会见阿赫玛托娃吗?"我没有多想,说:"好啊,为什么不呢?"那时我不太在意阿赫玛托娃。我有一本书,通读了它,但我在那时差不多完全沉浸在自己白痴似的世界里,裹在我自己的事情里面。于是……我们去了她那里,实际上也就去了两到三次。我非常喜欢她。我们讨论过这个问题、那个问题,我给她看过我的一些诗歌,没有真正关心她会说些什么。

但是我记得有一天晚上,从她的住处回来时——她住在列宁格勒的郊区——我们搭的是拥挤的火车。突然之间——就像七重面纱脱落——我忽然意识到,我正在跟谁打交道。之后,我就经常去见她。

然后,在一九六四年,我在监狱服刑,见不到她;我们互通一些信件。我得以释放,是因为她非常积极地斡旋。在某种程度上,因为我的被捕,她很自责,但是根本上是因为当局的骚扰;她被跟踪,等等,等等。每个人都那么想,都感到自责;后来轮到我时,我对待他人时会尽量谨慎,因为我的住处是被监视的。

《巴黎评论》:这一现象是否给你一种奇怪的、自我很重要的感觉?

布罗茨基:真的没有。它不是让你害怕就是让你讨厌。你不可能从自负感中得到任何东西,因为你懂得它是多么愚蠢,多么可怕。这种可怕的感觉往往主导你的思想。有一次,我记得,阿赫玛托娃在与某人交谈,与某个天真的女人,或许不那么天真,后者问她道:"安娜·安德烈耶夫娜,如果你被跟踪,你会注意到吗?"她回答说:"亲爱的,不注意到这样的事是不可能的。"他们跟踪,就是为了恐吓你。你不必遭受被迫害妄想症。你是真的被跟踪。

《巴黎评论》:在你抵达奥地利后,你用了多长时间才摆脱这种感觉?

布罗茨基:这种感觉仍然萦绕着我,你还是很小心谨慎。在你写作的

[①] 原文为意大利语:il miglior fabbro。原系但丁在《神曲》中褒扬普罗旺斯诗人阿尔诺·达尼埃尔之语,后被艾略特引作《荒原》开篇致敬庞德的献辞。

时候，在你与他人交流的时候，在参加俄罗斯人的会议、俄国文学会议的时候，等等。因为它已经渗透进来，不一定是通过国家安全警察的直接影响，而是通过可能被利用的那些人。

《巴黎评论》：那时你了解索尔仁尼琴吗？

布罗茨基：我认为，那时连索尔仁尼琴也不了解自己。不，要到后来。当时《伊万·杰尼索维奇的一天》刚出版，我立即拜读了。说到阿赫玛托娃，我记得谈到《伊万·杰尼索维奇的一天》时，我的一个朋友说："我不喜欢这本书。"阿赫玛托娃说："这是什么评论——我喜欢它，或者我不喜欢它？关键是，这本书应该被两亿俄罗斯人读到。"就是这样，明白吗？

在六十年代后期，我一直持续跟踪阅读索尔仁尼琴的新作。到一九七一年，大约有五六本书，以手稿的形式在广为流传。《古拉格群岛》还没有发表。《一九一四年八月》刚刚浮出水面。还有他写的散文诗，我认为完全不行。但是，我们喜欢他，不是因为他的诗歌，对吧？

《巴黎评论》：你有没有见过他？

布罗茨基：没有。我们有过一次邮件交流……我认为，在他身上，苏联统治找到了它的荷马：他努力揭示的东西，他把世界拉近的方式，是不是？

《巴黎评论》：就一个人可以做到任何事情而言……

布罗茨基：这就是问题所在，是吧？但是，在他身后存在数以百万计的死者。仍然活着的个人的力量，和他们的数量是成比例增长的——从本质上讲，不是他，而是他们。

《巴黎评论》：你在一九六五年被投进了劳改营……

布罗茨基：那是一次国内流放，不是投入劳改营。一个村庄，有十四个人，迷失，完全迷失在北方的沼泽地带。几乎没有人能够进来。起初，我待在一个临时监狱里：十字架监狱[①]，然后被转移到沃洛格达监狱，再然后是阿尔汉格尔斯克监狱，最后我到了那个村庄。一切都在监视之下。

《巴黎评论》：你能够保持你作为一个语言工作者的形象吗？

布罗茨基：这事很可笑，但我做到了。即使坐在那些墙壁之间，被关起来了，被从一个地方转移到另一个地方，我仍在写诗。其中有一首，是很狂傲的诗——准确地说，它是语言的载体——如我所说，非常狂傲，但是，我的情绪达到了悲情的顶点，可以说，我自己、我整个人也到了一个悲情的顶点。

《巴黎评论》：当时你是否知道，审判过程发生的一切，已经使你处于国际性的聚光灯下？

布罗茨基：不，对于审判带来的国际反响，我一无所知，一无所知。我发觉，我遭遇了很大的一团狗屎。[笑] 我得放松一下……此外，那时候我恰巧还遇到倒霉事——但是对我来说，它也是幸运的事——就是我最大的个人问题，与一个女孩有关，等等，等等……就像一个三角形，与一个孤独的禁闭正方形严重重叠，明白吗？这是一种几何学——它有恶毒的圆。

个人处境对我的刺激，超过了身体方面发生的事。从一个单身牢房转移到另一个单身牢房，从一个监狱到另一个监狱，审讯，这一切，我真的并没有太注意。

《巴黎评论》：在国内流放期间，你还能跟文学界保持某种通信吗？

布罗茨基：我努力跟文学界保持联系。以一种迂回的方式邮件联系，或直接联系。有时我甚至会接到电话。我是住在一个"村子"里。十四个

[①] 十字架监狱，在列宁格勒（现圣彼得堡）郊外。

小窝棚。当然，很明显有一些信件，不止我的眼睛读过。但是，你知道你收到了它；你知道谁是你房子的主人。不是你。因此你试图嘲弄体制，这就是可以做到的。感觉像一个农奴抱怨贵族，它本身也有娱乐的一面。

《巴黎评论》：但是，那种处境，你一定是在极端的压力下——

布罗茨基：不，我不是。首先我还很年轻。其次，我的工作是干农活。我经常讲的一个笑话是，农业就像美国的公共交通。它是分散的操作，缺乏组织。所以你有足够的时间，是不是？就身体来说，有时很费力，也不愉快。我没有权利离开。我被限制。也许是因为我性格中的某种权宜因素，我决定最大限度地利用它。我有点喜欢上它。我认为这一点跟罗伯特·弗罗斯特有关。思考处境、周围的环境，你发现你要做的是：开始假装几乎可以成为一个农民绅士。其他俄罗斯作家，我想，这样做时，肯定比我更努力，更加努力。

《巴黎评论》：这样的生活给你带来了田园的感觉吗？

布罗茨基：我喜欢它。它给你的感觉超过了田园生活……因为你在早上，在这个村里或在任何别的地方起床，担负起每天的生活，穿过田野，与此同时，你知道这个国家大多数人也在做着同样的事情。它带给你一些令人振奋的感觉，你和其他人在一起。如果你从一只鸽子或鹰的高度去看，你也许会明白这一点。从这个意义上说，这样的生活是好的。它带给你对于基本生活的洞察力。

《巴黎评论》：那里有人可以与你谈谈文学吗？

布罗茨基：没有——但是我不需要，真的。坦率地说，真的不需要。或者说，至少我不是那种文学人士，虽然我喜欢谈论这些事情。但是，一旦被剥夺了这样的机会，也没有关系。你的民主的特性开始起作用。你跟一般人交谈，并试着欣赏他们所说的东西，等等。从心理上来说，这是有好处的。

《巴黎评论》：你那时可以读到许多经典吗？

布罗茨基：并不能。事实上，没什么经典。如果我需要参考书，我不得不写信向别人求助。但是我对那类参考书的需要不是太多。也就是说，没有什么深奥难懂的。你可以在布尔芬奇①的神话学著作里查到一切，是不是？我也读苏维托尼乌斯②，以及其他人的书——比如塔西佗。但是，坦率地说，我不记得了。

《巴黎评论》：从某种意义上说，经典是相当重要的。我不是仅指那些历史领域的经典……

布罗茨基：每当你遇上麻烦时，你必然会自动将自己看作——除非你是一个任性的人——某种典型人物。所以，除了奥维德，我还能想到谁？这会是一件最自然的事……

我必须说，那是一段美好的时光。我写了很多诗歌，而且我认为我已经写得相当好。我记得我在诗歌上取得的一个突破。我写下了这些诗行："在这里的山上，在空蒙的天空下，在通往森林的道路上，生活从它自己闪避到一旁，在困惑的状态里凝视它自己。"这也许不是多么了不起，但是对我来说，是很重要的……它并不全然是一种新的观察方式，但是可以说，它解放了一些东西。然后你就不可战胜了。

《巴黎评论》：你有没有得到西方的暗示？

布罗茨基：哦，没有。没有俄罗斯人会得到这样的暗示。你生在一个受到重重限制的地方。这个世界的其他国家，只是纯粹的地理学、一门学科，而不是现实。

《巴黎评论》：你离开俄罗斯时，是要前往以色列。

---

① 托马斯·布尔芬奇（Thomas Bulfinch，1796—1867），美国作家，由他撰写的《布尔芬奇神话》是关于西方神话的经典之作。
② 苏维托尼乌斯（Suetonius），罗马帝国早期历史学家，著有《罗马十二帝王传》。

布罗茨基：我只能去以色列！叫我滚蛋的通知是让我去以色列。但是我哪里也不打算去。我降落在维也纳，密歇根大学的卡尔·普洛弗尔从阿迪斯[1]来，等在那里迎接我。我第一眼看到的，就是栏杆外他高大的身影。我们互相招手。当我走上前去时，他问我的第一件事是："约瑟夫，你想去哪里？"

我说："天啊，我一点也不知道。"我真的没有主意。我知道我将永远离开我的国家，但是，将要去哪里我一点也不知道。有一件事是很清楚的，我不想去以色列。我不懂希伯来语，虽然我懂得一点英语。

除此之外，我也没有太多的时间想这个事。我从未想过，他们会让我离开。我从未想过他们会把我推上飞机，而且当他们这样做时，也没有告诉我，飞机是向东还是向西飞。

《巴黎评论》：是卡尔提出想让你来美国的吗？

布罗茨基：我告诉他，我什么计划也没有，他问道："好吧，你愿意来密歇根大学吗？"我相信，还有来自伦敦和索邦大学的邀请。但我做出了决定，"这是一个很大的变化，就让我们把它真的搞大吧。"当时他们从英国驱逐了大约一百五十名间谍，于是我想："这还不是全部？"［笑］我不想被在英国效力的俄罗斯安全人员追捕。所以，我来到了美国。

《巴黎评论》：奥登当时在维也纳吗？

布罗茨基：奥登并不在维也纳，但我知道他在奥地利。他通常在基希施泰滕度夏。我带了一个礼物送给他。我从俄罗斯带出的全部东西，就是我的打字机，上面的螺丝在机场一个一个被他们松开——这就是他们告别的方式——还有"现代文库"出版的一卷小开本多恩诗集，以及一瓶伏特加。我想如果我到了奥地利，就把它送给奥登。如果我不去奥地利，我就自己喝了它。我还有一瓶酒，是一个朋友、立陶宛诗人托马斯·温茨洛瓦

---

[1] 即阿迪斯出版社（Ardis Publishing），由美国学者卡尔·普洛弗尔夫妇于1971年在密歇根州创办，是当时苏联以外唯一一家专门出版俄语文学作品的出版社。

给我的——我想,他是一个杰出的诗人——他给了我一瓶立陶宛烈酒。他说:"把这个送给威斯坦吧,如果你能见到他。"所以,我有两瓶酒、一个打字机、一卷多恩诗集,连同一套换洗的衣服,也就是内衣,这就是全部了。

在维也纳的第三或第四天,我对卡尔说:"威斯坦·奥登可能在奥地利——我们为什么不去找他呢?"因为除了去听歌剧和上餐馆,无事可做,所以我们雇了一辆阿维斯、一辆大众,弄了一张奥地利地图,出发去找他。麻烦的是,有三个叫"基希施泰滕"的地方。每一个我们都去了,我想——它们之间相距数英里——最后我们发现了奥登大街,在那里找到了他。

他立即给了我很大的照顾。突然之间,许多给我的电报,开始经由奥登转达到我手里,明白吗?他很想让我安顿下来。他告诉我在什么地方见什么人,如此等等。他给身在伦敦的查尔斯·奥斯本[1]打电话,让他邀请我参加一九七二年的国际诗歌节。我和威斯坦一起在伦敦住了两个星期,在斯蒂芬·斯彭德的寓所。

一般来说,因为在这八年里,我能同样地阅读英语诗歌和俄语诗歌,所以我对诗坛相当了解,除了——比如说——不知道威斯坦是同性恋。不管怎样,我后来还是知道了。我并不在意这个。然而,我是从俄罗斯来的,而俄罗斯是一个维多利亚式的国家,它有可能影响到我对威斯坦的态度。而我认为,实际上并没有影响。

我在伦敦逗留了两个星期,然后飞到了美国。

《巴黎评论》:你与诗歌界的联系开始激增。你和很多人成为了朋友:赫克特、威尔伯、沃尔科特——

布罗茨基:在洛威尔的葬礼上,我遇到了德里克·沃尔科特。洛威尔曾对我说起过沃尔科特,并给我看了一些他的诗歌,它们给我留下了很深

---

[1] 查尔斯·奥斯本(Charles Osborne, 1927—2017),澳大利亚作家,奥登的友人,出版过《奥登传》。

的印象。我边读边想："嗯，又一个很棒的诗人。"他的诗歌编辑给了我那本诗集《另一生》。它令我很是震惊。我意识到，在我们身边的是一个巨人。在英语诗歌里，他是可以——嗯，我可不可以说，是比得上弥尔顿的人？［笑］好吧，更确切地说，我把他置于马洛和弥尔顿之间，尤其是考虑到他爱写诗剧，以及他身上的活力。他有惊人的才能。批评家们想把他归为西印度群岛的地区性诗人，这是犯罪。因为他是我们身边最伟大的诗人。

《巴黎评论》：俄罗斯作家呢？

布罗茨基：我不知道我对哪一个作家最有感觉。我记得，在我十九或二十岁时，曼德施塔姆的诗对我产生过巨大的影响。他的作品不能出版，今天他的主要作品仍然没有发表，没有被充分注意——在批评文章乃至私人谈话中，都没有引起注意，除了在朋友、在我的圈子里，可以这么说。一般人对他的认识，如果说还有一些，也极其有限。我记得他对我的影响。它今天仍然存在。我读他时，不时会大吃一惊。另一个诗人，不仅真正改变了我的诗歌观念，而且改变了我对于世界的看法——它就是全部，是不是？——这个诗人就是茨维塔耶娃。我个人觉得我更接近茨维塔耶娃——接近她的诗学，她的技巧是我从未能拥有的。这样说是非常不谦虚的，但是，我总是在想："我可以写出曼德施塔姆那样的作品吗？"我想，有几次模仿我算是成功的。

然而，对于玛琳娜·茨维塔耶娃，我认为我虽努力却不曾接近她的声音。她是独一无二的诗人——如果你是一个专业诗人，你脑子里就会想这个——她是唯一我不能与之一争高下的诗人。

《巴黎评论》：在她的诗里，有什么独特的东西吸引了你，而又令你受挫？

布罗茨基：不，它从来没有令我受挫。首先，她是一个女人。但正是在这里，她成为所有俄罗斯诗歌里最具悲剧性的声音。不能说她是最伟大的，因为还有其他人可以与之相提并论——卡瓦菲斯、奥登——但是，我个人被她极大地吸引。

这是非常明确的。她的诗就是极其悲剧性的诗,不仅是主题——这个不是大新闻,尤其是在俄罗斯——还有她的语言,她的韵律。她的声音,她的诗歌,几乎让你认为,或者感到悲剧就在语言本身之中。我之所以决定——这几乎是一个有意识的决定——不与她一争高下,只因一事:我知道我比不过她。毕竟,我是一个不同的人,更重要的,我是一个男人;对于一个男人来说,以极高的音高说话是不得体的。我这样讲,不是说她只是一种浪漫主义的、狂乱的诗人……不,她是一个非常黑暗的诗人。

《巴黎评论》:她的声音可以更长时间、不间断地歌唱?

布罗茨基:是的。阿赫玛托娃曾经这样谈到她:"玛琳娜的诗常常始于高音,在八度音阶的边缘。"你想,把一首诗维持在尽可能高的音高上是非常非常难的,而她能够做到。对于不适或悲剧,一个人的能力是非常有限的。有限,从技术上来说,就像一头奶牛,不可能产出超过两加仑的牛奶。同样,从一个人身上你也不能挤出更多的悲剧。所以,在这方面,她对人类戏剧的阅读能力,她无以安慰的声音,她的诗歌技巧,绝对都是惊人的。不管怎么说,在俄语里,我认为没有人比她写得更好。她说话的语调,那种悲剧性的颤音,那种抑扬顿挫。

《巴黎评论》:你是逐渐认识,还是一夜之间发现她的?

布罗茨基:不,一开始就发现了。从我的一个朋友把她的诗给我阅读开始。就是这样。

《巴黎评论》:你诗歌里的声调是可怕地孤独的,没有从与他人的互动里获益。

布罗茨基:是的,正是那样。阿赫玛托娃在一九六二年看过我的第一批诗之后,说过同样的话。她就是这样说的,一字不差。我冒昧地认为这是我诗歌的特点。

《巴黎评论》：随着诗歌涌现，你是否在一定程度上意识到——如果从外人的角度看——它们具有明显的发展和变化的轨迹？

布罗茨基：没有。我唯一意识到的是，我试图使它们与我前面所写的东西有所不同。因为一个人不仅对他阅读的东西做出反应，也会对他写下的东西做出反应，对吧？所以，先前的每一个东西就是重新出发的起点。如果说在我的创作过程里存在某种可察觉的轨迹，应该是一个小小的惊喜。

《巴黎评论》：你写的地方，似乎都不是你待过很久的地方。你写过关于纽约或者威尼斯的东西吗？

布罗茨基：我想我没有写过纽约。关于纽约你写不了太多。但是关于威尼斯，我已经写了很多。而像新英格兰和墨西哥，或者英格兰、古老的英格兰——从根本上说，当你身在一个陌生的地方时，在一定程度上它越陌生越好——不知何故，它会使你变得更敏锐，比如布莱顿或英格兰的约克郡。［笑］在一个陌生的背景下，你会更能看清自己。它让你生活在你的语境之外，好像在流放之中。一个好处就是，你摆脱了很多幻想。不是关于世界的幻想，而是关于你自己的幻想。就好像扬谷一样，你清理了自己。在我来美国这样一个孤独的环境之前，我从未获得过如此清晰的关于自我的概念。我喜欢"孤绝"这个观念。我喜欢它的现实。你知道你是谁……而不指望这一定有益。尼采对此说过很多："一个人被抛下独自一人时，他是在与他的猪相处。"

《巴黎评论》：我想赞美你的是，读过你诗中描述的任何一个地方后，我马上感觉再也不必去那里了。

布罗茨基：好极了！［笑］如果你把它写下来，我永远不需要雇人打广告了。

《巴黎评论》：你在出版一本书后，是否故意隔上很长时间才会再出版新书?

布罗茨基：不是那样。我不是那么职业性的作家。我并不喜欢一本接一本地出书。那样做有些不光彩，是不是？

《巴黎评论》：在苏联，你的家人知道你在做的事情吗？

布罗茨基：他们大致知晓，知道我在教书，如果不说经济上，至少从心理上，过得很好。他们知道并欣赏我是一个诗人。在一开始他们并不高兴。起码有十五年，他们对此是很反感的，是吧？［笑］——但是，当时他们持那样的态度，有什么不应该的呢？我本人对此也不很高兴。阿赫玛托娃曾经告诉我说，当她的父亲得知她即将出版一本诗集时，对她说："好吧，只请注意一件事。请注意不要辱没了我的姓氏。如果你想从事这个行业，请采用一个笔名。"

就我个人而言，我更喜欢驾驶小型飞机，成为飞行在非洲某些地方的一个丛林飞行员，而不是干目前这行。

《巴黎评论》：你觉得写散文怎么样？

布罗茨基：我喜欢，用英语写。对我来说，这是一个挑战。

《巴黎评论》：辛苦吗？

布罗茨基：我不认为很辛苦。当然是一项劳作。然而，几乎是一项爱的劳作。如果让我用俄语写散文，我不会这么热心。但是用英语写，却有巨大的满足感。在写散文时，我会想到奥登，他会怎么说——他会觉得它是垃圾吗？或者认为它很有趣？

《巴黎评论》：他是你的无形的读者吗？

布罗茨基：奥登和奥威尔。

《巴黎评论》：你试过写任何形式的小说吗？

布罗茨基：没有。年轻的时候，我试过写一部长篇小说。我自以为，我写的东西在现代俄语写作里是一个突破……很高兴，我再也没有见过它。

《巴黎评论》：是否有什么使你震惊或者惊讶？你怎样面对这个世界？"又来了"，或是别的什么感觉？

布罗茨基：当然，我并不吃惊。我认为，从根本上说，这个世界只擅长一件事——增加它的邪恶。时间似乎也是这样。

《巴黎评论》：与此相应，你有没有觉得，在某种情况下人的意识会发生飞跃？

布罗茨基：意识上的飞跃，是我不相信的。

《巴黎评论》：只是恶化——是这样吗？

布罗茨基：嗯，崩塌，而不是恶化。嗯，也不确定是崩塌。如果我们以线性方式看问题，它当然看起来一无是处，对吧？唯一让我感到惊讶的是，在目前的情况下，太多实例，有关人的尊严、天真的损失。因为从根本上说，人的处境——在整体上——与正派或者正义是非常不相宜的。

《巴黎评论》：那么你是完全不信神的人吗？这似乎是矛盾的。在你的一些诗歌里，我感到了信仰之门的开启。

布罗茨基：我不相信理性具有无限的能力，也不相信非理性。我相信理性，只是因为它把我带向非理性——这是我需要理性的原因，它将我尽可能地带向非理性。然后它抛弃你。有那么一会儿，它创造了一种恐慌的状态。然而，"启示"正存在于这里——不是说你可能把它们捞起来。但是，我至少有过两次或三次获得启示的经验，或者说，它们至少在理性的边缘降临，留下过痕迹。

这一切与正统的宗教几乎没有任何关系。总的来说，我不愿求助于任何正式的宗教仪式或礼拜。如果我有什么关于最高存在的概念，我愿把它交给绝对自由的意志。我有点反对那种以基督教为基础的杂货店式的心理学。你这样做，于是你就会得到那个，对吧？甚或这样：上帝具有无限的仁慈。嗯，从根本上说，它是一种"神人同形同性论"。我宁可相信《旧约》里的神，他常常惩罚人——

《巴黎评论》：不合理地——

布罗茨基：不，反复无常地（惩罚人）。我更愿意相信拜火教里的神的版本，他可能是最残酷的。我似乎更喜欢面对反复无常。在这方面，我觉得我比任何以色列的犹太人更犹太人。仅仅因为我相信，如果说我相信什么的话，我相信反复无常的神。

《巴黎评论》：我怀疑你可能经常沉思艾略特和奥登，他们使你这样……

布罗茨基：陷入这种状态……

《巴黎评论》：嗯，或者做出最后的决定。

布罗茨基：是的，的确如此。我必须说，比起艾略特，我更乐意支持奥登。虽然有人比我更有资格解释两者之间的区别。

《巴黎评论》：不过，从你所有的描述来看，艾略特在他最后的日子是一个非常幸福的人，然而奥登……

布罗茨基：当然，他不是非常幸福。我不知道。它意味着很多东西。从根本上说，如果是想得到一个幸福的结论才这样安排生活，这有点……好吧，也许是我太罗曼蒂克，或者太年轻，所以难以尊重这种事情或严肃对待它。此外，我没有那么幸运，能像他们两个人一样，在童年时就已经有了一生的安排。所以，我一直就是完全靠自己。例如，我第一次阅读《圣经》时已经二十三岁。这让我感觉自己有点缺乏指导，你明白吗？我真的不知道我可以返回什么上去。我没有任何关于天堂的概念。首先，我也没有由童年生发而来的那个概念，认为"童年是最快乐的时光"，在童年就听说了"天堂"。在俄罗斯我所经受的严厉、反宗教的教育，不会给我留下任何关于来世的观念。所以，我想说，我感兴趣的只是程度——"反复无常"的程度。

《巴黎评论》：那什么是你最崇高的时刻？当你沉浸于语言的深度之时？

布罗茨基：这就是我们最开始聊的东西。因为，如果有什么神祇的话，对我来说它就是语言。

《巴黎评论》：在你写作时，有没有把自己几乎当作一个旁观者的时刻？

布罗茨基：对我来说，这个问题太难回答了。在写作过程中——我认为，它们就是向深掘进、向前发展的过程——你享有发表思想的自由，说出曾经忽略的东西。也许，那就是语言所带给你的。

《巴黎评论》：卡尔·克劳斯①有一个警句："语言是发现思想之井的魔杖。"

布罗茨基：它是认知过程里一个令人难以置信的加速器。这就是我如此珍视它的原因。这也许有点好笑，因为我觉得，在谈论语言时，我听起来就像一个讨厌的法国结构主义者。既然你提到卡尔·克劳斯，至少给出了某种需要认真对待的欧洲大陆的东西。好吧，他们有文化，我们有勇气，我们俄罗斯人和美国人。

《巴黎评论》：请告诉我，你缘何爱上了威尼斯？

---

① 卡尔·克劳斯（Karl Kraus，1874—1936），奥地利作家，尤以睿智、犀利的格言著称。

布罗茨基：在许多方面，它就像我的家乡，圣彼得堡。但最主要的，它是那么漂亮的一个地方，你可以生活在那里而不必陷入恋爱。它是那样美丽，你知道在你一生中，你不可能想出或造出相应的美物——特别是在"纯粹的存在"的意义上。它是如此优越。如果我能够以不同的化身生活在什么地方，我宁愿作为一只猫，或任何别的东西，甚至是一只老鼠，生活在威尼斯。到一九七〇年，对于威尼斯我已有了一个固执的观念。我甚至产生过一个想法，移居到那里，租下水上某个豪华的宫殿，坐在那里写作，弹落烟头，让它们在入水时发出嘶嘶声。当钱花光之后，我会去商店，买一份报纸的星期六特刊，然后干掉我的头脑。[做出以手指对准太阳穴的手势]

所以，当能够自由旅游时，也就是在一九七二年，在安阿伯市执教一个学期之后，我做的第一件事，就是买了威尼斯的往返机票，去那里过圣诞节。有趣的是看游客到达那里。威尼斯太美了，以致他们有些目瞪口呆。他们首先所做的，就是狂扫各大卖场，买服装打扮自己——威尼斯有欧洲最好的精品店——但是，当他们带着所有这些东西涌现出来时，在人群与他们四周的事物之间，仍然存在着一种令人难以忍受的不协调性。因为无论他们如何打扮，如何得天独厚，他们都缺乏尊严，这当中有一部分是衰退的尊严，以及他们周遭那些精巧技艺的尊严。它总让你觉得人用手造的东西，比他们自己好多了。

《巴黎评论》：你在那里的时候，是否感到历史在逐渐走向终结？这是你的临场感的一部分吗？

布罗茨基：是的，或多或少。我喜欢它，除了美，还有它的衰退。那是美的衰退。它不会被重复。但丁说过："任何艺术作品的主要特征之一就是它的不可重复。"

《巴黎评论》：你觉得安东尼·赫克特的《威尼斯晚祷》如何？

布罗茨基：它是非常好的书。它没有太多威尼斯的东西——它更多的是体现美国人的情感。我认为赫克特是一个出色的诗人。我认为，在美国有三个出色的诗人：威尔伯，赫克特，以及——我真的不知道该如何分配第三个荣誉。

《巴黎评论》：我想知道，你为什么把威尔伯摆得如此高？

布罗茨基：我喜欢完美。的确，你不会从中听到整个地球的悸动，或者诸如此类。然而，他使用材料时的那种壮丽辉煌补偿了一切。因为——存在这样那样的诗歌，还有这样那样的诗人。比起其他人，威尔伯做得更好。

我想，如果我出生在这里，我可能最终会获得类似赫克特的一些品质。我想要的品质之一，就是如赫克特和威尔伯一样完美。也应该有些别的东西，我想，属于我自己的东西，但仅就艺术性而言，一个人不可能希望拥有更多。

《巴黎评论》：同类心灵之间的沟通会更接近吗？你们常常互相审视对方吗？沃尔科特、米沃什、赫伯特、你自己——诗人共享一个领域？

布罗茨基：不完全如此，但是我看沃尔科特时，比如我读到他最近的两首新诗，将发表在《纽约客》上——编辑把它们的复印件发给了我——我就想："哦，约瑟夫——"我想，"你要写的下一首诗与这两首诗有一拼呀。"[笑]

《巴黎评论》：还有谁，你想要拼一拼？

布罗茨基：哦，有很多过去的诗人和现在的诗人。埃乌杰尼奥·蒙塔莱是健在诗人里的一位。还有一个德国人，一个很好的德语诗人，彼得·胡赫尔①。依我的知识，没有法国人。我真的不重视法国那种诗歌。阿赫玛托娃说过，非常明智地说过，在二十世纪初，法国绘画吞噬了法国诗

---

① 彼得·胡赫尔（Peter Huchel，1903—1981），德国诗人。1972年出版诗集《屈指岁月》，其中以自然风光为题材的隐喻诗充满了孤寂、哀伤之情，作品风格简洁、自由而富于匠心。

歌。至于英国,我当然很喜欢菲利普·拉金。我非常喜欢他。唯一的抱怨是跟大家一样的——拉金写得太少了。此外,道格拉斯·邓恩[1],以及一个杰出的诗人,澳大利亚的莱斯·穆瑞[2]。

《巴黎评论》:你读些什么书?

布罗茨基:读一些我不是很熟悉的学科方面的书,像东方主义。百科全书。我几乎没有时间读这样的书。请不要以为这是势利眼,只是太疲劳了。

《巴黎评论》:你教什么?它影响你的阅读吗?

布罗茨基:影响是,教课之前,我不得不读诗。[笑]我教哈代、奥登和卡瓦菲斯——这三人反映了我的趣味和喜好。我还教曼德施塔姆,以及帕斯捷尔纳克的部分作品。

《巴黎评论》:你知道吗?波士顿大学有一门课程,名为"现代犹太人写作",你在必读列表上。

布罗茨基:哈,祝贺波士顿大学!太好了。我真的不知道。我是一个非常糟糕的犹太人。犹太人圈子常常指摘我不支持犹太人的事业,在我的写作里存在大量《新约》的主题。我觉得太愚蠢了。它与任何文化遗产无关。就我个人而言,对他们的事业我表示敬意。就是这么简单。

《巴黎评论》:你也被列入了一本名为《著名犹太人》的书里——

布罗茨基:好家伙!哦,好家伙!著名犹太人——就是说,从现在开始我要把自己当作著名犹太人啦——

---

[1] 道格拉斯·邓恩(Douglas Dunn,1942—),苏格兰诗人、学者、评论家。
[2] 莱斯·穆瑞(Les Murray,1938—2019),澳大利亚诗人,获得过 T.S. 艾略特奖等多项国际大奖。

《巴黎评论》：你最钦佩哪些人呢？我们已经谈到几个已经过世的人。那些健在的人呢？就是你希望知道他们在那里，对你来说他们的存在是非常重要的那些人。

布罗茨基：威尔伯、赫克特、高尔韦·金内尔[①]、马克·斯特兰德[②]。这些只是我所知道的，而且我实在非常幸运了。蒙塔莱，我提到过，肯定是一个；沃尔科特是另一个。还有其他一些作家，我个人非常喜欢他们。比如苏珊·桑塔格。她是这里最好的头脑，也就是大西洋两岸最好的。因为在她那里，其他人观点结束之处却是她的起点。在现代文学里，我想不出有任何东西可以与她随笔中的智性音乐相提并论。不知怎的，我无法把人和写作二者分割开来。我喜欢某个人的写作，而不喜欢那个人，这种情形至今还没有发生过。我想说的是，即使一个人很可怕，但如果他写得不错的话，我会是第一个找到其可怕之处的正当性的人。然而，同等地把握好"生活"和"作品"毕竟是很困难的。所以，如果说其中注定有一个要作伪，那最好是"生活"。

《巴黎评论》：你和洛威尔的首次会面是怎样的？

布罗茨基：在一九七二年的国际诗歌节上，我第一次见到洛威尔。他志愿以英语朗读我的诗，而我自己用俄语读。这是一个极其动人的姿态。所以，我们同时登台。

他邀请我到肯特。我有一点惶恐——因为我的英语不够好。同时，我也有些担心英格兰的铁路系统——我还不能搞清首尾。第三，也许是我没去的主要原因，我认为，我去是给别人添负担。因为，我算老几？所以，我就没有去。

然后，在一九七五年，我在马萨诸塞州的五校联盟[③]执教，住在北安

[①] 高尔韦·金内尔（Galway Kinnell，1927—2014），美国诗人，1982年获普利策奖。
[②] 马克·斯特兰德（Mark Strand，1934—2014），美国诗人。1990年成为美国第四任桂冠诗人，1999年获普利策奖。
[③] 美国文理学院四大联盟之一，由同属马萨诸塞州且位置相邻的阿默斯特学院等五所高校组成。

普顿，他打来电话，邀请我到布鲁克林去。到那时，我的英语已经好多了，于是我去了。我们在一起度过的时间，在许多方面都是我在美国可以回忆的最美好的时光。我们讨论过这个问题、那个问题，最后我们停留于但丁。这是我们之间关于但丁的第一次讨论，因为俄罗斯对我实在意义重大。我认为，洛威尔很了解但丁，对他绝对着迷。他特别对《神曲·地狱篇》非常有研究。我认为，他以前应该在佛罗伦萨生活或待过一段时间，所以他对《神曲·地狱篇》比对其他部分更有感触；至少我们的谈话围绕着那些事情。

我们在一起待了大约五六个小时，或者更长，然后我们去吃晚饭。他对我说了一些非常有趣的事。我知道的唯一一件留下阴影的事是，在奥登健在的最后几年里，他们发生了争吵，好像还是持久的争吵。威斯坦不喜欢洛威尔的超道德做派，而洛威尔在想，关他什么事，对他作为诗人的身份很是挖苦。

《巴黎评论》：听起来那不像是奥登会非常担心的问题呀——

布罗茨基：在某种意义上，威斯坦像是一个英格兰的儿子，他会特别在意别人的道德性。我记得他有过一个评论。我问他："你觉得洛威尔如何？"这是在我见到威斯坦的第一天。我坐下来，开始以绝对愚蠢的方式，拿问题折磨他。他大致上是这样说的："我不喜欢男人在他们身后给哭泣的女人留下个烟头。"他的用词也可能相反："抽烟的女人哭泣的烟头"——

《巴黎评论》：无论哪一种方式——

布罗茨基：是的，无论哪一种方式。他没有批评作为诗人的洛威尔。我想，这不过是一种老生常谈的道德，而奥登，他喜欢沉迷其中。

《巴黎评论》：但是，毕竟是奥登啊，他是会因为谁写得好，请求神的赦免的呀——

布罗茨基：是的，但是那话是他在一九三九年说的。我认为，从某种意义上说，所有这一切背后的原因在于——在自己的事务方面，以及在更广泛的意义上——他坚持要忠实。此外，他开始变得不那么灵活。当你活得久了，你会明白，小事情最终会造成大损失。因此，在态度方面，你变得更个性化。同样，我也认为，这在他那里是一种游戏。他想扮演校长；做那个，在这个世界上，他是完全合格的。

《巴黎评论》：如果现在能唤回他们中的一个或者两个人，你认为自己会有什么想说的？

布罗茨基：很多。首先——当然，这是一个奇怪的问题——也许可以谈谈神的反复无常。与奥登谈这个话题，可能不会走远，只因我知道他不喜欢谈论托马斯·曼式沉重的东西。然而，他后来成为一个经常去做正式礼拜的人，可以这么说吧。我有点担心——因为诗学概念里的"无限"要远远大过基于任何信仰所理解的"无限"——而我怀疑，他可能会妥协。如果可能，我想问他是否相信教会，或者是否相信宗教信仰中的"无限"概念、天堂或宗教信条——这些往往是一个人精神的终点。而对于一个诗人，它们往往只是出发点，或者开始形而上学之旅的起点。嗯，诸如此类的事情。但是，最可能的是，我想指着他诗里的某些地方，问他这里和那里是什么意思。比如，在《赞美石灰石》里，他列出了诸种诱惑，或者说有点像是翻译出了诸种诱惑，仿佛它们在《圣经》里可以找到一般，又或者，它们只是像一首诗一样冒出来而已，对吧？［长时间停顿］我真希望他能在这里。超过了对其他任何人的想念。哦，这样说是一种残忍的说法，但是——我真希望那三四个可以与之交谈的人还活着。他、阿赫玛托娃、茨维塔耶娃、曼德施塔姆——已经有四个了。还有托马斯·哈代。

《巴黎评论》：有没有你想从古代拉回来的人呢？

布罗茨基：哦，那就太多了。这个房间装不下。

《巴黎评论》:洛威尔最后对宗教是否变得尊重起来了?

布罗茨基:我们从来没有就此讨论过,除了反讽地顺便提起。在谈论政治或者作家的弱项时,他绝对出语惊人。谈论人类的弱点也是如此。他也是极其大度的,而我最喜欢他的,还是他的毒舌。洛威尔和奥登都是自言自语者。在某种意义上,你不能像他们那样说话,你应该倾听他们——在终极存在的意义上,这是和读诗等效的。也是一种延续。我洗耳恭听,部分是因为我的英语能力。

他是一个可爱的男人,真的,很可爱——洛威尔。我们之间的年龄差距并不是那么大——嗯,差不多二十岁,所以,在某种意义上,我觉得他比奥登更容易相处。但是,话又说回来,我觉得打交道最舒服的,还是阿赫玛托娃。

《巴黎评论》:那么,他们中间是否有谁,就像你质问自己一样,质问过你和你的写作?

布罗茨基:洛威尔做过。阿赫玛托娃问过我几个问题。但是,在他们还健在时,你明白的,我感觉自己还是一个年轻后辈。他们是长辈,可以这么说,是我的大师。而他们都走了,我突然觉得自己非常老了。而且……这就是文明的意思吧,往前进。我不认为奥登会喜欢摇滚乐,我也不喜欢。我想洛威尔也不会。

《巴黎评论》:有没有艺术家、画家、音乐家、作曲家是你亲密的朋友?

布罗茨基:在这里,我想没有。在俄罗斯有。在这里,我这方面唯一的朋友是巴雷什尼科夫[①]。作曲家,一个也没有。没有。我以前喜欢的一类人,其中最多的是视觉艺术家和音乐家。

[①] 米哈伊尔·巴雷什尼科夫(Mikhail Baryshnikov,1948—),苏联舞蹈艺术家,1974年到访美国后留在了美国。

《巴黎评论》：但是，从这些领域你吸收了许多营养。

布罗茨基：是的，从音乐里。我只是不知道它是如何反映在我的作品里的，但我肯定吸收了它们的营养。

《巴黎评论》：你经常听些什么？我发现现在你的唱机上放着比莉·哈乐黛①——

布罗茨基：比莉·哈乐黛的《复杂的女人》是一个杰作。我喜欢海顿。我认为，事实上，音乐是最好的创作教师，即使对文学来说也是如此。比如，仅就创作大协奏曲的原则来说：三部分，一个快，两个慢，或者反过来，也是一样。你知道，你必须将想要表达的东西倾注于这二十分钟里。同时，可以遵循音乐原则的还有抒情性和无意识拨奏的交替，等等等等……它们就像是一场论辩里的变换、对位和流动性，流动的蒙太奇。我第一次听古典音乐时，萦绕我的事情是它推进的方式，那种不可预见性。所以，在这个意义上说，海顿绝对是了不起的，因为他太不可预测了。［长时间的停顿］太愚蠢了……我认为一切都是毫无意义的，除了两或三件事——写作、听音乐，也许还包括一点点思考。而其余的——

《巴黎评论》：友谊呢？

布罗茨基：友谊是一个很好的东西。我还愿意算上食物，然后［笑］……但是有些其他的事情，你不得不做——完税、计算数字、写参考文献、做家务——所有这些事情，难道不会让你觉得完全没有意义吗？这就像我们泡咖啡馆。就好像那个女孩在做馅饼，或者其他什么，从冰箱里弄出的什么东西。她在那个位置待了大约两分钟。一旦你看到这个事，存在就不再有意义了。［笑］很简单的意义，明白？

《巴黎评论》：除了你将它转化为一个意象或者一个思想的那一刻。

---

① 比莉·哈乐黛（Billie Holiday, 1915—1959）美国爵士歌手、作曲家，爵士乐坛的天后级巨星。

布罗茨基：但是，一旦你已经看到它，整个存在就已被连累了。

《巴黎评论》：问题又回到了"时间"——在这里，你看到的容器，里面什么也没有。

布罗茨基：差不多，对吧？实际上，在潘·沃伦的新书前面，我读到［起身从书桌上翻找出那本书］："时间就是神努力在其中定义他自己的那个维度。"好吧，"努力"说得有点像幼儿园的味道。但是，还有另一个说法，来自百科全书："简而言之，没有绝对的时间标准。"

《巴黎评论》：我们上次谈话后，发生了两件事。你在多大程度上关注阿富汗局势①和人质问题？

布罗茨基：在我没有写作或读书时，我在思考这两件事。在这两件事中，我认为阿富汗局势是最为悲剧性的。一年前，我从电视屏幕上第一次看到关于阿富汗的摄影报道，镜头非常短。那是坦克驰骋在高原的画面。在三十二个小时里，真把我气坏了。这并不是说，我耻于做一个俄罗斯人。此生我有这样的感觉，已经两次：一九五六是因为匈牙利事件，一九六八年是因为捷克斯洛伐克事件。那时候，我的态度因直接的恐惧而恶化，如果说不为我自己，我也为我的朋友感到担心害怕——仅仅因为，我知道无论什么时候，国际形势一旦恶化，接着便是国内开始的内部镇压。

但是，这并不是阿富汗事件出乎我意料的地方。我所看到的，是从根本上违反自然的东西——因为那个高原从来还没有看到过铁犁，更不用说坦克。所以，这是一种"存在的噩梦"。而且，它仍然发生在我眼前。从那以后，我一直在想那些士兵，他们比我年轻约二十岁的样子，所以，从技术上来说，他们中的一些人，可能是我的孩子。我甚至写了一首诗，其中说："荣耀归于那些六十年代走进流产室的人，他们从而使祖国免除

---

① 这次访谈发生于1979年，同年年底，苏联入侵阿富汗，持续十年的阿富汗战争就此爆发。

耻辱。"

最使我绝望的不是污染——而是更可怕的东西。我想,它是犹如在从事建筑的时候他们所干的坏事,破坏基础的事情。它侵犯土地,违背自然。这并不是说,我有田园诗的倾向。不,我认为恰恰相反,那儿应该建设核电站——因为它毕竟比石油更便宜。

但是,一辆驰骋于高原的坦克,辱没了"空间"。这绝对是毫无意义的,就像除以"零"。在原始的意义上,它就是邪恶,部分原因在于,坦克很像恐龙。它就不应该发生。

《巴黎评论》:你是否认为,这些事情与你的写作是分离的?

布罗茨基:对于这个事,我不相信写作——我相信行动。我认为,到了组织某种国际纵队的时候了。一九三六年就这么做过,现在为什么不呢?不同的只是,一九三六年的国际纵队有 GPU——也就是苏联国家安全部——提供资金支持。我只是想知道,这次谁有钱来支持⋯⋯也许在得州有人能从经济上支持这个事。

《巴黎评论》:你认为国际纵队能做什么?

布罗茨基:好吧,国际纵队可以做与一九三六年在西班牙本质一致的事情,也就是说,进行反击,帮助当地人。或者,它们至少可以提供某种医疗帮助——以及食物、避难所。如果还有什么崇高的事业,这个就是——而不是某个国际特赦组织⋯⋯我不介意为红十字会开吉普车⋯⋯

《巴黎评论》:有时候,确认道德上的立场是很难的——

布罗茨基:我真不知道你在寻找何种道德立场,特别是在阿富汗这样一个地方。这是很明显的。他们被入侵,他们被征服。他们可能只是落后的部落,但是,"奴役"也不符合我关于"革命"的观念。

《巴黎评论》:我更多的是从国家之间的关系来说。

布罗茨基： 苏联对美国吗？我不认为这有任何问题。说到美国和苏联，如果这两个国家之间没有其他明显的区别，对我来说，只要看看十二人陪审团制度对比一个法官独裁的制度，就足够了。或者，可以说得更简单一些——因为即使这样说，仍然会使多数人感到困惑——我更喜欢一个你可以离开的国家，而不是一个你不能离开的国家。

《巴黎评论》： 你说过，你很满意自己用英语写作的悼念洛威尔的诗。为什么你没有继续用英语写诗？

布罗茨基： 有几个原因。首先，我有足够多要用俄语去写的东西。而用英语写作，你要面对很多极好的、健在的写作对手。这样做是没有意义的。我用英语写作那首挽歌，仅仅是想取悦亡灵。当我写成给洛威尔的那首挽歌后，又有一首诗以英文的形式袭来。我感觉到了那美妙的韵律，但我告诉自己打住，因为我不想为自己创建一个额外的现实。同时，如果那样，我将不得不与以英语为母语的人竞争，对吧？最后，也是最重要的，我没有那个抱负。我满足于我用俄语所做的事情，有时顺利，有时不顺利。不顺利的时候，我也不会想到试用英语。我不想被处罚两次［笑］。至于英语，我用它写随笔，这带给我足够的信心。事情在于——我真不知道如何表达清楚——从技术上来说，英语是我生活中剩下的唯一有趣的事了。这不是夸张，也不是一个冥思苦想的说法。事实就是这样，对吧？

《巴黎评论》： 你读过厄普代克在《纽约时报书评》上论述昆德拉的文章吗？他在文章结尾时说到你，以你为例，认为你通过成为一个美国诗人来应对"流亡"。

布罗茨基： 这是奉承，但是，也是胡说。

《巴黎评论》： 我想，他不仅仅是指你用英语写了一些东西这个事实，而是说你已开始处理美国的风景，科德角——

布罗茨基： 也许吧——在这种情况下，我能说什么呢？当然，一个人总是会变成他赖以生活的土地的一部分，特别是在最后。在这个意义上，我和美国人一样。

《巴黎评论》：你的俄语作品里充满与美国相关的东西，对此你是什么感觉？

布罗茨基：在许多情况下，你找不到相应的俄语单词，或者你找到一个俄语词，但又不是很恰当；于是你只好绕着这个问题，寻找解决的办法。

《巴黎评论》：嗯，你的作品里也写到过警车和雷·查尔斯①的爵士乐——

布罗茨基：是的，写过。因为雷·查尔斯是一个名字，"警车"在俄语里也有一个表达，还有篮球架上的框也是。但是，我在那首诗里处理的最困难的事和可口可乐有关。"可口可乐"这个词会让我想起"Mene，Mene，Tekel，Upharsin"，也就是伯沙撒②在墙上看到的预言其王国结局的那行句子，我要传达出这种感觉。这就是"墙上的文字"③一语的来历。你不能说"可口可乐的标志"，因为没有这样的习惯用语。所以，我不得不用一个迂回的方法描述它——因此，我想表达的这个意象反倒获利。我不说"标志"，但我用一些具有楔形文字或象形文字效果的表达来形容可口可乐，对吧？所以，这样就强化了"墙上的文字"这一意象。

《巴黎评论》：当你写作一首诗达到某个极点，接着可能朝一个你无法控制、无法想象的方向发展时，你认为在心理上发生了什么？

布罗茨基：问题是你总可以一直写下去，即使你有了最好的结尾。对

---

① 雷·查尔斯（Ray Charles，1930—2004），美国灵歌音乐家、钢琴演奏家，布鲁斯音乐的先驱。
② 伯沙撒，巴比伦最后一个国王。事见《旧约·但以理书》第五章。"Mene，Mene，Tekel，Upharsin"意为"计数过年日，称算过亏欠，预言了分裂"。
③ 墙上的文字（writing on the wall），在英语里意指"不祥之兆"。

于诗人来说，信条或教义不是终点，恰恰相反，它们往往是他的形而上学之旅的起点。比如，你写了一首有关耶稣被钉死在十字架上的诗。你决定写十节——而在第三节，你已经写到耶稣被钉死在十字架上。你必须走得更远，增加一些其他的——写出某些"非现成的东西"。从根本上说，我想说的是，关于"无限"的诗学概念要更为广大，它几乎是由"形式"自身推动的。有一次，在布莱德·洛夫①，我与托尼·赫克特②谈起对《圣经》的使用问题，他说："约瑟夫，你是否同意，诗人要做的，就是从这里面发掘出更有意义的东西？"事实就是这样——《圣经》里存在更多的意义，对吧？在更好的诗人的作品中，你会感到他们不再是与凡人，或者某个六翼天使似的生灵交谈。他们所做的，是与语言本身交谈——把语言当成美、感性、智慧、反讽——对于语言的这些方面，诗人是一面清晰的镜子。诗歌不是一门艺术或艺术的一个分支，它是更多的东西。如果有什么将人与其他物种区别开来，那就是语言；而诗歌，作为语言最高级的表现形式，它是我们的人类学甚至遗传学目标。那些视诗歌为娱乐的人，视其为一种"读物"的人，首先就对自己犯下了一个人类学上的罪。

(原载《巴黎评论》第八十三期，一九八二年春季号)

---

① 即布莱德·洛夫作家大会（Bread Loaf Writers' Conference），美国明德学院的暑期创意写作项目，由罗伯特·弗罗斯特于1926年倡议发起。
② 即安东尼·赫克特。"托尼"是"安东尼"的昵称。

欧仁·尤奈斯库

◎朱艳亮/译

欧仁·尤奈斯库近几年来异常繁忙。一九八二年，整整七十岁的他在法国和世界各地举办了一系列活动，出版和上演他的作品。尤奈斯库二十岁时写的讽刺维克多·雨果的《雨果利亚德》刚被伽里玛出版社出版。在里昂，国家人民剧院的导演罗杰·普朗雄把《死者之旅》搬上了舞台，将尤奈斯库的梦境、自传和他的最新剧本《带手提箱的人》的片段拼贴在一起。该剧在法国巡演，获得了评论界和大众的一致好评，并将在巴黎法兰西喜剧院上演。最近，尤奈斯库的两部早期戏剧《秃头歌女》和《教训》的演员们为这位剧作家举办了一个生日派对，同时也庆祝这两部戏剧在巴黎的拉霍切特剧院连续演出二十五年。

在过去的三十年里，尤奈斯库被称为"悲剧小丑""荒诞的莎士比亚""前卫的顽童"和"抽象闹剧的发明者"——这些绰号表明他从一个左岸小剧院的年轻剧作家演变成了法兰西学院受人尊敬的院士。在过去的四十五年里，尤奈斯库与罗马尼亚女子罗迪卡保持着夫妻关系。他们住在蒙帕纳斯大道上一个充满异国情调的顶层公寓里，楼下就是圆顶餐厅。房间里摆满了尤奈斯库最老的朋友和同事的书籍和画作，包括海明威、毕加索、萨特和亨利·米勒。我们的采访在画室里进行，墙上装饰着米罗的肖像画、马克斯·恩斯特[①]为尤奈斯库的《犀牛》画的海报以及一些罗马尼

[①] 马克斯·恩斯特（Max Ernst, 1891—1976），德国画家、雕塑家，达达主义和超现实主义的先锋人物。

欧仁·尤奈斯库的一页手稿

亚和希腊的图像。

尤奈斯库,一个身材矮小的光头男人,眼神忧伤而温和,乍一看似乎相当脆弱——这种印象立刻被他调皮的幽默感和热情洋溢的讲话所掩盖。在他身旁的罗迪卡也是小巧的,斜着黑眼睛,象牙色的肤色,看起来就像一个平和的东方玩偶。采访过程中,她给我们端来茶水,频频询问我们的情况。尤奈斯库夫妇不断交流的爱意和彼此的礼貌,让我想起了他在许多戏剧中所塑造的一些美好的老夫妻。

——舒莎·古比,一九八四年

《巴黎评论》:您曾写过:"我的人生故事就是一个流浪的故事。"流浪始于何时何地呢?

欧仁·尤奈斯库:在我一岁的时候。我出生在布加勒斯特附近,但父母一年后去了法国。我十三岁时,我们又搬回罗马尼亚,我的世界被打碎了。我讨厌布加勒斯特,讨厌它的社会,讨厌它的风气——比如说它的反犹太主义。我不是犹太人,但我的小舌音r发音和法国人一样,经常被当成犹太人,因此受到无情的欺负。我努力改掉r的发音,让自己的r读起来像牛哞!那是纳粹主义兴起的时期,每个人都变得亲纳粹——作家、教师、生物学家、历史学家……人人都在读张伯伦的《二十世纪的起源》以及像夏尔·莫拉斯和莱昂·多德这样的右翼分子的书。这是一场瘟疫!他们鄙视法国和英国,因为它们被犹太化了,种族不纯。最重要的是,我父亲再婚了,新太太的家庭极其右翼。我记得有一天的一场阅兵式,一个中尉在宫廷卫队中走在最前排。我还能看到他扛着国旗的样子。我当时站在一个戴着大皮帽的农民旁边,他正瞪大眼睛看着阅兵式。突然,中尉打乱阵列,冲向我们,打了那个农民一巴掌,说:"看到国旗就把帽子摘下来!"我当时吓坏了。那个年龄我的思想还没有条理,没有连贯性,但我有感情，有某种萌动的人道主义，我觉得这些东西令人无法接受。对于一个青少年来说，最糟糕的事情莫过于与众不同了。难道有可能我是对的，而整个国家都错了吗？也许在法国有这样的人——在德雷福斯审判的时候，反德雷福斯的首领保罗·德鲁莱德写下了《前进吧士兵！》——但我从未见过。我所知道的法国是我童年的天堂。我失去了它，为此无比悲痛，所以我计划尽快回去。但首先，我必须完成学校和大学的学业，然后获得一笔资助。

《巴黎评论》：什么时候您开始意识到自己的作家使命？

尤奈斯库：我一直都是这样。在我九岁的时候，老师让我们以镇上的节日为主题写作文。他在课堂上读了我的文章。我受到鼓励，继续写下去。十岁时我甚至想写回忆录。十二岁时我写了诗，大多是关于友谊的——"友谊颂"。后来我们班想拍电影，一个小男孩建议我写剧本。那个故事讲的是一些孩子邀请其他孩子参加聚会，以把所有的家具和家长都扔出窗外告终。然后我写了一个爱国剧《爱国者》。你看我多么追逐宏大主题啊！

《巴黎评论》：在这些勇敢的童年努力之后，您开始认真地写作。您还在大学的时候就写了《雨果利亚德》。是什么让您对可怜的雨果下手？

尤奈斯库：嘲笑雨果是相当时髦的。你还记得纪德的"维克多·雨果是最伟大的法国诗人，唉！"或者科克托的"维克多·雨果是个疯子，他以为自己是维克多·雨果。"总之，我讨厌修辞和雄辩。我同意魏尔伦的观点，他说："你必须抓住雄辩，扭断它的脖子！"尽管如此，这还是需要一些勇气。如今，揭穿伟人是很常见的事，但当时不是这样。

《巴黎评论》：法国诗歌除了维永、路易丝·拉贝①、波德莱尔等少数例外，都是修辞诗。

---

① 路易丝·拉贝（Louise Labé，约1524—1566），文艺复兴时期的法国女诗人，有大量诗歌和两部散文作品传世。

尤奈斯库：龙萨①不是。杰拉尔·德·奈瓦尔和兰波也不是，但即使是波德莱尔也陷入了修辞。"我很漂亮，噢，你们这些凡人……"然后当你看到他所指的实际雕像时，那只是一个浮夸的雕像！还有："我的孩子，我的姐妹，梦想着去那里一起生活的甜蜜。"这句话可以用在为美国百万富翁制作的异国游轮小册子上。

《巴黎评论》：噢！那时候还没有美国的百万富翁。

尤奈斯库：啊，但是有的！我同意三十年代著名评论家阿尔贝·贝甘[《梦与浪漫主义》的作者]的观点，他说雨果、拉马丁、缪塞等等……都不是浪漫主义者，法国浪漫主义诗歌真正开始于奈瓦尔和兰波。你看，前者制造了夸夸其谈的修辞，他们谈论死亡，甚至对死亡进行独白。但从奈瓦尔开始，死亡变得内涵和诗意起来。他们不是在谈论死亡，而是献身死亡。这就是区别。

《巴黎评论》：波德莱尔是献身死亡的，不是吗？

尤奈斯库：好吧，你可以拥有你的波德莱尔。在剧院里，同样的事情也发生在我们身上——贝克特、阿达莫夫②和我。我们与萨特和加缪相差无几——萨特的《恶心》，加缪的《局外人》——但他们都是展示自己思想的思想家，而在我们这里，尤其是贝克特，死亡成了活生生的证据，就像贾科梅蒂，他的雕塑是行走的骷髅。贝克特展示的是死亡，他的人在垃圾箱里，或者在等待上帝（贝克特会因为我提到上帝而和我过不去，但不要紧）。同样，在我的剧作《新房客》中，也没有讲话，或者说，话都留给了看门人去说。房客只是在激增的家具和物品之下窒息——这是死亡的象征。不再有语言被说出来，而是形象被视觉化。我们首先通过语言的错位实现了这一点。你还记得《等待戈多》中的独白和《秃头歌女》中的对话吗？贝克特用沉默摧毁了语言。我的做法是使用过多的语言，让人物随

---

① 皮埃尔·德·龙萨（Pierre de Ronsard，1524—1585），法国诗人，有《颂歌集》等传世。
② 阿瑟·阿达莫夫（Arthur Adamov，1908—1970），法国剧作家，荒诞派戏剧先驱者之一。

意说话，发明词语。

《巴黎评论》：除了死亡这个中心主题和您与其他两位戏剧家分享的黑色幽默之外，您的作品中还有一个重要的梦兆或者说梦境元素。这是否意味了超现实主义和精神分析的影响？

尤奈斯库：如果没有超现实主义和达达主义，我们谁都写不出现在这样的作品。通过解放语言，这些运动为我们铺平了道路。但贝克特的作品，尤其是他的散文，首先受到了乔伊斯和爱尔兰马戏团人的影响。而我的戏剧则是在布加勒斯特诞生的。我们有一位法语老师，有一天他给我们念了一首特里斯坦·查拉①的诗，开头是"在太阳的一条皱纹上"②，以证明这首诗是多么可笑，现代法国诗人是怎样的垃圾。它的效果恰恰相反。我被折服了，马上去买了这本书。然后，我读了所有其他超现实主义者——安德烈·布勒东、罗贝尔·德斯诺③……我喜欢这种黑色幽默。我与查拉在他的生命暮年相遇。他一生都拒绝说罗马尼亚语，突然开始用这种语言和我交谈，回忆他的童年、他的青春和他的爱情。但你看，文化最无情的敌人——兰波、洛特雷阿蒙、达达主义、超现实主义，最后都被文化同化和吸收了。他们都想摧毁文化，起码也要治理文化，现在他们成了我们遗产的一部分。能够吸收一切东西为己所用的是文化，而不是像人们所说的资产阶级。至于梦幻元素，部分来自超现实主义，但绝大部分来自个人品位和罗马尼亚的民俗——狼人和魔法习俗。例如，当有人快死的时候，妇女们会围着他，并高呼"小心！不要在路上耽误时间！不要怕狼，它不是真正的狼！"——和《垂死的国王》中的做法一模一样。他们这样做是为了让死人不在地狱地带停留。同样的情节也可以在《西藏生死书》中找到，它对我的影响也很大。然而，我最深的焦虑是通过卡夫卡被唤醒

---

① 特里斯坦·查拉（Tristan Tzara，1896—1963），罗马尼亚裔法国诗人、散文家、行为艺术家，达达主义运动创始人之一。
② 本篇正文楷体部分原文为法语。下同。
③ 罗贝尔·德斯诺（Robert Desnos，1900—1945），法国超现实主义诗人，死于纳粹集中营。

的，或者说被重新激活的。

《巴黎评论》：尤其是《变形记》中的那个卡夫卡？

尤奈斯库：是的，还有《美国》。记得主人公卡尔·罗斯曼如何从一个小木屋到另一个小木屋却找不到路吗？这是非常有梦兆意味的。我被陀思妥耶夫斯基所吸引，因为他处理善与恶之间冲突的方式。但这一切都发生在我离开布加勒斯特之前。

《巴黎评论》：您是怎么回到巴黎——我记得是在您二十六岁的时候——并永久地留在巴黎的？

尤奈斯库：我有法国文学学位，法国政府给了我一笔资助，让我来读博士。在此期间，我已结婚，并以教书为业。我的妻子罗迪卡是少数几个和我有同样想法的人之一。也许是因为她来自罗马尼亚非常有亚洲特色的那个地方——人们个子矮小，眼睛细小。我快成种族主义者了！总之，我当时打算写一篇论文，题目是《法国诗歌中的死亡与罪恶主题》。又是一个大主题。

《巴黎评论》：您写了吗？

尤奈斯库：噢，我没有！在研究过程中，我注意到法国人——如帕斯卡、佩吉[①]等——存在信仰问题，但他们对死亡很麻木，显然也没有丝毫负罪感。让他们充满感觉的是年龄，体质的恶化与衰退。从龙萨有关衰老的著名十四行诗《当你老了》到波德莱尔的《腐肉》，左拉的《泰蕾丝·拉甘》和《娜娜》——都是退化、分解和腐烂。但不是死亡。绝不。死亡的感觉更加形而上，所以我没有写。

《巴黎评论》：这也是您放弃将普鲁斯特戏剧化的原因，因为他对时间

[①] 夏尔·佩吉（Charles Péguy，1873—1914），法国诗人，早期信仰社会主义和民族主义，后改信天主教。

的关注与您不同?

尤奈斯库:正是如此。另外,《追忆似水年华》太长太难,有意思的是第七卷《重现的时光》。此外,普鲁斯特的作品涉及反讽、社会批判、世俗和时间的流逝,这些都不是我所关注的。

《巴黎评论》:当您在巴黎安顿下来以后,是否尝试着去结识那些您读过其作品并因此进入文学世界的作者?

尤奈斯库:我在国家图书馆做论文,认识了其他学生。后来,我认识了布勒东,一九五四年他来看我的话剧《阿梅迪》。我们一直保持联系,直到他一九六六年去世。但他已经被文艺界抛弃了,因为他不像阿拉贡、艾吕雅和毕加索,他拒绝加入共产党,所以他不再时髦了。

《巴黎评论》:您还参与了荒诞玄学学院①的工作。能告诉我吗?

尤奈斯库:很偶然。我遇到了一个叫塞恩蒙特②的人,他是哲学教授,也是荒诞玄学学院的创始人,或称总提供者。后来我认识了雷蒙·格诺和鲍里斯·维昂③,他们是最重要和最活跃的成员。学院是一个致力于虚无主义和讽刺的组织,在我看来,这符合禅宗。它的主要职业是设计委员会,而委员会的工作是建立小组委员会,而小组委员会又无所作为。有一个委员会正在准备一篇关于从文明开始到我们这个时代的厕所史的论文。成员都是福斯特罗博士(Dr. Faustrol)的学生,而福斯特罗博士是阿尔弗雷德·雅里④创造的一个人物和先知。所以,学院的目的是拆毁文化,甚至拆毁超现实主义,他们认为超现实主义太成体系。但不要误解,这些人都

---

① 荒诞玄学,又译"啪嗒学"(法语:pataphysique),是对"形而上学"(法语:metaphysique)的戏仿和超越。
② 即让-胡格斯·圣蒙(Jean-Hugues Sainmont),本名伊曼努尔·佩耶(Emmanuel Peillet,1914—1973),法国哲学家、作家。他是荒诞玄学学院的创始人,同时也是文学实验团体"乌力波"的早期成员。
③ 鲍里斯·维昂(Boris Vian, 1920—1959),法国作家,一个文艺全才式人物,曾以"弗农·苏利文"为笔名发表大量犯罪小说。代表作有长篇小说《岁月的泡沫》等。
④ 阿尔弗雷德·雅里(Alfred Jarry, 1873—1907),法国象征主义作家,"荒诞哲学"概念的首创者,以其剧作《愚比王》闻名。

是高等师范学院的毕业生,文化程度极高。他们的方法基于双关语和恶作剧——愚弄。盎格鲁-撒克逊文学——莎士比亚、《爱丽丝梦游仙境》——中有很好的双关语传统,但在法语中没有,所以他们采用了它。他们认为,关于科学的科学就是荒诞玄学,而荒诞玄学的信条即愚弄。

《巴黎评论》:学院是如何组织的,如何加入?

尤奈斯库:它的组织非常精确:有等级、级别,是对共济会的模仿。任何人都可以加入,第一个等级是大堂审计。在那之后,你成为理事,最后成为总督。总督有权被称为"大人",离开他面前时,你必须倒退着走。我们的主要活动是写小册子和发表荒谬的声明,比如:"没有让·保兰①这个人!"我们的会议是在拉丁区的一家小咖啡馆餐厅里进行的,我们什么也不讨论,因为我们相信——我现在仍然相信——任何事情都是没有理由的,一切事物均无意义。

《巴黎评论》:这与您所皈依的宗教不矛盾吗?

尤奈斯库:不,因为我们存在于几个不同的层面,当我们说一切均无任何理由时,指的是心理和社会层面。我们的上帝是阿尔弗雷德·雅里,除了开会,我们还去离巴黎不远的他的坟墓朝拜他。如你所知,雅里写了《愚比王》,那是对《麦克白》的模仿。很久以后,我也根据《麦克白》写了一出戏。总之,学院给了一些勋章,其中最重要的是吉杜耶奖②,一枚很大的可以钉在衣襟上的粪球徽章。

《巴黎评论》:您是如何荣升总督的?

尤奈斯库:通过写《秃头歌女》和《教训》,因为这两部剧什么都取

---

① 让·保兰(Jean Paulhan,1884—1968),法国作家、评论家、出版人,曾长期担任《新法兰西评论》主编,1963 年成为法兰西学院院士,被视为预见了解构主义之诞生的先驱人物。
② 原文为法语:La Gidouille。"gidouille"本意是指《愚比王》中出场人物愚比神父的腹部,呈螺旋形,整体形似粪便。

227

笑。它们都具有传统的格式——场景、对话、人物——但没有心理学。

《巴黎评论》：学院里的那些人有没有跟您玩过恶作剧？

尤奈斯库：有啊。在《秃头歌女》的首场演出时，突然出现了二三十个人，他们的衣襟上还挂着他们的"吉杜耶"。观众看到这么多的大粪都吓坏了，还以为他们是一个秘密邪教的成员。我没有创作出多少双关语，但我确实为学院的季刊《啪嗒手册》投稿，用意大利语、西班牙语和德语字母——所有我不会说的语言。这些字母的发音听起来是意大利语、西班牙语和德语。我希望自己能保留下来一些，但已经找不到了。双关语和愚弄的主要制造者是圣蒙和格诺。他们发明了一个叫朱利安-托尔马的诗人，当然，这个人根本就不存在，他们还把他的作品发表在杂志上。他们甚至为他编造了一本传记，并让他在山中悲惨地死去。

《巴黎评论》：学院是什么时候解散的？

尤奈斯库：当创始人和精神导师——维昂、圣蒙，最后是格诺——开始死去的时候。曾经有个叫莫莱男爵的名誉主席，他根本不是男爵，而是一个疯子，曾经是纪尧姆·阿波利奈尔的侍从。但荒诞玄学并没有死。它还活在某些人的头脑中，即使他们没有意识到这一点。就像我们说的那样，它已经进入了"蛰伏期"，总有一天会再回来的。

《巴黎评论》：回到您的作品上，在您放弃了论文而选择自由创作后，为什么选择了戏剧而不是其他的文学形式？

尤奈斯库：剧院选择了我。正如我所说，我从诗歌开始，也写评论和对话。但我意识到，我在对话方面最成功。我放弃了评论，也许是因为我充满了矛盾，当你写文章时，你不应该自相矛盾。但在戏剧中，通过创造各种角色，你可以。我的人物不仅在语言上是矛盾的，在行为上也是矛盾的。

《巴黎评论》：所以在一九五〇年，您以《秃头歌女》出现在，或者应该说爆发在法国舞台上。阿达莫夫的剧作几乎同时上演，两年后又有贝克特的《等待戈多》——三位前卫剧作家虽然在个性和产量上有很大的不同，但在主题和形式上却有很多共同点，后来被称为"荒诞派戏剧"（theater of the absurd）中首屈一指的人物。您同意这个称呼吗？

尤奈斯库：既同意也不同意。我想是马丁·埃斯林写了一本关于我们的书，就用这个称呼做了书名。起初我拒绝了它，因为我认为一切皆荒诞，荒诞的概念只是因为存在主义，因为萨特和加缪而变得突出。但后来我找到了祖先，比如莎士比亚，他在《麦克白》中说，这个世界充满了声音和愤怒，是一个白痴讲的故事，毫无意义。麦克白是命运的牺牲品。俄狄浦斯也是。但他们的遭遇在命运的眼里并不荒诞，因为命运，或者说宿命有它自己的规范，它的道德，它的法则，不能被肆无忌惮地貌视。俄狄浦斯与生母同床，杀死生父，违反了命运的规律，他必须为此付出痛苦的代价。这是悲剧性的、荒诞的，但同时也是令人欣慰的，因为如果不违背命运法则，我们就安然无恙。我们的角色就不一样了。他们没有形而上学，没有秩序，没有法律。他们很悲惨，却不知道为什么。他们是未完就的木偶。总之，他们代表了现代人。他们的处境并不悲惨，因为它与更高的秩序没有关系。相反，它是荒谬的、可笑的、嘲讽的。

《巴黎评论》：在《秃头歌女》和《教训》成功后，您在一片争议声中突然名声大噪。您被视为名人了吗？开始出席文学沙龙和聚会了吗？

尤奈斯库：是的，我出席过一些。现在的巴黎已经没有文学沙龙了，但在当时有两个。第一个是德泽纳斯夫人——一位喜欢文学和艺术的贵夫人——的沙龙，各种各样的名人都去过那里。斯特拉文斯基、艾田蒲[①]、年轻的米歇尔·布托尔、亨利·米肖……第二个沙龙是诺埃勒子爵夫人的。

[①] 勒内·艾田蒲（René Étiemble，1909—2002），法国作家、学者，以其对中东和亚洲文化的研究著称。

我去了一次，见到了让-路易·巴罗特[1]。我还记得，当宣布阿拉贡和埃尔莎·特里奥莱[2]到达时，集会上出现了兴奋的涟漪，一阵狂喜。"共产党人来了！"他们都这么说。阿拉贡穿着一件晚礼服，埃尔莎满身珠宝。但我去那里是为了喝威士忌和认识朋友，而不是出于世故。

《巴黎评论》：您认为世俗的干扰、社交生活和聚会，会使作家的注意力分散，损害他的作品吗？

尤奈斯库：是的，在一定程度上是这样，但也有一些伟大的作家同时也是派对的大玩家，比如瓦莱里、克洛岱尔和亨利·詹姆斯。瓦莱里习惯早上五点起床，工作到九点，然后用剩下的时间以这样或那样的方式玩乐。

《巴黎评论》：您认为成功会对一个作家造成伤害，除了分散精力外，还因为成功可能会使他寻求偷懒和折衷？

尤奈斯库：这要看你如何使用它。我厌恶和鄙视成功，但我又不能没有它。我就像一个吸毒者——如果几个月没有人谈论我，我就会出现戒断症状。沉迷于名声是愚蠢的，因为这就像沉迷于尸体一样。毕竟，来看我戏的人，创造我名气的人，都会死。但你可以留在社会上独善其身，只要能与世界保持距离。这也是为什么我觉得我从来没有做过轻松的选择，也没有去做那些被期待的事情。我有一种虚荣心，认为自己写的每一部戏都和以前的不一样。然而，即使它们的写作方式不同，它们都涉及同样的主题、同样的关注点。《垂死的国王》也就是《秃头歌女》。

《巴黎评论》：您还写了一个叫《麦克贝特》的剧本，它和莎士比亚的

---

[1] 让-路易·巴罗特（Jean-Louis Barrault，1910—1994），法国演员、导演、哑剧表演艺术家。
[2] 埃尔莎·特里奥莱（Elsa Triolet，1896—1970），俄裔法国作家、翻译家，1944年凭长篇小说《第一个窟窿赔偿二百法郎》获得龚古尔文学奖，成为该奖历史上的第一位女性获奖作家。

《麦克白》有很大的不同。是什么让您去翻唱吟游诗人?

尤奈斯库:我的麦克贝特是政治而非命运的受害者。我同意《莎士比亚,我们的同代人》一书作者、波兰作家扬·科特的观点,他给出了如下解释:一个坏国王在位,一个高贵的王子杀死了他,使国家摆脱了暴政,但事实上他成了一个罪犯,不得不被别人反过来杀死——如此继续。同样的事情在近代史上也发生过。法国大革命把人民从贵族的权力下解放出来,但取而代之的资产阶级代表的是人对人的剥削,它们必须被消灭——就像俄国革命一样,后来沦为极权主义、斯大林主义和种族灭绝。你越搞革命,结果越糟糕。人被邪恶的本能所驱使,而这些本能往往比道德法则更强大。

《巴黎评论》:这听起来非常悲观和无望,似乎不同于您神秘主义的宗教倾向。

尤奈斯库:嗯,有一个更高的秩序,但人类可以将自己与之分离,因为他是自由的——这就是我们所做的。我们已经失去了这种更高的秩序感,事情会变得越来越糟,最终也许会发生核大屠杀,即《启示录》中预言的毁灭。只是我们的《启示录》会是荒诞可笑的,因为它不会与任何超越性有关。现代人是一个木偶,一个跳梁小丑。你知道,卡特里派[①]认为,世界不是上帝造的,而是一个恶魔从上帝那里窃取了一些技术秘密,创造了这个世界——这也是这个世界之所以不起作用的原因。我不认同这种异端。我太害怕了!但我把它写进了一出叫《非凡妓院》的戏里,里面的主人公根本就不说话。革命发动了,人们相互残杀,他不明白。但在戏的最后,他第一次说话了。他用手指着天空,对着上帝摇了摇,说:"你这个流氓!你这个小流氓!你这个小流氓!"他大笑起来。他明白,这个世界是一场巨大的闹剧,是上帝和人类开的玩笑,他得玩上帝的游戏,并对此一笑了之。这就是为什么相比"荒诞派戏剧",我更喜欢"嘲笑派戏剧"

---

① 中世纪后期基督教的一个派别。——原注

（theater of derision）这个叫法，埃马纽埃尔·雅卡尔用它来做他关于贝克特、阿达莫夫和我的一本书的书名。

《巴黎评论》：我想埃斯林分析的是您的作品的第一个时期——《秃头歌女》《教训》《雅克》和《椅子》。随着您的中心人物贝朗杰的引入，戏剧似乎发生了一些变化。语言的错位、黑色幽默和闹剧的元素都还在，但程度不一样。相反，您在情节和人物上都发展了新的元素。您是如何选择贝朗杰这个名字的，这个角色的创造对过渡有帮助吗？

尤奈斯库：我想要一个很普通的名字。我想了好几个，最后选择了贝朗杰。我不认为这个名字有什么意义，但它非常普通和无害。在第一部剧中，人物都是木偶，以第三人称说话，而不是以我或你的身份。无人称的一个人，就像"下雨的时候应该打伞"。他们生活在海德格尔所说的"一体的世界"中。之后，这些人物获得了一定的体积，或者说重量。他们变得更加个体化、心理化。贝朗杰代表了现代人。他是极权主义的受害者——右派和左派两种极权主义的受害者。当《犀牛》在德国演出时，曾经五十次谢幕。第二天，报纸写道："尤奈斯库向我们展示了我们是如何成为纳粹的。"但在莫斯科，他们要我重写它，确保它涉及的是纳粹主义，而不是他们那种极权主义。在布宜诺斯艾利斯，军政府认为这是对庇隆的攻击。而在英国，他们指责我小资产阶级。甚至在新的《大英百科全书》中，他们也称我为反动派。你看，说到误解，我也有过不少。然而我从来没有加入右派，也没有当过共产党员，因为我亲身经历过这两种形式的极权主义。那些从未在暴政下生活过的人才会称我为小资产阶级。

《巴黎评论》：您的作品在英国被误解，您的剧作在英国和美国都没有被广泛上演，这要追溯到您在六十年代初与已故评论家肯尼斯·泰南的争吵。

尤奈斯库：没错，我对泰南支持的"愤怒青年"的作品并不太在乎。我认为他们是无足轻重的小资产阶级。我发现他们的革命热情没有说服力，他们的愤怒微不足道且是个人的，他们的工作也没有多大吸引力。

《巴黎评论》：另外，布莱希特当时正风行，而您绝对不属于布莱希特派。

尤奈斯库：我认为布莱希特是一个好的导演，但并不是一个真正的诗人或剧作家，除了他早期的《三毛钱歌剧》《巴尔》和其他几部剧本。他为之效忠的戏剧效果并不好。我相信，就像纳博科夫说的那样，一个作家不应该去传递信息，因为他不是邮递员。

《巴黎评论》：萨姆·戈德温对电影也是这么说的："把口信留给西联公司[①]吧。"

尤奈斯库：他这样说过吗？我很同意。在法国，每个人都是布莱希特派——贝尔纳·多尔[②]，罗兰·巴特——他们想统治戏剧。后来，泰南让我为他的情色歌舞剧《哦！加尔各答！》写点东西，我写了。然后他说："你有这么多天赋，你可以成为欧洲第一戏剧家。"我于是问他："我应该怎么做？"他说："成为布莱希特派。"我说："但那样我就会成为第二，而不是第一。"

《巴黎评论》：现在我们似乎绕了一个大圈子。一个叫罗杰·普朗雄的布莱希特派刚刚导演了您的自传体戏剧《死者之旅》，您被认为是我们这个时代最伟大的戏剧家之一。从一九七〇年开始，您就一直坐镇法兰西学院，周围是当初拒绝您的剧本的一些人。据我所知，当选院士的过程中，候选人是要写信，亲自给每个院士打电话，恳述理由，要求当选。历史上有过很多著名的被拒绝案例，比如波德莱尔给院士们写了令人心碎的书

[①] Western Union，美国老牌电报公司，现主要经营汇款业务。
[②] 贝尔纳·多尔（Bernard Dort, 1929—1994），法国学者、作家，与罗兰·巴特、布莱希特等人交好，1954年曾参演布莱希特叙事剧《勇母和她的孩子们》。

信,央求他们投他一票。还有左拉。这似乎是一个屈辱的过程。然而您,一个叛逆者,为什么要去做这件事呢?

尤奈斯库:我没有。有人希望我去那里,如雷内·克莱尔[1]、让·德莱[2]等人。我说我愿意申请,条件是我不必拜访别人和写信。我只是提交了我的候选信,我以十七票对十六票当选。

《巴黎评论》:院士会议与昔日荒诞玄学学院的会议相比如何?

尤奈斯库:法兰西学院的所有成员都是荒诞玄学派的,不管是像已故的雷内·克莱尔那样有意识,或者无意识地成为荒诞玄学派成员。总之,我不常去那里,除了每年几次新成员的选举,而且我总是投反对票!

《巴黎评论》:反对谁?

尤奈斯库:反对所有人!不幸的是,我是一个糟糕的阴谋家,以至于我没有成功地将某些不受欢迎的人排除在外,而那些我希望看到他们加入的却仍未当选。但选举很有趣。克洛岱尔曾经说,它们是如此有趣,应该每周来一次。你看,法兰西学院是一个隐士协会。让·德莱,现代后精神分析精神病学的发明者;列维-斯特劳斯,现代人类学和结构主义的创造者;路易·德·布罗格利,现代物理学的创始人之一;乔治·杜梅齐尔,伟大的宗教专家。这些都是法国最有文化的人,是真正被解放的头脑和自由的灵魂。我向你们保证,只有三流记者才会诋毁法兰西学院。

《巴黎评论》:您说过,您不太在乎戏剧界愤怒的年轻人,那品特和阿尔比那些人呢?他们的作品明显受到您和贝克特的影响。

---

[1] 雷内·克莱尔(René Clair, 1898—1981),法国电影导演、作家,与让·雷诺阿、马塞尔·卡内尔并称"法国影坛三杰",曾执导《夜来香》等影片。1960年当选法兰西学院院士。

[2] 让·德莱(Jean Delay, 1907—1987),法国精神病学家、作家,1959年当选法兰西学院院士。

尤奈斯库：品特的第一部剧作《看门人》源自贝克特，非常好。从那以后，他似乎在走我所说的"聪明大道"——也就是说，他在写机智的、制作精良的商业剧。事实上，这些剧作家只是受到我们语言，而非真正的精神的影响。斯托帕德[1]的剧作《罗森克兰茨和吉尔登斯特恩死了》令人钦佩。我也喜欢阿尔比的《动物园的故事》，但此后我再也没有读到过类似的作品。几位法国剧作家，杜比拉尔[2]和其他一些人，都亲自尝试过这一方向，但没有真正的进展。我们试图做的是让人在舞台上面对自己。这就是为什么我们的戏剧被称为形而上学戏剧。在英国，像爱德华·邦德[3]那样的人写的戏剧里发生了可怕的事情，可那仍然是在政治层面。神圣和仪式都不见了。我有没有告诉你，我最近去了台湾地区？那是个不错的受美国影响的地盘，每个人都会说英语，但他们似乎完全失去了与自己的传统、自己的圣人的联系，我这个不是特别博学的外行，只好给他们讲孔子、佛陀和禅宗。在西方，人们也失去了对神圣的感觉，我们试图通过追溯源头和重回古剧场来把它带回来。在拉辛时代，通奸被认为是非常严重的罪行，可处以死刑。在十九世纪的剧院里，通奸是一种消遣、一种娱乐——唯一的娱乐！所以，虽然我们被认为是现代的，太现代了，甚至是前卫的，但我们才是真正的古典主义者，而不是十九世纪的作家。

《巴黎评论》：在四部戏——《艾米黛》《杀手》《垂死的国王》和《犀牛》——之后，您放弃了贝朗杰。您觉得他的故事已经讲够了吗？

尤奈斯库：我把他的名字改了，因为我觉得人们可能会觉得无聊。我叫他"让"，或者"角色"。

---

[1] 汤姆·斯托帕德（Tom Stoppard，1937— ），继哈罗德·品特之后最重要的英国剧作家、影视编剧。《罗森克兰茨和吉尔登斯特恩死了》是他创作的一部荒诞剧，首演于1966年。

[2] 罗兰·杜比拉尔（Roland Dubillard，1923—2011），法国小说家、诗人、剧作家，创作风格与贝克特、尤奈斯库相近，代表作有剧作《如果卡米耶看到我⋯⋯》等。

[3] 爱德华·邦德（Edward Bond，1934— ），英国剧作家、导演、戏剧理论家，一生创作过近五十部戏剧，代表作有《得救》等。

《巴黎评论》：在您带有梦幻和传记风格的新剧中，他又被称为"让"。开场有两口棺材，萨特的和阿达莫夫的，而您就站在它们后面。您为什么要从自己认识的人中选择这两个人？

尤奈斯库：阿达莫夫曾是我的多年好友，直到我的剧本真正流行起来；然后他就和我反目成仇。我怨恨他屈服于压力，变得"委曲求全"，成为布莱希特派和亲共人士，尽管他从未真正入党。我们终于因为一些愚蠢的文学争论而分手。我想我指责他偷了我的梦！萨特则是另一回事。这有关一次失约，正如一位记者所说。我曾喜欢《恶心》，它影响了我唯一的小说《隐士》，但他不断地改变意识形态，让我很恼火。他得到了关于俄国集中营的确凿证据，但他没有公布，因为他担心这会使工人失去信心，加强资产阶级的力量。到最后，当新哲学家，如福柯和格鲁克斯曼[1]等人上场时，他告诉他们，他不再是一个马克思主义者。他总是要与最后的呐喊、最新的意识形态潮流保持一致。我更希望他能更顽固一些，哪怕是将错就错。他被称为"我们时代的良心"，我觉得他更像是我们时代的无良心——无意识。

但他对我总是很好，很有礼貌，我的戏是他唯一允许和他的戏同时上演的，所以我为没能接近他而难过。最近我做了一个关于他的梦：我站在舞台上，面对巨大空旷的观众席说："就这样吧，没人再来看我的戏了。"然后一个小个子走上舞台，我认出他是萨特。他说："不对，你看那里，在长廊上，全是年轻人。"我对他说："啊，萨特先生，我多想和你谈谈，最后一次。"他回答说："太晚了……太晚了。"所以你看，这是一个被错过的约会。

《巴黎评论》：这部《死者之旅》在公众和评论界都取得了巨大的成功，春天将在法兰西喜剧院上演。除此之外，您是否已经开始了其他的工作？

---

[1] 安德烈·格鲁克斯曼（André Glucksmann，1937—2015），法国哲学家、作家，"新哲学派"的代表人物。

尤奈斯库：我在酝酿的一出戏是关于一个现代圣徒的生活和殉道，他刚刚被教会封为圣徒——或者说是被祝圣？哪个在先？我不确定。总之，他的名字叫马克西米利安·科尔贝神父，波兰人，死在奥斯威辛集中营。他们要把一些囚犯送到矿井里去，在那里人们会因饥饿和口渴而死。科尔贝神父提出代替一个因有妻子和孩子而不想死去的男人去。那个人现在还活着。

《巴黎评论》：教会是否将他封为圣徒会对您有影响吗？还有最近对他反犹的指控又是怎么回事？

尤奈斯库：哦，天哪！教会是否封他为圣徒对我来说一点也不重要。重要的是，有这样一个人存在。至于他的反犹主义，我根本没有听说过。人们总是试图在每一个善行的背后寻找基本的动机。我们害怕纯善，也害怕纯恶。我非常不相信这样一个人会有反犹主义。

《巴黎评论》：对于这部戏，您已经对角色和剧情有了明确的想法。您总是从一个想法着手开始吗？

尤奈斯库：这要看情况。有的戏一开始就有计划。例如，《麦克贝特》是对莎士比亚的有意识模仿，《犀牛》是我有想法在先，但我完全不知道像《椅子》《教训》和《秃头歌女》这样的剧本会走向何方。我对《阿梅迪》有大体的主意，但其余都是一点一点地想出来的。

《巴黎评论》：您是怎么工作的？

尤奈斯库：我上午工作。我舒舒服服地坐在扶手椅中，对面是我的秘书。幸运的是，她虽然聪明，但对文学一窍不通，无法判断我写的东西是好的还是不值钱的。我慢慢地说，就像我在和你说话一样，她就把它记下来。我让人物和符号从我身上冒出来，就像我在做梦一样。我总是用我前一天晚上的梦的残余。梦是最深刻的现实，你发明的东西就是真理，因为就其本质而言，发明不可能是个谎言。那些试图证明什么的作家对我来说没有吸引力，因为没有什么可以证明，一切都可以想象。所以，我让文字和图像从内心涌现出来。如果你这样做，你可能会在这个过程中证明一些东西。至于把文字口述给我的秘书，二十五年来，我一直用手写，但现在这对我来说不可能了：我的手发抖，过于神经质。的确，我太神经质了，以至于我马上就会杀死我的角色。通过口述，我给了他们活着和成长的机会。

《巴黎评论》：然后您会纠正她的书写吗？

尤奈斯库：几乎不。但说回我的新戏，我试着把前几部戏中不协调的语言改成梦的语言。我认为这样多少能奏效。

《巴黎评论》：您有偏爱的作品吗？

尤奈斯库：直到最近，我最喜欢的还是《椅子》，因为其中老人记起童年的一幕。他的记忆很模糊，就像垂死的烛光，他只记得一个大门紧闭的花园。对我来说，那就是天堂——失落的天堂。这一幕对我来说远比结尾重要，结尾更壮观。

《巴黎评论》：我们已经谈到了您作品中形而上和仪式感的一面，但其中也有喜剧的元素，这对提高您作品的受欢迎度有很大的帮助。

尤奈斯库：乔治·杜亚美[①]曾经说过，"幽默是绝望的礼节"。因此，幽默是非常重要的。同时，我也能理解那些笑不出来的人。世界上正在发生大屠杀——中东、非洲、南美，到处都是，你怎么还能笑出来？可以引发欢笑的东西实在太少了。

《巴黎评论》：无论将来发生什么，您在我们这个时代的文学史上的地位都是稳固的。您对自己的作品有什么评价？

[①] 乔治·杜亚美（Georges Duhamel，1884—1966），法国作家，代表作为长篇小说《午夜忏悔》，1935年当选法兰西学院院士，曾多次被提名为诺贝尔文学奖候选人。

尤奈斯库：我给你讲一个我最近做的梦。当我还是布加勒斯特的小学生时，我父亲经常在晚上到我的房间检查我的作业。他打开我的抽屉，发现除了一些诗歌、图画和纸张外，什么都没有。他会非常生气，说我是个懒鬼，是个一无是处的人。在我的梦里，他走进我的房间，说："听说你在这个世界上做过事情，你写过书。让我看看你都做了些什么。"我打开我的抽屉，发现里面只有被撕碎的纸张、灰尘和灰烬。他非常生气，我试图安抚他，说："你是对的，爸爸，我什么都没做，什么都没做。"

《巴黎评论》：而您还会继续写下去。

尤奈斯库：因为我不能做别的事情。我一直后悔自己被文学淹没。我宁愿做个修士；但正如我所说，我在渴望名声和希望放弃世界之间徘徊。根本的问题在于，如果上帝存在，文学的意义何在？而如果他不存在，文学又有什么意义？无论如何，我的写作，我唯一成功的事情，都是无效的。

《巴黎评论》：文学可能有正当理由吗？

尤奈斯库：哦，是的，为了娱乐人们。但这并不重要。然而，把人们引入一个不同的世界，与存在的奇迹相遇，这才是重要的。当我写"火车到站了"时，它是平庸的，但同时又是轰动的，因为它被发明了。文学也可以帮助人。我的两个译者，一个罗马尼亚人，一个德国人，在翻译《垂死的国王》的时候，都已是癌症晚期。他们告诉我，他们知道自己要死了，这部剧帮助了他们。唉，这对我没有帮助，因为我没有与死亡的想法、人的死亡达成和解。所以你看，我说文学可以有重大意义，是有点自相矛盾的。不读书的人是粗鲁。写作总比打仗好，不是吗？

《巴黎评论》：所以，也许写作是驱除您对死亡的本质焦虑的一种方式？或者至少学会与之共处？

尤奈斯库：也许吧。但我的作品本质上是与死亡对话，问他："为什么？为什么？"所以只有死亡才能让我沉默。只有死亡才能封住我的嘴唇。

（原载《巴黎评论》第九十三期，一九八四年秋季号）

艾丽丝·默多克

◎丁骏/译

艾丽丝·默多克一九一九年七月十五日生于都柏林，在伦敦长大。她在布里斯托尔的巴德明顿女子中学上学，一九三八到一九四二年在牛津大学萨默维尔学院学习古典学，获得一等荣誉学士学位。一九四二年至一九四四年在财政部做部长助理，一九四四年至一九四六年任联合国善后救济总署（UNRRA）驻英国、比利时及奥地利的行政官员。一九四七至一九四八学年，她获得剑桥大学纽纳姆学院的萨拉·史密森哲学学位后研修生奖学金，次年在牛津大学圣安妮学院获得教职，成为哲学讲师。

一九五三年，默多克出版第一本书《萨特：浪漫的理性主义者》，次年出版第一部长篇小说《在网下》。此后她陆续出版了二十四部正式的传统长篇小说，包括《沙堡》(1957)、《钟》(1958)、《断颅》[①](1961)、《不失体面的失败》(1970)、《词孩》(1975)、《大海，大海》(1978，获当年布克奖)、《哲学家的学生》(1983)、《好学徒》(1985)、《书与兄弟会》(1987)以及《给地球的消息》(1989)。

一九五六年，默多克与在牛津大学做导师的约翰·贝利结婚，在靠近牛津郡的阿斯顿镇住了很多年。一九六三年，她当选圣安妮学院荣誉研究员，此后四年在伦敦皇家艺术学院任兼职讲师。一九八六年，他们从阿斯顿镇搬到了牛津。

尽管默多克以小说闻名，她也出版文学评论，包括那篇颇有影响力的

---

① *A Severed Head*，简体中译本更名为《完美伴侣》。

艾丽丝·默多克长篇小说《给地球的消息》的一页手稿

散文《拒斥枯涩的定式》(1961)，还有一本诗集《群鸟之年》(1978)，三部由自己小说改编的剧本（两部为合作改编），还有两部原创戏剧；此外还有三部哲学著作：《善的统治权》(1970)、《火与太阳：柏拉图缘何流放艺术家》(1977)以及《阿卡斯图卡：柏拉图对话二篇》(1986)。

艾丽丝·默多克获奖无数。除了布克奖，她还因《黑王子》获得詹姆斯·泰特·布莱克纪念奖，因《神圣和亵渎的爱情机器》获惠特布雷德文学奖（小说组）。她也是美国艺术文学院和美国人文与科学院的荣誉院士，一九七六年成为大英帝国荣誉勋爵，一九八七年被授予大英帝国骑士指挥官勋章。

默多克和她的丈夫住在北牛津学术区的一幢房子里。房间舒适凌乱，书架上塞满了书，地板上的书堆积如山，甚至卫生间里也都是关于语言的书，其中还有讲荷兰语和世界语语法的。她的书房位于二楼，纸张遍地，装饰着东方挂毯，还有以马和孩子为主题的油画。一楼起居室连着花园，有一个备货充足的酒吧台。还有花草油画和挂毯，艺术书和唱片，陶器和旧花瓶，大沙发里堆着刺绣靠垫。

去年春天，在纽约希伯来青年协会（YMHA），詹姆斯·亚特莱斯又当着现场观众的面向默多克提了一些问题作为补充。

——杰夫瑞·迈耶斯，一九九〇年

《巴黎评论》：您能谈谈您的家庭吗？

艾丽丝·默多克：我父亲参加过"一战"，他在骑兵队；"一战"的时候还有骑兵队，现在想想好神奇。他能保命也多亏了这个兵种，马队都排在后面，这样一来他也相对安全些。我的父母是那时候相遇的。我父亲的军团驻扎在靠近都柏林的卡勒平原，他正在休假。他在去教堂的路上遇到我母亲，她坐同一辆电车去同一个教堂。她还是唱诗班的。我母亲能唱特别好听的女高音；她正参加训练，要做歌剧演员，她应该可以成为歌唱家,但结婚后就放弃了这些梦想。她后来一直继续唱歌,作为业余爱好,但是她那样高的嗓音天分终究是埋没了。我母亲美丽、活泼、聪明、乐天安命。我父母在一起很幸福。他们深深相爱;他们爱我,我也爱他们,所以真是最其乐融融的三口之家。

《巴黎评论》: 您什么时候意识到自己想写作?

默多克: 我很早就知道我想当作家。我是说,还是个孩子的时候我就知道。战争深刻扰乱了我们对未来的感觉,这显而易见。我一完成本科,就应征入伍了,因为大家都是这样。如果是正常情况,我会继续留在牛津,读个博士,然后努力留校。我非常想继续学习。但在战争面前,你就得牺牲自己的梦想。我进入行政部门,在财政部待了几年。战争结束后我进了UNRRA,也就是联合国善后救济总署,在欧洲各地做难民工作。

《巴黎评论》: 您曾是共产党党员,是这样吗?

默多克: 我是学生的时候加入过共产党,时间很短,大概是一九三九年。和当时很多人一样,我加入是因为西班牙内战时期出现的一种普遍认识,欧洲正陷入危机,分裂成左派和右派,我们肯定是要加入左派的。我们对社会正义满怀激情。我们相信社会主义能够,而且很快将带来公正、美好的社会,没有贫穷,没有争端。我很快失去了这些乐观的错觉。所以我退出了。不过某种意义上,能看到马克思主义的内部不失为一件好事,因为这样你才意识到它有多么强大,多么骇人,当然是指它有组织的形式。我和共产党的这段关联之后还带来不少麻烦。有一次我得到瓦萨学院①的一个奖学金。我当时很想去美国——战后一直困在英国,多想出去探险啊。人都想旅行,想看看这个世界。我因《麦卡伦法案》②被拒签。我想这多少跟之前的经历有关。伯特兰·罗素介入了,还有菲力克斯·法兰

---

① 位于美国纽约的一所顶尖文理学院。
② 全称《麦卡伦国内安全法案》,1950年颁布,被用于控制美国境内与共产主义运动相关的党派、组织或个人。

克福特法官，他们想指出这多么荒唐。但是《麦卡伦法案》是铁板一块。这法案现在还是一样，如果我想去美国就得申请豁免权。

《巴黎评论》：现在还是这样？

默多克：很莫名其妙。有时候移民官会问的一个问题就是，你能证明自己已经不再是共产党成员了吗？

《巴黎评论》：要我说这也太难证明了。

默多克：难于登天！我大概五十年前退党的！

《巴黎评论》：您能不能跟我谈点您自己的写作方法，您是怎么写一部小说的？

默多克：好吧，我觉得在写第一句话之前做一个详细的计划非常重要。有些人觉得应该这样写："乔治一觉醒来，想起昨天发生的那件可怕的事。"然后你就可以接着想那是什么事。我是动笔前就计划好整个故事。我有一个大纲，还有很多笔记。每一章都预先设计好。每段对话也一样。这当然只是基础阶段，而且很可怕，因为你这时已经全身心投入了。我的意思是，写一部小说是一个漫长的工作，如果你一开始没做对，后面就会很不开心。第二阶段是安静地坐下来，然后就让小说自己展开。一段想象引出另一段想象。你设想某个场景，然后关于它的某些特别之处就会突然出现。这部作品所涉及的那些深刻的东西会自我展示，并互相连结。它们不知怎么就会聚到一起，然后催生出其他东西，人物会发明出其他人物，就好像都是他们自己做的。你应该保持耐心，尽量让这个时间段延长。当然，真的写起来又是一种不一样的想象和工作。

《巴黎评论》：您作为小说家非常高产。您似乎很喜欢写作。

默多克：是的，我乐在其中，不过当然也有——我是说，任何艺术形式都是这样——一些你感觉糟糕的时刻，失去信心，漆黑一片。你没法思考,等等。所以,也不都是乐趣。不过,我不会真的觉得写作本身很难。创造故事是令人痛苦的部分。当你开始一部小说,你感觉身处无限的自由之中,这一特殊的经历需要警惕。你所做的每个选择都会排除另一种选择,所以接下来发生什么,你处于怎样的心境,你最在意什么,这些都很重要。书应该有主题。我选书名非常小心,书名可以暗示全书主题的某些深刻内容。人物名字很重要。名字有时候不会马上出现,但是人物的外形和内心必须很早就有,而且你必须等待神灵的惠赐。你必须长久地注视窗外,写下一些可能有用也可能没用的零星片段。你必须耐心等待,直到你感觉对劲了——这些人是谁,到底是怎么一回事,故事如何推进。我可能会花很长时间,比如一年,就是坐着,四下探索,让故事成形。然后我给每一章、每一段对话、每件发生的事都写一个非常详细的简介。那就是另一项工作了。

《巴黎评论》:哪个先出现——人物还是情节?

默多克:我觉得两者出现方式差不多,两三个人之间发生关系,遇到某个问题。然后出现一个故事,艰难险阻,冲突,从错觉到现实,诸如此类。我觉得我没有任何自传倾向,也想不起有哪部我写的小说是自己人生的模仿。

《巴黎评论》:您是手写吗?

默多克:哦,是的,是的,是的。

《巴黎评论》:没有机器,没有电脑?

默多克:没有。

《巴黎评论》:然后带去给您的出版商,他会吓一跳,因为独此一份?

默多克:是的,最后只有这一份手稿。我知道有些人喜欢文字处理器,但是我写作过程中也有很多修改。我觉得如果面前是那个绿色的屏幕，我就会对屏幕上的字着迷，然后就一个字都不想改了！

《巴黎评论》：您日常的工作习惯是什么样的？

默多克：我喜欢工作，只要有时间工作，我就工作。但是我也得做别的事情，比如洗这洗那、买食物。幸运的是，我丈夫做饭。有时候我得去伦敦，或者想见朋友。除此之外，所有时间我都持续工作。我很早上床，也会早起工作。整个上午我都会工作，然后下午我购物，写信——写信花很多时间。然后我继续工作，大概从四点半直到七点或八点。所以我有大块时间就会持续工作，大多数时候都是这样。

《巴黎评论》：您一般一天写多少字？

默多克：我从来没想过要数字数。我宁愿不知道。

《巴黎评论》：刚才您提到笔下人物的名字。您是怎么选择名字的？

默多克：名字得自己出现，你只要等着。如果名字没选对，将是很严重的问题。人物必须宣布自己的名字。我会列一个名字的单子；我经常自创名字。有一次我发明了"加文德"（Gavender）这个姓氏；我想，没有人叫"加文德"。结果我收到一封美国来信，写信的人说，你是怎么知道我们家族的？发明名字很有趣。名字非常重要，因为很大一部分气氛来自名字。一个人被其他人物称呼的方式也很重要。

《巴黎评论》：您是怎么找到您小说中有关专家的细节信息的，比如布鲁诺和他的蜘蛛？

默多克：我对蜘蛛很感兴趣。我喜欢蜘蛛。蜘蛛是我的朋友，我也读了关于蜘蛛的书。所以书里的那些内容就是我碰巧了解的蜘蛛学问的一部分。

《巴黎评论》：但是如果一个人物是红酒商或者士兵呢？

默多克：我会向我的红酒商朋友求助。士兵的话，我妹夫是当兵的。所有跟枪有关的信息我先生都会提供，约翰对武器特别感兴趣。从古希腊人的武器到最新的机枪，他无所不知。朋友们都可以帮忙。当然还有书。

《巴黎评论》：您碰到的技术上最大的难题是什么？

默多克：我刚刚就提到过的，开始阶段，如何起头，什么时候开始构思小说。从完全的自由进入狭窄的笼子，这个过程很难，用什么速度，什么时候决定哪些将是书里的主要内容。我觉得这些是最难的。你必须考虑笔下的人物是什么样的、做什么工作、有什么宗教信仰、什么国籍、互相之间是什么关系，等等。一开始有无穷的可能性，他们是什么样的人，将会遇到什么样的麻烦，谁赢，谁输，谁会死，这一类的选择。最主要的是，你必须思考他们的价值观，他们的道德观，他们的道德困境。不暗示价值观，什么小说都写不了。你不可能写一部传统小说，然后又不赋予你的人物道德问题和道德判断。那是所有难题中最难的。

《巴黎评论》：您曾说过："人总是从文学中提取一些人物原型，而人的行为事实上会受到这些人物原型的影响。"您能不能给一些具体的例子呢？

默多克：我说过这话吗？天呐，我记不得是什么时候说的了。当然，你会喜欢某些小说人物，并自我代入。我自己最喜欢的是阿喀琉斯和奈特利先生[①]。这足见搞清楚哪些人物对自己有影响是有多难。我可以思考狄更斯、陀思妥耶夫斯基和托尔斯泰笔下的人物；我尤其会想起这些作家，这些充满智慧的道德作家展现了道德的复杂以及做好人有多难。

柏拉图在《理想国》里说，反面角色反复无常，很有趣，而正面人物沉闷无趣，常常是一副模样。这显然揭示了一个文学问题。在生活中做好人很难，在艺术中要表现善一样很难。也许我们对于善原本知道的就不

[①] 奈特利先生（Mr. Knightley），简·奥斯丁小说《爱玛》中的男主角，绅士的典型形象。

多。小说中吸引人的反面角色有可能会腐蚀读者,读者会想,那样做也没问题。来自正面角色的启发也许更少,也更难,不过《卡拉马佐夫兄弟》里的阿辽沙、普鲁斯特小说里的祖母,也都是存在的。我觉得,人会被文学作品整体的道德氛围所影响,正如我们被莎士比亚影响,他是小说家的伟大榜样。他以最漫不经心的笔调表现道德困境、善与恶、两者的不同和斗争。我觉得他是一位具有深邃宗教性的作家。他不是在剧本中直接表现宗教,但宗教就在那里,灵性、善、自我牺牲、和解,以及宽恕。我觉得那绝对就是我们应该如何讲述一个故事的最好例子——创造人物,描述一些戏剧性的事件,这些事件同时也具有深刻的精神内涵。

《巴黎评论》:大多数小说家笔下的人物基于真实人物,比如海明威和劳伦斯,而您不是这样,那么您如何创造人物呢?

默多克:就是坐着,等待,这样一个过程。我痛恨把真实人物放进一部小说,不仅是因为我觉得这样做道德上有问题,而且因为我觉得那会无聊到可怕。我不想把某个我认识的人来个拍照式的复制。我想创造某个从来不存在的人,但他同时又是完全可能存在的。我觉得人物特点会慢慢聚拢起来。这个人物的第一个形象也许非常模糊:你大概知道他是位良好公民,或者有信仰的虔诚。也许他是清教徒,也许是享乐主义者,等等。我必须对他即将陷入的麻烦和他与其他人物的关系有点想法。但是,小说所依赖的细节,人物外貌的细节,他的独特之处,他的个性,他的其他特点,他的生存模式,都会晚些才出现——如果运气好的话——而且自然而然就会出现,因为你对一个人看到的越多,某种一致性也就越多呈现出来。

《巴黎评论》:您的角色不一定都是无辜的。他们会施暴,还有各种不良行为,然而他们内心总是存在向善的道德律。这可以用哲学来解释吗?

默多克:我觉得跟哲学无关。小说中的道德关怀也许可以通过哲学关怀而得到深化,不过整体上我认为写哲学小说是危险的。我的意思是,这不是作家能轻易解决的问题。以托马斯·曼为例,我很喜欢他。当他笔下的人物开始大段大段的哲学对话时,你会觉得,也许这些部分跳过也罢。我的小说不是"哲学小说"。

《巴黎评论》:您的人物也有大段的哲学争论。

默多克:有时候是的,不过不是很长。

《巴黎评论》:您曾经这样写:"一位伟大的艺术家,就其作品而言,是一位善者,也是真正意义上的自由的人。"您能不能解释一下?

默多克:重要的部分是"就其作品而言",因为显然伟大的艺术家也可能过不完美的生活。比如但丁。或者莎士比亚。我们对莎士比亚的人生知之甚少。你随便就能想起一个名字,他写了一部伟大的作品,或者优秀的作品,但他自己的人生是不完美的。你可以在艺术上无私、真诚,然后在家里就是个混蛋。要写一本好书,你必须拥有一些特定的品质。伟大的艺术与勇气和真诚相关。有对真理的认识,没有幻觉,有能力克服自私的执念,那都和优秀的艺术相关,艺术家必须具有那种特定的道德毅力。优秀的艺术,无论是什么风格,都具有以下这些特点:结实、坚定、现实主义、清晰、客观、公正、真实。那是一种自由的、不受羁绊和腐蚀的想象力的产物。而糟糕的艺术都是软绵绵的、沉溺于自我的一团乱麻,出自受奴役的胡思乱想。色情作品处于这一天平的一端,伟大艺术处于另一端。

读伟大的作品,思考伟大的艺术,对人总是很有益处。十九世纪的伟大小说中就能看到伟大艺术的真实。要达到、要创造非奇思异想的东西很难。我想把奇思异想和真正的想象做一个区分,不是柯勒律治式的区分,而是自私情感的直接表达和在艺术作品中消解自我的区分。前者最明显的例子就是以作者自己为主角,一路披荆斩棘。他不是一开始就成功,但是他很勇敢,所有的女孩都喜欢他,等等。这很可能会破坏作品。我觉得D.H. 劳伦斯的一些作品就是被太多的劳伦斯给破坏了。重要的是能够看到完美的意象，驱散奇思异想，那种低级的、自我中心的渴望，以及与这些渴望伴生的意象和直接表达，随后再做好思考和等待的准备。正如我所说的，要生成任何一种程序，要克服自我中心和奇思异想，都是很难的。

《巴黎评论》：这在小说里的例子是什么样的？

默多克：那都是非常明显的例子——整个英国小说的传统，简·奥斯丁、查尔斯·狄更斯、艾米莉·勃朗特、乔治·艾略特，当然还有我喜爱的亨利·詹姆斯。说英语的人对俄国人总有一种奇特的亲切感。托尔斯泰和陀思妥耶夫斯基的翻译作品不知怎么回事，读起来似乎非常自然，就好像他们就是用英语在写作。我觉得我们对普鲁斯特也是一样的感觉——觉得他就是一个英国作家！他是直接在跟我们说话……可是司汤达和福楼拜就遥远得多。我们知道他们是法国人。那是小说的伟大时代。你总可以回去读那些小说，然后找到了不起的智慧。

《巴黎评论》：小说家应该也是道德家和导师吗？

默多克：道德家，是的。"导师"一词暗示太多的说教意味。小说家必须表达价值观，我觉得他应该意识到这样一个事实，他在某种意义上是一个身不由己的道德家。当然，小说家们思考道德问题到什么程度，又多大程度上将其反映在作品中，这就因人而异了。我肯定是做道德思考的，而且也反映在我的作品中，无论是否成功。问题是怎么做。如果你没有能力做好，那最好还是什么都别做。如果你有强烈的道德感，也许就会遇到处理人物的困难，因为你可能不想让他们像你自己这么爱憎分明。回到你的问题，我觉得一个小说家应该避免成为说教意义上的导师，但是应该意识到自己是一个道德家。

《巴黎评论》：您在小说中会考虑宗教对于不相信上帝的人有什么意义。您能对此说点什么吗？

默多克：我对这个问题很感兴趣，很关心。就西方社会来说，我觉得如果我们要有宗教,那么我们也必须要有没有上帝的宗教,因为对很多人来说,已经越来越不可能相信一个道成肉身的上帝。事实上,想知道相信这样一个上帝是什么意思,这是一个难题。我知道我不相信这样一个上帝。我不想在其他任何意义上使用"上帝"这个词。我觉得这是个专有名词。我不相信基督的神性。我不相信死后的生命。我的信仰是佛教式的。我很依恋佛教。佛教很明确地告诉你,你可以拥有没有上帝的宗教,这一宗教其实没有上帝更好。它关乎"当下",关乎生命中的每一分每一秒,关乎你如何思考、你是谁、做什么,关乎爱、同情和克服自我,也关乎错觉和现实之间的差别。

《巴黎评论》:在您关于让-保罗·萨特的书里,您写到一种道德权威的瓦解、宗教的消失和随之而来的混乱感,这种混乱感也反映在您的作品中。

默多克:好吧,萨特时代已经过去很久了。他在"二战"后声名鹊起,跟哲学毫无关系的人感觉现在有一种哲学是为他们发明的。战争如此可怕,如此具有毁灭性,希特勒时代的恐怖超乎想象。人们想找到能让生活重新获得某种精神性的方法。萨特的存在主义伦理,带着完全自由的概念,以及你应该让自己进入一个能够做选择的状态,这种选择超越传统习俗,超越被禁锢、被淹没的无聊感觉,等等——某种意义上,这反映的是一种英雄主义伦理(他的小说也是)。这确实让人们精神焕发了不少。我本人并不特别与此合拍,不过它有极大的让人重新振奋的作用。

《巴黎评论》:我想问问您对自己的成就、自己所做的事,有什么感觉?

默多克:好吧,人总是不满足于自己已经做过的事。当然,人也总是觉得哪怕是那些做过的事都不可能再做一遍了。我不知道。我觉得艺术家都是活在当下的,真的。我是说,忘记过去,忘记自己做了什么,因为重要的是你觉得接下来你能做什么。对任何作家来说,如果有人说,哦,我喜欢你的第一部小说！这都是很让人沮丧的。有人这样说的时候，我的心就往下沉，因为这意味着我一直在走下坡路！

《巴黎评论》：您的戏剧《黑王子》中有哪些东西是您无法在小说中实现的？

默多克：嗯，舞台真是完全不一样的游戏了。当小说作家看到自己作品中的某些东西呈现在舞台上，听到有人念他们的台词，等等，他们会很开心。但是戏剧就是由对话组成的，必须如此……我的意思是，舞台的奇迹在于，观众为什么会愿意留下。他们干吗不起身离开？写剧本可不是件容易的事，有种特别的魔法。我的第一次戏剧冒险是非常愉快的经历，因为我和J.B.普利斯特里合作，把我的一部小说《断颅》改编成话剧。他对我说，小鸭，这个游戏可难了，很少有人能成功。如果那么容易，所有人都会做了。把人物的内心和小说的整体结构压缩进戏剧中是非常难的，戏剧是长长短短的对话，真实的演员，等等。形式相差如此巨大，两者无法比较。一部戏剧更像是一首诗。

《巴黎评论》：您能不能谈谈您小说中的画家和绘画艺术？我想的是《亨利和卡托》里的马克思·贝克曼[①]，《好与善》里的布龙奇诺[②]，《神圣的和亵渎的爱情机器》里的提香。

默多克：我对绘画非常感兴趣。我小说中绘画远比音乐出现更多，这是因为我对绘画懂的远比音乐多。唯一可能出现的音乐是唱歌，我了解唱歌是因为我母亲。我喜欢画画。我喜欢看画，我一度还非常想成为一名画家。我对绘画的理解是我对音乐无法达到的，尽管音乐也会让我感动。我喜欢《亨利和卡托》里写贝克曼的那些内容。贝克曼真了不起，我在圣路易斯还有其他一些地方看了很多贝克曼的作品。运气好的话，你自己的兴

[①] 马克思·贝克曼（Max Beckmann, 1884—1950），德国现代画家、雕塑家、作家。
[②] 布龙奇诺（Bronzino, 1503—1572），意大利画家，佛罗伦萨美第奇宫廷的艺术家。

趣和感受可以跟笔下人物合拍。而创造兴趣跟自己完全不同的角色就颇具挑战，很可能险象丛生。

《巴黎评论》：您会不会看到一幅自己特别感兴趣的画，然后想，也许我哪天可以把它用进一部小说里，或者我想用这幅画，因为它吸引我，我对它有兴趣？

默多克：在创造人物的过程中，小说会暗示某幅画。人物会以某种方式把我引向那幅画。我最近才看到的一幅伟大画作——现收藏在捷克斯洛伐克——是提香的《被剥皮的玛息厄》。他画这幅画时已经九十多岁了。这幅画给了我很多东西，尽管我只是间接地提到它。

《巴黎评论》：您的作品出版前您丈夫会先读一下，然后给点评论吗？
默多克：不会，他要等作品印刷了才会读到。我有时候会跟他聊一些他能帮到我的东西，手枪工作原理之类的。

《巴黎评论》：小说完成前，您会把部分内容先给您在查托-温达斯出版社的编辑看吗？
默多克：不会，我完成之前不给他们看。我不征求意见。

《巴黎评论》：您感觉孩子会限制作家所需要的自由吗？
默多克：哦，不会。有无数作家和孩子和睦共处的例子。女人面对的家庭和工作问题很明显。但是，某种意义上，当作家是更容易的选择之一，因为你可以在家里工作。我不觉得有什么大的难题。

《巴黎评论》：哪些当代作家是您欣赏的？
默多克：我当代作家读得不多。我喜欢读昆德拉的《不能承受的生命之轻》，石黑一雄的《远山淡影》，还有 A.S. 拜厄特的《占有》。

《巴黎评论》：您会读您认识的作家的作品吗？

默多克：是的，有时候会。但是我当代小说读得不多。我尤其欣赏约翰·考博·波伊斯[①]。我特别喜欢《索隆特狼》《格拉斯顿伯里传奇》和《韦茅斯沙滩》。这些都是很长的长篇小说，有着丰富的细节，是小说应该有的。我觉得他特别会描写性。性这个东西复杂、微妙、无所不在、神秘、奇形异态；到处都是性。我觉得哈代是远比劳伦斯色情的作家。约翰·考博·波伊斯是真正对性感兴趣，和劳伦斯一样热切，但是他对性的理解和表现都比劳伦斯更胜一筹。他能看到性的那么多层面。他对性怀抱崇敬，以礼相待。他感觉性特别奇怪、有趣，又神秘。

《巴黎评论》：您希望自己的书产生什么样的效果？

默多克：我希望人们会读得开心。一本具有可读性的小说是献给人类的礼物。它让人有事可干。任何一部小说都可以让人们远离烦恼、远离电视机，甚至可能促使他们思考人生、人物和道德。所以我想让人们能够读我的书。我也希望我的书能被理解，而不是被胡乱误解。不过文学就是为了被欣赏，在欣赏中被把握理解。

《巴黎评论》：您如何描述您的理想读者？

默多克：凡是喜欢顶呱呱的故事的人，这样的读者我都欢迎，都尊重。我想，一个理想读者就是喜欢顶呱呱的故事，也喜欢思考这个故事中的人，思考道德问题。

《巴黎评论》：您觉得一个顶呱呱的故事对小说来说至关重要吗？

默多克：这是小说这一艺术形式的主要魅力之一，也是其最重要的阐述方式。一个没有故事的小说就得在其他方面特别卖力，才能值得一读，才会有人读。今天有些反故事小说有点太刻意为之的晦涩了。我觉得小说

[①] 约翰·考博·波伊斯（John Cowper Powys，1872—1963），英国小说家、哲学家、诗人。代表作有长篇小说《索隆特狼》等。

要存活下去，故事是关键。一部小说有可能"难读"，但是其中的故事也许可以留住读者，读者也许有自己的理解方式，甚至会记得这个故事，会再回来。故事是人类思想的一种基本形式。

（原载《巴黎评论》第一百一十五期，一九九〇年夏季号）

克洛德·西蒙

◎朱艳亮 / 译

长久以来，克洛德·西蒙否认自己的作品属于法国"新小说派"——事实上，他认为"新小说派"是一个具有误导性的名词，评论家们将包括娜塔丽·萨洛特、阿兰-罗伯-格里耶和玛格丽特·杜拉斯在内的几位法国作家的作品错误地归入这个派别名下。按照西蒙的说法，他们的文学风格、主题和兴趣迥然不同。但尽管如此，直到一九八五年获得诺贝尔文学奖为止，西蒙最著名的身份还是"新小说派作家"。从对荒诞哲学的痴迷到对虚无主义的执著，文学评论家和学者们把这一切都归结于他。他作品中的象征主义被广泛地分析，在西蒙看来甚至是过分地分析——他几乎拒绝所有对他作品的解释，他把自己描绘成一个直率的作家，利用生活提供给他的材料进行创作，尽管写出来的是具有挑战性的、巴洛克式的作品：一个持续数页的句子；没有标点符号的段落。他始终是抒情的。更多的时候，西蒙描绘的是一种由死亡与解体构成的现实，战争也时常现身其中。他摒弃了十九世纪的传统小说，转而拥抱陀思妥耶夫斯基、康拉德、乔伊斯、普鲁斯特和福克纳等人的作品，借鉴这些作家高度紧张、令人回味的语言运用。物体和场景相互呼应，它们被重复、翻转，被从多个角度细细审视。时间随着视角的变化向后、向前，再向后流动。

克洛德·西蒙一九一三年出生于马达加斯加的塔纳里夫，在法国的佩皮尼昂长大。他未满周岁，父亲就战死了。十一岁丧母成为孤儿后，他被送到巴黎的寄宿学校，暑假则在亲戚家度过。年轻时，他曾短暂地学习过绘画，并在西班牙内战期间前往西班牙；在那里，他站在共和军一边。他曾说过，他之所以转向写作，是猜想写作比绘画或革命都要容易。西蒙在"二战"前夕以小说《作弊者》开始了他的文学生涯，但还没来得及完成手稿就被征召入伍。他在一个装备过时的法国骑兵中队服役，在与全副武装、手持马刀和步枪的德国骑兵交战时险些丧命。《作弊者》最终在一九四五年出版。西蒙此前获得了一笔遗产，在战争结束时，他终于可以全身心地投入写作中去。

他的作品被广泛翻译，其中十部被译成英文，包括小说《草》(1960)、《弗兰德公路》(1961)、《大酒店》(1963)、《历史》(1968)、《导体》(1974)、《三折画》(1976)、《农事诗》(1989)、《邀请》(1991)和《刺槐树》(1991)。

西蒙现居巴黎，他在那里度过了自己成年后的大部分时光。他夏天会待在法国南部，就在他长大的佩皮尼昂附近。这次采访主要是在一九九〇年春夏期间通过邮件进行的。最后一次简短的谈话是在他装修简朴的巴黎公寓中明亮宽敞的客厅里进行的，他的公寓在五楼，位于巴黎第五区，通风，无电梯，白色的墙壁上挂满了艺术品。这个环境与西蒙在小说中描述的黑暗世界几乎没有相似之处。

——亚历山德拉·伊尔，一九九二年

《巴黎评论》：您会把自己的童年描述为快乐童年吗？

克洛德·西蒙：我的父亲于一九一四年八月在战争中丧生，母亲在我十一岁时过世。此后，我被送到一所纪律非常严明的教会学校做寄宿生。虽然我在幼年成了孤儿，但我认为我的童年还是幸福的，这要感谢我的叔叔、阿姨和表兄弟姐妹对我的关爱。

《巴黎评论》：那所寄宿学校的名字是什么？

西蒙：斯坦尼斯拉斯学院，其实是巴黎的一所文法学校。我的母亲非常虔诚,曾希望我接受教会式的教育。

《巴黎评论》:这个学校对您有什么情感或学识上的影响吗?

西蒙:我成了一个无神论者。这一点,在我看来,在我的书中很明显。

《巴黎评论》:正规教育如何塑造了您?

西蒙:我接受的是人们所说的文化基础教育——拉丁语、数学、科学、历史、地理、文学、外语。法国的中学教学有一个巨大的缺陷,就是几乎从来不讲艺术——音乐、绘画、雕塑、建筑。例如,我被逼着学习高乃依的几百首诗,却从来没有听说过尼古拉·普桑①,他的重要性更大。

《巴黎评论》:您曾经在西班牙内战中与共和党人并肩作战,但后来心灰意冷,放弃初衷。为什么?

西蒙:我没有参战。我于一九三六年九月抵达巴塞罗那,"试图成为在世界各处上演的喜剧中的一个旁观者,而非演员"。这是笛卡尔提出的原则之一。当他写下这句话的时候,"喜剧"(comédie)这个词指的是所有戏剧表现形式,有喜剧,也有悲剧。在过日俭省、严谨观察人类激情的弱点的笛卡尔看来,这个词略带贬损和讽刺的意味。巴尔扎克在为一组作品取名时也用了这个词,《人间喜剧》,其实就是放弃悲剧情节。西班牙内战最可悲的成分是它的自私动机,它所效力的隐蔽野心,强调双方使用的空话;它看似一出喜剧——非常血腥——却是一出一成不变的喜剧。不过,考虑到战争的凶残程度和其中涉及的大量背叛行为,我不能把它定性为喜剧。是什么吸引了我?当然是我对共和党人的同情;但还有我的好奇心,我想观察一场内战,看看会发生什么。

---

① 尼古拉·普桑(Nicolas Poussin,1594—1665),17世纪法国巴洛克时期重要画家,高乃依的同代人。

《巴黎评论》：您的人生充满了幸运：您是一九四〇年默兹战役中幸存下来的少数法国骑兵之一，而这场战役就发生在您父亲牺牲的战场上。您被德国人俘虏，六个月后逃脱，然后加入抵抗组织。战争之后，您退居家族的乡村庄园，在那里获得的遗产使您能够全身心地投入写作中去。

西蒙：我的一生都被不可思议的运气所眷顾。如果要一一列举，那就太长了，不过其中有一个脱颖而出不得不说的：一九四〇年五月，我的中队遭到德国坦克的伏击。在敌方火力的压制下，我们先是被愚蠢地命令"徒步作战"，紧接着又被命令"上马疾驰！"。就在我把脚套入马镫的时候，马鞍滑落了。在战争进行中，我只能怪自己倒霉！但这救了我的命。步行前进时，我发现自己处在一个火力空白地带，一个平坦的交叉路口，在那里我不会被击中。那些重新上马的人大部分都被杀死了。类似的好运气我还可以讲出十多个。时常如此，就像这次伏击一样，你自以为运气不好，结果却往往恰好相反。保罗·瓦莱里写道："当一切事物叠加起来时，我们的生活只是一连串的危险，我们就此或多或少恰当地给予回应。"

《巴黎评论》：您是如何从德国人的监狱里逃出来的？

西蒙：我设法上了一列德国人运送俘虏去战俘集中营过冬的火车。营地守卫森严。到达后，在光天化日之下，我从两个德国哨兵之间溜入森林，逃了出来。从那里开始，我沿途躲藏，到达了分界线。

《巴黎评论》：您在抵抗组织中做什么？

西蒙：我不在其中。由沃邦上校领导的民族解放运动军事情报中心，就设在我的公寓里，位于蒙帕纳斯大道一百四十八号，从一九四四年四月开始，一直到巴黎解放。我的角色是被动的：东道主。二战后，我住在巴黎，夏天我住在比利牛斯山脉东部的佩皮尼昂。在佩皮尼昂以北十五公里的萨尔塞，我拥有少量的葡萄园。不过我已经卖掉了那片土地，但在村里还有一栋房子，我在那里度过夏天。

《巴黎评论》：您从什么时候开始写作？

西蒙：我不太确定。我想大概是在服兵役期间。

《巴黎评论》：是什么让您写出第一部小说？

西蒙：想写小说的野心。

《巴黎评论》：您说过"我们对世界的认知是畸形的、不完整的……我们的记忆是有选择的。写作会转变……"。这种转变会是治疗性的吗？您认为写作是一种治疗方式吗？

西蒙：不，我写作只是为了乐趣，为了生产一些东西，自然也希望被阅读。显然，这个希望并不完全是徒劳的，因为我现在在许多国家有成千上万的读者。

《巴黎评论》：萨特和加缪的著作对您自己的作品影响大吗？

西蒙：我认为加缪和萨特的著作绝对没有价值。萨特作品的最大特征是虚伪和恶毒。如果要承认我受到什么影响的话，会是陀思妥耶夫斯基、契诃夫、乔伊斯、普鲁斯特和福克纳的作品。我所有的写作都来自个人经验。

《巴黎评论》：您的第一部小说《作弊者》中的主人公被描述为非常接近《局外人》中的默尔索。

西蒙：《作弊者》在一九四一年春天接近完成，远远早于加缪的《局外人》。在战争期间，我遇到了我的第一个编辑，埃德蒙·鲍姆瑟。他是犹太人。他的出版社"人马座"被德国人没收了，他去南部避难，让我等到战争结束后再出版《作弊者》。我同意了。因此，与加缪方面绝对没有任何联系或影响。

《巴黎评论》：您提到福克纳、乔伊斯和普鲁斯特对您创作的影响。有些评论家认为您的作品是在模仿，这是否让您感到不快？

西蒙：对那些写出多少有些愚蠢或恶意的评论的人，我基本无动于衷。如果我关注他们，我就无法从事为我赢得诺贝尔奖的工作。

《巴黎评论》：有人说，您是在五十年代写了《春之祭》之后成为"新小说派"作家的。

西蒙：由于大多数专业评论家并不阅读他们所评论的书，关于"新小说派"的空洞言论和文字因此堆积如山。这个名称指的是几个法国作家组成的群体，他们无法接受传统的和学究的小说形式，就像在他们之前的普鲁斯特和乔伊斯一样。除了这个共同的摒弃对象外，我们每个人都通过自己发声而工作，声音各异，但这并不妨碍我们有相互尊重和相互团结的感觉。

《巴黎评论》：您和其他"新小说派"作家的声音有什么区别？

西蒙：从《草》开始，我的小说越来越多地以我自己的生活为蓝本，极少需要虚构——到最后，一点虚构也不需要。

《巴黎评论》：如果您必须给自己的作品贴一个标签，假如不是"新小说派"，那会是什么？

西蒙：标签始终是危险的。您逼迫我重复我自己：在抛弃了寓言之后，如果说小说中有什么新的东西，那它是在本世纪由乔伊斯和普鲁斯特所带来的。

《巴黎评论》：您曾经说过对十九世纪的写实主义感到厌倦。您选择的写作风格是否是您对此做出的反应，写一部您觉得能够真正再现现实的小说？

西蒙：所谓能"真正"再现"现实"的事物并不存在。也许，代数公式是个例外。所有的文学流派都假装比前人写得更现实。谁又知道现实是什么？印象派不再声称再现可见的世界，而是把他们从可见世界得到的

"印象"呈现给公众。如果说我们只是以碎片的方式来感知外部世界,那么立体派"合成"时期的油画就是真实的。而更逼真的则是施维特斯[1]、劳森伯格[2]或奈维尔逊[3]的"拼接组合"。

《巴黎评论》:您为什么选择这种写作风格?

西蒙:我没有选择。我尽自己的能力写作。

我很幸运有一个天才的出版商——热罗姆·兰东。他在巴黎拥有一家只有九名员工的小出版社,叫"午夜"。我是通过阿兰·罗伯-格里耶的介绍找到他们的。我在度假时结识了罗伯-格里耶。他要求读我当时刚写完的《风》。他喜欢这部手稿,并鼓励我通过午夜出版社出版。我同意了,因为在他们已经出版的作家中,有不少是我非常尊重的,如贝克特、布托尔、潘热[4],以及罗伯-格里耶本人。近年来,午夜出版社有了两位诺贝尔奖获得者——萨缪尔·贝克特和我本人。

《巴黎评论》:您写得快吗?

西蒙:不。很慢。

《巴黎评论》:您记笔记、写日记吗?

西蒙:我很少做笔记。从来没有写过日记。我的记忆是视觉高于一切。

《巴黎评论》:您希望您的读者从您的书中学到什么?

---

[1] 库尔特·施维特斯(Kurt Schwitters, 1887—1948),德国画家、雕塑家、达达主义代表人物之一,装置艺术先驱。
[2] 罗伯特·劳森伯格(Robert Rauschenberg, 1925—2008),美国画家,战后美国波普艺术的代表人物,以其采用拼贴技法的"融合绘画"著称。
[3] 路易丝·奈维尔逊(Louise Nevelson, 1899—1988),俄裔美国雕塑家,以大型单色抽象雕塑和环境雕塑闻名。
[4] 罗伯特·潘热(Robert Pinget, 1919—1997),法国先锋派作家,代表作有长篇小说《审判官》等。

西蒙：他们什么都学不到。我没有什么信息要传递。我只希望他们能找到快乐。这种快乐的性质很难界定。一部分是罗兰·巴特所说的认知——认知到自己经历过的情感或感受。另一部分是发现自己所未知的自己。约翰·塞巴斯蒂安·巴赫将这种快乐定义为"预期的意外"。

《巴黎评论》：您是怎么工作的？

西蒙：我先用圆珠笔［思笔乐 Stylist 188 型］写，然后用打字机。我写得非常艰苦。我的词句是经过多次擦写后，一点一点自行构成的，这就禁止了打字机的使用。

《巴黎评论》：您是否有固定的写作安排，每天留出一定的时间来工作？

西蒙：我每天下午三点半左右开始，工作到晚上七点半或八点。

《巴黎评论》：您曾经说过："在我开始与文字搏斗的那一刻，有些东西出现了。"

西蒙：的确如此。每当有一个模糊的计划出现在我的思想中，随着工作的进行，它自己会逐渐修正。

《巴黎评论》：您真的会用彩色铅笔在手稿上标记不同的颜色，以便追踪每条叙事线吗？

西蒙：我很为自己的书的结构头痛。在创作《弗兰德公路》时，我给每个主题和人物都赋予一种颜色。这样一来，我可以把整体形象化，对其进行改动，改进淡入出现的位置，变动场景，排练，谢幕。有一天，作曲家皮埃尔·布勒兹告诉我，我面临最大的问题一定是周期性；在音乐中，是某个主题重复出现或在乐曲中反复出现的频率，它经常取决于变奏或音调的改变。布勒兹说得完全正确。他在我的书中并没有发现太多的重复，但他明白我的问题之一是如何安排好它们。

《巴黎评论》：如果您自己都难以记住这几条线的顺序，怎么能指望读者记住呢？

西蒙：如果读者无法跟上书的进程，感到厌烦，为什么不把书扔掉呢？这是很简单的事。当一本书没有给我带来乐趣时，我总是这样做。我们生活在一个民主世界。我们可以选择阅读自己喜欢的东西。

《巴黎评论》：在您的早期小说中，如《草》和《弗兰德公路》里，您用长而复杂的句子写作。最近，您的句子变简单了，也已经放弃了长篇段落。是什么原因让您改变了风格？

西蒙：我的计划每次都不一样。重复同样的事情是无趣的。

《巴黎评论》：您是事先决定小说的视角，还是在写作时才形成？

西蒙：当我开始写一部小说时，我把它看作一个非常模糊的项目。它在我的工作过程中会朝着好的方向改变，这不是因为我小说中的人物自行决定他们的行为，就像某些低能小说家所吹嘘的那样，而是因为语言不间断地呈现出新的视角。很多年前，我在接受采访时说："小说造就了它自己，我造就了它，它也造就了我。"

《巴黎评论》：评论家们说您有两种类型的主角——一种对抗秩序，另一种接受秩序——而这两种类型之间的冲突是您的作品的中心。

西蒙：这类问题应该向哲学家提问。我是一个小说家。最后再说一次：我感兴趣的不是事物的为什么，而是如何。

《巴黎评论》：那么说您不认为自己是哲学家？

西蒙：当然不是。我高中时甚至没有学过哲学。我学的是数学。总的来说，我不信任哲学。柏拉图建议把诗人赶出城市；"伟大的"海德格尔是个纳粹；卢卡奇是个共产主义者，让·保罗·萨特写道："任何反共产主义者都是一条狗。"

《巴黎评论》：您认为人类在他们的生活中寻找幸福是可行的还是愚蠢的？

西蒙：不，这不愚蠢。这是人性。但福楼拜是不是说过，"'幸福'这个概念导致了很多眼泪"？

《巴黎评论》：什么是您生活中最幸福的时刻？

西蒙：有很多……处于恋爱或性关系中，读一本好书——普鲁斯特总能让我陷入狂喜状态——欣赏一幅画，陶醉于建筑，聆听音乐……要把它们一一列举出来就太长了……也许我最快乐的日子是在那个秋天，当我从监狱营地逃出来的时候……逍遥法外的生活。

《巴黎评论》：对于您小说中的人物来说，性在情感上总是空虚的，或者是摧毁性的，然而您对性行为的描写却往往非常色情。

西蒙：大多数情欲小说的最大弱点在于主人公是传统的、没有深度的无骨木偶——必然出现的侯爵或侯爵夫人、英国老爷、百万富翁、男仆和猎场看守员，性行为只是发生在他们身上，也正因此，这些性行为似乎是空洞的……我所感兴趣的是描述那些穿插在其他非情色场景中的情欲场景（就像生活中发生的那样）；我曾做过几次尝试。可悲的是，性涉及太多禁忌，以至于很难谈论它。你必须找到一种语调，一种距离。诸如情感、嘲讽或抒情，这些有可能会削弱其他题材写作的东西，在情欲写作中则变得彻底不能接受了。那些私密的东西被渲染成赤裸裸的荒唐，如著名的《O的故事》……这让我想起陀思妥耶夫斯基《群魔》中的一个情节，在斯塔夫罗金讲述了小女孩被强奸和希望自杀这一高度色情且形而上的情节后，吉洪只是简单地问他是否不相信荒唐之事的存在。

《巴黎评论》：您的小说反复论述死亡的必然性、万物的解体以及生命的虚无。如果生命真的如此空洞无意义，为什么要写它？

西蒙：安德烈·马尔罗（我对他并没有太多的赞赏）说过："人是唯一知道自己注定要死的动物。"生命并不因此而"徒劳"。真的，恰恰相反，正因为如此，它才值得珍惜。为什么要写作？为了写作。为了有所成就。对于这个问题，萨缪尔·贝克特给出了最好的回答："我就这么点本事。"如果说生活有时艰难、充满不幸与痛苦——我对此有所体会：我打过仗，当过俘虏，被强迫劳动，营养不良，后来得了重病——我也知道生活中有很多欢乐、满足。

《巴黎评论》：那么，作家在社会中的角色是什么？

西蒙：改变世界。每当一个作家或艺术家以甚至只是稍微有些新意的方式"讲述"世界时，世界就会被改变。奥斯卡·王尔德说："自然模仿艺术。"这并不是一句俏皮话。除了碰触，人类只能通过对世界的再现来认识它……通过绘画、文学、代数公式，等等。

《巴黎评论》：您是否关注国内或国际政治？

西蒙：我对政治感兴趣，但没有激情。今天的政治似乎比以往任何时候都更受控于经济，政治领导人沦为行政人员的角色。戈尔巴乔夫希望建立一个与前任不同的政治体制结构，不是出于意识形态的原因，而是因为他面临着苏联的经济灾难。当事件越过了可以容忍的门槛时（比如，五十年代法国在阿尔及尔发动的镇压和战争），我就会公开表示反对。

《巴黎评论》：您曾两次成为诺贝尔文学奖的候选人。一九八三年你未能获得该奖时，舆论一片哗然。一九八五年拿到奖时，您的感觉如何？

西蒙：欣喜若狂。老实说，别人的反应是无法掩饰的不快。在法国，在文学界，仿佛有人让他们吞下了一只刺猬，整只刺猬身上的针刺。比如，我的一位同事，一位"朋友"，对《纽约时报》说，是他让我把我的一部小说每隔一章就加以控制，多亏了他，那小说才变得更有可读性。可我还是拿到了获诺贝尔奖。让我告诉你，这真是福从天降！在七十二岁的时候，当你的头脑已顽固时，能发生这样的事情，真是幸运。荣誉和金钱突然堆摞在你身上！来自世界各地的雪崩式的邀请函！这是一种压力，这让你众人瞩目。有些作家以少得多的代价获得一个巴黎文学奖后，余生则无所作为。瑞典学院的秘书拉尔斯·吉伦斯滕在斯德哥尔摩告诉我："现在——写吧，写吧！……之后，大多数获奖者都不会再写别的东西了。"所以，"之后"我写了一部大小说《刺槐树》，去年秋天已出版，从共产党到极右派，包括天主教徒在内的评论家，都称它是我最好的书。

《巴黎评论》：您经常说自己是业余作家。在创作了十四部小说之后，您还称自己是业余的吗？

西蒙：写小说不是一种职业。没有老板按月或按年支付薪水给作者。职业人是指掌握了一定数量的技能，并藉此获得可计算收入的人。屠夫学会切肉，医生学会诊断疾病，泥瓦匠学会如何砌墙——都是按照各种规则进行的。但是艺术没有规则。恰恰相反，艺术往往面临打破常规的问题。然而没有保障。因此，我始终是一个业余爱好者，只是奇迹般地，时而被赐予金钱。

《巴黎评论》：那么您对职业作家的定义是什么？

西蒙：记者、评论员，在某一出版物上负责定期发稿，领取预先确定的报酬。也指畅销书作者，他们为取悦大量公众而写作，并收取定额薪酬。

《巴黎评论》：《弗兰德公路》中有些章节将话语描述为无用的。您相信这一点吗？

西蒙：有必要把这话放回语境中。《弗兰德公路》中说这些话的人物是一个营地里的囚犯，疲惫不堪，饥肠辘辘，浑身长满了虱子。在这种情况下,话语似乎没有太大的价值。但这并不是什么新鲜事。"饥肠辘辘的肚子没有耳朵"是一句古老的法国谚语。幸运的是,今天的我并没有生活在监狱里,而是在一个相对文明的社会里。但话虽如此,我仍然认为为本世纪留下烙印的恶行——奥斯威辛、古拉格——表明人的生命完全不值一提,"人文主义"的话语已不再有理。由此产生了我所倾向的描述,以及我对定性形容词,或者类似的,对心理学或社会学的评论或分析的不信任;如果我有胆量尝试使用这些,我会用大量的"可能""毫无疑问"和"好像"来对它们进行限定。

《巴黎评论》:您说过,只要愿意付出同样的努力,任何人都可以做到您所做的事情。您的意思是说,一个作家无须天生才华——坚持和努力就是全部的要求?

西蒙:除了一定程度的初级教育外,我认为实际上任何人只要努力,都可以做到我所做的事情。当然,人各有志……有人倾向数学,有人倾向商业、医学、绘画……甚至有的人喜欢懒惰……

《巴黎评论》:年轻人会向您请教成为作家的建议吗?

西蒙:令人愉快的是,这并不常见。

《巴黎评论》:如果有人问的话,您会告诉他们什么?

西蒙:到街上去,走两百米,再回家,然后尝试写下(并描述)自己在这次行走中的全部所见(或所思、所梦、所记、所想象)。

《巴黎评论》:一九七〇年,您出版了《盲猎户座》,这本书被称为您的文学宣言。

西蒙:不是这样的。应出版社的要求,我在一篇小小的序言中表达了自己对写作的一些看法。非常简短。勉强八页。

《巴黎评论》：书名的含义是什么？

西蒙：在斯德哥尔摩，我说过，失明的猎户座就是作家的形象，他在符号的森林中摸索着，追寻太阳升起的光芒。值得注意的是，猎户座是一个星座，只要太阳在天空中升起，它就会被抹去。这是尼古拉·普桑的一幅画作的主题。

《巴黎评论》：在您的创作中，象征主义似乎很重要。比如在《草》中，一个T形的影子在躺着奄奄一息的玛丽的房间里穿过时，不断地生长和缩小，代表着时间的流逝和死亡的必然性。您是如何确定这类意象的？

西蒙：我不是一个象征主义者。我看到光线画了一个T，在房间的地板和家具上慢慢移动。这个T向我暗示了"时光"[①]这个词和时间的行进。它看起来是一个很好的意象。

《巴黎评论》：火车经常出现在您的小说中——它们象征着什么？

西蒙：只是火车而已。

《巴黎评论》：盖子上饰有图画的盒子——比如《钢索》中的雪茄盒标签，《草》中的饼干罐。它们有什么暗示的意义？

西蒙：没有什么。我喜欢描述事物。就像别人喜欢画画一样。仅此而已。莎士比亚写过：生活是"一个白痴讲的故事，充满了声音和愤怒，毫无意义"。这也是我的思维方式。只是对我来说，生活不仅只是充满了声音和愤怒。它也有蝴蝶、鲜花、艺术……

《巴黎评论》：您读自己已经出版的小说吗？

西蒙：不。

---

① 原文为法语：temps。

《巴黎评论》：您的未来计划是什么？

西蒙：我没有。我只做短期计划。我已经七十七岁了。我可能明天就会死去。我只希望能够写作。

（原载《巴黎评论》第一百二十二期，一九九二年春季号）

纳吉布·马哈福兹

◎唐江/译

    纳吉布·马哈福兹认为，哈菲兹·纳吉布是他最早的文学影响者，后者是小偷、囚犯、有名的警方线人和二十二本侦探小说的作者。十岁的马哈福兹在小学同学的推荐下读了纳吉布的《约翰逊的儿子》，马哈福兹承认，这段经历改变了他的一生。

    马哈福兹后来受到的影响是多方面的。高中时，马哈福兹迷上了塔哈·侯赛因，其锐意革新的批评著作《论伊斯兰教之前的诗》于一九二六年出版时，在保守的艾什尔里派圈子激起了歇斯底里的反应。在大学里，马哈福兹读到了萨拉玛·穆萨的作品。穆萨是《新杂志》的编辑，后来该刊发表了马哈福兹的第一部小说。马哈福兹说，他从穆萨那里学会了"相信科学、社会主义和宽容"。

    在"二战"过后的岁月里，马哈福兹从他的社会主义理想中退却，陷入了深深的悲观主义。他花了很多时间在开罗的贾拉桥旁的草地上，与同为作家的阿迪勒·卡米勒和艾哈迈德·扎基·马赫卢夫闷闷不乐地讨论人生，讨论文学的无意义，他们戏称那里是"不祥的圆环"。在五十年代，他尝试了苏菲神秘主义，在其中寻找科学无法解决的形而上学问题的答案。这时，马哈福兹似乎已经确立了一种哲学，它将科学社会主义与灵性的关怀融合在一起——对于这种融合，他在一九四五年提出小说定义时，就已经有所预见：小说是工业时代的艺术。它代表了人类对现实的热情和他对想象的久远爱恋的综合。

    一九一一年，马哈福兹出生于开罗，十七岁开始写作，至今已写了

纳吉布·马哈福兹的一页手稿，出自他为开罗《金字塔报》撰写的一篇文章三十多部小说。在六十岁从文职部门退休前,他都是在晚上和业余时间写作——尽管他在评论界取得了成功,但他不能靠写作谋生。他发表的第一部作品《命运的嘲弄》于一九三九年面世,是以法老时代为背景的三个历史故事系列中的第一部。马哈福兹原本打算以沃尔特·司各特爵士的风格,把这个系列扩展成一部三四十本的埃及历史小说,但他放弃了这个计划,转而写起了他的当代开罗小说,第一本是《宫间街》,出版于一九四五年。

尽管马哈福兹在阿拉伯世界的其他地方广受赞誉,但直到一九五七年"开罗三部曲"出版后,他才在埃及获得巨大声望。这本长达三千页的史诗描写了两次世界大战之间开罗中产阶级的生活,立即被誉为属于那一代人的小说。六十年代后期,马哈福兹的许多作品被翻译成英语、法语、俄语和德语,他在国外名声大噪。一九八八年,马哈福兹获得了诺贝尔文学奖,得到了全世界的认可。

马哈福兹现年八十岁,与妻子和两个女儿住在开罗郊区的阿戈扎。他回避公开露面,尤其是对他私生活的窥探,用他的话来说,这可能会成为"报纸和广播节目里的愚蠢话题"。这次采访的一系列会面是在一连几个星期四进行的,每次都在十一点整。采访者坐在马哈福兹左侧的椅子上,靠近他好使的那只耳朵。

马哈福兹本人有些矜持,但始终坦率而直接。他经常笑,穿着一套老式的深蓝色西装,扣子一直扣到最上面一颗。他抽烟,喜欢喝苦一点的咖啡。

——夏洛特·埃尔·沙布拉维,一九九二年

《巴黎评论》:你是从什么时候开始写作的?

纳吉布·马哈福兹:一九二九年。我写的故事全都被拒稿了。《新杂志》的编辑萨拉玛·穆萨曾对我说：你有潜力，但你还没到那一步。一九三九年九月，我记得很清楚，因为那是第二次世界大战的开始，希特勒进攻波兰。我的故事《命运的嘲弄》发表了，这是《新杂志》出版方给我的一份惊喜礼物。这是我生命中相当重要的一件事。

《巴黎评论》：之后的写作和发表就变容易了吗？

马哈福兹：没有……不过在第一次发表之后，我的一个作家朋友来找我，告诉我他兄弟开了一家印刷厂。他和一些小有成绩的同事成立了一个出版委员会。我们从一九四三年开始定期出版。我们每年出版一个我的故事。

《巴黎评论》：但你从未依靠写作谋生？

马哈福兹：没有。我一直都是政府雇员。相反，我为文学花钱——买书和纸。直到很久以后，我才从写作中赚到了钱。我免费发表了大约八十个故事。甚至我的第一批小说都是免费出版的，都是为了帮助委员会。

《巴黎评论》：你是从什么时候开始从写作中赚到钱的？

马哈福兹：当我的短篇故事被译成英语、法语和德语的时候。《扎巴拉维》特别成功，给我带来的收入比其他任何故事都多。

我的第一部被翻译的长篇小说是《梅达格胡同》。该译本最初由黎巴嫩人哈亚特出版。我和翻译都没赚到钱，因为哈亚特骗了我们。海涅曼出版社在一九七〇年前后再版了它。从那以后，这本书被译成法语，随后我的其他作品也被翻译了出来。

《巴黎评论》：你能不能给我们讲讲有名的团体"哈拉菲什"（Kharafish）？它的成员都有谁？它又是如何形成的？

马哈福兹：我们最初是在一九四三年熟悉起来的：穆斯塔法·马哈茂德、艾哈迈德·巴哈·阿勒丁、萨拉赫·雅欣、穆罕默德·阿菲菲。我们讨论艺术和当前的政治问题。"哈拉菲什"的意思是"暴徒"——就是那些出现在示威活动边缘，一有机会就开始抢劫的人，他们就是"哈拉菲什"。艾哈迈德·马兹哈尔［一位埃及著名演员］给我们取了这个名字。起初，我们常在穆罕默德·阿菲菲的家里见面。有时我们会去一个叫撒哈拉城的地方，在金字塔附近。现在我们去电影导演陶菲克·萨利赫的住处，因为他家在十楼，有个阳台正对着尼罗河。我们还剩四五个人。

《巴黎评论》：你跟埃及年轻作家接触得多吗？

马哈福兹：每个星期五晚上，我都会参加在尼罗堡夜总会举办的聚会，新作家会受邀到场。会来很多人：诗人、作家、文人……自从我一九七一年不再为政府效力之后，我有了更多的时间跟朋友们在一起。

《巴黎评论》：一九五二年之前的政治局势，在你的生活中扮演了什么角色？

马哈福兹：一九一九年革命发生时，我大约七岁。我越来越受它的影响，也越来越热衷于这项事业。我认识的每个人都是为华夫脱党和摆脱殖民统治而战的。后来，我更多地参与了政治生活，成为萨阿德·扎格鲁尔帕夏①直言不讳的追随者。我现在仍然认为，参与其中是我这一生做过的最重要的事之一。但我从未从政，从未参加官方委员会或政党。虽然我支持华夫脱党，但我从不希望别人把我当作党员；身为一名作家，我想得到党员永远不可能享有的完全自由。

《巴黎评论》：一九五二年呢？

---

① 萨阿德·扎格鲁尔（Saad Zaghloul, 1859—1927），埃及政治活动家，"一战"后成为埃及民族独立运动领袖，是华夫脱党的主要创始人之一。他曾于1919年和1921年两次被捕并遭流放。在他于1919年被捕后，埃及爆发反对英国占领的全国性革命。1924年，他曾短暂担任华夫脱党内阁首相，坚持英军撤离埃及，谈判失败后辞职。帕夏（Pasha），原为奥斯曼帝国行省总督、军队统帅及其他高级军政官员称号，也是埃及前共和时期的最高荣誉称号。

马哈福兹：我为那场革命①的发生感到高兴。但不幸的是，它并未带来民主。

《巴黎评论》：你认为从纳赛尔和萨达特②的时代开始，在民主与自由方面有进步吗？

马哈福兹：哦，是的，这一点毫无疑问。在纳赛尔的时代，人们害怕隔墙有耳。每个人都害怕。我们坐在咖啡馆里，不敢说话。我们待在家里，不敢说话。我害怕跟孩子们谈论革命之前发生的任何事，我担心他们去上学时会说出一些会被人误解的话。萨达特让我们更有安全感。胡斯尼·穆巴拉克③？他的宪法不民主，但他是民主的。我们现在可以发表意见了。新闻是自由的。我们可以坐在家里大声说话，就像在英国一样。但宪法确实需要修订。

《巴黎评论》：你认为埃及人民已经准备好迎接全面民主了吗？他们真的理解它是如何运作的吗？

马哈福兹：在今天的埃及，大多数人关心的是赚取面包、填饱肚子。只有一些受过教育的人才真正理解民主是如何运作的。拖家带口的人没有空闲来讨论这个问题。

《巴黎评论》：审查制度有没有让你饱受困扰？你有没有重写过你的书稿？

马哈福兹：近些年没有，但"二战"期间，《新开罗》和《拉杜比斯》遭到过审查。我被称为左派。审查员称《拉杜比斯》具有煽动性，因为在《拉杜比斯》中，人们杀死了国王，而我们的国王还活着。我向他们解释

---

① 1952年7月，由埃及自由军官组织发动的埃及七月革命爆发，次年宣布成立埃及共和国，废除君主制度。
② 纳赛尔和萨达特分别是埃及第二任（1956—1970年在任）和第三任总统（1970—1981年在任）。
③ 穆巴拉克是埃及第四任总统，1981—2011年在任。

说，那只是一个历史故事，但他们说那是错误的历史，说那个国王不是被人民杀害的，而是死于"神秘的情况"。

《巴黎评论》：审查员们没有反对《我们街区的孩子们》？

马哈福兹：反对过。尽管当时我负责所有的艺术审查，但文学审查的负责人还是建议我不要在埃及出版这本书，以免与爱资哈尔大学发生冲突，它是开罗的伊斯兰教中心。它在贝鲁特出版，但不准进入埃及。那是一九五九年，纳赛尔执政的时代。现在这本书在埃及还是买不到。人们把它偷偷带了进来。

《巴黎评论》：你写《我们街区的孩子们》是抱着何种意愿？是有意煽动吗？

马哈福兹：我想用这本书表明，科学在社会里是有地位的，它就像一门新兴的宗教，科学与宗教的价值观并不必然冲突。我想说服读者：如果我们拒绝科学，我们就拒绝了正常人。不幸的是，它被那些不知道该怎样阅读故事的人给误解了。虽然这本书写的是犹太社区和它们的管理者，却被解释成是跟先知们本人有关。由于这种解释，这个故事自然被认为是令人震惊的，据说展示了先知们赤脚行走、行为残忍……当然，这是一个寓言。我们的传统对寓言并不陌生。比如，在《卡里来和笛木乃》这个故事里，狮子代表的是苏丹，但是没有人声称，作者把苏丹变成了动物！这个故事是有寓意的……寓言不能从字面上理解。有些读者非常缺乏理解力。

《巴黎评论》：你如何看待萨尔曼·鲁西迪的事例？你认为作家应该有绝对的自由吗？

马哈福兹：我告诉你我是怎么想的吧：每个社会都有其传统、法律和宗教信仰，它试图把它们保持下去。时不时地，会有人站出来，要求改变现状。我相信社会有权捍卫自己，就像个人有权抨击他不赞成的事一样。如果一个作家得出结论，认为他所处社会的法律或信仰不再有效甚至有害,那他就有责任大声疾呼。但他必须准备好,为自己的直言不讳付出代价。如果他还没准备好付出代价,他可以选择保持沉默。历史上有很多人因为宣扬自己的观点而入狱,或者被绑在火刑柱上烧死。社会总是在捍卫自己。如今,它用警察和法院这么做。我既捍卫言论自由,也捍卫社会反对言论自由的权利。我必须为我的异议付出代价。这是事物的自然规律。

《巴黎评论》:你读过《撒旦诗篇》吗?

马哈福兹:没有。它面世的时候,我已经不能很好地阅读了——我的视力最近恶化了很多。但亚历山大城的美国文化专员向我逐个章节地解释了这本书。我觉得书中的侮辱是不可接受的。鲁西迪甚至侮辱先知的女人!可以和观点进行争辩,但应该怎么处理侮辱呢?处理侮辱是法庭的事。与此同时,我认为霍梅尼的处境也同样危险。他没有做出裁决的权力——这不是伊斯兰教的方式。根据伊斯兰教的教义,当一个人被指控犯有异端邪说罪时,他可以在忏悔和受罚之间做出选择。鲁西迪没有选择的余地。我一直在捍卫鲁西迪用语言文字表达想法的权利,但他没有权利去侮辱任何人任何事,尤其是先知或公认神圣的事物。你不同意吗?

《巴黎评论》:你小时候信教吗?你每周五都和父亲去清真寺?

马哈福兹:我年轻的时候特别虔诚,但我父亲并未给我施加压力,让我参加周五的祈祷,但他每周都去。后来,我开始强烈地感到,宗教应该是开放的;思想封闭的宗教是一种诅咒。在我看来,过度关注宗教是被生活弄得筋疲力尽的人最后的手段。我认为宗教非常重要,但也有潜在的危险性。如果你想打动人们,你就要找到一个敏感点,而在埃及,没有什么比宗教更能打动人们的了。是什么让农民工作?宗教。正因如此,宗教应该以开放的方式来解释。它应该表达爱和人性。宗教与进步和文明有关,而不仅仅是情感。不幸的是,今天对宗教的解释往往是落后的,与文明的需要相矛盾。

《巴黎评论》：那你怎么看待女性遮挡头部，甚至脸和手？这是宗教与文明的需要相矛盾的例子吗？

马哈福兹：遮挡头部已成为一种风格，一种时尚。对大多数人来说，它没有更多的意义。但我的确害怕宗教狂热……这是一种有害的发展，完全是反人类的。

《巴黎评论》：如今你还祈祷吗？

马哈福兹：有时候。但我现在年纪大了。私下告诉你，我认为宗教是人类的一种基本行为。不过，善待自己的同胞显然比总是祈祷、斋戒、把头靠在祈祷垫上更重要。真主并不想把宗教变成健身俱乐部。

《巴黎评论》：你去过麦加吗？

马哈福兹：没有。

《巴黎评论》：你想去吗？

马哈福兹：不想。我不喜欢人群。

《巴黎评论》：你结婚的时候有多大年纪？

马哈福兹：三十七或三十八岁。

《巴黎评论》：为什么这么晚？

马哈福兹：我忙于工作和写作。我白天是政府雇员，晚上是作家。我的日子过得很充实。我害怕结婚……尤其是当我看到我的兄弟姐妹因为结婚而忙于社交活动时。这个去拜访人，那个去邀请人。我有一种感觉，婚姻生活会占用我所有的时间。我看到自己淹没在拜访和聚会中。没有自由。

《巴黎评论》：即使是现在，你不也拒绝参加宴会和招待会吗？

马哈福兹：我从不参加这类活动。我甚至从不去拜访我的朋友。我在尼罗堡夜总会或者另外一两家咖啡馆跟他们见面。

《巴黎评论》：你也是因为这个，才不去瑞典领取诺贝尔奖？因为有太多的拜访、晚餐、聚会……

马哈福兹：不，不完全是。我年轻的时候很喜欢旅行，但现在我已经没有这个愿望了。即使是两周的旅行，也会扰乱我的生活方式。

《巴黎评论》：你肯定多次被问到你对荣获诺贝尔奖的反应。你事先就隐约知道你会获奖吗？

马哈福兹：完全没有。我妻子认为我当之无愧，但我一直觉得诺贝尔奖是西方的奖项；我以为他们永远不会选择东方的作家。不过，有传言说，有两位阿拉伯作家获得了提名：尤素福·伊德里斯①和阿多尼斯。

《巴黎评论》：你知道你入围决选了吗？

马哈福兹：不知道。那天早上我在《金字塔报》报社。我要是再待上半个小时，马上就会知道了，但我回家吃了午饭。这消息从《金字塔报》的电报机传出，他们往我家打了电话。我妻子把我叫醒，告诉了我，我以为她在开玩笑，想继续睡觉。这时她告诉我，《金字塔报》的人打电话来了。我听到有人说："恭喜！"是巴沙先生。巴沙先生有时跟我开玩笑，所以我没把他当回事。我穿着睡衣走进客厅，刚坐下来，门铃就响了。有人进了屋，我以为是记者，结果是瑞典大使！于是我道歉，去换衣服……事情的经过就是这样。

《巴黎评论》：再回到你的写作上吧。你是按照时间表工作吗？

马哈福兹：我一直不得不如此。从上午八点到下午两点，我都在上

---

① 尤素福·伊德里斯（Yusef Idris, 1927—1991），埃及剧作家、小说家，主要作品有短篇小说集《最廉价的夜晚》、剧作《危难时刻》《第三性》等。

班。从下午四点到七点我都在写作。然后从晚上七点到十点,我读书。这是我每天的时间表,周五除外。我从来没有时间做我喜欢做的事。但我三年前停笔了。

《巴黎评论》:你是怎么想出你故事里的人物和思想的?

马哈福兹:我这么说吧。你和朋友们在一起的时候,你们会聊些什么?都是那天、那个星期给你留下深刻印象的事……我也是用同样的方式写故事。在家里、学校、工作中、街上发生的事,这些都是故事的基础。有些经历给我留下了深刻的印象,我没有在俱乐部里谈论它们,而是把它们写进小说。

举个例子吧,最近一名罪犯在这里杀了三个人。从这个基本的故事开始,我要就如何编写它,做出若干决定。比如说,我会选择从丈夫、妻子、仆人还是罪犯的角度来写这个故事。也许我同情罪犯。正是这些选择让故事彼此不同。

《巴黎评论》:当你开始写作,你是让语言自由流淌,还是先准备笔记?你是否从脑海里一个特定的主题开始写起?

马哈福兹:我的短篇小说直接出自内心。对别的作品,我都是先做调查研究。比如,在开始写"开罗三部曲"之前,我做了广泛的调查研究。我为每个人物编纂了一份档案。要是不这么做,我就会迷失,忘掉一些事。有时,故事的主题会自然而然地从事件中衍生,有时我在开始讲故事之前,就已经有了一个主题。如果我事先知道,我想要描绘这样一个人,他有能力战胜任何降临到他身上的不幸,那我就会塑造一个能够证明这一想法的主人公。但我也会在故事开始时,详细描述人物的行为,让主题在后文出现。

《巴黎评论》:你会先做多少修改和重写的工作,才会认为一个故事完成了?

马哈福兹：我经常修改，划掉很多内容，写得满篇都是，甚至写在反面。通常我的修改都是大改。修改之后，我重写了故事，把它寄给出版商。然后我把所有的旧稿撕碎，扔掉。

《巴黎评论》：你从不保留你的笔记吗？许多作家把他们写的每一个字都记下来！你不认为通过仔细观察作家所作的修改，来研究他的写作过程，很有趣吗？

马哈福兹：很可能，但保留笔记这件事不是我的作风。我从未听说哪个作家会保留他早期的草稿。我必须把修改过的东西扔掉——否则我的屋子里就会堆满没用的纸张！此外，我的字写得很差。

《巴黎评论》：短篇故事和长篇小说都不是阿拉伯文学遗产的组成部分。你如何解释你在这些文学形式上获得的成功？

马哈福兹：我们阿拉伯作家的确是从西方借来了短篇小说和长篇小说的现代观念，但现在他们已经将其化为己用，融入了我们自己的文学。在四五十年代，我们读到了许多翻译作品；我们把它们的风格简单理解为故事的写作方式。我们用西方的风格，来表达我们自己的主题和故事。但不要忘了，我们的遗产中也有像《阿拉伯的岁月》这样的作品，其中包含了许多故事——其中有《安塔尔》《卡伊斯和莱拉》——当然还有《一千零一夜》。

《巴黎评论》：你认同你笔下的人物吗？

马哈福兹："三部曲"里的卡迈勒代表了我这一代人——我们的观念、我们的选择、我们的困境和心理危机，所以他这个人物在这个意义上，是自传性的。但同时，他也是普遍性的人物。我还觉得自己和他父亲阿卜杜勒·贾瓦德很相近……他对生活的方方面面都持开放态度，他爱朋友，从不故意伤害任何人。两者合起来代表了我的人格。阿卜杜勒·贾瓦德爱交朋友，热爱艺术和音乐；卡迈勒拘谨、害羞、严肃、理想主义。

《巴黎评论》：让我们谈谈你的写作的一个具体例子吧：《小偷与狗》。你是如何开始动笔的？

马哈福兹：这个故事的灵感来自一个曾让开罗人惶恐不安的小偷。他叫马哈茂德·苏莱曼。他出狱时，试图杀死他的妻子和律师。他们毫发无损地逃走了，而他却在这一过程中被杀。

《巴黎评论》：他的妻子背叛了他，像小说中一样？

马哈福兹：没有……我根据他的角色创作了这个故事。当时，我有一种持续的特殊感觉，觉得自己在被人追踪，同时我也坚信，在当时的政治秩序下，我们的生活毫无意义。所以在写这个罪犯的故事时，我同时也写了我自己的故事。一个简单的犯罪故事，变成了对时代的哲学思考！我让主角赛义德·麦赫兰，陷入了我所有的迷惑和困惑之中。我让他经历了从教长、"堕落的女人"、为了金钱和名声而背叛自己理念的理想主义者那儿寻找答案的经历。你看，作者不仅是一名记者。他把自己的怀疑、疑问和价值观交织在一起。这就是艺术。

《巴黎评论》：宗教在故事中扮演了何种角色？对真主的信仰就是通往真正幸福的道路吗？就像教长暗示的那样？苏菲主义就是罪犯寻求的答案吗？

马哈福兹：正如我们所知，教长排斥生活。另一方面，罪犯正试图解决眼前的问题。他们处在两个不同的世界。我爱苏菲主义，就像我爱美丽的诗，但它不是答案。苏菲主义就好像沙漠中的海市蜃楼。它告诉你，过来坐着，放松一下，好好享受一下。我排斥任何排斥生活的道路，但我情不自禁地爱上了苏菲主义，因为它听起来如此美妙……它在战斗中给人以慰藉……

《巴黎评论》：我有几个埃及朋友，他们定期咨询苏菲教长，寻计问策。

马哈福兹：我希望他们安好。真正能为他们解决问题的是国家银行。

《巴黎评论》：你怎么看待故事中的那个女人努尔？还有《始与末》中的奈菲莎和《米拉玛尔》中的祖赫拉？这些人物虽然"堕落"了，但显然心地善良，似乎代表着对未来唯一的希望。

马哈福兹：说得对，不过我也打算让奈菲莎展现出，在一个典型的埃及家庭里，做出不光彩的行为有何后果。

《巴黎评论》：你能谅解那样的惩罚手段吗？

马哈福兹：我和大多数埃及人认为，那种程度的惩罚太严重了。另一方面，如果一个埃及男人不像奈菲莎的兄弟那样做出回应，他就没法继续生活在这个社会里。不论他愿不愿意，他都有义务杀死这个不名誉的女孩。他逃避不了。这一传统要改变，还需要很长时间，尽管最近它的影响力有所削弱，尤其是在城里。

《巴黎评论》："三部曲"里的阿卜杜勒·贾瓦德，是那个时代典型的埃及男性。他那样的人现在还常见吗？

马哈福兹：哦，是的。特别是在上埃及，农村地区……尽管今天的阿卜杜尔·贾瓦德可能没有那么极端。每个人身上不都有他的影子吗？

《巴黎评论》：每个埃及人，还是每个人？

马哈福兹：我不能替其他国家发言，但对埃及人来说是这样。

《巴黎评论》：不过事情似乎正在改变，你不这样认为吗？

马哈福兹：事情刚要开始发生变化。妇女在家庭中的地位变得更高了，这主要是因为教育，不过还有其他因素。

《巴黎评论》：你认为谁应该在家里占上风？应该由谁说了算？

马哈福兹：婚姻就像一家由平等的伙伴成立的企业。没有谁占上风。如果双方意见不一致，应该以更聪明的一方为主。但每个家庭各不一样。权力往往取决于金钱；谁赚的钱越多，谁就更有实力。没有固定的规则。

《巴黎评论》：在埃及这样非常保守、传统的社会，难道不会女性的权力超过男性吗？

马哈福兹：当然是，近代历史证明了这一点。拥有相当政治或军事权力的男性会落入女强人手中，女强人会影响他们的决定。这些女人在帷幕后面，在面纱后面施行统治。

《巴黎评论》：为什么你笔下的大多数女主人公出身于社会底层？你是否想用她们来象征某种更为宏大的东西？比如，埃及？

马哈福兹：没有。通过描写下层妇女，我只是想表明，在这些小说背景所处的那个时代，妇女是没有权利的。如果女人找不到好丈夫，也不能和坏丈夫离婚，她就没有希望了。不幸的是，有时她唯一的生路就是从事违法行为。直到最近，女性都命运悲苦，享有极少的权利……甚至基本权利，如婚姻、离婚和受教育的自由都无法保障。现在女性正在接受教育，这种情况正在改变，因为受过教育的女性就有了武器。一些评论家在《梅达格胡同》里，看出哈米达象征着埃及，但我从没计划过这样的事情。

《巴黎评论》：你如何看待这种批评，他们用象征来解释你的作品？

马哈福兹：我第一次听说哈米达象征埃及的时候，感到惊讶，甚至有点震惊。我怀疑评论家们只是贸然决定，把所有人和事都变成象征。但后来，我开始看到了哈米达的行为与政治局势各方面的相似之处。当我读完那篇文章的时候，我意识到评论家是对的——我在写哈米达的时候，潜意识里也在写埃及。我认为这种象征性的类比或许总是出自潜意识。尽管我可能并未打算，让一个故事传达出读者从中看出的某种寓意，但这种寓意有可能是故事的合理组成部分。作家写作既是有意为之，也是下意识为之。

《巴黎评论》：最合乎你心意的主题是什么？你最喜欢写的主题？

马哈福兹：自由。摆脱殖民统治的自由，摆脱国王绝对统治的自由，以及社会和家庭背景下基本的人类自由。这些类型的自由总是一环扣一环。比如，在"三部曲"中，在革命带来政治自由后，阿卜杜勒·贾瓦德的家人要求从他那里获得更多的自由。

《巴黎评论》：在你这一生中，你不得不面对的最困难的局面是什么？

马哈福兹：肯定是做出献身于写作的决定，从而接受让自己和家人处于最低生活标准的现实。这尤其困难，因为赚钱的前景在我眼前晃来晃去……一九四七年前后，我得到了一个从事编剧工作的机会，可以与这一领域最优秀的编剧共事。我开始与萨拉赫·阿布·赛义夫［埃及电影导演］合作，但后来我放弃了。我拒绝继续下去。我没有再和他共事，直到战后，一切都变得昂贵为止。在那之前，我根本没有那种想法。我的家人接受了这些牺牲。

《巴黎评论》：许多著名作家，尤其是在西方，大家都知道他们颓废的私生活——酗酒、吸毒、不同寻常的性癖、自杀倾向……但你似乎是个完人！

马哈福兹：呃……

《巴黎评论》：这也许是你最大的缺点？

马哈福兹：这当然是一种缺陷。但你是在我年老昏聩的时候来评价我。在我年轻的时候，我做了所有这些事——我喝酒、追女人，等等。

《巴黎评论》：你是否对中东的未来持乐观态度，尤其是考虑到海湾战争和持久的暴力？

马哈福兹：在我这个年纪，悲观是不体面的。当你年轻的时候，你可以宣告人类没有希望，但当你老了，你学会了避免怂恿人们厌世。

《巴黎评论》：那英雄这个概念呢？英雄似乎并不存在于你的故事里，也不存在于任何当代埃及作家的故事里。

马哈福兹：的确，在我大多数的故事里没有英雄，只有人物。为什么？因为我用批判的眼光看待我们的社会，在我看到的人身上，没有发现什么与众不同的地方。我前面的那一代人，受一九一九年起义的影响，看到了英雄行为——工人能够克服不同寻常的困难，就是那种英雄。其他作家——陶菲克·哈基姆、穆罕默德·侯赛因、海卡尔、易卜拉欣·阿布德·阿勒卡迪尔·阿勒马兹尼——写的都是英雄人物。但总的来说，我们这一代人非常淡漠，英雄难得一见；除非是幻想小说，否则你不可能把英雄写进小说里。

《巴黎评论》：你会如何描绘一位英雄？

马哈福兹：古代阿拉伯文学中有许多英雄，他们全都是骑师、骑士。但对我来说，今天的英雄应该是那些坚持某种原则，并在遭到反对时坚守这些原则的人。他与腐败作斗争，不是投机主义者，而且有强大的道德基础。

《巴黎评论》：你认为自己是英雄吗？

马哈福兹：我？

《巴黎评论》：难道对于你的孩子和公众来说，你不是一个榜样人物，不是在面对逆境时坚持自己原则的人吗？

马哈福兹：当然是。但我不认为自己是英雄。

《巴黎评论》：那你如何描述自己？

马哈福兹：热爱文学的人。对自己的工作充满信心和真诚的人。爱工作胜过爱金钱和名誉的人。当然，如果金钱和名誉来了，也欢迎！但它们从来都不是我的目标。为什么？因为我爱写作胜过一切。这也许是不健康的，但我觉得，没有文学，我的生活将没有意义。我可能有好朋友、旅行、奢侈品，但没有文学，我的生活将是悲惨的。这是一件怪事，但其实并不奇怪，因为多数作家都是这样做的。这并不是说，我这辈子除了写作什么也没做。我结了婚，有了孩子。还有，从一九三五年起，我的眼睛变得敏感，让我不能在夏天读书或写作，所以这就让我的生活产生了一种平衡——一种真主赐予的平衡！每年，我必须以非作家的身份生活三个月。在那三个月里，我和朋友们见面，一直待到早上。

我没有生活过吗？

（原载《巴黎评论》第一百二十三期，一九九二年夏季号）

乔治·斯坦纳

◎李小均 / 译

这次访谈时间是一九九四年秋。几天后，斯坦纳出任了牛津大学首任魏登菲尔德爵士比较文学讲席教授。在牛津和剑桥，这是第一个比较文学讲席教授职位。斯坦纳在英国的名声历来富于争议，他的获任引爆了英国媒体的兴趣，媒体报道的主调都是说浪子归来。

斯坦纳一九二九年出生于巴黎，他的父母来自维也纳。一九四〇年，斯坦纳跟随家人移居美国。他先后获得芝加哥大学学士、哈佛大学硕士和牛津大学博士学位。在牛津大学的就职演说中，他风趣地提醒听众，他的第一版博士论文遭到拒绝，因为过于接近牛津当时还未开设的一门学科：比较文学。

斯坦纳曾任教于斯坦福大学、纽约大学和普林斯顿大学等美国高校，但其学术生涯主要场景是英国和瑞士。他在日内瓦大学担任比较文学教授，最近才退休。他是剑桥大学丘吉尔学院终身杰出院士。现在，他仍在意大利和瑞士从事短期教学。

斯坦纳著述丰硕，涉及文学、哲学和文化批评等领域，诸如《托尔斯泰或陀思妥耶夫斯基》(1959)、《悲剧之死》(1961)、《语言与沉默》(1967)、《疆界之外》(1971)、《蓝胡子的城堡》(1971)、《角力之场：菲舍尔和斯帕斯基在雷克雅未克的世纪之战》(1973)、《巴别塔之后》(1975；1992年修订再版)、《论困难性及其他》(1978)、《海德格尔》(1978)、《安提戈涅》(1984)、《斯坦纳读本》(1984)、《真实的临在》(1989)。此外，斯坦纳还出版了两部短篇小说集《公元纪元》(1964)和《证据和三则寓言》

Hermann Broch
        questions at a centennial

Often, an author's centennial marks an occasion for honorific and critical certitude, for a more or less confident act of what Leavis called 'placement'. The case of Broch seems to me different. The mere fact of commemoration does say something valid about his stature, about his claims to serious response. Yet there is much about Broch's achievement, about the meanings for us of this achievement, which is problematic. All I want to do here is to test, in most summary fashion, some lines of approach to Broch and his writings if only to suggest that none is wholly satisfactory, that the ground for canonic clarity is elusive.

1. Hermann Broch was a reluctant writer, if we take writer in its common, secular sense. He began publishing fiction when he was forty (Lutzeler's biography). But from the outset, it was not *belles lettres*, not even 'serious literature' he aimed for. It was a very particular amalgam of philosophic-epistemological exemplarity together with a distinctly didactic edge. The essay, the poem, the novel, the play (except in one or two instances of immediate material need and occasionality) was to be a good deal more than that. Several 'value-systems' - itself a cardinal notion in Broch - and traditions are at work in this programme of transcendent form.

   1. The contrastive image or paradigm is that of the *Dichter* as opposed to the *Schriftsteller* or *Sprachschöpfer*.
   The rôle of that paradigm in German Idealism.
   Three examples contemporary with Broch: Wittgenstein's
                                            Heidegger's
                                            Canetti's

   For Broch, the *Dichter* is "one who knows ethically", whose perception and articulation of that perception is primarily a moral act in which the aesthetic component is only instrumental. The *Dichter*'s knowing (antithetical to 'knowingness') is expressed through 'truth-functions', through representations which are, like the Adamic nominations, definitional of the *Wesen* of the thing, of the life-form, of the private or public situation narrated.

   This, of course, is the conception at issue in *The Death of Virgil*.

   The authentic writer-*Dichter* must work "sub specie aeternitatis et sub specie mortis...." in a "Zeit des ethischen Kunstwerks" which began, for the moderns, with Goethe. His is the turn "vom Pathos des Schönen" (the Hofmannsthal essay) to the "Erkenntnis des Daseins". (Improbably enough), it is in Joyce that Broch finds this ethical-transcendent cognition to be most manifest. The formulation, in the 1936 tribute to Joyce's fiftieth birthday is crucial. A *Kosmogonie*, fundamentally Platonic, unfolds behind the manifold comic realism of *Ulysses*. The novel is a *Durchschnitt* through the world and
       durch ein Ich, das zugleich das Sum und das Cogito ist,
       der Logos und das Leben zugleich, wieder zu Eins geworden,
       zu einer Simultaneität, in deren Einheit das Religiöse an
       sich aufschwaert.

   2. A second strain of idealization, of abstention from the aesthetic, needs to be observed. It is that - itself far more pervasive and intricate than my remarks can suggest - of Broch's vestigial Judaism, of Broch's implication in emancipated central European Judaism and its catastrophic fate.
       a) The ambiguous relations between emancipated Judaism and the *métier* of the secular writer, an ambiguity, a motif of almost inevitable 'assimilation', graphic in the life and production of Heine.
       b) The Judaic bias towards the exact and the philosophic sciences, towards the eminent *dignitas* of *Wissenschaft*. Broch the mathematician, Broch the philosopher of science in the ambit of the Vienna Circle, Broch the social psychologist and analyst of the pathologies of political behaviour. Where it is truly

乔治·斯坦纳随笔中的一页手稿

291

(1993),一部长篇小说《押送阿道夫·希特勒前往圣克利斯托克》(1981)。他还和罗伯特·法格里斯一起编辑了《荷马批评论集》(1962)和《企鹅现代译诗集》(1966)。今年夏天,费伯-费伯出版社将出版他的短篇小说集《海的深处》和散文集《未尽的激情》。

斯坦纳背景多元,兴趣广泛,难以将其简便地归入任何当下文学、思想和文化的范畴。纵观他的职业人生,翻译实乃他心之所系。翻译也为他的作品提供了极好的隐喻:不断地跨越边界,从一个领域到另一个领域。

惊人的学问,出色的文笔,丰富的才智,是斯坦纳及其作品最醒目的标志。即便在论说的紧要关头,斯坦纳也忍不住要用故事来解释。他对讲故事的兴趣纯属天性。

斯坦纳心灵大度,但众所周知,他也极好争辩。他是犀利的辩手。他热衷有益的论战,特别是与值得尊重的对手投入高昂的思想赌注之时。

这次访谈的地点除了斯坦纳在丘吉尔学院的宽敞而现代的办公室,还有他剑桥家中的客厅。他的书架上放了几十副国际象棋的棋具,可以看出这是他的一大爱好。书架里有海德格尔、康德、柯勒律治、拜伦作品的初版。晚饭后,斯坦纳穿着舒适的毛衣和宽松长裤,讨好他那条英国老牧羊犬杰米,喂它巧克力饼干。电话响了整天,都是在祝贺他即将荣膺牛津比较文学讲座教授。斯坦纳游刃有余地在英语、德语、法语和意大利语之间转换。几天后,一千余人将拥进牛津大学的文艺复兴厅,聆听他的就职演讲。

——罗兰·夏普,一九九五年

《巴黎评论》:你曾经说,小说可以表现"理解力的耐心"和"问题的开放式结尾",然而,你又说过,你的小说是"观点的寓言,观念的演练"。你现在仍然认为小说是"观念的演练"吗?

乔治·斯坦纳：的确是这样。我的小说写作可以归于这一大类之人的名下。这些人是教师、批评家和学者，他们在人生中有一两次想试试身手进行创作。我早期的短篇小说代表了我的尝试，思考我的核心问题。我认为《押送阿道夫·希特勒前往圣克利斯托克》这部长篇的意图不限于此。这部小说可能有一定的生命力。短篇小说集《证据和三则寓言》是另一个寓言，一个精神寓言，但《押送阿道夫·希特勒前往圣克利斯托克》中的独白，小说中真正打动人心的部分，也是散文。我知道这一点。它们陈述的是学说、观念、信仰、质疑。我们不知道，有创意的艺术家究竟凭什么神秘手段制造出声音，制造出具有独立生命的三维人物甚至是十维人物。但我们知道，这种神秘与纯粹的才智或系统的分析能力没有任何关系。大智慧的小说家有多少，只有上帝知道；或许可以说，就智慧而言，普鲁斯特是二十世纪最强大的心智。但许多小说家根本谈不上智慧。他们不会写一时兴起的东西，不会写生活中的生动语言，不会写你面前走动的东西，所以你会忘记作者的名字。能够写，那是天才，是创造力；我肯定没有天才和创造力。契诃夫只需要两页文字，就能为你创造一个世界，你永远忘不了其中的声音。声音就在那里。我认为，这与我这样的人创作的东西大不相同。

《巴黎评论》：也就是说，观念在小说中只处于从属地位？

斯坦纳：这个问题很难回答。有些堪称伟大的小说，的确会因意识形态和思想内容流传。托马斯·曼的许多小说就是给人这种印象。穆齐尔的《没有个性的人》既有文学评论家分析，也有同样多的哲学家在分析。但这种情况不多见。不能要求我们时代最卓越的小说写作者具备这些东西。别笑话我，我认为我们时代最卓越的小说家是乔治·西默农。我书架上可以找出十来部他写的关于麦格雷探长的小说。巴尔扎克写五页或十页的东西，狄更斯写二十页的东西（狄更斯在小说进程方面是真慢，巴尔扎克也是），西默农只用两三段就解决。有一本麦格雷探长小说，是以一声巨响开头，时间是凌晨三点，地点在巴黎过去的红灯区皮加勒，一个夜总会老板拉下金属百叶窗，关门打烊。除了这声巨响，西默农把叙事焦点放在最早出现的牛奶车上，放在那时回家睡觉的顾客和前去早市买一天食物的人的脚步声上。西默农给你的不仅是这座城市，不仅是没有历史学家可以超越的关于法国的一些东西，而且还有两三个人已经浮现在你面前，他们在故事中举足轻重。西默农写道，在顾客散去后，拉下百叶窗的夜总会老板的脚步声里有奇怪的迟缓和拖拉。你好像就在场，这是故事中第一个重要的线索。这就是一个具有自主性的人物的创造过程中那"令人畏惧的神秘"①。诚然，其中可能有观念存在。我很幸运，认识阿瑟·库斯勒。我很好奇，他写《中午的黑暗》这样一部作品，一部出色地表达了观念的小说，他到底是怎么想的。这在我看来是一个更大的问题。人们会继续读这本小说，可能不是因为把格列金和鲁巴肖夫当虚构人物，而是因为小说中有关于斯大林主义，关于马克思主义，关于蹂躏和恐怖的洞见：这种拥抱死亡的意识形态的本质是什么？为了捍卫美好事业而撒谎的本质是什么？但这是一本丰富的书。库斯勒的小说中具有丰富的生活，正因为如此，它才不是观念的脚本。

《巴黎评论》：你还会写小说吗？

斯坦纳：会的，但那些最打动我的主题，我还难以企及。我一直在思考一个短篇小说或者说一部小长篇的开头，小说的题材如下：地点在殖民时代的希腊岛上，或在土耳其或南非，地球上任何地方都可以，只要是警察国家就行。主人公回到家，他的妻子和孩子入睡了，或者在吃晚餐。他的妻子闻到他身上的血腥味儿。他整个下午都在行刑。他从来没有谈起这件事，从来没有公开提起过自己的工作。但女人心细，她们心知肚明；她们知道，与自己同床共枕的人在蹂躏其他同床共枕的人。这个故事源于阿里斯托芬的《吕西斯特拉忒》，这部喜剧展现的是女人拒绝和自己的男人睡觉，除非他们停战。但在我的小说里，不是女人不和自己男人睡觉的问

---

① 原文为拉丁语：mysterium tremendum。神学术语，语出德国神学家鲁道夫·奥托著作《论神圣》(1917)。

题,而是可怕的恶心感侵入了她们的爱,最终她们谋杀了丈夫。可孩子怎么办?要是知道了爸爸做的一切,他们该如何继续生活?

这个故事本应该由小说大师来写。我不是小说大师。我一直想把它写出来,现在它还很粗糙、僵硬和抽象。小说大师知道如何描写晚餐,描写卧室里轻微的声音。小说大师能写下去,抓住你的注意力。

另一个我一直想写的故事,题材温柔一点儿。我注意到婚姻中的危机,尤其是现在人们越活越长,婚姻危机就更突出。我做了详细的笔记,想写这样一个故事,婚姻最后转化成深厚友谊,但没有了欲望,某种意义上爱也消失了。友谊与爱不是一回事。这个故事从里尔克写给妻子的一封信里面的话展开。里尔克很早就和妻子分手,再也未见。这句话是:"切记,美好的婚姻中,一方会慈爱地守护着另一方的孤独。"多么迷人的一句话。我想演绎这个悖论:即使有深仇大恨,婚姻的欲望和活力依然有更多的机会幸存。

这两个题材我一直在慢慢磨。它们需要小说大师来完成,可惜我不是。

《巴黎评论》:诗歌呢?你过去还写诗歌。

斯坦纳:是的,我在牛津大学出版社,在鼎盛时期的《诗刊》,甚至在《巴黎评论》都出版或发表过诗歌。我所受的法国公立高中教育,某些方面仍然像十九世纪的教育,比如,一直强调背诵,强调拉丁文和希腊文的语法练习。这一切建立在以下前提之上:一个有文化的男人(a literate man)——或许我应该把女人也加进去,但那会变成伪善言辞:从本质上说,我受的那种教育是男性化教育——会写诗歌。老师要求我们模仿一个拉丁文名段,用拉丁文写诗;后来,又要我们模仿法文的名段,写法文诗歌:变着花样书写文学中的著名主题。老师期待你写的诗歌遵守结构形式和韵律规则,比如十四行体、颂体、英雄双韵体。没有人期待你生来是诗歌天才,只是希望你学会一门技艺(craft),一个"techne"——我们所说的"技术"(technology)、"技巧"(technique)就源自这个希腊词汇。这是一种"技能"(accomplishment)——这个英语单词的这层意思现在差不多已经消失了——就像年轻女士们会做针线活、会弹钢琴,或者会水彩画一样。

我就是这样被训练出来的。我进入英语世界后,自然就写起诗来。有些或许有那么一点儿诗意。少数几首可能闪现出个人激情和欲望的火花。但总体来看,它们只是徒具诗歌的形式而已,和真正的诗歌差了许多光年。一流的诗歌会吸收和内化一切知识,一点儿也不放过,甚至不必为之命名。在真正的诗歌里,固定的形式和我们所称的内容的关系是有机的,你要是问真正的诗人,为什么这是颂歌,为什么这是自由诗,为什么这是戏剧性独白,他会说:"别傻了。读就行!它只能是这样。"

但是,我们对此也不必太理想化。本·琼生先用散文写出大致内容,再转化成抒情诗;他的抒情诗,放在任何语言中来看,都是最神奇的作品。德莱顿和蒲柏都是在散文的基础上创作诗歌:他们最好的一些诗歌不过是散文作品的升级版。当然,自从浪漫派以来,人们的观念变了。正如华兹华斯所说,诗歌是"强大感情的自发流露"。但法国公立高中的教育正好相反:如果你的情感自发流露出来,你要将它擦掉。

《巴黎评论》:你暗示了过去的文人传统,这个传统出现了什么变化?

斯坦纳:这个传统现在深受质疑。我们简略回顾一下历史。文人代表了所在时代品位或趣味的共识。人们想从与专家不同的文人那里听到关于文艺的看法。麦考莱[1]和哈兹里特[2]这些一流的文人,几乎能把一篇评论写成一本书,就是那么长。一度就有那一类出版物。文人也可能写诗歌、小说或传记。在英国,文人传统还没有断绝。我们现在还有迈克尔·霍洛伊德,还有理查德·霍尔姆斯——他是我学生,现在很有名——还有西里

---

[1] 托马斯·巴宾顿·麦考莱(Thomas Babington Macaulay, 1800—1859),英国历史学家、政治家,著有《英格兰史》,亦曾写作大量文学历史评论,1857年受封男爵。

[2] 威廉·哈兹里特(William Hazlitt, 1778—1830),英国散文家、评论家、画家,被誉为英语文学史上最伟大的评论家之一。著有评论集《席间闲谈》《时代精神》等。

尔·康诺里,还有普利查德①,她的短篇写得很精致,还一直在写批评和评论。我不会嘲笑J.B.普里斯特利②。嘲笑普里斯特利的人,会不惜一切代价,换取他的一点才华。罗伯特·格雷夫斯多才多艺,他是批评家、传记作家、回忆录作家、优秀诗人,也是极出色的文人。

反对我的人,批评我的人,总会跟你说,我是杂家,面虽然广,但不够深入,在这个时代已经不再有用,这个时代负责任的知识是专业知识。《巴别塔之后》第一版出来后,有一篇书评,出自一位声誉卓著的语言学家,他现在年岁已高,还活着,我很尊重他,他是知识界的高级祭师。这篇评论开门见山地宣布,"《巴别塔之后》是一部很差的书,但天哪,它是一部经典。"我写信告诉这位教授,他的评论让我感到十分荣耀,尤其是他的口中说出的那声"天哪"。我可以接受。在回信里,他写了一些很有趣的东西。他说,我们现在走到了这一步,无人能够独立完成涵盖语言学和翻译诗学等领域的作品。因此,他说,《巴别塔之后》这本书,应该由六七个专家在我的指导下完成。我回信说:"不,不应该这样,否则这本书就废了,只有躺在专业书的书架上蒙尘。"我宁愿冒巨险。诚然,书里会有错误,会有失实,但值得容忍的书,其实是一个声音,一种激情,一副人格。我们有很深的歧见,但总是温和地表达。他说不,不能那样做。第一次世界大战前可以那样做,但从那以后,知识发生了裂变,自我产生了分裂,甚至在人文学科,再强大的心智花费一生也只能在其专业范围内有一二所成,无法企及整个领域。这是我们最大的分歧。因此,乔治·奥威尔这样的文人(他不是文人还会是什么?),埃德蒙·威尔逊这样的文人(二十七年前,我继承了他在《纽约客》的衣钵,他不是文人还是什么?),如今变得很受怀疑。

---

① 梅丽莎·普利查德(Melissa Pritchard,1948—),美国小说家、散文家、评论家,以短篇写作闻名,著有短篇集《幽灵来袭》等。
② J.B.普里斯特利(J.B.Priestley,1894—1984),英国小说家、剧作家、评论家,其文学评论代表作有《英国喜剧角色》《英国小说》等。

《巴黎评论》：通常说来，文学和批评的关系改变了吗？

斯坦纳：我认为改变了。这个话题我们可以谈上十个小时。我非常赞同这种痛苦而激越的论调，我们生活在拜占庭时代，生活在亚历山大时代，阐释者和阐释高踞于原作之上。圣伯夫临死前痛苦地说："没有人会为批评家塑像。"我的上帝，他大错特错。如今，我们得知有批评理论，如解构主义、符号学、后结构主义、后现代主义，批评在其中起主导作用。今日的氛围很特别，正如那个无人怀疑的天才德里达先生总结说，一切文本都是"前文本"。这是有史以来最荒谬、最具破坏力、最琐屑的文字游戏。意义是什么？无论诗作的声望如何，它等待阐释者的解构；它只是提供解构练习的机会。我认为这荒唐透顶。瓦尔特·本雅明说，一本书要是等了一千年还没有人读，那是没有碰到合适的读者。它不会慌张。创造的行为不会慌张。书在读我们；书赋予我们无尽的特权。"现在该轮到我们显示聪明的时候了"——这种观念既让我迷惑，也让我痛苦和生气。现在的学生读二手乃至三手之批评的批评，越来越远离真正的文学，这种观念绝对意味着，那种天真而有逻辑的正常优先秩序已经死了。

《巴黎评论》：人文学科在培育人性方面失败了吗？你是否仍然认为文学教育可能会颇为讽刺地助长政治残酷和暴行？

斯坦纳：纳粹主义和斯大林主义让我相信这个根本的悖论存在：书生气（bookishness）——这个古老的英语词其实是褒义——最好的文化素养，文化宣传和训练的每种技术，不仅与兽行、压迫和暴政相伴相随，而且有时候会推波助澜、火上浇油。我们一生都在训练，训练抽象思维、训练虚构能力，我们获得某种能力——据说是一种力量——去认同虚构之物，教导它，深化它（想一想多少孩子想象过麦克白夫人？）。然后，我们走上大街，听到街上的一声惨叫，却有一种不真实的陌生感。我想用的是这个意象：一天，中午刚过，我去看一场很美的电影，这是个阳光灿烂的日子，当我走出电影院，进入午后洒满阳光的大街，我经常有一种恶心的感觉，一种恶心的失衡感。我要过几秒钟、几分钟，甚至更长的时间，才能恢复对现实的感知。

《巴黎评论》：就像从柏拉图的洞穴走出来那样？

斯坦纳：是的，不过感受更强烈。我们看电影一般是晚上，晚上才有效，但究竟是什么原因，导致我们白天看完电影出来后的感觉特别令人不安呢？现在，我把那种经验移植到以下情形：在日内瓦，我一整天都和围绕在我讲台周围的本科生讨论。我们知道，在《李尔王》中，考狄亚的台词很少，不到九十行。不信你去数一数。她的台词为什么这样少，起什么作用，我们围绕这些问题讨论，最终有了一定的答案。或者，我们讨论文学中的沉默，有些作家——从埃斯库罗斯到陀思妥耶夫斯基——笔下的人物出场，什么也不说，或者只说几句话。或者，我们讨论《鲍里斯·戈都诺夫》①结尾的那个白痴，在人们的绝望和恐惧中，他唱了两首曲子，歌声飘漫了世界。设想这样的场景。学生在做出回应，你也一直在回应，你对这些内容了然于胸，你觉得充实。然后，你离开教室，在大街上漫步，突然你看到报纸上的标题：《百万人在卢旺达丧生》。你觉得不可思议，并不是说你对我们这个世纪一直存在的恐怖事件已经麻木了，而是因为它们甚至没有进入你的想象。

对我来说，转折点是波尔布特②。大屠杀最初发生时，很少有人知道奥斯威辛。是的，有混蛋知道，有婊子养的知道但不相信，可他们的人数很少。纳粹在这方面的保密工作的确很好，但柬埔寨红色高棉事件在电台和电视上实时报道。但是，沉默，一片沉默，没有任何干预或介入。

柬埔寨这个转折点让我走向绝对的无助，走向绝望。现在，卢旺达又发生了暴行。明日，可能别的某个地方还会冒出暴行。而这一次，我们知道。我的确做了本体论——在此我用了这个浮夸的词语——上的区分，一个根本的区分：过去，暴行发生时，我们的确不知道，可能什么也做不了

---

① 普希金创作于1825年的诗剧，后被俄国作曲家M.P.穆索尔斯基改编为同名四幕歌剧。
② 波尔布特（Pol Pot，1925—1998），民主柬埔寨总理（1976—1979），任内推行极左政策，1997年被民柬内部反对派指控犯叛国罪，遭监禁，后病死狱中。

(关于奥斯威辛,一个最痛苦的争论是,我们是否该炸毁联通它的铁路;我们本应该试一试的);这次,我们知道对手不过是小虾米,其力量根本无法与整个世界的力量抗衡。但是,没有任何干预或介入,我们还在卖武器给他。

《巴黎评论》:那你作为教师的意义是什么?

斯坦纳:这个问题一直深深地困扰着我。教师的意义就是,我要把自己的感受传递给与我一起学习阅读的学生。我喜欢在学生的记忆中,我是优秀的阅读老师,我指的是深层次道德意义上的矫正性阅读:阅读应该致力于培育我们的道德观念,应该参与铸造我们的人性,应该使我们不易忽视一些东西。但我不知道自己成功没有,无论是对他人还是对我自己。

现在还有这样的教育吗?修习了诗歌、音乐、哲学,能让一个人早上起来不敢修面——抱歉我再次引用这个陈腐的意象——因为他从镜子里看见某些非人的或野蛮的东西?在我的思考中,在我的写作中,我在反复敲打这个问题。因此,在《真实的临在》中,在那个异常艰难的角落,我真正地走向了神学。那些知道一些答案的伟大的诗人,伟大的艺术家,比如,但丁或者莎士比亚,他们是怎么说的?他们的一些东西能否给我们一点洞见,矫正我们的盲目和聋哑?是否有些东西会让我们的想象力可以回应或回答我们周围"有人性"的现实原则?这是个问题。

《巴黎评论》:那么,过了五十年,你如何评论阿多诺那句名言,"奥斯威辛之后没有诗歌"?

斯坦纳:我认为当时这样说是绝对自然的、重要的;它希望引出反证。保罗·策兰的诗歌就是反证,反驳了那一观点,阿多诺临死之前知道。我们不妨回顾历史。尽管数死人头之类骇人听闻的问题还没有出现,但我把所有的集中营——无论它出现在波兰、德国还是其他什么可怕的地方——都归为一类:从地球的一端到另一端,都有数百万人遭到大规模灭绝清洗的现象。一个可能的反应是说,我们的文化被证明是完全无力、毫无防备的，事实上，它粉饰过许多这样的事情。钢琴家吉泽金在演奏德彪西音乐的那些晚上，能够听见慕尼黑站台封闭的列车里传来的哀号，那些人正被送往慕尼黑郊外的达豪集中营。在去音乐厅的路上，人们都能听到他们的哀号。这有记载。但没有丝毫证据标明吉泽金当时演奏得不好，或他的听众没有能全情投入，深受触动。

因此，出现了一种虚无主义的批判，这就是阿多诺的名言，或者用瓦尔特·本雅明的说法："每一件主要艺术品的基础都是一堆野蛮主义。"你可以记下这句话，像许多人法兰克福学派的人在某种意义所做的那样，但你也不妨继续发挥说："让我们暂时闭嘴一会儿。"我经常梦想将对这些事情的讨论延期进行，延期十年、十五年、一百年；以尽量避免将它们简化为可表达的语言，从而以一种奇怪的方式，使它们变得可以接受。这是阿多诺的真正意思：当心！哪怕最大的怒吼抗议，如果说正式用诗歌或音乐表达出来，也会给这一现象增加一些神秘感，妨碍对它的接受。

接下来最难的一步是说："不，不管怎样，我还是能表达，传递一些我的重要体验。"在关于大屠杀的广阔文学疆域中，只有三四个作家取得了成功。

《巴黎评论》：哪几个作家？

斯坦纳：首先是策兰。毫无疑问，意大利的犹太作家普里莫·莱维也极好。他笔下没有一字不贴切，简直是奇迹。还有一两个东欧作家，名气就小得多。有几篇拉脱维亚短篇小说也很精彩。或许，我会说，有五六个作品，对得起这种令人难以置信的大胆和努力。但代价呢？策兰自杀。莱维自杀。让·埃默里自杀。很久以后，似乎有了见证，他们的人生，他们使用的语言，就不再有意义。我觉得恐怖的是，那些没有经历过大屠杀的人，现在想方设法利用这些材料牟利。

《巴黎评论》：写《押送阿道夫·希特勒前往圣克利斯托克》时，你关心的是如何用谈论不可言说之物的方式谈论大屠杀吗？

斯坦纳：是的，我肯定是。我想在这部小说里吸引人们注意，一切语言，一切话语行为，都有可怕的含混暧昧。物理学上说，存在一个反物质的世界，它恰恰是我们世界的镜像，当物质和反物质发生冲突时，它们就会互相吞噬。这个说法我不理解，但觉得很漂亮。在这部小说中，我力图展现，希特勒的话语中存在着反物质、反语言；从超验的角度说，它们在吞噬真理和意义。希特勒的话语必然与犹太教冲突。后者是一种信仰，一种文化，一种或许过度基于语言的信任，基于意义的可能和表达，甚至基于与上帝的不断交流。这是真正值得思考的东西。上帝为什么要说话？犹太教总是假定上帝的话很多。

因此，是的，我对于该如何谈论大屠杀深为忧虑，我肯定不敢再回到大屠杀这个题材。毕竟，我没有身处其中。或许我们都不该去尝试。不过，谈到对于威廉·斯泰伦的攻击，我完全不赞同。斯泰伦是一个天才小说家，他有权创造一个奈特·特纳或一个苏菲。没有人有权指责他不是黑奴或不在奥斯威辛。我们只能说："你不能让我信服。"我们只能说："抱歉，这不起作用。"但我认为，尝试创作什么，是一个艺术家的绝对权利。

在未来几个世纪，可能会出现像陀思妥耶夫斯基或福克纳一样的作家，目光如炬，能找到切入这不可言说、不可想象、难以承受的现实核心的方法。我这样说可能很傻，但我的确想知道莎士比亚会怎么书写这事。我经常想，在某个重要场景，或许是喜剧场景的边角，莎士比亚应该会写到第五个马夫或第七个仆人，这人会告诉我们他在集中营的经历。现在你不要嘲笑我，世上最令我悲伤的戏剧莫过于《第十二夜》。我真的非常喜欢这部戏剧，就像我喜欢歌剧《女人心》一样：这些表面上看似欢快的东西，如"每天都在下的雨"。《第十二夜》中的小丑菲斯特的歌声，在我看来是最好的悲歌，充满"嘿，嗬"。我经常想，在奥西诺公爵府上，在奥丽维娅或薇奥拉的房间里，应该有一个仆人，莎士比亚过一会儿就会让我们明白这个仆人的经历。这在未来的某一天是可以想象的。因此，它目前还处于未知状态。这是一个巨大的未知领域，有待想象来开拓。这个场景就在我所有的写作里，在我所有的教学里，在我所有的思考里，尤其是，在我的欧洲生活里。

《巴黎评论》：显然，你对大屠杀的理解和你的阐释理论之间有着密切的联系。你能谈谈吗？

斯坦纳：这里的关键问题是不能被分析或解释之物的意义。一次重要的阐释会越来越接近于作品的中心，但不会逼得太近。一次重要阐释中令人兴奋的距离仍是失败，仍是距离，阐释对此无能为力。但阐释的无助是动态的，本身具有暗示性，雄辩，富于表现力。最好的阅读行为是未完成的行为，是不完整的洞察行为，拒绝解释和直译的行为；最好的阅读行为最终说："这里面最有趣的东西，我还无法触及。"但是，这种无法触及，不是令人羞辱的失败，不是某种神秘，而是一种愉悦的邀约，邀你重读。

现在，我仍然停留在美学范围内。我稍后再谈与大屠杀的关系问题，我希望到时候那个问题会更清晰。曾经有一个小孩，名叫保罗·克利，他在伯尔尼长大，他经常离开伯尔尼，参加学校野餐，可能是瑞士最无聊的那种学校野餐。一天，他的班级来到一条罗马高架渠之前，老师解释渠水有多少，渠道如何建设。克利十一岁，他随身总带着素描本。他画了一张高架渠的素描，高架桥的桥墩穿着鞋子。从那以后，所有的高架渠都能走了；你看不到不能走的高架渠。毕加索走在街上。他看见一个孩子的三轮车。十多亿人在街上看到过孩子的三轮车。毕加索把车提起来，把车座变成公牛脸，把两个车把手变成牛角。以前没有人那样做过，从那以后，所有的三轮车都是带着牛角冲向你。没有人能解释这件事，也没有人能解释列维·施特劳斯所谓的一切人类知识中的终极之谜："音乐旋律的发明"。这对我来说是最重要的话之一。无论你多么积极努力，都不能充分走近旋律。我喜欢这种感觉。这是音乐旋律的奇迹。登山者会告诉你，登上了以前没有登上过的山峰时，会有那种性爱后的忧伤。我们永远不会到达美学本体论的顶峰，不会到达意义的意义或语言的起源这些问题的顶峰。

从死亡、踩躏和屠杀的角度而言，二十世纪是最黑暗的世纪之一。我虔敬地阅读了经济学家的著述，他们告诉我们，法西斯主义可以用经济学或工业主义的优秀理论来分析。我也读了社会学家的著述,他们谈到了那时的阶级冲突、城市的社会结构,等等。历史学家也有解释。和所有人一样,我想跟上那些声称"我能对你解释这个问题"的人。但这都没有说服我。一些说法可能有部分精彩的洞见,比如,有人说,死亡集中营与工厂颇为相似。不错,这是漂亮的洞见。我想去思考一下它。或许,它的确很有启发。有人说,纳粹主义与斯大林主义的一个重要区别是,它建立在中下阶层的不稳定和怨恨之上,我对这说法很感兴趣。但这些解释,尽管可能重要,却不能帮助我理解那些事实。

事实是,当希特勒的高级将领向他汇报:"元首,我们迫切需要火车运送燃料,运送军需。请给我们四周时间,停运犯人到集中营。"希特勒的回答是,比起赢得战争,消灭所有的犹太人重要得多。"他是疯子",这种说法对我根本不起作用。他根本没有疯。

因此,我采用了一个完全不同类型的解释。在十八世纪六十年代初启蒙运动中,伏尔泰在成功地为许多人进行辩护之后,说了这样一句话:"可以肯定的一件事是;在一个文明的欧洲,不再会有酷刑。"几年后,托马斯·杰斐逊,有史以来最敏锐、最强大的心灵之一,他说可以保证——他的确用了"保证"这个词——焚书的幽灵不会重现。类似的话我收集了一大摞。它们不是出自天真的傻子,而是出自人类最坚韧、最强大的心灵。有一个信仰天主教的法西斯主义倾向的思想家,名叫约瑟夫·德·迈斯特,他坐在椅子边,笑掉了大牙。他写了一部经典《圣彼得堡之夜》。他一语成谶,说二十世纪会溺亡在欧洲的血泊里,二十世纪会有集中营,系统性地杀人。他采用了一个完全不同的理论,那就是原罪说。

事实上,德·迈斯特说:"请对我解释历史的本质。"如果我们是一路朝上的有理性的智人,我们会对彼此做什么?我们的战争为什么变得越来越血腥?饥荒为什么越来越大?如果有某种原"耻"(dis-grace)——如果你在"disgrace"这个英文单词中间加一个连字符,它就变成一个很强大的字眼;不加这个连字符,它就成了一个很小的字眼。这个字眼"dis-grace",意味着离开了上帝的恩慈,意味着间离了人类与上帝的关系。然后，历史就变成了惩罚。我们跌跌撞撞进入历史，主要是受罪，我们将继续受罪，直到死去，直到我们死于核弹，或者正如现在这样，可能死于城市爆炸，或者死于饥荒，或者最终死于无法遏制的艾滋病。这就是原罪说。你如何应对那样的学说？我不知道。我称之为活隐喻。

《巴黎评论》：这需要对上帝的信仰吗？

斯坦纳：是的，或者——更加危险的是——对地狱的信仰。有一个很动人的场面。教皇庇护十二世接见保尔·克洛岱尔，祝贺这个著名的戏剧家和天主教诗人。"我的孩子，"他微笑着说，"你的问题是完全相信有地狱，我的问题是不那么肯定有天堂。"这是非常奇特的异端邪说。这是摩尼教的一种形式。我自认为是摩尼教徒，一个相当困惑的摩尼教徒。是的，我是懦夫：我靠买寿险求安定，最好的寿险品种，比伦敦劳埃德保险公司提供的还好。康德有着最清醒、最安宁、最平衡的心灵，但他相信肉身的恶，不只相信亚里士多德所说的"恶是善的匮乏"，这句话让你完全摆脱责任。康德的意思不是说某个人身上长了犄角和尾巴，而是说恶是人身上的力量，一种正能量。

只有这样，我才能理解，为什么我们最美好的事业把人间变成了地狱。想想芝诺的悖论。我父亲是赫泽尔犹太复国运动的早期成员：那是一个乌托邦梦想，一个平等之梦，种族之间完全达成谅解，实现先知耶利米和以赛亚的凤愿，"化剑为犁"。但你看看现实。看看多少人受难。看看这个武装到牙齿的以色列，要生存，就必须成为世界上最好战的国家。我们进入摩加迪沙①是为了带去食物，带去帮助，结果却把那里变成了地狱，尸横大街。

莎士比亚说："我们之于神明，如同苍蝇之于顽童，他们以杀我们为消遣。"他还一针见血地指出，"只要我们还能说'这是最糟的'，那就还

---

① 摩加迪沙（Mogadishu），索马里首都。1991年起，索马里爆发内战，后联合国军事介入。1993年10月，美军特种部队与索马里当地民兵在摩加迪沙市区爆发巷战，最终造成大量人员伤亡，史称"摩加迪沙之战"。

不是最糟"。到底是什么理由,完全可以证明莎士比亚的话?到底是什么,使之变成了现实,一而再,再而三,我们的良愿,我们的爱心,我们的乌托邦梦想把人间变为地狱?这需要追问。

《巴黎评论》:你认为民族主义是典型例子?

斯坦纳:是的。我为此备受批评。我厌恶民族主义,憎恶民族主义。只要有打字机的地方,我就有在家的感觉。我认为国旗和护照都是危险的垃圾。我认为我们是生命的客人。在此意义上,我是海德格尔的忠实信徒。我们不知道为什么我们出生。我们没有选择是否出生。我们没有选择是否出生在某个社群、时代、社会阶级;我们没有选择生来就在乞丐中间,就染了梅毒,就携带着艾滋病毒,还是百万富翁,或是难以置信的天才。首先,我们是生命的客人,是世界的客人。正如我们所知,我们在系统性地掠夺、洗劫、摧毁、污染这个世界。我认为,为了生存,我们必须学会成为彼此的过客;这是犹太人独特而悲哀的宿命,要过这种非常艰难的生活,处处为家。一直以来,在许多地方,我都有在家的感觉。

《巴黎评论》:尽管你四处漫游,但你还是深深扎根在剑桥?

斯坦纳:只是一段时间而已。我们不妨回望一下。我对自己的出生感到非常幸运。我的母亲来自维也纳的一个犹太资产阶级家庭,家里人会说多种语言。她的伯祖父是非常著名的作家,在一间药店发现了格奥尔格·毕希纳的悲剧《沃伊采克》的手稿。我的父亲生在乡下,离利迪策有八公里。利迪策是奥地利北部的一个波希米亚村庄。为了给死去的盖世太保头子报仇,纳粹把利迪策村的人都杀光了。我的父亲很小时候就到了维也纳,他在奥地利有着传奇人生。一九二四年,他不管我母亲的强烈抗议,决定离开心爱的维也纳,因为他预感到不祥的到来。他常常说:"希特勒要吞并奥地利,我们要认清这点。"所以,他们来到巴黎。我出生在一九二九年。家里充满了书籍、音乐和文化,什么样的都有:这是中欧的犹太人传统。我的母亲在一句话的开头用一种语言,结束时是另一种语言，中间还有多种语言变换，她几乎是下意识地这样说话，可以说我一生下来就习惯了三种语言。在我上学前，父亲就开始教我读荷马，在希特勒越来越浓的可怕阴影之下，教我读古典作品。

一九三四年，一场严重的金融丑闻震动了法国。犹太人卷入其中。反犹主义团体在我入读的犹太学校附近游行。我的保姆，也是我的家庭教师——我们家那时候还会请家庭教师——跑来把我带回家。在家里，我的母亲放下窗帘。从窗帘后看出去，外面游行的队伍在高呼："犹太人去死吧！"爸爸回到家说"把窗帘拉上去"。他抓住我的手叫我正大光明地朝外看。当时，我很好奇；任何孩子都会好奇。他说："你不必害怕；你现在看到的，就是所谓的历史。"我想，这句话可能影响了我一生。

《巴黎评论》：你那时多大？

斯坦纳：五岁。对一个孩子说那样的话，是一件郑重的事。在某种意义上，我再也不会被吓倒了。我一直非常幸运，我对历史很感兴趣，对看出窗外、看外面发生什么很感兴趣，无论那是什么。

《巴黎评论》：再给我们讲讲你的早年岁月。

斯坦纳：然后，战争来了。法国总理委派我的父亲去与德国人商谈，购买格鲁曼战斗机。他碰到一件很有趣的事。现在大家都忘了，纽约在一九四〇年是中立城市。那时，纽约到处可见纳粹的采购团、银行团和工程师。在华尔街俱乐部，我父亲参加了欢迎贸易采购团的午宴。他那一桌有美国财政部、各大银行和法国采购团的代表。午宴中，一个侍者递给我父亲一张折好的便条，说另一张桌子的一位先生委托他带过来的。我父亲飞快地环顾一下四周，看见一个纳粹的采购团，胸领上有纳粹的"卐"字记号。这是完全合法的：他们也要买设备，也要向美国大通银行等做原油放贷。父亲认出其中一个人，过去是他的商业好友，不过自一九三三年希特勒上台后就再无联系。父亲故意夸张地撕掉便条，丢在地上。他起身去卫生间，不料那个旧友正等着他。他抓住我父亲的手说："不管你喜不喜欢,你最好听我说。我不会详细给你解释。我也不知道详情。我只知道,我们很快会进入法国。"(那是一九四〇年)"不惜任何代价,你带着家人离开。"

这人是欧洲最重要的电器公司西门子的高层。那时,纳粹讨论"终极解决方案"的会议还没召开。但在波兰,大屠杀已经开始,西门子的高层知道一些风声。但他们不知道详情,因为要是在外休假谈论这事,会被立即枪决;但消息还是从高层、从外交官、从我父亲的旧友那里渗透出来。谢天谢地,我父亲相信了。

我父亲立即与法国总理联系,询问可否也把家属接到美国,因为贸易商谈的时间要比预计的时间长一些。法国总理回复说:"当然可以和你在一起。"这一句话救了我们。我们赶上了最后一批美国轮船,离开了法国。

历史学家会对这个故事很感兴趣,因为这意味着,早在一九四〇年初,一个消息灵通的德国公司高层,就知道一些消息。德国在一九四〇年五月才发动对法战争,而这个故事发生在那年的一月。

《巴黎评论》:你们一家人去了哪里?

斯坦纳:纽约。我父亲认为,对于美国,对于我们巨大的好运,他至少应该做出象征性的表示。他把我送进霍拉斯曼中学。我那时十一岁,英语很流利,在学校里,我目空一切、桀骜不驯,疯狂参加体育活动。两年后,父亲把我转到一所法国公立中学。有一天,我们在布朗克斯区的河谷和霍拉斯曼中学进行橄榄球比赛,他们穿着时髦的队服,装备精良,我们什么都没有,但我们把他们打得落花流水。我们打法粗鲁,胜之不武,我们开心地凯旋而归。

《巴黎评论》:我不知道你打过橄榄球。你在法国公立中学的日子怎么样?

斯坦纳:我当然打过橄榄球。尽管我从法国来,但我在那所法国公立中学的体验很不一样。主管它的是法国维希政府,有些教师是流亡中的天才,他们想赚点儿钱,等待机会去美国大学任教。所以,我遇到了欧洲流亡文化的精英,在那里我找到了职业的方向。

《巴黎评论》:中学毕业后你回法国了吗?

斯坦纳:我们回去看过旧居,想拣回一些家什,看看谁还幸存。我们学校的图书馆被掩埋后得以重建。我想过考巴黎高师,在法国发展。我对生活没别的想法。但我的父亲更加智慧,他真的是揪着我的脖子把我拉回了美国。他告诉我,我得去上美国大学,英语才是未来。我被打发到耶鲁,参加所谓的"新生入学周"。

《巴黎评论》:他们给了你无檐小便帽吗?

斯坦纳:没有。我有一个法国公立中学的学长,高了几级,他到我的房间来,告诉我犹太学生在耶鲁处境困难,受人排斥。记住,那是一九四八年,和现在不可同日而语。我就自个儿回到纽约。正好《时代》杂志有篇关于罗伯特·梅纳德·哈钦斯[①]的封面报道,文中说,可以按自己的进度在芝加哥大学获取学士学位。我给他写了一封"很幼稚的信",结果收到一封回电,叫我快去。

《巴黎评论》:你就去了芝加哥?

斯坦纳:是的。要获得学士学位,一般要修完十四门课。你一入校,就可参加任何一门的期末考试。如果拿了 A,就不用再选。我参加了十四门课的考试:十门得到 A,还有四科是 E —,意思是比不及格还差。这四科是物理、化学、数学和所谓的"社会研究"(这门课我闻所未闻)。因此,我必须修读这些课程。我开始疯狂地学习。这是一段全新的时光。一个世界打开了。

[①] 罗伯特·梅纳德·哈钦斯(Robert Maynard Hutchins,1899—1977),美国教育家,1929 至 1945 年任芝加哥大学校长。

《巴黎评论》：你在那里读了多久的本科？

斯坦纳：我只用了一年就拿到了学士学位。然后，我去找一个所谓的"课程指导教授"——这个职位我在欧洲没有听说过——咨询继续修读科学的事情。这个人是一位优秀的数学家，名叫卡普兰斯基。他仔细看了我的试卷后说："严格说来，你是个白痴，你啥都不懂。你在欧洲受过很好的训练，这意味着你对一切都是死记硬背，丝毫看不出一点理解数学过程的火花；你必须先要有这样的火花，才值得让你进入学习科学的大门。"我一辈子都不会忘记他。多年后，我在顶级的科学杂志《自然》上发表了一篇小文章，谈一个数学问题的历史。我把文章寄给了卡普兰斯基，那时他已退休。

《巴黎评论》：你得到回复了吗？

斯坦纳：我收到一封回信。信中说："文章非常有趣，谢谢赠阅。我为文学史做了贡献，我不后悔。"我喜欢这个回复。

《巴黎评论》：于是你就转向了文学？

斯坦纳：本科阶段，我跟随艾伦·泰特学过文学，跟随理查德·麦基翁学过哲学。接下来跟谁继续学习，我犹豫不决；两个我都喜欢。就在那时，哈佛联系我，提供了一个就读研究生的机会。我犯了一个势利的错误——"哇，哈佛！"——我那时真蠢。

《巴黎评论》：哈佛联系了你？他们对你已有所耳闻？

斯坦纳：那里的一个人告诉他们，我适合去读比较文学。我势利而愚蠢的小心灵就上钩了。我在芝加哥大学过得很开心，全情投入。到了哈佛，才过几周我就知道这是个错误。那里学术氛围很冷，若非哈佛本科毕业，你就会被当作不存在。那是我人生中最黑暗的一段时期。那时伊利诺伊州的芝加哥大学正好有罗德奖学金名额，我厚着脸皮前去申请。我写信给哈钦斯——这真是超级脸皮厚——说，芝加哥大学很长时间都没有人获得罗德奖学金,我认为我这次可以为他获得。他觉得好笑,就把两个推荐名额中的一个给了我。

《巴黎评论》:你是怎么得到罗德奖学金的?

斯坦纳:用的是一种奇怪而令人难忘的方式,现在想起来我还有点儿尴尬。考官在一个乡村俱乐部要面试我们到深夜,就像在搞外交事务。他们把我和另一个最终入围者叫进去。另一个入围者既是芝加哥大学的学生,也是西点军校的学生,他的衣领上镶着金星。考官说,接下来是"二选一,你们有十分钟准备,向本委员会简单陈述对希斯一案①的看法。"(那时是一九五〇年十二月,希斯一案正处在第一次审判和第二次审判之间。)我那可爱的竞争伙伴先进去,可能是想出其不意,他说:"抱歉,身为未来军官,我对此恕不置评,因为此案还在庭审阶段。"考官把我叫进去,我毫无顾忌地侃侃而谈:我深信,当事人有罪,希斯在做伪证,为的是保护当事人。我其实是信口开河,但他们听入了迷。

他们对我说:"我们想把奖学金给你,可惜你体育方面不足,没有特长。你有感兴趣的体育活动吗?""除了国际象棋,"我说,"我还喜欢橄榄球。"他们给了我一支粉笔——我说的都是真的——叫我演示分裂T字阵型、T字阵型和单边防守阵型的区别。我说"太简单了",然后立刻开始讲解。他们说:"好了,祝贺你获得罗德奖。"这都是真事。

《巴黎评论》:你现在还是职业橄榄球球迷吗?

斯坦纳:是的。我读大学时也是。我经常离开芝加哥,到圣母大学和密歇根州去看比赛。我很怀念那段时光。我现在还会在电视上看。我喜欢橄榄球运动中表现出的智商,喜欢其中奇怪而复杂的球员构成。无论如何,我就是这样回到了英国。

---

① 1948年8月,美国政府官员阿尔杰·希斯被指控为苏联间谍,在经过两次审判后,他最终于1950年1月被判伪证罪成立,入狱五年。此案第二次审判始于1949年11月,后文斯坦纳称1950年12月此案尚未二审,应系记忆错误。

311

《巴黎评论》：在牛津读完书，你就为《经济学人》工作。你在那里究竟做什么？

斯坦纳：就是写、写、写，不停地写。我在那里度过了精彩的四年。我最初写关于北约和西欧的东西，接下来又写关于美国的东西。有一次，他们派我到美国写一篇关于原子能委员会的报道，其中包括采访普林斯顿高等研究院的奥本海默。他开口就说，他无法相信他的秘书做了这次安排。他说我们有三分钟采访时间，比起接见一个他毫无兴趣的记者，他还有更重要的事情，然后他就炮轰新闻业。我也不客气地反驳："要是你对新闻业多一点同情心，这篇报道就成了。"他听了哈哈大笑。

采访完后，我去和乔治·凯南、埃文·潘诺夫斯基和伟大的柏拉图学者哈罗德·切尔尼斯共进午餐。午餐后，切尔尼斯邀请我到他漂亮的办公室。我们开始闲聊的时候，奥本海默也走了进来，坐在我们身后的桌子上。这是最残忍而漂亮的把戏：你站在别人身后说话时，别人看不到你，一定会感到彻底的无助，你就自然掌控了局面。奥本海默深谙此道。切尔尼斯向我展示他正在编辑的柏拉图作品的一个段落，里面有阙文，他想补齐。奥本海默突然问我，如果换作是我，我会怎么办。我吞吞吐吐地说也要补上。他说："哦，那办法真笨，伟大的文本都需要空白。"听到这话，我反驳说："这只是一句看似华丽的陈词滥调。首先，先生，你肯定知道，这句话是马拉美说的。其次，你在抬杠，这种似是而非的把戏可以没完没了地玩下去。可是，若请你为我们普通人编辑柏拉图的文本，你把里面的空白填上了，我会感激不尽。"奥本海默的回答也很绝。他说："不，你应该知道，相比于诗歌，哲学中含混的空白更能激发辩论。"

这时，他的秘书进来告诉我，出租车在等我。奥本海默迈着他独特的步伐走到我身边，问我结婚没有。我还是以生硬的口吻回答说"结了"。我话音未落，他就打断了我："有孩子了吗？"我说："还没有，我们刚结婚。"他说："太好了，房子容易解决一点。"就这样，他邀请我加入普林斯顿高等研究院。我是那里第一位非常年轻的人文学者。

《巴黎评论》：你就离开《经济学人》回到了美国？

斯坦纳：伦敦的编辑请求我不要离开，他们说会给我时间，到附近的伦敦图书馆去写作。他们还说，《经济学人》实际上一周只用工作三天半，可以兼职。这是英国文人的传统。但奥本海默告诉我，业余时间写不出好书，这句话像刀子一样击中了我。这是真的吗？我至今也拿不准。但他的话那时击中了我。他是权威，有魅力，他的话里明显有股傲气。我接受了他的建议。

《巴黎评论》：你后来为什么又决定回欧洲？

斯坦纳：这的确是关乎我和我作品的关键。我先澄清一点事实，这经常遭人误解或被以一种很可笑的方式谈起。我对美国其实感激不尽。美国不仅在一九四〇年救了我们的命，而且给了我教育、公民身份和罗德奖。我的太太是土生土长的纽约人，我的两个子女都在美国学界。二十七年来，我一直为《纽约客》写评论。我一年中数次到美国演讲、教学和与亲友相聚。

但是，这也完全是真的，我想在欧洲生活和工作。我的工作要围绕多语种环境展开。最让我感兴趣的或许是我们与语言的关系，我们的心灵与所说的语言的关系。与许多怪论相反，通晓多种语言这事并不稀奇。在瑞典和芬兰，大多数人都在双语环境中成长。在意大利北部山谷，人们会讲意大利语、德语和方言。世界上有些地方，人们生来熟悉多种语言。对我来说，这至关重要。法语、德语、英语，加上后来学的意大利语，支撑着我的生活。它们是我写作的语言、做梦的语言。欧洲给了我生活在多门语言中的可能性。特别是在日内瓦、在法国的生活——那是我生命恒在的一部分——我与自身的各个语言层面保持接触。这是美国的单语种生活难以比拟的。

其次，我非常喜欢历史，喜欢欧洲古老的城市和风景。美国的空间很大，我没有能力和心智对其进行回应。把我放在欧洲任何地方，我能凭借气味、口音、名字、树上或墙上的光影，告诉你我身在何地，误差不会超过几公里。这种神奇而悲剧性的存在之密度,这种感受到的存在之压力,对我来说只不过是直觉,没有道理可言,看起来完全内化于我的生命。

不过,说实话,这些都是表面理由。还有一个根本的、不可改变的理由。这是一个故事,我忍不住要说。海德格尔断言,讲故事是说道理的敌人。是的,的确是那样,但请多包涵。我是故事讲述者,我喜欢故事。那时,我有了两个孩子,我的前途未卜,我开始独自撰写《巴别塔之后》。两所美国大学非常慷慨,为我提供了比较文学教席的机会。我飞到纽约去看病重的父亲。我们来到他很喜欢去的纽约广场酒店的橡树园餐厅。这是个具有浓郁欧洲风情的老店,他总是坐在一九二四年初抵美国时坐过的同样位置。我征求他的意见。我分别列出两所大学的优势。他一向很严肃,难以相处,但他很仔细地听。他说,只有我自己才能决定。他沉默良久,又说:"真可悲,希特勒赢了。"他的意思是,希特勒发过誓,欧洲不会有犹太人;斯坦纳家在欧洲就要断根了。那天晚上,我打电话给太太,说我宁愿在欧洲当个中学老师,当工人,做任何事都可以,我再也不想体验父亲这句话里的鄙视。我不能忍受。我身上没有足够的东西忍受他话里的悲伤和鄙视。我知道他是对的。他用尽一生拯救我们,拯救他人,目的不外是,他的儿子在任何情况下都不会再遭驱逐。

我是一个追忆者。我作品的核心,就是走出大屠杀——文化上的、哲学上的、字面意义上的大屠杀——走向某个地方,带着全部的阴影、幽灵和骨灰。这些东西在我的作品中非常多。某种意义上,这是非理性的。伟大的记录者,比如,劳尔·希伯格[1]和埃利·威瑟尔[2],选择以美国为基地记录。而我经常回到欧洲具体的地方。我经常回到父亲儿时生活的捷克斯洛伐克的村庄。我参观了许多集中营。几乎出于本能,我经常回去看我在巴黎读过的学校。我们班只有两个犹太孩子幸存,包括我在内,都是出于

---

[1] 劳尔·希伯格(Raul Hilberg, 1926—2007),犹太裔美籍政治学家,著有《欧洲犹太人的毁灭》一书,被视为大屠杀研究的先驱人物。
[2] 埃利·威瑟尔(Elie Wiesel, 1928—2016),犹太裔美籍作家、政治活动家,犹太大屠杀幸存者,其讲述自己集中营经历的自传《夜》出版后影响巨大,1986年获颁诺贝尔和平奖。

偶然,纯属偶然。我认为,我应该在欧洲写作、教学和思考。

《巴黎评论》:你考虑过住在以色列吗?

斯坦纳:我在耶路撒冷时,有些早上我自问:"为什么不定居在这里?"对我来说,这是更加不安和迫切的问题。我一向反对犹太复国运动,我厌恶民族主义,我有种族主义的势利心态。从伦理的意义而言,我是十足的种族主义者。换言之,对于我来说,一个犹太人必须折磨另一个种族的人这一事实,正如为了生存,他们在以色列这个秘密警察的国家里所做的那样,这是我无法用理性接受的东西。我认为这罪大恶极。如果有人问我,为什么犹太人这样做就比其他种族的人做更有罪,我会说,在我看来,这罪不是多一点,而是无穷多。我们这个民族,因为绝望无助、四处被追捕,所以要有某种特权和高贵,不折磨其他种族,不让他们无家可归。

多年前,爱德华·赛义德在哥伦比亚大学讲座,我溜到后排去听。我们只是面熟。他看见了我,但装作没有认出。他提到马丁·布伯①的名作《我和你》:"乔治·斯坦纳要是知道这点或许会觉得有趣,这本书的写作地点,正是我住过的房间。我想那是在一九四八年,某个晚上,我父母和我被从那间屋子赶了出去。"我知道,他用一种可怕的方式,用一种几乎神秘的方式,获得了嘲讽我的特权。我们犹太人不该是嘲讽的对象,因为吊诡的是,我们无能为力。但我认为,树有根,人有腿,这是巨大的优势。我们穿行在人世,都是彼此的客人。犹太主义的抱负,从希伯来先知耶利米,一直延续到托洛茨基。托洛茨基是又一个犹太国际主义的伟人。这位先知,这一个相信所有边界都会消失的人,在流亡了二十多个国家后,在墨西哥死于冰镐之下。在巨大阴影笼罩下的欧洲,应该有几个理想主义色彩浓厚的犹太人留下,他们至少记得欧洲文明的样子。在那种意义上,我真的没有优势、能力或才华为美国生活做出贡献。我觉得我只有在

---

① 马丁·布伯(Martin Buber,1878—1965),生于奥地利的犹太哲学家、翻译家、教育家,犹太复国主义者。《我和你》是他写作于1923年的存在主义哲学随笔集。

欧洲为欧洲文明做一点贡献。

《巴黎评论》：美国思想界和文学界的一些东西肯定也吓到了你。

斯坦纳：是的。我写了一篇文章，流传很广，也遭人恨。在我写的东西中，这篇或许是最遭人恨的文章。这就是《伊甸园档案》。在这篇文章里，我直言不讳地说，美国的博物馆、档案馆、图书馆、研究机构和大学将是文化世界的中心，但它们靠欧洲的艺术、哲学和形而上学喂养。也就是说，这个世界上维特根斯坦、海德格尔、萨特那种级别的人，将继续从切腹自杀、四分五裂的欧洲来到美国；现在美国文化中很大程度上充斥的是二流而非一流的作品；托克维尔说得没错，美国心灵中有着根深蒂固的对于平等的渴望；这种社会正义、平等和体面——请用八支红色铅笔画着重号——对于绝对第一流的哲学或艺术创造的某种品质特别有害。

对此，美国人会不无道理地说，他们在芭蕾艺术上全球领先——我不是裁判，但我完全服从这个判断——或者说，他们现在有一些很好的作曲家，虽然赶不上勋伯格、巴托克或斯特拉文斯基，但是堪比爱略特·卡特或亚伦·科普兰。当然，列名单是十分愚蠢的，也说服不了我们。这是凭直觉的问题。或许我搞错了，但我没有被说服。欧洲媒体的封面还会报道哲学事件或争论，报道某个著名思想家的离世。那里还有浓厚的文化氛围、思想的颤音。

我换一种说法。从西边的葡萄牙到圣彼得堡，你有咖啡馆，你早上进去，点一杯咖啡或一杯酒，消磨一天，读世界各地的报纸、下棋或写作。咖啡馆里写成的好书很多。有人总是那样做，喜欢那样做。但你在莫斯科没有咖啡馆。莫斯科是亚洲的前沿。有无咖啡馆，这条分界线可以明确地画出来，敖德萨就在界线上。我喜欢咖啡馆，不喜欢酒吧。我不喜欢英国酒吧，更不喜欢美国酒吧。我在欧洲各地都有在家的感觉，因为我一到某个地方，就去咖啡馆，找人下一盘棋，或要来一堆报纸，放在木棍上，那种老式的木棍可以把报纸卷起来。咖啡馆是世界上最平等的社会空间，因为只花一杯咖啡或一杯酒的钱，你就可以在咖啡桌边坐一天。你可以写东西，可以做任何事。我在日内瓦上完课后，学生总会知道，我在哪个咖啡馆喝早上的第二杯咖啡，或来一杯白葡萄酒，他们会赶来聊天。咖啡馆是真正点燃精神生活的地方。

这些是非常困难的问题；争论爱恨没有用，争论所犯的大错没有用。我的两个孩子会说，美国代表未来，或者说正代表现在。他们选择在美国生活。我为他们自豪，我乐意经常去看望他们。但我的记忆太强大，我早年在法国接受的学校教育太强大。为什么我不去天堂？肯定有很好的道德原因，但更多的是实际的原因：我已在天堂了。天堂是什么？天堂就是米兰的拱廊街。我坐在那里，拿着一杯卡普契诺，面前就是《新闻报》《法兰克福汇报》《世界报》和《泰晤士报》。我口袋里揣着一张斯卡拉歌剧院的门票。扑面而来的是十余种香味——巧克力的香味，面包的香味，二十家书店的书香（它们都是世界上最好的书店）。我听见去看当晚歌剧或戏剧的观众的脚步声。米兰的脉搏在你身边跳动。我已在天堂，现在不需要另一个天堂。

美国的林肯中心对我来说毫无这样的感觉。我喜欢纽约大都会博物馆，赞叹里面的藏品。但这不是关键。我们是复杂的动物。我内心的疆域，整个生命的疆域，是欧洲，或许，或许——我知道——是失落的欧洲。

《巴黎评论》：现在世界上最好的写作在哪里？

斯坦纳：我认为，在东欧和拉美。这几乎毫无疑问。伟大的写作、伟大的思想，是在压力之下迸发出来的。思想是孤独的、专注的、像癌症一样扩散的疯狂的事业：你要能够在内心深处保持高度关注。很少人知道该如何思考；真正专注的思考是关于当下最困难的事情，因为压力，才获益巨大。在被问及天主教的审查制度时，乔伊斯回答说："感谢上帝。我是橄榄，压榨我吧！"有人问双目失明的博尔赫斯，在庇隆当政时期，为什么不离开危险的布宜诺斯艾利斯到哈佛教书，博尔赫斯笑着说："审查制度是隐喻之母。"这些话不是我说的，但许多攻击我的人把罪名算在我头上。这些话是文学大师说的;他们才真正懂得什么是思考,什么是一流的写作。

或许,在一段时间内,我们仍然会见到新独立的国家产生大量的作品。但这些作品很快会丧失光环。杰基·柯林斯①正在填补托尔斯泰、陀思妥耶夫斯基和果戈理一度填充的窗口。年轻人喊道:"别扯那些废话了。"他们想要最新的录像带。"你们这些高雅文化太恐怖了,"他们说,"你们把它们灌进我们的喉咙。没有人问我们喜不喜欢歌德;我们恨他。"我知道这一点。我还没有老糊涂。在以上情况下,我会很快发现自己属于乳齿象,一种精英高雅文化的幸存者。我知道这一点。

但是,我和美国大多数同行的真正区别在哪里呢?无论什么人,只要他实践自己的信仰,我都能尊重,几乎都能与之相处。这是很危险的事情。我最近在法国出了一本书,是和法国的法西斯主义最后的重要幸存者之一关于亚伯拉罕和安提戈涅的对话。他是很有名的人,叫皮埃尔·布当,极右翼的哲学家。我们在所有的事情上都相左,但我们彼此尊重,能够讨论差异。他全心全意地实践自己的信仰,我也对自己的信念始终如一。我忍受不了的是民粹主义。鼓吹、兜售、宣扬这套观念的人,其实全靠高雅文化喂养,在学院的林荫里过着安稳优越的生活。他们想左右逢源。

在一九六八至一九六九年那段著名的动荡岁月中,我置身于风暴的中心,哈佛和法兰克福,但学生绝对尊重我这样顽固不化的柏拉图主义者。我没有遇到任何麻烦。他们讨厌我,他们不同意我的观点,但他们知道我对自己的观念充满激情。他们只是鄙视那些想要与狼一起号叫的人。学生们能够看穿虚伪,如同看穿透明的玻璃。他们知道哪些人只是想取悦他们,奉承他们。你不能左右逢源。一个人,如果柏拉图、巴赫、莎士比亚和维特根斯坦是他魂梦所系,是他的喜怒哀乐,是他的日常生活交流,他不会假装民粹主义者。让我恶心的是虚伪。如果我碰到卡米拉·帕格利

---

① 杰基·柯林斯(Jackie Collins, 1937—2015),英国畅销书作家,后移居美国。

亚[①]——她说吉米·亨德里克斯比索福克里斯还重要——这样的人，如果我碰到不顾一切危险真正过那种生活方式的人，我会脱帽致敬。我可能不会同意他们。比如，我碰巧认为，重金属和摇滚音乐解构了人类的沉默，解构了人类对于内心宁静的全部希望。但倘若有人告诉我，这些音乐是未来之声，他们对此深信不疑，而不是像一些有固定教职、住在带有草坪的洋房里的人一样假装相信这一点，我们绝对能够彼此尊重，这没有问题。让我恶心的是我们同行的行话，言不由衷，虚伪至极：想要左右逢源，为了得到狼群的爱，就跟着狼群跑。

《巴黎评论》：我们暂且同意有经典存在。我们暂且同意我们能够理性地谈论哪些是最伟大的作家。那么，哪些是在世最伟大的作家呢？

斯坦纳：我们往往搞错谁是我们时代最伟大的作家。埃德蒙·威尔逊不一样，他几乎全对了。他列举了普鲁斯特、福克纳、叶芝和乔伊斯。他有非常好的直觉。我相信，如果我是某个脚注的脚注，那是因为我很早就为保罗·策兰而战。我也看好勒内·夏尔，我相信本世纪结束时，他将耸立在法国诗坛。只要你读过十页科马克·麦卡锡的《天下骏马》，都会有福克纳重生的感觉。我试图重读它，发现不可能做到。面对公式力学一样的巨大才华，你开始畏缩不前。这是令人难以置信的才华。他作品中的部分章节，可能是当下最刺激、最猛烈、最有创意的文字。不过，这还没有形成定论。我希望再次尝试重读麦卡锡。

我不会像哈罗德·布鲁姆一样开书单。我讨厌那种做法。令我感到不安的是一些具体的东西。比如，在英国书店，留给小说处女作的售卖期是十七天。现在，那些有难度的原创作品还有什么机会？更何况更有难度的书，这么短的售卖期，是不是要靠炒作，要靠精明的营销技巧，才能在文化价值的超市中出头？它们能否在磁盘、光盘和新的文本载体带来的变革中存活下来？我能想象，自助文本、体育或时事类的书籍，会大量存在。

[①] 卡米拉·帕格利亚（Camille Paglia, 1947— ），美国女性主义学者、社会批评家、文化评论家。

博物馆指南会更走俏。我不敢确定，普鲁斯特、穆齐尔、布洛赫、福克纳要是再世，是否还有一线生机。这令我担忧。连必要的时间都找不到了！天啦，除了电话、传真和电邮，我们还有时间干任何事吗？为什么会这样？我们都没有时间，更重要的是，我们都缺这些大师那种心灵的宁静。

《巴黎评论》：你提到传真、电话和电邮。你能否谈一下你的写作方式，科技是否以某种方式进入了你的作品并在其中起作用？

斯坦纳：的确是这样。我对有形的写作技艺感兴趣。我喜欢上午写作。我最好的作品往往都是在早上写的，尤其是清早；那时，我心智和感觉的运行更加高效。我在下午阅读和做笔记，然后草拟第二天上午想写的东西。下午是充电的时间。我在很老式的打字机上写。关于写作方式的洞见，《巴黎评论》辑录得最全。我喜欢用大页纸，尽管这并无道理可言。在美国，这种纸称为"律师公文纸"。过去，你在任何文具店都可以买到它，但现在必须预订。我喜欢在大页纸上用单倍行距打字，漫不经心地打，不管拼写是否错误，甚至都不注意分段。我打出来的第一稿很粗。第二稿我会用双倍行距，开始用常规的打印纸，但仍然会在上面植入许多手写和更正。所以，说来好笑，我的草稿是用单倍行距胡乱地打在大页纸上的。我不知道何时养成的这习惯，反正已经很多年了。要是没有了这种纸，我就像见不到自己小鸡的母鸡，会在屋子里走来走去。这跟我遇到问题的时候一模一样。

《巴黎评论》：你是如何修改的？

斯坦纳：我在草稿的背面或边上修改。第二稿仍然很粗，双倍行距打印，可以在行间修改。

《巴黎评论》：你喜欢在哪里写作？

斯坦纳：任何地方都可以。住酒店的话，只有身边带了打字机，我会在房间里写作。我现在有好几处办公室。我在日内瓦有一间漂亮的办公室；你现在坐的这间办公室；我在剑桥大学丘吉尔学院也有专门的办公室。过几天我要带着打字机去牛津大学圣安妮学院的办公室。我很幸运能够用这种方式写作，环境不会打扰我。我也有大量的信件要处理。不过，许多我用手写。平均每天我收到十来封信。

《巴黎评论》：你一般每天写几封？

斯坦纳：四五封。许多时候只是简短道歉，不算回复。我不像埃德蒙·威尔逊一样，在卡片上印好文字"抱歉无法回信"。我谈到过太多的东西，提到过太多的书和作家，所以我收到无数的信件，问我去哪里找某个东西，某个作家还有什么书可读。这些信我总会回复。我认为这对于我来说是道德律令。

《巴黎评论》：你开始动笔时有什么特别的仪式吗？

斯坦纳：啊，还真有。这个问得好。你现在让我想起来了。我动笔写一本新书或一篇长文前，会找一页相关文字写得很漂亮的东西，默读完后才开工。不过，它的内容要与我的题材毫无关系。

《巴黎评论》：你会大声朗诵吗？

斯坦纳：会的，甚至可以背。我很幸运，记忆力不错，很快就能背，哪怕是小说。

《巴黎评论》：你的记忆力真的像复印机？

斯坦纳：受过高强度训练。我们从五六岁开始就在法国公立学校念书，最初一周要背十行拉封丹的寓言，到十七岁从公立中学毕业时，一周可以背一百五十行，没有任何问题。拉辛的许多东西，我至今还能倒背如流。所以的确是有仪式。比如，最近在写《真实的临在》时，我习惯先背一页柯勒律治。这对我很有用。思想的音乐给我留下了印象，如此丰富，超过了我的理解。我要用德语写作时，经常会先找一首德语诗歌来念。在用意大利语写作时，我极少有不读但丁的日子。但丁一直陪伴着我，一直。

《巴黎评论》：你谈起这种仪式时，眼里流露出甜蜜和欢乐。真正的写作行为对你来说真的十分愉悦吗？

斯坦纳：不，不完全是，只不过我很幸运。一般来说，写作行为令我愉快。但有时面临截稿日期也会令我恐慌，幸好这样的情况很少。我受邀为《纽约客》撰文二十七年，一大好处是涉猎范围很广。

《巴黎评论》：你写某个东西的时候，中间会征求别人的意见吗？

斯坦纳：从不。那会是一个错误。人人文库第一次出版《旧约》时，我应邀写一篇长序，花了整个夏天。我不是希伯来学者或《圣经》学者。现在明智的做法是，把我写的长序送十份给专家，敬请他们指正。也许，这次我要这样做，但此前我不会花钱这样做。现在的写作呈现合作的趋势，我很反对。我认为一页东西在我们身上歌唱，在我们身上生活，它是完全孤独的行为。与人合写，那是疯了。当然，看在上帝的分上，关于《旧约》，你若认为还有些新东西要说，这样想也是疯了。已经有多少书谈论过《旧约》？成千上万？我是难以想象，反正图书馆都塞满了。所以，你怎么能如此疯狂？在普鲁斯特、乔伊斯、卡夫卡、福克纳之后，你怎么能坐下来写本小说？我想不通。答案是：你必须写。"你必须写"这句话就像人身上的私密肿瘤，灵魂里的私密肿瘤。这不是集体行为，与科学研究不一样。

《巴黎评论》：你告诉过我，是《押送阿道夫·希特勒前往圣克利斯托克》这部小说在"写你"，好比你只是一个在听口述的秘书。你在那之前或之后有过类似的体验吗？

斯坦纳：在某些地方有过类似的体验。《巴别塔之后》有一部分谈论谎言作为伟大的创造时刻，谈论这种观念，两万种语言是超越单调生活的适应方式，每种语言给予你不同的世界观，那五六页东西没有人说过，没有人赞同。《安提戈涅》那本书的结尾也是自动写作。但唯一完全自动书写的作品可能是《押送阿道夫·希特勒前往圣克利斯托克》。

《巴黎评论》：你提到人人文库版的《旧约》。你能否谈谈你现在其他的写作计划？

斯坦纳：好的。我很开心，我刚完成一本书，名叫《英语中的荷马》，收录了四百五十年来从卡克斯顿到沃尔科特关于荷马的翻译、改编、仿写、讽刺、戏仿、混成。这相当于一部英语史，一部情感史，时间跨度从中世纪初，一直到克里斯托弗·罗格新近出的荷马史诗第三和第四卷，到德里克·沃尔科特的加勒比版，到苏格兰版、爱尔兰版、威尔士版和美国版。荷马史诗是世上被翻译最多的文本，比《圣经》还多得多。从十七世纪起，每年都有人在翻译出版《伊利亚特》《奥德赛》，翻译出版荷马的赞美诗，或出节译本。自从一九四五年来，仅在英美，我们就有十四部荷马史诗的全译本，就在我们谈话的现在，罗伯特·法格尔斯正在准备一个新译本。

《巴黎评论》：你现在写别的东西吗？

斯坦纳：我现在主要的任务是完成吉福德讲座系列的讲稿。这个任务我要打起精神认真对付。吉福德讲座的主题是哲学，这个系列讲座在西方世界历史悠久。我能受邀开讲，的确至为感动、意外和荣幸。你想想，我稀里糊涂就跻身于亨利·柏格森、威廉·詹姆斯、伯特兰·罗素等最重要的现代哲人中间！我是在一九九〇年完成的讲座。当时有约定，我要写成并出版我的讲稿。因此，这是我面临的一件重要工作，一项艰巨任务。

《巴黎评论》：这些讲稿主要是关于超验的性质，是吧？

斯坦纳：是的，它们被统称为"创造的文法"，回答这样一个问题：为什么在英语和其他所有欧洲语言中，你可以说"上帝创造了这个世界"，却不可以说"上帝发明了这个世界"?这个问题研究了两个语词,即"创造"(creation)和"发明"(invention)的区别。从哲学上而言,无论我的主张多离谱,文学都在引导我走向难题的中心。

《巴黎评论》:在某些方面这是《真实的临在》的延续吧?

斯坦纳:是的,只不过是以很不同的方式。有人指责我的知识是一地碎钱,其实是在奉承我。我的思想其实差不多只集中在一点。我很早就出版了《托尔斯泰或陀思妥耶夫斯基》,其中我反复宣称,这两个作家与福楼拜或巴尔扎克的区别,他们与梅尔维尔的类似,恰在于神学的维度,即上帝是否存在的问题。这本书讲清楚了三十五年后《真实的临在》中的东西。我相信,文学、艺术、音乐、哲学中都存在某些特定维度,如果上帝是否存在的问题被裁决为无意义的话,这些维度将无法被触及。

如此说来,无神论者非常稀少。无神论者总会激发我最深层的敬畏和敬重。我们中间百分之九十八的人生活在差不多由传统的迷信、想象、恐惧和希望冲击而成的沙滩中央,在那里,如果晚上电话铃声响起,我们听到自己的孩子出了车祸,我们总会以某种方式乞求上帝。这是丢脸的情景。真正的无神论者和真正的虔诚信徒——对于他来说,有一种宇宙的秩序,对于他来说,即便是自己孩子之死,尽管难以承受,在某种维度上依然有意义——这些人是骄傲的少数。我们谈到过我日益深切的信念,那就是:有绝对的恶存在。我也希望能够被说服,有绝对的善存在。

但我敢肯定,我们西方人将不再能生产文学、艺术、音乐和思想的某种秩序,如果文化的共识是牛津和剑桥的逻辑实证主义和语言哲学宣称的那样:一个句子只要包含了"上帝"一词,必然就无意义。如果这种观点占上风,那随之而来的就是完全无足轻重的东西了。

《巴黎评论》:你观察到十九世纪九十年代西方意识出现了巨大的断裂。今日之状况与那种断裂有什么关系?

斯坦纳:那正是源头所在。马拉美和兰波为德里达、拉康和福柯开辟了道路，他们说，不存在主体，没有"我"，一个语词就是它所指对象的缺席（马拉美有一句神奇的诗："'玫瑰'一词里没有任何花"）。我们在这里面对的是逻辑实证主义者另一句名言的全部后果："狮子"一词不会排粪，也没有四条腿。

《巴黎评论》：你在《真实的临在》中用了许多的天主教神学。作为一个犹太人，你如何解释这件事？

斯坦纳：与犹太教不同，基督教有美学，一直关心艺术在人生中的地位，在人与超验情感之间关系中的地位。犹太教没有美学。如同伊斯兰教、犹太教非常反对圣像崇拜。犹太教崇高而巨大的追求，就是不立任何圣像。基督教在我看来是一种多神教，因为它的三一论是一种非常崇高的多神论，而非一神论。基督教充满了象征、讽喻和想象的意识。我认为，如果不面对从圣奥古斯丁和圣托马斯到现在的大量基督教思想，我们就无法详细论述或深入思考超验的母题、主题和象征在艺术、文学和音乐中的作用。

《巴黎评论》：爱也是一个重要的基督教神学观念。在企鹅出版社出的你的作品选集中，你声称："我之后的所有写作和教学，追根溯源，都是由于我很早就有此信念，严肃文学和哲学批评来自爱的债务。"你能否解释一下这句话的意思？

斯坦纳：我很乐意。我生活的时代并非许多人所谓的焦虑时代，而是充满嘲讽、羡慕和嫉妒的时代。意识到这一点，我一生都很痛苦。我在《纽约客》发表了一百五十多篇文章，还在《泰晤士报文学增刊》等刊物发表了至少二百五十篇文章。三十五年来，我想，我只写了四五篇真正负面的评论，如果真是那样的话。我拒绝了为许多书写评论的邀约，因为它们太烂，所以我不想写。我对于评论的书，总是不吝赞美，总是表达欣喜，总是想对读者说，"读这本书吧"。

我现在完全跟不上英国评论界的腔调。他们要么不屑一顾，要么居高临下，要么吹毛求疵，心中偷着乐。我完全跟不上现代这种普遍的"invidia"（嫉妒）——在拉丁语中这是一个重要的伦理-神学术语。我们现在置身于嫉妒的文化。我有些学生，他们比我更能干、更敏捷、更深刻、更有创造力，其中或许有四五个特别突出，有的在美国现在很出名。这对我来说，真是莫大的荣幸。想到这一点，我认为一切所做都有了意义，我知道我还有用。

你我这样的人，作用到底是什么？我们是引水鱼，这些奇怪的小东西，游在真正的大家伙——大鲨鱼或大鲸鱼——前面，对人们发出警告："大家伙来了。"有一次我到非洲，在一个野生动物保护区，真的看到像画眉一样的犀牛鸟，停在犀牛的背上，疯狂地尖叫，提醒人们犀牛来了。现在，一个优秀的老师，一个优秀的批评家，说："这是真家伙。理由在这里。请读它，读它，来吧，买下。来把它带回家。"

我忘不了有一天在剑桥教书时的快乐。那是一次辅导课，学生迟到了，我有几分钟空闲时间。邮箱里有一个大包裹，是一部书稿。《纽约客》规定，评论家完全有权利不看书稿，不为书稿背书。我很尊重这种惯例。所以，我想把这书稿连同包装丢进垃圾筐，可垃圾筐的大小不合适，包装的硬纸板太大。于是我把书稿放在桌上，瞄了一眼开头。一道闪电在脑海掠过，我的上帝，我想，这是个大家伙。我打电话问肖恩先生，可不可以为它写评论。他觉得挺好笑，他说，这本书可能要一两年才能出来，到时把评论的机会留给我。这本书就是《禅与摩托车维修艺术》。

《巴黎评论》：它那时找到出版社了吗？

斯坦纳：我不知道。但我写信告诉作者："你知道，这是好家伙。"不过，我没有对他说下一句。我只是告诉我夫人，在我的笔记中写道，我担心他再也写不出这样一部值得阅读的书。我完全清楚这一点，这是可怕的事情，很遗憾，我是对的。但我这里想强调的是，我做一只犀牛鸟的快乐。

我一直很幸运，经常可以感叹，"我的上帝，这真棒"。我仍然在战斗。我认为英国在哈代之后只有一个大小说家：约翰·考柏·波伊斯。我的看法极少有人认同；我可能完全错了。但我能帮他的一些作品出平装本，现在有进展，只不过还没有突破。我相信他的《格拉斯顿伯里传奇》《波利乌斯》和《索隆特狼》都是大家伙。我写关于他的评论，到处做讲座，告诉人们应该尝试读他一下。迄今，依然反响不多。一些人真的读过后对我说，我完全错了，他的作品没法读。这也很好。我宁愿犯错，也不愿把我对他的喜爱憋在心里。

人们不会原谅我的另一个例子是劳伦斯·达雷尔。我说话要小心一点。达雷尔现在到处遭到嘲笑。但我仍然相信，《亚历山大四部曲》的前三部卓尔不凡。我承认最后一部烂尾，这很遗憾。但这不重要，比这部烂尾的作品差的书多了去。即便我错了，我看走了眼，哈哈，那又怎样！我感兴趣的是爱的错误，你甘愿为之冒险的错误。啊，上帝，很多人拼命想要正确！现在学术界的同仁，不肯冒险，个个谨小慎微！四十年来，我一直问学生，他们收藏谁的作品，他们喜欢哪些在世的作家，哪怕写得差一点的作品也想收藏。如果他们不收藏任何作家，我知道，他们在我这行当没任何前途。

幸运的是，我对乔治·西默农的评论，纪德等人都站在我这边，所以我不需要壮胆说，他可能是现代最重要的作家。倘若某人说现代最重要的作家是赞恩·格雷，他体验到对格雷的热爱，收藏他的作品，进行研究，我会为他叫好。那是必将得到拯救的灵魂。倘若有人问，谁是赢家，谁是股票市场的常胜将军，他们怎样投资，我会说：别来，别来，别来！所以，是的，对我来说，爱才是资本。这确实是一个痛苦的时代，最痛苦的文化嫉妒的时代，有些大家该为此负责。利维斯每次张口就说，只有五部经典，其他都是垃圾，庸俗不堪，不必读，不值得浪费纸张出版。我们时代有许多这样的仇视派批评家，有许多传授仇视的教师，他们有权势，有影响。我和他们不是一路人。

《巴黎评论》：在《真实的临在》中，你提到艺术家和观众友好进行交易。你说，读者会对作者表示欢迎，听者会把音乐家的旋律纳入自己内在的生命之家。

斯坦纳：这正是我们一直在谈论的东西：礼貌，动心，欢迎。我突然想到许多例子，他们以贬低他人而自炫，他们完全没有创造力。优秀的批评家往往是失意的作家。优秀的批评家知道，相对于创作者，他是阉人的影子。一个人要是能写出一页《群魔》那样的东西，你认为他还会去写关于陀思妥耶夫斯基的评论？正是这个观点，让今日大学里的许多同辈大为光火，他们不会原谅我。

《巴黎评论》：在你的生活和作品中，音乐的地位似乎越来越重要。为什么？

斯坦纳：第一个答案来自对变老的洞见，也就是说，对于一个以语言为一生志业的人，音乐是越来越重要。渐渐地，一个人读的书越来越少，听的音乐越来越多。我是最近才知道这个道理，但似乎这是人们早就熟悉的心理现象。如果这是真理，如果这不是神话——心理学和心理学家那里充满了神话——我会强烈认同。

不过，音乐吸引我，还有别的原因。即便你们把我逼到墙角，狠狠踢我，我也难以想象一些伟大的诗人是如何创作的。我知道我不能像他们那样写出一行诗，但至少我能想象我这样的人可能写什么。但当我接近莫扎特、巴赫、贝多芬，尤其是舒伯特——对于我来说，他晚年写的那些重要作品居于中心——时，这一切就都毫无用处。我理解不了，对吧？我的确理解不了。列维-斯特劳斯说，旋律的发明是"终极之谜"，但我理解不了的东西不止旋律。巴赫能够用四个音符的主题创作出四十八支序曲，我理解不了。我不知道瓦格纳在歌剧《指环》中是如何让开头到结尾的和弦都保持拱形结构。我也不理解贝多芬的四重奏的结构。

因此，首先，从创造过程来说，我发现自己面对的是未知领域。其次，我不知道音乐对我做了什么。我知道它对我做了一切。在我的书中，我经常提到法国女歌手伊迪丝·皮亚芙的歌曲《不，我不后悔》的开头。

我感到冷，我感到热，我愿意为勒庞先生投票，我愿意加入外籍军团。对我来说，一听到这首曲子开头的几个小节，一切冲动的事情都会做出来。我们知道，音乐对气质会产生什么样的影响。柏拉图担心音乐的破坏力太大。我们知道音乐在医疗或治疗方面的用途。音乐在我们内心起了什么作用？我们内心对它的回应是什么？

第三，我总是被指责为完全没有文化情调，说我是史前来的。我承认这种指责是对的，很对。但我一直怀着喜悦想跟上最难的现代音乐，我希望真正能够理解。有些还在世的作曲家，比如路易吉·诺诺、鲁契亚诺·贝里奥、利盖蒂、捷尔吉、库塔格、捷尔吉、埃利奥特·卡特、布莱恩·费内霍夫、齐默尔曼，只要出了新作，我都会去听，为之激动不已。当代音乐在我看来很了不起，我听懂没有问题。但摇滚对我来说的确是个问题。不是爵士：爵士看来很接近古典音乐。迪兹·吉莱斯皮在蜂巢出道之时，查理·帕克正在变成传奇之时，我正在芝加哥大学读书。所以，我对爵士乐的认识的起步不错。但我认为玩摇滚的是另一种人。

《巴黎评论》：这是什么意思？

斯坦纳：摇滚就是想把你震聋；那完全是施虐，想要羞辱你。我把它与我们生活的和谐感的终结联系在一起。如果统计数字是对的，那么在二一〇〇年，地球上生活的人，将比到那时的所有死者总和还多，比石器时代的穴居人以来死人的估值还多。如果这种预测不错，那将是惊人的人口数字。死亡与我所谓的真正音乐密切相关：某种时间的终结感，个人生活的终结感。摇滚完全不同。或许那是觉得生命无限的年轻人的音乐。他们看起来是那感觉。摇滚与毒品有关，与狂喜有关，首先与对沉默的仇恨有关；而在最好的古典音乐中，在爵士乐中，沉默起到非常重要的作用。

所以在我看来，音乐是最刺激的未知的重要人类活动。关于音乐的意义，历史上有真知灼见的不过六人：圣奥古斯丁、波爱修、卢梭、尼采、叔本华、阿多诺。谈论音乐，太难了。下一个哥白尼的出现，可能就是要告诉我们，音乐在我们内心究竟在产生什么活动，音乐是如何创作出来的。首先,在我看来,音乐证明了意义的秩序,那种意义你不能翻译,不能解释,不能换其他术语来说,但它又是极有意义的。如果说我对意义的意义在做任何思考,正如我在最近的吉福德讲座系列中所谈的那样,音乐正是这种在对我说"好好想一想"的东西。

《巴黎评论》:如果说,意义的基本模式是可以翻译,音乐是不是就是那种不能翻译的东西?

斯坦纳:是的,不能翻译,不能解释,也不能改写。意义是什么?为什么我们知道音乐有意义?我们说音乐有意义,那音乐的意义指的是什么?

《巴黎评论》:这个答案与超验有一些关系?

斯坦纳:我认为有。我敢肯定,我们未知的领域,无穷大于我们已知的领域。相对于存在的整个景观,我们看见的风景少得可怜。若有人问,我们怎么会有强大但不明白的意义,我们可以到音乐中去找答案。这就是为什么我总是用一则很重要的舒曼的轶事,它对我的教学至关重要。舒曼弹了一首很难的练习曲,一个学生问他能不能解释一下。"好的",舒曼说完,把练习曲又弹了一次。这在我看来太重要了。那就是为什么我要熟练背诵许多东西,和学生反复阅读同样的文本:反复阅读。音乐是我的正确性检测,是我的音叉,用来检验我对艺术中"令人畏惧的神秘"的感觉。

《巴黎评论》:你玩过音乐吗?

斯坦纳:没有。但正如鲍勃·霍普说,知道中保真、低保真、高保真。这答案不错。

《巴黎评论》:我们换个不同的话题。哪些老师对你很重要?

斯坦纳:这个问题我乐意回答。对我影响很大的,有些是中小学甚至幼儿园的老师。在法国上幼儿园时,我们穿着蓝色外套,端着午餐篮,立正看着老师走过来。老师进屋后——我至今还记得他的名字——看着我们这些五六岁的孩子问:"先生们,这是你还是我?"那时,我就明白了整个教育理论就是分清"是你还是我"。每当我听到关于美国大学中的教育学院的谈论时,我总会嘲笑一番,因为教学的艺术不过就是明白这句话的意思。

毫无疑问,在芝加哥上大学时,我遇到了一些以思想为生的老师。理查德·麦基翁是其中之一。尽管许多科学家给我讲的东西,许多我都不懂,但我知道在他们所从事的工作中,在他们学科逐渐展开的未来中,有一种——我的确不知道如何说——肉欲的欢娱。艾伦·泰特是伟大的老师。他内敛深沉,难以相处。他的冷嘲热讽总让人受不了,但人们还是情不自禁想再次回到他身边。

后来,我还遇到许多人,他们没有正式教过我,却是我人生中的老师。最荣幸的是我与格舒姆·索罗姆[1]的关系。我和他在瑞士同住过一段时间。

《巴黎评论》:什么时候?

斯坦纳:一九七二到一九七六年。在那里我见识了最奇异的组合:一方面是恢宏的视野,另一方面是细致的文本和语文学的学术,基于上帝在细节中这个观念;对此我非常敬佩,却身不能至。现在,我们周围总有一些怨恨的小人,他们认为,只有做专家才是通向上帝之路。这是走火入魔。豪斯曼怎么说的?"真正的学问家比天才诗人还少。"索罗姆让我明白这句话的意思。我们周围的小人在越来越琐碎的问题上做蹩脚的学问,这与真正的专业研究毫无关系。

雅可布·布洛诺夫斯基[2]对我的影响也很大。我只见过他几面,但每次见面都很有收获。他对浪漫派诗歌的热爱,他的激进政治观,他的科

---

[1] 格舒姆·索罗姆(Gershom Scholem, 1897—1982),出生于德国的以色列哲学家和历史学家,当代喀巴拉哲学研究的奠基者。

[2] 雅可布·布洛诺夫斯基(Jacob Bronowski, 1908—1974),波兰裔英国数学家、哲学家。

学知识，他的文化理论，都令人印象深刻。在他这种人面前，"两种文化"的争论毫无意义。他在两种文化方面都很有创造力。另一个我相当敬重的老师是苏格兰人。美国大众对他不熟悉，他最近才去世，是我们这里的哲学和神学教授，名叫唐纳德·麦金农。他是伟大的亚里士多德学者和康德学者。他每天把报纸从头看到尾，一字不漏。我给你讲讲他，讲讲为什么我认为这是你应该去教别人的。

他在法国的《世界报》看到一则简讯，他检查了一下是否真有其事，结果发现是真的。法国驻扎在阿尔及利亚的伞兵部队指挥，一个名叫马苏的将军，叫手下将自己的衣服剥光，然后捆绑起来，电击生殖器，折磨长达三个小时。实验结束后，他说"受害者的抱怨纯属夸大其辞"，这种折磨尽管极不舒服，但可以忍受。麦金农读完这则新闻，像那个时代的人一样，穿着长袍走进拥挤的课堂，讲授康德和伦理。他告诉学生，因为这则新闻，他无法再教康德和伦理，接下来几讲，他们要审查这则新闻中马苏将军那样一个人身上所蕴含的绝对之恶。他把这则新闻引入神学和哲学的方方面面，探究其背后的伦理意义。这就是他的教学方式。他和我非常熟悉。我很荣幸，最近受到邀请，要到剑桥做一次纪念他的讲座。

我还有其他老师。比如绰号"弗林博先生"的惠特克先生，他是《纽约客》的资深编辑，是我在《纽约客》最初二十年里的编辑。在他眼里，无论是句子还是标点的不精确，都近乎道德意义的脏。如果一个句子不精确，如果它是废话，如果你把逗号放在应该用分号的位置，你就在做一件脏事：弄脏了读者，弄脏了语言，弄脏了你自己。为了修改，他会匪夷所思地打越洋电话。他会在电话里说："斯坦纳先生"——他总是这么叫我——"我想你真正的意思是不是……"我说："是的，是那个意思。"他说："不，不，不完全是。你再听一听？"他在电话里把存疑的句子再念了一遍，我逐渐意识到他是对的，不全是那个意思。这种对于英语起源的热爱，对于无穷幽微的英语标点的热爱，今日实在罕见。惠特克先生是一个极好的教师。《纽约客》另一位编辑肖恩也是极好的老师，他对细节的关注已经变成他的人生传奇。这些人是真正的教师，人们愿意全心全意和他们一起工作。

的确,我很走运。犹太教哈西德派有许多寓言,其中一个是这样说的。大致意思是说,我希望我会有勇气和精力,赤脚走很长一段路,去见一个会教我一些东西的人。对于这些老师,我感激不尽。

《巴黎评论》:你认为哪些东西对你的研究、观念和写作影响最大?

斯坦纳:首先是法兰克福学派。要是本雅明还活着,他会写出一部真正伟大的《巴别塔之后》。我一直有这种挥之不去的想法,这本书应该是他的,要是他来写该多好。还有阿多诺。即便法兰克福学派的批评理论早已消亡,他那十七卷关于音乐的写作仍会长存。恩内斯特·布洛赫是弥赛亚式的马克思主义者,信仰乌托邦。卢卡奇是最优秀的马克思主义文学批评家。中欧的犹太传统——信仰弥赛亚,精通多种语言,以歌德、普希金、莎士比亚和音乐为中心——对我的影响巨大。在这个传统中,有巨大历史谬误中的犹太幸存者、犹太卷入者、犹太制造者,还有犹太马克思主义者、犹太弥赛亚主义者、犹太先知,以及经历了这个世纪的犹太人。

关于法兰克福学派,最愚蠢、最枯涩、最柔弱、最乏力的学术研究,莫过于当下这些美国人的著述,他们没有听说过街头暴民,他们没有闻到监狱的味道,他们不知道集中营为何物,他们完全不知道法兰克福学派的人骨子里、血液里、肠胃里都过着思想生活,完全不知道法兰克福学派的人在这个世纪的生活,完全不同于他们这些肤浅的知识分子名流。这些美国人对阿多诺中年时期社会学中微妙意义的论说,令人恐怖。他们把嘲讽、惊奇和失败感强加给了阿多诺。

置身于卢卡奇的家,就是置身于我们世纪的风暴眼。我到布达佩斯探望他时,他正被软禁在家。我那时很年轻,感伤得不得了。我起身告别时,眼里含着泪:他在家软禁,我却要回到安全舒适的普林斯顿或别的地方。我必须说一些慰藉他的话,但他一脸的鄙夷之色。他说:"我们刚才谈的东西,你根本什么都不懂。就在你坐的那把椅子上,二十分钟后,坐的人将是卡达尔,"——那个下令软禁他的人——"他是我学生,我们一

333

字一句地研读黑格尔的现象学。你不懂。"我不懂,真的不懂。仅凭这件事,就重新教育了我,法兰克福学派这些马克思主义者身处的那个复杂而奇怪的知识世界。所有这样的事就发生在那个既残酷又严肃的世界里。

其次是R.P.布莱克默尔。他的散文风格,他的指桑骂槐,他的耳力,他对执行或述行思想的惊人感觉,他关于但丁的论文,他关于亨利·亚当斯和亨利·詹姆斯的论著,都对我产生了深刻的影响。还有一个人,今日美国没有人读他了。天哪,美国人都在读德里达,读福柯,顶礼膜拜。我问他们,读不读肯尼斯·伯克?他们问这人是谁?伯克对我的影响很大。《动机的语法》《动机修辞学》以及他对弥尔顿和宗教作品中逻各斯的研究都对我很有启发。你知道吗?他那本研究希特勒早期演说之修辞的书,我想找一个再版版本都找不到。正是伯克开了先河,他问这种语言的建构是什么,这个人是什么。伯克还写了一篇雄文,谈《科利奥兰纳斯》①语言中的暴力和法西斯主义;可惜这篇文章几乎找不到了,在这篇文章里,他差点搞出解构主义、符号学和后现代主义。至于C.S.皮尔士,在别人的帮助下,我接触到他的作品时,可惜太晚了。我认为他是美国最伟大的哲学家,他为现代语言、哲学、符号学和语义学研究开辟了道路。

I.A.瑞恰慈对我也很重要。但就书来说,我十分佩服燕卜荪的《复杂词的结构》,我宁愿用全部德里达的著作和你交换这本书,它可能展示了最好的阅读行为、最好的细读。燕卜荪几乎熟谙整个英国诗歌史、《牛津英语字典》和每个语词的生命,简直令人叹为观止。因此,我认为我受到的影响来自许多方面。很抱歉,我一直在补充。比如,我是很晚才发现海德格尔。那是二十年前,我开始写《安提戈涅》那本书。但自那以后他从未离开过我。我最后再补充一句,我希望更深入探讨这个问题,为什么柏拉图、海德格尔和萨特要与非人化的东西调情。对此,我有一些模糊的答案,还很不成熟。

---

① 莎士比亚晚年撰写的一部悲剧。

《巴黎评论》：不知怎的，或许有些出人意料，抽象思想对街头的暴众有吸引力？

斯坦纳：只能说，栖身于抽象思想高峰的纯粹知识人身上，有一种对于行动的渴望，渴望走下高峰走进泥淖。这可能是潜意识，近乎绝望的潜意识。A.J.艾耶尔[①]声称，只有看足球赛他才开心。维特根斯坦说，他要看西部片才开心。每次只要下午有空，他就出去看新的西部片或侦探片。我想，只是休息，只是出去透口气。但出去透口气，可能变成纳粹主义，或者在萨特那里，是变成斯大林主义者；在柏拉图那里，是受到僭主狄奥尼索斯的诱引，让他三次想成为帝师。出去透口气的代价很大，但我想也许他们必须出去透口气。

《巴黎评论》：你懂得那么多语言，对翻译的意义一直抱有浓厚的兴趣，但除了翻译《悲剧之死》中引用的素材外，你没有发表过任何译作，这似乎颇令人意外。你用英语写作的时候，是否就是某种意义上的翻译？

斯坦纳：你说得不错；我的确把具体的翻译工作留给了其他人。当然，我用英语写作时，某种意义上也是翻译。我不断地在内心中翻译自己。我用"岩浆"——火山熔液——这个语词来形容这种现象：在其背景深处，是多语之根。我经常在一种语言中搜寻某个正确的语词时，其他语言中的语词会跳出来；如果我使用它们的语言来表达的话，会更精确，更能代表我想表达的意思。许多批评我的人说，他们觉得我的英文中有某种不自然、有失本能的回声。这种批评是对的。法语和德语一直与我同在，我即将第一次用意大利语教学，带着喜悦，带着爱。我经常觉得，在灯亮之前，在电热冲入之时，灯丝最初发出的"语言"是复语，是一种混合语。我的英语句子是与一种更丰富的、多种语言的目的性达成的妥协。

大约从十九世纪九十年代起，我们就有了重要的多语文学。我认为用法语创作了《莎乐美》的奥斯卡·王尔德是所有现代文学中最具标志性的

[①] A.J.艾耶尔（A.J. Ayer，1910—1989），英国哲学家，逻辑实证主义代表之一，著有《语言、真理与逻辑》。

人物之一。爱尔兰在英国的治外法权是至关重要的因素。我们不知道贝克特在用哪种语言、哪些语言或语言的"岩浆"创作。他不会讨论这个事。博尔赫斯是一个多语作家。他一再说，相对于西班牙语，他更接近英语。当然最典型的多语作家是纳博科夫：他使用法语、俄语、英国英语和美国英语。英国英语和美国英语是不同的。他用英国英语写的小说，如《塞巴斯金·奈特的真实人生》和《斩首之邀》，与他用美国英语写的《洛丽塔》截然不同。所以，他的创作至少经历了四次转变。许多人说，最伟大的单一作品在英国诗歌中；许多人说，英语诗歌中最伟大的一部是弥尔顿在一六六七年创作的《失乐园》。这部作品就包含了希伯来语、希腊语、意大利语、拉丁语和英语。

我们忘记了这一点：单语是浪漫主义的执念。赫德尔和哈曼认为，我们的根在一门语言的骨血里。这既是对的，也是错的。犹太教就不是，因为它超越了希伯来语，它离开了家园，变成跨越语言的伟大流浪者。不过，这些问题有待真正的大师来破解。对于我这种小人物来说，使用多语还有种种局限；显然，我永远达不到在家一样的梦游状态（现在剑桥这里使用的一个流行词语是"亲密"）。但另一方面，对我来说，使用多语也是无穷的财富；这是一扇敞开的窗户，透过它我看见许多风景。使用多语对我的作品到底是有害还是有益，要由外人来判断。现在，我是德国文学院的院士，英国皇家文学学会的会士，美国人文和艺术院的院士。我在萨尔茨堡艺术节用德语致开幕辞，听众以为我是地道的德国人。我在日内瓦大学任教二十年，讲台周围经常可以听到十五到二十门语言，这也是常态，因为我的学生中，许多来自中东和斯拉夫语地区。去年十月二十一日，在法国巴黎高师两百周年校庆上，我受邀发表法语演讲，听众以为我是法国人。他们认为我就像一个传教士在蛮荒的英美大地上奇怪地绕了一圈，然后回到了巴黎的家。我很荣幸，今年会在意大利的锡耶纳大学用意大利语教书。

我把这一切都归因于我的好运，会有这么复杂的语言背景。《读者文摘》上的心理学家和社会学家劝我们相信，在多语环境中养育孩子会导致他们神经分裂。恰恰相反，我碰巧有亲身体验，这绝对是谎言。事实上，那样的教育带来的是人类经验的巨大财富——有一天你逃命的时候，这可能会救你。所以，那些正把美国日渐变成只说一门英语的国家的人，将付出昂贵的代价。我知道英语流布全球，变成了世界语，但这不会长久；英语终将式微。

想想灵魂的狭隘是怎么回事？想想变换语言，会是多么不同的人生奇迹；要知道，在英国，"bread"就是面包，但对于美国黑人，这个词意味着财富；要知道，法语中"pain"指的是面包，那是你匮乏的东西，你要为之革命的东西；要知道，德语中的"Heimat"——或许该感谢上帝——不可能被翻译，在世上没有任何翻译，但无论它是什么意思，人们愿意为之而献身；要知道，不同语言中的每次性接触，都是一次不同的爱欲；要知道，语言的病态征服欲远比肉体的病态征服欲要狂野和兴奋。

《巴黎评论》：关于爱欲与语言的关系，你可否详细解释一下？

斯坦纳：好的。我们现在学到的知识越来越多。在副交感神经系统中，也就是无意识和意识交汇的地方，在开始觉得腹痛的地方，溃疡可以靠冥想和自我催眠来治疗。现在看起来，这可能就是我们称为"思想"和"身体"的东西相融合的关键区域。性似乎就在那条渗透性的断层线上：勃起和高潮，都是部分有意识，部分无意识，在很多人身上很大程度上都受制于语言刺激。每种语言在十分不同的地方都画了禁忌线。一种语言中只有在床笫之欢时才说出口的东西，在另一种语言中却能在大庭广众下言说，反之亦然。不同语言中人们的语速完全不同。甚至不同语言间的呼吸控制也不同。我们知道，在性交中，在前戏中，呼吸的控制很重要。这是完全陌生的领域，如果我们对这个领域有更多了解，我们对生物体——生命和肉身、语义和躯体、症状和根源以及它们的互动关系——会有更多的认识。比如，同性恋话语肯定与性行为的本质密切相关。我们还有许多东西有待认识。下一个哥白尼会是这样一个人，他会说："丢掉五千年来那种表达身心的原始两分法的词汇吧。"我敢保证，下一个爱因斯坦将是这样一个人,他会代替我们反思现在使用的那些过时的无用的语词。

《巴黎评论》:你如何看待男性书写和女性书写这种两分法?

斯坦纳:在最好的女作家作品里,不存在非此即彼的区分。如果抹去作者的名字,在乔治·爱略特那里,在乔治·桑那里,你找不到一页"女性书写"的痕迹;在勃朗特姐妹的书页边,可能隐约闪现"女性书写"的特质,但在简·奥斯丁那里,是肯定没有的,她比任何男性书写都好。不是写得不同,而是写得更好:更准确、更深入、更幽默、更机智、更反讽、更凝练。今日的情形不同。今日,女性书写变成了一项事业、一种报复、一个希望,具有高度的自我意识。我相信现在的女性书写和男性书写存在重大的区别。这是很遗憾的事,因为写作原本只有好坏之分。

《巴黎评论》:就任魏登菲尔德讲席,对你来说是一个特别重要的时刻。牛津大学第一个比较文学讲席是否有什么不凡的意义?

斯坦纳:当然不同凡响。牛津没有打算设立欧洲研究的讲席,是觉得今日许多所谓跨学科的东西不值得尊重,是觉得这种或那种跨文化项目散发的不过是大量的热气,这种感觉当然是对的。但牛津深刻意识到,不能再因循守旧,尤其是考虑到英国的身份危机,考虑到英国与欧陆和自身的关系。英国究竟是不是欧洲的英国?从象征的意义而言,英法海底隧道的开通,对于力图保持镇定的普通英国人,是最难的时刻之一。因此,牛津决定设立一个纪念以赛亚·伯林的思想史讲席,同时设立一个欧洲比较文学讲席。我得知,他们这个比较文学讲席是为我量身定做来开先河的。

比较文学的历史是犹太难民的血泪史。比较文学起源于德雷福斯事件,这一点许多人还没有充分意识到。我会在就职演讲中谈论这个话题。我还会提出,比较文学与其说是一门学科,不如说是一种感觉方式,因为每个人只要阅读,就会比较。因此,这对于牛津来说是一个相当重要的时刻,尽管并不是在每个方面都令人舒服的时刻。英语是世界语。英国人认为英国文学是世界上最丰富的文学,他们不大需要其他的文学。他们觉得，如果你有莎士比亚，你还需要别的干什么？如果你有牛顿和莎士比亚、英国议会和英国法律——这些人和制度传遍寰宇——夫复何求？我面临的使命并非易事，或许需要一些外交手腕，尽管这不是我的长处。这也是为什么我如此期待就任这个讲席的缘故。

《巴黎评论》：假如现在必须预测一下的话，你觉得自己的哪些作品会流传下去？

斯坦纳：现实地说，一部都不会。当然，这样说也不完全老实。没有人会为自己做决算表。在《蓝胡子的城堡》里，我提出了暴行和文化的悖论；《语言与沉默》中的一些文章似乎影响很大。我在学术和理论方面的主要成果是《巴别塔之后》。现在，这本书经过修订、更新、扩充之后再版，我挺开心。《悲剧之死》一直有人读，广为人征引，似乎已经流传开来。我一直很幸运。我写了十五本书，其中十一本仍在出版，大多还是平装本，这在今日差不多也算稀奇。《肯庸评论》用一期的篇幅刊登了《押送阿道夫·希特勒前往圣克利斯托克》，你可以直接找到。这部小说中有两篇很长的独白，一篇是希特勒的独白，一篇是追逐希特勒的犹太人奈珀的独白，要是无法流传，我会很伤心。我认为它们以一种新方式说出了一些新东西。

《巴黎评论》：除了阅读、写作和音乐，你还有其他什么爱好？

斯坦纳：我不停地阅读、阅读、阅读。是的，我是读书人，但我也有许多别的爱好。我也许是水平最差的国际象棋手，但我酷爱国际象棋。我写了关于斯帕斯基对费舍尔那场国际象棋争霸赛的书。我密切关注棋赛，只要有时间，就会下棋。我还收集棋具。棋王卡斯帕罗夫输给了计算机，我很不开心。我复盘了四次，卡斯帕罗夫没有错手。这盘棋很高明、很漂亮。只能说，神奇的计算机比最强大的人类心智看得更透。不开玩笑，我不想活着看到这一幕。我非常喜欢爬山。我在瑞士幸福地生活了二十年。我现在还把那里当根据地，经常到山中走走，只是走走、看看。美国人有着民主的本能，喜欢到海边，喜欢具有民主特色的海滩。或许我与他们不同。我不喜欢海边，我喜欢山中。山是严厉的挑选者。你气喘吁吁地越爬越高，遇到的人越来越少。可以说，山在考验你的孤独。你配与自我生活吗？我也说不清，反正在爱之深处，在最需交流之处，你总会发现自己很孤独。正如死亡一样。消费社会和平等的乌托邦力图抹除这个事实。在我看来，这个事实似乎再明显不过。我觉得死亡会是一件有趣的事。我猜这件趣事无法分享。

（原载《巴黎评论》第一百三十七期，一九九五年冬季号）

塔哈尔·本·杰伦

◎马宁/译

塔哈尔·本·杰伦是法国最实至名归的作家之一。他最近的作品《讲给女儿的种族主义》非常畅销。一九八七年，他就凭借《神圣的夜晚》这部小说荣获龚古尔文学奖，且是获此荣誉的首位阿拉伯作家。在过去的两年里，他都曾获得诺贝尔文学奖提名。

本·杰伦出生于摩洛哥的菲斯城。他和家人住在阿拉伯人聚居区的一所小公寓里，该聚居区位于这座摩洛哥最美丽城市古老的中世纪地段。他家里有四个孩子，三个男孩和一个女孩。他的父亲是一个朴实的店主，在露天市场有一家很小的铺子，售卖各种香辛调料，后来又做裁缝为生，缝制吉拉巴（阿拉伯男人穿的一种宽松长袍）。

五岁那年，本·杰伦进入一所古兰经学校学习，诵记《古兰经》里的诗文。两年以后，他去了一所法语-阿拉伯语学校，上午学习法语，下午学习阿拉伯语。这是他第一次接触法语。本·杰伦学习认真勤奋，一丝不苟，"我很早就有了自立自强的责任感"。后来，他去了拉巴特大学攻读哲学。

一九七一年，二十六岁的本·杰伦移居法国进入索邦大学完成他的学业。他一度在巴黎做精神治疗医生。他的第一部小说《哈鲁达》出版于一九七三年。自那之后，本·杰伦写了九部小说，多部短篇小说集、诗集和散文集。而他最为人们所熟知的作品是关于艾哈迈德/扎赫拉，一个因其父亲极度渴望有一个男继承人而被当作男孩养大的女孩的人生三部曲：在法国非常畅销的《沙之子》《神圣的夜晚》以及最近出版的《错误的夜晚》。

Labyrinthe des sentiments

" Je ne connais pas bien les nuits de Naples
je les devine. Je sais que le sommeil est
lent et les rêves féconds, je sais la
peur des choses qui s'absentent pour
faire de Naples un souvenir obstiné
une image à l'ombre de la vie inso-
lente, donner un goût amer dans
la bouche aux dents noircies par
le tabac, dents cassées, dents pour-
ries, une image de rouille et d'éclats
lumière de néon et éclaircies du
ciel. Naples entrailles de l'Italie,
ventre inaccoutumé du monde,
hisse lentement ses ruelles vers
le ciel en passant par les
fantômes du songe. "
　　　　　Tahar Ben Jelloun
" Labyrinthe des sentiments "

塔哈尔·本·杰伦小说《情感迷宫》的一页手稿

本次访谈是在本·杰伦位于巴黎圣热尔曼·德·普雷修道院的办公室进行的。办公室在一座高而狭窄的现代楼房的顶层。高楼挤在林荫大道上旧街区的一栋栋古建筑中间，离本·杰伦的出版商瑟伊出版社只有几百米，离他经常会见朋友的花神咖啡馆也不远。这个工作室里面散落着少量家具，一个沙发，两把舒适的椅子，一张大桌子，桌上满是纸张，还有一部电话和一台文字处理机。楼层的高度阻断了街道上车辆的声音，而窗户为房间提供了充足的光线和空气，从窗户往下可以看到蓬蓬的树冠。

尽管备受尊敬，但本·杰伦有一种吸引人的亲和力，热情且自然有礼，令人爱戴。他说着一口流利的法语，仅仅有一点点北非语调。

——舒莎·古比，一九九九年

《**巴黎评论**》：您是土生土长的摩洛哥人，您的母语也是阿拉伯语，可您选择用法语来写作。您能说说原因吗？

塔哈尔·本·杰伦：实际上我成长中是说双语的。我的第一语言是阿拉伯语，但是我在一所法语-阿拉伯语双语学校受的教育。当开始写作的时候，我还年轻，没有任何文学上的抱负，只是觉得用法语写作更快乐一些。那个时候我没有刻意去选择用哪种语言写作。

《**巴黎评论**》：有没有这个原因，就是您那个时候读的法语作家的作品多过阿拉伯语作家的作品呢？

本·杰伦：也许有这个原因。此外，我对阿拉伯语习以为常——那是我永远都不会失去的东西，因此也没必要为之付出努力。潜意识里，我觉得要把自己的精力投入一门外语中。它就像一个挑战，一种刺激。在二十岁开始专心写作的时候，我丝毫没有迟疑，觉得我一定得用法语写作。我从来没有在法语和阿拉伯语之间权衡，它就自然而然地发生了。一些阿拉伯世界的知识分子有时会非常猛烈地抨击我不用阿拉伯语写作。这使我非常痛苦。我感到他们的动机是有问题的。

《巴黎评论》：在您获得龚古尔奖之后，随之而来的知名度和成功，肯定也会引起一些嫉妒吧？

本·杰伦：或许会有吧。不过我只能说我用我掌握得最好的语言写作。我能够用阿拉伯语写一篇报道或者演讲稿，但写不出长篇小说来。因为尊重阿拉伯语，所以我不会用写长篇这种残忍的方式来"杀死"它。

《巴黎评论》：阿拉伯语是一种非常丰富且可塑性强的语言，在两三个辅音构成的单词基础上就能衍生出一整套微妙变化且能为文章增色添彩的词汇。它创造了伟大的诗歌和散文。更重要的是它跟希伯来语一样是神圣的语言——是上帝的语言。因此，正如您所说的那样，在使用阿拉伯语的时候，要有顾忌，不能怠慢它。您在学校研究过阿拉伯语吗？

本·杰伦：我们在中学的时候学习阿拉伯语经典著作。我开始翻译这些作品的时候就意识到了阿拉伯语的细微巧妙和丰富多彩。这也是我在翻译阿拉伯语的时候不能添枝加叶，以免弄巧成拙的另一个原因。此外，因为阿拉伯语是神圣的，是上帝通过《古兰经》赐予我们的语言，它使人敬畏，在它面前，人感到十分渺小。前天，黎巴嫩杰出诗人阿多尼斯对我说阿拉伯语太强大了，还没有一个作家能够比它强大，能够驾驭它。人们会说英语是莎士比亚的语言，意大利语是但丁的语言，但不能说阿拉伯语是安萨里的语言——它一直都是《古兰经》的语言。说它是某一作家的语言是被禁止的；操纵它总是会令人感到罪过。

《巴黎评论》：不过，我们也不得不承认用法语或英语写作很实际，因为会有更大范围的读者能够接触到您的书。

本·杰伦：这是政治形势和阿拉伯世界的糟糕形象的反映，也影响到了阿拉伯文化的发展。很多优秀的阿拉伯诗人和作家籍籍无名。这对他们来说是不公平的。一个国家的文化似乎取决于它的政治经济地位。今天,阿拉伯语被认为是两百万人的语言,而波斯语被认为是德黑兰的毛拉人的语言。这两种语言都变成了少数民族语言。目前西方世界的目光转而去注视远东地区,人们突然发现了日本和中国的文化。我们对这种状况无能为力——只要阿拉伯国家的政治形象晦暗不明,阿拉伯文化就得受其牵累。

《巴黎评论》:约翰·厄普代克曾经告诉我,他在埃及会见过一些出类拔萃的作家,令人惊叹,而西方世界却对他们一无所知——这是在纳吉布·马哈福兹获得诺贝尔文学奖之前;反观他和其他盎格鲁-撒克逊作家,他们的只言片语立马就会在全世界被用十几种语言翻译、分析和评论。

本·杰伦:我们对西方文化的兴趣多过西方对我们的文化的兴趣。我和其他阿拉伯世界的学者都有能力在美国做一场关于福克纳的讲座,没人会对此感到惊奇。而西方世界对我们作家的了解仅限于少数被称作东方学者的专家。我希望将来这种情况能有所改变,希望将来阿拉伯文化和波斯文化的绚丽瑰宝能够被全世界发掘,为人类带来福祉。

《巴黎评论》:希望如此。但是我们可能过于乐观了。如果您用阿拉伯语写作,您觉得您的作品会有所不同吗?

本·杰伦:那自然会有所不同。因为语言不仅仅是工具,而且是一整套思想机制。所有文化都是如此,与人如影随形,人不能脱离其中。说法语的文化比说阿拉伯语的文化更发达。此外,我刚才也说过,阿拉伯语是一种神圣的语言,阿拉伯作家对它十分敬畏;他们不能亵渎它。

《巴黎评论》:那么这些不同会体现在哪些方面呢?

本·杰伦:首先,书的主题会不一样。如果用阿拉伯语写作,有些内容我可能不会涉及,比如说,性或者评论某些人物的宗教行为。我不能确定非常具体的都有怎样的不同,但是我知道如果我用阿拉伯语写作,会面临更多的禁忌。

《巴黎评论》:您是否也能够以某种方式触及性爱这个主题?

本·杰伦:在十四世纪、十五世纪以及十六世纪的阿拉伯古典文学中,情色文字不可或缺。以其中十四世纪的作家沙伊赫·纳扎维的作品《芬芳的草地》为例,它就是阿拉伯世界的《爱经》。我其实可以写这种风格的东西,但这是说不准的。当你开始写作的时候,你不能百分百地确定你会到哪里,只能顺其自然。所以我觉得用阿拉伯语触及性爱是可行的。但我对阿拉伯语不够精通,无法做到。

《巴黎评论》:有印度的《爱经》,也有阿拉伯诗人阿布·纳瓦斯的性爱诗歌。但是不同文化不同语言的情色表达是有差别的。那么阿拉伯的情色作品跟我们西方世界的情色作品区别在哪里呢?

本·杰伦:我认为,东方对于情色文字的理解更广义,也更细微。例如,《一千零一夜》中就含有至关重要的情色元素,也是理解东方世界的关键之一。但是当今阿拉伯世界对性问题大惊小怪,审查严格,这可能是基要主义运动的结果。人们恐惧离经叛道的事情。

《巴黎评论》:在基要主义运动的大环境下,如果您居住在北非并且用阿拉伯语写作,您会写些什么呢?

本·杰伦:那不可能写出任何东西——简直是不要命。基要主义运动反对所有自由。对于一个作家来说自由不是说能坐下来写作,而是能自由地思考,自由地表达。所以我认为基要主义社会只能产生沉默或者流放中写就的反抗,除此之外,什么别的东西都产生不了。

《巴黎评论》:您是在什么年龄开始写作的呢?最初写诗的时候您多大?

本·杰伦：我开始认真对待写作，是我还在大学学习哲学的时候。那时我二十二岁。学校的哲学课程和索邦大学的哲学课程是一样的。一九六六年我因政治活动与其他百余名学生一起被捕。我支持左翼，是那个时代的人的自然选择。政府没有把我们投入监狱，以免显得残暴，而是强迫我们去军队为国家服务，其实那个时候在我们国家并没有所谓的军队要为国家服务。所以我们就被送到简陋的营房里接受军训，政府使我们明白我们在受惩罚。我被噤声，只能偷偷写了一首长诗。十八个月后，我们被释放了。我想也许我能把我在"监狱"里写的东西发表出来，因为我认为公布这样的经历是知识分子的责任。这首诗被发表在摩洛哥诗人阿卜杜拉蒂夫·拉比创办的杂志《灵感》上。

读者对这首诗的反响很好。我感觉我是被读者接受的。如果那首诗没有收到好的反馈，我可能不会坚持写作。公众对作者的首次努力的反馈对作者的影响是巨大的。

大学毕业以后，我在高中做了三年的哲学教师，先是在得士安，后来在卡萨布兰卡。一九七一年，摩洛哥的政治局面变得动荡不安，政变之后据预言还有一场政变，而我想要辞去教师职务，准备攻读博士学位。所以我来到巴黎，进了索邦大学，像往常一样多亏了政府拨款。我在这里感受到了热情好客的氛围。法国那个时候还是一个非常友好的国家，现在是很难想象，因为人们现在无缘无故地对移民感到恐惧。就是我现在在大街上走，看到有人突然向我走来，我也会紧张不安。虽然经常听到的是友好的话，但是偶尔会有一些种族主义分子谩骂："滚回去，脏外国佬。"或者是其他下流的话。

在巴黎，我遇到过给予我极大帮助的人。比如，我结识了《世界报》的编辑，他邀请我写一些关于移民和阿拉伯文化的文章。同时我完成了我的第一部小说《哈鲁达》。我把小说拿给莫里斯·纳多——德诺尔出版社的出版人。他是那时最关注异域文化的出版商，对一切"其他地方"的和新的东西都感兴趣。他同意出版我的小说。我就是这样开始写小说的。

《巴黎评论》：在您第一部小说出版之前，您还出版了一本诗集，对吗？

本·杰伦：是的。我有一天直接去了弗朗索瓦·马斯佩罗的出版公司，把我写的诗集手稿交给了马斯佩罗的妻子，她负责出版社的诗集出版。她决定出版我的诗集。公众和评论家对诗集赞誉有加。一次刊印了两千本，这在当时对诗集来说是很大的刊发量。

《巴黎评论》：那时在法国的北非作家多吗？或者说您是一个特例？

本·杰伦：有一些。尤其是那一代在五十年代就发表作品的阿尔及利亚作家——凯特布·亚辛、穆罕默德·迪布、让·佩莱格里尼、T.阿姆鲁什，等等。他们的作品总体上扎根于阿尔及利亚独立战争。我说读者乐于接受我的作品的时候，不是说他们对我的作品不加评判地接受，或者勉强认可，而是说我的成功是一个缓慢的过程。我是很郑重其事地说的。那时候不像现在，一个作家被大家争相谈论三个月，然后就一下子消失得无影无踪。《哈鲁达》当年仅仅售出了三千本，但是相对于那些烜赫一时的作品，二十四年之后这本小说还存在，还在书店出售。

《巴黎评论》：《哈鲁达》是一本典型的文学性的小说，故事情节奇特。它是以真实故事为原型吗？

本·杰伦：我小的时候，菲斯城里有一个老妓女，长期萦绕在那里的小孩和青少年的脑海里。我把她写成了一个圣女。

《巴黎评论》：您真正的成功是获得龚古尔奖。您是获此荣誉的第一位阿拉伯人，也是第一位外国作家。

本·杰伦：一九三四年的时候，曾经有一位非洲作家获得过龚古尔奖，但是我的小说在一九八七年获奖的时候，没有人提到他，所以都认为我是第一个获此奖项的外国作家。获得龚古尔奖使我走进了更广泛的读者群。不过我在此之前的那部小说《沙之子》早在获奖前两年就出版了，而且非常畅销,卖出了十五万册。《神圣的夜晚》获得龚古尔奖的时候,里面就含有其他的这些小说。

《巴黎评论》:除了中学的文学课程,哪一位作家激发了您写作的欲望呢?

本·杰伦:可能听起来有些奇怪,我并没有跟作家产生共鸣,反而是一些电影制片人——奥逊·威尔斯、费德里科·费里尼、小津安二郎、黑泽明、米开朗基罗·安东尼奥尼——这些讲故事的人启发了我。当然萨特、加缪、热内等人的才华也影响了我,不过那还是因为那个时代及其时代思潮。至于我的艺术衣钵之所出,我与威尔斯和小津安二郎一脉相承,而不是小说家们。

《巴黎评论》:您尝试过做电影制片人吗?

本·杰伦:我甚至想去法国高等电影研究学院学习电影摄像。但我很快意识到电影行业是一个产业,而且是非常繁复的重工业。要依赖那么多人和环境,不能够一直创造出东西来。我把我对电影的热爱和想要制作电影的愿望混为一谈了,所以就放弃了这个想法。

《巴黎评论》:电影在法国是一种激情——毕竟是法国人发明了它。您在这上学的时候是不是像我们所有人一样经常去电影院?

本·杰伦:我对影像非常着迷。电影院对我帮助最大的是像威尔斯或者希区柯克这样的电影制作人用画面——也就是影像——讲述故事的方式。在电影刚开始的几分钟里,你看到人物和情境,然后你就脱离现实了。而今天的美国电影太努力接近现实了——你看到人物喝咖啡,在餐馆或者酒吧吃饭,一拳打在人脸上。但是小津安二郎和威尔斯不会照搬现实。重要的是编一个故事,然后让观众相信它——重要的是观众坐在漆黑的电影院里,却被带到了想象中的另一个宇宙。这也是我在我的书中努力想实现的。

《巴黎评论》：您去电影院，您说您也大量阅读。那么您都读谁的作品呢？您读外国作家的作品吗？

本·杰伦：我在青少年时期读斯坦贝克、多斯·帕索斯和福克纳。但是使我获益良多的是詹姆斯·乔伊斯。不是因为我想要做他做过的事情，而是因为他令人钦佩的大胆精神。我觉得如果乔伊斯能如此勇敢，我也应该无所畏惧。我在那个军队营地的时候，曾要求一位朋友帮我找他能找得到的最厚的书寄给我。因为在营地里读书是不被允许的，我想找一本能读得久一点的书，偷偷地读。这样《尤利西斯》这本书就被夹带到营地了。我被书中横冲直撞的进取精神深深震撼。我对爱尔兰一无所知，是作者冒冒失失的行程使我备感兴趣。我从来没有读懂过《芬尼根的守灵夜》——我觉得那里面有些冒险毫无根由且贻害无穷。那本书太晦涩难懂了。

《巴黎评论》：但是您喜欢现代诗歌，而现代诗歌的特点就是，即使不隐晦，也让人费解。

本·杰伦：晦涩的诗歌是不存在的，否则它就不是诗歌，而是别的什么东西。真正的诗歌从来都不是难理解的，就连马拉美的诗都清楚明白。对我来说，我读过圣-琼·佩斯、勒内·夏尔、伊夫·博纳富瓦和路易-勒内·德·弗雷茨①的一些诗歌。有时候我读别人送给我的诗集，我在心里说："这简直是一派胡言！怎么能叫诗歌呢？"有时候人们无话可说，或者话已说完，但是他们还是不停地一直说！看看让-吕克·戈达尔：我觉得他最初的电影令人赞赏，然而有一天我发现了一个奇怪的现象——戈达尔没有什么可说的了。他仍然还有技术——那种操纵影像的绝妙方式，但他的电影一点儿趣味都没有了，它们空洞无物。

在一些诗人中也存在这种情况。因此我觉得我们现在缺乏诗歌，至少在西方是这样，而且人们对诗歌感到恐惧，似乎有些畏首畏尾。在法国，

---

① 路易-勒内·德·弗雷茨（Louis-René des Forêts, 1918—2001），法国小说家、诗人，曾出版诗集《萨缪尔·伍德之诗》。

抵抗运动产生了伟大的诗歌以及鼓舞人心的诗人，比如阿拉贡、艾吕雅和勒内·夏尔。他们有急切想要交流的东西，有需要保卫的快被毁掉的价值。一个法国诗人今天还有什么可说的？写一首反对勒庞①的诗歌？写关于失业的诗？还是写年轻人自杀的诗？这些都是反复出现的主题，暂时的问题。

像博班②这样糟糕的诗人写一些伤感的、伪宗教的、平平无奇的诗歌，每一次他出版新诗集都能售出成千上万本；科埃略的《炼金术士》在我看来是平庸之作，却卖出了一千一百万本。这样的情况不是偶然的。因为人们需要诗歌，人们在寻找某种人类灵魂之类的东西；他们需要安心，需要希望。但是这样的灵性是集市上售卖的灵性，是"不二价"商店里的灵性。

《巴黎评论》：似乎当今一些散文作家的文章中含有更多的诗歌。在英语世界也是如此。例如，我认为您的书之所以成功，有一部分原因是您的感受和描写是诗意的。

本·杰伦：那是我阿拉伯人的特色。当我讲故事的时候，我感觉我就是摩洛哥人，我用摩洛哥讲故事人的方式那样形象地、有时候虚构地来讲故事，但是也能充满诗意。

《巴黎评论》：《一千零一夜》书中有很多插画，作者画这些插图可能是因为最初这些故事是口头流传的。那些讲述故事的人必须对听众施以"魔法"来吸引他们的注意力。您讲故事的方式就跟东方古代的说书人一样。

本·杰伦：我不能说我承袭了《一千零一夜》作者的衣钵，也不会去涉及阿拉伯历史上任何一个特定的时期。但是我写作的时候，我感觉阿拉

---

① 让-玛丽·勒庞（Jean-Marie Le Pen，1928—　），法国政治家，极右翼政党"国民阵线"前主席。
② 克里斯蒂安·博班（Christian Bobin，1951—　），法国诗人，畅销书作家。

351

伯文化占据着我的身心。最起码这是我能为我作品中的"诗意"做出的合理解释。至于叙述故事的技巧，罗兰·巴特关于文本和文学之间的关系的论说对我影响至深。学生时期我认为"新小说"乏味至极，我自己不想写任何那样的东西。我所做的就是无意识地边写边创造。我觉得我的写作方式是摩洛哥式的，不过摩洛哥人可能不这么认为！

《巴黎评论》：您长篇小说的主题也都与摩洛哥有关，故事的发生地总是摩洛哥，或者至少是在北非。

本·杰伦：确实如此。我小说的主题深植于马格里布地区，是围绕那些与我们的日常生活息息相关的问题展开的——穆斯林社会男人和女人之间的关系、政权和法律的关系以及个人与集体的关系。

《巴黎评论》：所有第三世界国家，尤其是伊斯兰教国家，在与西方世界和现代社会相接触的过程中出现了社会激变和变化莫测的局面。这在您第一部非常成功的长篇小说《沙之子》中有所体现。《沙之子》讲述了一个被父母当作男孩养大的女孩的故事。她的父母已经有了六个女儿，为自己没能生出男孩而感到羞愧。这对于这个女孩的成长是一个悲剧。这个故事有原型吗？

本·杰伦：没有原型。我编造了这个故事，因为我想写一篇关于北非女性状况的小说，但是不想显得说教和激进。我想对二十世纪八十年代出现的女权主义文学做出回应。我觉得女权主义的观点浮夸，咄咄逼人又毫无创意。所以我觉得如果我写一个孩子，迫使她的命运偏离正常的轨道，使她同时生活在男权和女权的环境中，我也许能提醒大家去注意某些问题。

《巴黎评论》：《神圣的夜晚》获得了龚古尔奖，是这个故事的续篇，也是这个三部曲的第二卷，第三卷是《错误的夜晚》。三部曲的第一卷《沙之子》可能有很多结局，您以东方讲故事人的方式做了暗示，但是您必须选择一个结局来继续讲这个故事。您是怎样在那么多可能的结局中做出选择的呢？

本·杰伦：我是应读者的要求继续讲这个故事的。我收到了不计其数的信件，问我"艾哈迈德/扎赫拉怎么样了"。艾哈迈德/扎赫拉是小说的主人公，拥有两种性别的身份。这是一种不以教条主义来谈论女性状况的方法。

《巴黎评论》：如果读者没有这样的请求，您是否会写这个故事的续篇？

本·杰伦：我们也可以换种说法：如果没有故事可以继续，读者也不会提出请求。

《巴黎评论》：您说过："成为女人，意味着一种每个人都接受的天生柔弱；而成为男人，则意味着一种每件事都在为其提供辩护和证明的幻觉与暴力。"这是否就是您对穆斯林世界的女性状况的构想，尤其鉴于基要主义特别针对女性的限制愈演愈烈？我问您这个问题，是因为在所谓的基要主义组织对女性进行迫害的同时，伊斯兰女权主义也很盛行。

穆斯林女权主义者从伊斯兰教的教义和历史中寻找支持她们观点的论据，表明伊斯兰教国家对于女性的迫害与伊斯兰教毫不相关。这解放了女性，也造就了许多非同凡响的女性——有国家领袖、政治要员、诗人、潜修者。这些穆斯林女权主义者中最博学和最雄辩的是您的同乡——历史学家和社会学家法蒂玛·梅尔尼西。她的作品有《被遗忘的伊斯兰教女王》《伊斯兰教和民主》《超越面纱》等等。她认为今天对女性的压迫与第三世界国家普遍存在且难以摆脱的问题——发展滞后、贫穷、不公正和腐败——有关。

本·杰伦：女权主义者是正确的。面纱在所有宗教中都存在，甚至在基督教义中也有。在进入基督教堂、犹太教堂或者清真寺的时候，教徒们把头部包起来是一种尊重，在祈祷的时候也建议这么做。但是我认为把政治和宗教分开是非常有必要的。宗教是个人的事情，只涉及上帝和个人之间的关系。宗教与永恒相关，而政治本质上是世俗的。我们必须将两者区分开来，否则，我们永远也无法解决发展滞后和压迫的问题。

《巴黎评论》：我们再回到艾哈迈德/扎赫拉。她是如何解决她的困境的呢？

本·杰伦：我的工作不是提供答案或者找到解决方法，而是提出问题，见证人类各种情景。我讲述故事是怀抱着能启迪思想、触发思考的希望的。

《巴黎评论》：在三部曲的写作间隙，您还写了一本关于友谊的小书，书里您列举了这些年丰富您生命的所有朋友。让·热内是其中对您来说影响最大的。他性格有些古怪，相当冷酷，又羞怯，独来独往，鲜为人知。现在时隔已久，您对他及他的作品怎么看呢？

本·杰伦：他是一个卓越的人。我的第一部长篇小说出版之后，我托他的出版商给他送了一本。我没有期望他会有回应，因为所有人都知道他是多么害羞和漠然。有一天，我的一个共产主义者朋友，经常读《人道报》，他告诉我报纸上刊登了一篇关于我的文章。我立马冲出去买了份报纸。实际上那篇文章是热内所做的一期关于几个阿拉伯作家的广播文字稿。热内在文中对萨特发起攻击，指责他对阿拉伯作家不够关注，我名列其中而已。

我给他发了个便条感谢他的好意，告诉他我住在巴黎大学校园。第二天就有电话找我，是热内，他约我见面。这是一段伟大友谊的开始，一直持续到他的生命结束。一九七九年霍梅尼在伊朗发起革命的时候，热内跟我说："我对这个老头很感兴趣，因为他对美国和西方世界说'去你妈的！'"他感兴趣的不是沙阿和霍梅尼之间的政治争执，而是一个人对一种体系、对这个世界的叛逆。他总是很冷酷，不顾及别人的感受，是因为他不循规蹈矩，他反抗任何形式的强权。

我们成了挚友，虽然他并不相信友情，他觉得自由和忠诚是不相容的。但是他对于我是不可多得的良师益友。他对我说："写作的时候要心中有读者。要简单一点。"我一直致力于遵循他的建议，因为我觉得简单是成熟的一种标志。

《巴黎评论》：中东国家的人非常推崇友情。在波斯，友情的表现非常强烈，近乎爱情。在摩洛哥也是如此吗？

本·杰伦：并非如此。但是友情在我自己的生活中非常重要。爱情是不一样的，且经常与友情对立。爱情复杂，困难重重，况且还不是总能拥有，是我们无力主宰的事情。相反，友情简单，随意且持久。

《巴黎评论》：《腐败》出版于一九九四年，是关于跟摩洛哥一样的一个国家的腐败问题，也是您长篇小说中政治性最强、最具谴责性的作品。您认为政治能改变马格里布地区和整个第三世界的情况吗？还是说需要道德和精神的苏醒才能改变？

本·杰伦：没有健康干净的政治环境，道德和精神的复兴是妄谈。因此可以说打击腐败是为清洁社会道德和文化所做出的努力。

《巴黎评论》：您的新长篇《错误的夜晚》是三部曲的最后一部，主要人物还是一名女性。这是否是您对此刻阿尔及利亚女性正在经历的事情[①]的回应呢？

本·杰伦：不是。这部小说处理的是长期蛰伏在女主角身上的某种扭曲。她最终展开复仇。这不是一个现实主义故事。这种对女性的扭曲压抑了很长时间，最后爆发了。但她不是一个真实的女人，她反而属于传说。

《巴黎评论》：您对魔幻现实主义怎么看呢？魔幻现实主义借用民间的

[①] 本次访谈开始于1997年，正值阿尔及利亚内战（1991—2002）时期。

传说人物，尤其是南美的传奇人物，来阐释当今的事件。南美这个流派的小说家与您在哪些方面不同呢？您对其中哪位作者及其作品比较青睐呢？

本·杰伦：我非常喜欢胡安·鲁尔福、胡安·卡洛斯·奥内蒂，还有加夫列尔·加西亚·马尔克斯的几部小说。但是我认为我和他们不是同一流派。他们扎根于他们自己的文化，而我扎根于我的文化；这两种文化是截然不同的，不仅仅是因为伊斯兰教，还有其他诸如历史和地理的因素。

《巴黎评论》：您参与萨尔曼·鲁西迪事件①了吗？

本·杰伦：当然。我声援他。这件事是一个标志，我必须这样做。支持鲁西迪就是保卫写作的自由，保卫想象和创造的自由。

《巴黎评论》：您是怎样安排您的工作的呢？

本·杰伦：我每天早上离开家到这里来，然后工作一整天，到晚上的时候再回家陪伴家人，即我的妻子和四个孩子。

《巴黎评论》：您是手写书稿还是在文字处理机上写作呢？

本·杰伦：我手写书稿。文字处理机用来写报刊上的文章，因为报社要求文本要刻进磁盘。

《巴黎评论》：您是怎样构思一部新小说的？在创作的时候您是否会停止所有其他的工作？

本·杰伦：我会花很长时间让思路成熟。当感到某种不得不写的紧迫的时候，我才动笔。我写作的时候不能读很多书。我完完全全沉浸在写作中。写作是唯一带给我愉悦的事情。

---

① 1989年，萨尔曼·鲁西迪因出版含有抨击伊斯兰教内容的长篇小说《撒旦诗篇》，遭伊朗时任最高精神领袖霍梅尼下令追杀。

《巴黎评论》：什么会破坏掉您工作的兴致呢？海明威说过，最糟糕的东西就是电话。

本·杰伦：达不到理想效果的沮丧，小的烦恼，来自社会的、心理的障碍，以及与官僚作风周旋，处理日常杂事所浪费的时间。可是有生活才能写出东西来。而生活就意味着要与邮递员打交道，在交通高峰期行驶，应对日常生活各种需求。扰乱写作的事情都来自外部。但是能完全毁灭它的是没了希望——就是当一个人到了开始想"有什么用呢？"的时候。一旦到了这种程度，感觉文学毫无用处，我就会停止写作。在那之前，无论遭遇多少挫折，我都会继续。总之，一个人不再有需要写下来的感觉，他就会停笔。

《巴黎评论》：戈尔·维达尔曾经说过，作家坐下来写作就像店主每天去店铺，医生每天去手术室，也就是说写作是一种职业，是作家的工作。您也这么认为吗？

本·杰伦：我不这么认为。那是美国式的看待写作的方式。对于我来说，如果一个作家写作是为了生计，他必定会违背一些原则——他会考虑写什么可以卖得好，写什么卖得不好。我不会去操心这样的事情。有读者读我的书我当然会很高兴，但是我不能只写可能卖得出去的东西。作家不是店主。作家创造一个想象的世界，并把这个世界输送出去。

《巴黎评论》：这是不是就是作家的职能呢？雪莱曾说过一句著名的话，他说诗人是这个世界没被承认的立法者。您认同这句话吗？

本·杰伦：我没有那种雄心壮志。我认为作家就是一个目击者。他是他所处时代的见证人。因此他拥有特权。我不认为作家的角色有决定作用——他讲述故事，并通过讲故事对社会和世界做出评论。他借由想象与外界沟通。

《巴黎评论》：您构思好了小说的布局，开始写作以后，是一直控制故事的发展,还是任由故事内部的活力占据主导呢?

本·杰伦: 我不是一直都清楚会发生什么,但是我感觉是自由的。我不会觉得被限制,或者失去控制。我凭直觉前行,可能会产生新的思想或者出现新的可能性,并做出无法预知的改变。

《巴黎评论》: 那么哪一项会最先出现呢?是思想、情节,还是人物?

本·杰伦: 中心思想必不可少,但是词汇也很重要——要谨慎选词,尽用其义,就像数学计算一样精确。情节可能来自我看到的、听到的或者读过的事情。人不可能洞悉一切,若不然,写作就非常无趣。引领故事的是围绕人物所创设的世界,也就是故事的氛围。作家不停往下写的时候,就是人物而不是作家在创作故事。

《巴黎评论》: 您经常修改稿子吗?

本·杰伦: 最好的文章是一气呵成的。但这种情况非常少见,几乎不可能。我会重写一个章节,而不是东改一句西改一句,或者在段落上修修改改。我可能会删掉一整个段落或者添加一个段落。

《巴黎评论》: 您对未来有什么规划吗?

本·杰伦: 我正致力于一部新的小说,背景设在那不勒斯。这一次我尝试不把背景设在摩洛哥。我刚刚重新修订并扩充了一本关于种族主义的随笔,题目是《法式好客》,最初是一九八四年出版的。我为这本书写了一篇长长的序言,解释了这十三年里所发生的变化——更糟糕的变化。

《巴黎评论》: 我可能太乐观了。我觉得勒庞是暂时的反常现象,法国人会很快恢复他们为受迫害者提供庇护的传统。毕竟,法国文化从中获益匪浅。看看近一百年来有多少杰出的诗人、作家和知识分子从别的地方来到了法国。

本·杰伦：我真诚地希望您是对的。同时，我们诗人、艺术家、知识分子，我们只能尽我们所能写出好的作品，做出好的榜样。

（原载《巴黎评论》第一百五十二期，一九九九年秋季号）

朱利安·巴恩斯

◎苗炜/译

朱利安·巴恩斯和他的妻子帕特·卡瓦纳——一个文学经纪人——住在北伦敦一座带有漂亮花园的优雅房子里。我们的采访在长条形的图书室里进行，这里宽敞又安静。俯瞰花园，有顶天立地的书架，一张舒适的沙发和几把椅子，角落里有一辆健身自行车（"冬天用的"），还有一张巨大的台球桌。墙上挂着马克·博克斯画的一组作家的漫画肖像——其中有菲利普·拉金、格雷厄姆·格林、菲利普·罗斯、V.S.普里切特——"有些是非常好的漫画像，也有些是我欣赏的作家。"墙上挂着一张乔治·桑中年时的绝佳照片，是纳达尔于一八六二年拍摄的，还有福楼拜一封短信的原件，这是巴恩斯的出版商在他的平装书售出一百万册时送给他的礼物。巴恩斯在走廊尽头漆成黄色的书房里工作，里面有一张巨大的三面书桌，上面放着他的打字机、文字处理机、书、文件和其他必需品，所有这些他只要转一下椅子就可以够到。

巴恩斯一九四六年出生在莱斯特，很快全家就搬到伦敦，此后一直生活在伦敦。他在伦敦城市学校和牛津大学莫德林学院念书。大学毕业后，他做过《牛津英语词典》编纂的工作，之后攻读律师资格，同时为各种出版物写东西、做评论。他的第一部小说《伦敦郊区》在一九八〇年出版后广受好评，但确立他作为一个原创性的、创造力强的小说家声誉的是他的第三本书《福楼拜的鹦鹉》（1984）。从那时起，他出版了六部小说，包括《10½章世界史》（1989）和《豪猪》（1992）；还有短篇小说集《跨过海峡》（1996），以及一本《伦敦来信》（写于他担任《纽约客》驻伦敦记者时）。

朱利安·巴恩斯长篇小说《爱，以及其他》的一页手稿，手稿背面是巴恩斯在乔治·桑墓前的照片采访时，他的最新小说《爱，以及其他》刚刚在英国出版，颇受好评，这本书将于二〇〇一年二月在美国出版。

巴恩斯高大英俊，身材保持得很好，看起来比他五十四岁的年纪要年轻十岁。他那人人皆知的得体和魅力，因其极度的才识和尖刻的机智而获加分。从一开始，对法国和法国文学，特别是对福楼拜的热爱就影响了他的作品。相应的，他也是在法国最受欢迎的英国作家之一，在法国赢得了几项文学奖——《福楼拜的鹦鹉》赢得美第奇奖，《尚待商榷的爱情》赢得费米娜外国小说奖，他也获得了法国艺术及文学骑士勋章。

——舒莎·古比，二〇〇〇年

《巴黎评论》：你很欧洲，这对一个英国作家来说不太常见，但你又很英国，特别是对一个外国人来说。比如，在法国，他们认为你是极其典型的英国人。你自己怎么看？

朱利安·巴恩斯：我觉得你是对的。在英国，我有时被看成一个可疑的欧化的作家，有一种怪怪的法国味儿。但如果你在欧洲，特别是从法国往这边看，他们会说，哦，不！你太英国了！我想我可能在海峡中间的某个地方抛锚了。

《巴黎评论》：萨特写过一篇文章，叫《文学是什么》，对你来说，文学是什么？

巴恩斯：这个问题有很多答案。最简短的答案是，文学是说真话的最好方式；这是一个产生宏大的、美丽的、有序的谎言的过程，与摆事实相比，这些谎言能说出更多的真相。除此之外，文学还是好多东西，比如做语言游戏，并从中找到乐趣；同时，这也是我们与自己永远不会遇到的人的一种奇怪又亲密的交流方式。作为一个作家，你会有一种历史共同体的感觉，而作为一个生活在二十一世纪早期的英国社会普通一员，我的此类感觉并不强烈。比如，我并不觉得我与维多利亚女王的世界、内战或玫瑰战争的参与者有任何特殊的联系，但我确实觉得我与那个时期、经历那些事件的作家和艺术家有非常特殊的联系。

《巴黎评论》：你说的"说真话"是什么意思？

巴恩斯：我认为一本伟大的书——抛开诸如叙述能力、人物塑造、风格等等品质不谈——会用一种前人未曾用过的方式描述世界，那些阅读它的人认为这是在讲述新的真相——这真相或关于社会，或关于我们的情感生活被引导的方式，或两者兼而有之；这些真相我们以前是看不到的，在官方记录或政府文件中肯定看不到，在新闻报道或电视上也看不到。比如，即使是那些谴责《包法利夫人》的人，那些认为那本书该被禁的人，他们也认识到了那种女性的形象在那种社会所包含的真相，这是他们以前在文学中从来没有遇到过的东西。这就是这部小说如此危险的原因。我确实认为，文学有一种核心的、开创性的真实性，这也是文学之所以伟大的一部分原因。显然，它因社会而异。在一个暴虐的社会，文学的讲真话本质是另一回事，有时它比艺术作品中的其他要素有更高的价值。

《巴黎评论》：文学其实有很多形式——随笔、诗、小说、新闻，所有这些都努力讲述真相。在你开始写小说之前，你已经是一个很好的散文家和记者了。你为什么选择写小说呢？

巴恩斯：老实说，我觉得我写新闻的时候讲的真话比写小说的时候少。我练习这两种工具，也喜欢这两种工具，但简而言之，写新闻的时候，你的任务是简化世界，让它在一次阅读中可以被理解；但是，当你写小说时，你的任务是反映充斥于这个世界的复杂状况，说一些不像从新闻报道中读到的东西那样简单、直白、易于理解的事情，写一些你希望在第二次阅读时能进一步更深地揭示真相的东西。

《巴黎评论》：你很小的时候就想当作家吗？

巴恩斯：压根没有。想要成为艺术家，想要操练一门艺术，这是一件不正常的事情。操练一门解释性的手艺还相对比较正常。但实际上，编故事并不是家族祖传事业，也不是职业导师会推荐的事情。

《巴黎评论》：可在英国诞生了世界上最伟大的一些作家，或许还有最伟大的文学作品。

巴恩斯：那是另一回事。在你成长的过程中，即便你受到相当好的教育，你也被建议安心做一个读者、一个翻译、一个艺术的消费者，而不是一个艺术的生产者。我十几岁时成了一个狂热的读者，但我认为写作是别人做的事情。同样的，我四五岁的时候，想成为一名火车司机，我也知道那是别人做的事情。我来自一个教师家庭，我的父母都是教师，所以我们家里有书，文字受到尊重，但没有人认为一个人应该立志写作，连写课本都没想过。我母亲曾在伦敦的《标准晚报》上发表过一封读者来信，那是我们家最大的文学作品。

《巴黎评论》：那马丁·艾米斯家、伊夫林·沃他们家呢？

巴恩斯：他们是不言而喻的异常案例，就像范妮和安东尼·特罗洛普母子。作家不像皇家糕点师，会代代传承他们的才华和他们的官徽。

《巴黎评论》：你说你读书如饥似渴，你读了谁的书？

巴恩斯：我十四五岁的时候，刚开始读法语，但我第一次读《包法利夫人》肯定是用英语读的——我们的英语老师给了我们一份阅读书目，里面主要是欧洲文学经典，其中许多我从未听说过。那时，我们必须每周穿上军装，去所谓的"学生联合军训部队"[①]那里军训，我记得很清楚，有一次外出军训，我把《罪与罚》和三明治一起拿出来，感觉很有颠覆性。那

[①] Combined Cadet Force（CCF），创始于1948年的英国青少年组织，由英国国防部赞助，对在校学生定期开展军事训练，以培养学生的领导力和纪律性。

是我为自己的阅读打下根基的时候。我想这根基应该是由伟大的俄国人、法国人和英国人组成的,所以其中会有托尔斯泰、陀思妥耶夫斯基、普希金、冈察洛夫、莱蒙托夫、屠格涅夫,以及伏尔泰、蒙田、福楼拜、波德莱尔、魏尔伦和兰波。在英语世界,我读的更多是现代小说——伊夫林·沃、格雷厄姆·格林、奥尔德斯·赫胥黎、T.S.艾略特,当然还有哈代、杰拉尔德·曼利·霍普金斯和多恩。

《巴黎评论》:那些英国经典作家呢?比如乔治·艾略特、简·奥斯丁、狄更斯。

巴恩斯:他们是我后来读的。我在大学里没有读英语专业,至今也没有读过完整的正典。乔治·艾略特来得稍晚一些,我必须说,奥斯丁我读得有一搭无一搭的。《米德尔马契》可能是最伟大的英国小说。

《巴黎评论》:所以你什么时候开始想,也许我可以站在那一边去,写那些别人愿意读的书?

巴恩斯:我想是在我二十岁出头的时候。我在弄《牛津英语词典》,很无聊。所以我试着写作,还真弄出来一本牛津文学指南,记述了每一位经过这座城市和这所大学的作家。令人高兴的是,它从未被出版,尽管它卖出了版权。做完那件事之后,我二十五岁,开始尝试写一部小说,但这是个漫长的又总被打断的过程,其中充满了怀疑和丧气。这一切最终变成了我的第一部小说《伦敦郊区》,它在我三十四岁的时候出版了。所以这是一个持续了八九年的过程,当然我写书的时候也把它搁置了很长一段时间。我对此完全没有信心,我也说服不了自己。我看不出我有什么本事去当小说家。

《巴黎评论》:那你对《牛津英语词典》有什么贡献吗?

巴恩斯:我是《牛津英语词典》四卷本增补版的编辑助理,负责写单词定义、研究单词的历史、寻找它们的早期用法。所以我花了三年的专业时间来研究一八八〇年以后的英语，从字母 C 到 G。我怀疑这在我的小说中表现得很明显。

《巴黎评论》：作为牛津大学的本科生，你像其他人一样写论文。有没有哪位导师发现你有特殊的才能，并试着鼓励你？

巴恩斯：特殊才能？我不认为我曾有能被发现的才能。当我庆祝结束学业的时候，有一位考官，他是基督教会学院一位相当严厉的帕斯卡研究者，名叫克莱尔斯海默。他看着我的试卷，对我说，你拿到学位后想做什么？我说，好吧，我想我可能会成为你们中的一员。我这么回答，一方面是因为我哥哥拿到了一等荣誉学士学位，后来成了牛津的哲学教师，另一方面也因为我真不知道自己该做什么。克莱尔斯海默又摆弄着我的论文说，你考虑过新闻行业吗？这当然是他所能说的最轻蔑的话了——从他的角度来说。他肯定是察觉出了一种对一位严肃学者而言不太适宜的油腔滑调。最后我得了二等学士学位，就没机会留在牛津了。

《巴黎评论》：你为什么得了二等？

巴恩斯：我不够用功。我换了两次专业，我先是学法语和俄语，然后改成了 PPP（哲学、政治学①、心理学），然后又改回来读法语。这可不是一个出色的学术进程。

《巴黎评论》：你学了一年的 PPP 专业，它是否给你的思维模式留下过印记，进而又以某种方式在你的作品中留下了印记呢？

巴恩斯：并没有。你知道，我不是很擅长这个。我选择 PPP 专业，是因为我觉得读文学有点轻浮。我在中学里受过很好的教育，我觉得我不需要再花三年时间继续学法语，精进我的法语散文和我对拉辛的看法。我觉

---

① 此处恐系巴恩斯记忆有误，PPP 专业并不包括政治学。PPP 是牛津大学开设于 1947 年的一个专业学位，由心理学、哲学和生理学三门学科组成（PPP 即这三门学科的首字母缩写），该专业学生须从中任选两门以上学科深入研习。现已被 PPL（心理学、哲学、语言学）专业学位所取代。

得我需要钻研一些东西,我以为哲学和心理学是合适的科目。它们当然是,但我似乎不适合去学哲学和心理学。我没有那个脑子。所有这些基因都给了我哥哥。我一直很沮丧地发现,哲学似乎就是一周接一周不断告诉你,为什么你们前一周学的哲学是完全错误的。

《巴黎评论》:一些大作家可是写了不少哲学、当然还有心理学的内容。叔本华说,他从陀思妥耶夫斯基那里学到的心理学,比他从自己读过的所有关于这一学科的书中学到的还要多。

巴恩斯:没错。这就是小说不太可能死掉的原因。没有什么替代品——至少到目前为止——能够像小说那样把握心理的复杂性、精神性和反思。电影的本领完全不同。

我们有一个很好的朋友,他是悉尼的临床精神病医生;他一直认为,从临床角度来看,莎士比亚对疯狂的描写是绝对完美的。

《巴黎评论》:所以你选择把写小说作为职业。

巴恩斯:哦,我没有选择把写小说作为一种职业——我没有做出这一选择的虚荣心。我现在也许可以说,我终于是一个小说家了,也把自己当个小说家了,还可以在我高兴的时候干点儿新闻工作。但我从来不是那种七岁就在床单下写故事的倒霉孩子,也不是那种狂妄的年轻文字匠人,幻想着全世界都在等着自己的作品。我花了很长时间获得足够的信心,去想象自己可以成为某一类的小说家。

《巴黎评论》:像大多数第一次写小说的人写的小说一样,《伦敦郊区》很显然是自传体,你是这么打算的吗?

巴恩斯:我不确定。当然,这本书的前三分之一很接近我自己的青春期,尤其在地理环境和心理上。然后我开始创造,我意识到我可以。第二和第三部分在很大程度上是创造出来的。大约五年前,这本书在法国出版时,最让人高兴的一件事是我被法国电视团队带到巴黎北部某个地方，他们让我在一个公园的长椅上坐下——我想那是蒙特苏里斯公园，反正是一个我不熟悉的地方，所以我问他们，你们为什么在这里采访我？他们说，因为根据你书里所写，这里就是你失去童贞的地方。非常法国！但那是我编的，我说。他们非常震惊。这挺好的，因为这意味着大体上以自传模式开始的东西在未被察觉的情况下转变成了虚构的东西。

《巴黎评论》：你对这种向虚构的转变有什么样的期望？你想在那部小说里传达什么？

巴恩斯：《伦敦郊区》是关于失败的小说。我要写的是年轻时的抱负走向妥协的结局。我想写一部非巴尔扎克式的小说，结局并不是主角站在山坡上，俯瞰一座他知道自己将会征服或者至少相信自己将会征服的城市，而是一个反传统的主角，他未能征服城市，而是接受了这个城市开出的条件。

小说的核心比喻是这样的：十九世纪末，人们开发伦敦地铁系统，随后就规划了伦敦郊区这一大片住宅区。当时的想法是，会有一条海峡隧道，泛欧列车将从曼彻斯特和伯明翰开出，在伦敦接上乘客，然后继续开往欧洲大陆的大城市。所以，我从小生活的伦敦郊区，是在一种希望、一种期待、一种广阔前景和远大前程中孕育出来的。但事实上这从没实现过。这是主人公克里斯和其他对生活感到失望的背景隐喻。

《巴黎评论》：可话说回来，在巴尔扎克笔下，并没有几个主角像拉斯蒂涅那样要"征服城市"。

巴恩斯：但他们认为自己要去征服。反正他们可以站在山上，俯瞰城市。

《巴黎评论》：巴尔扎克不是你的偶像。人们在巴尔扎克和福楼拜之间似乎有某种选择，类似于我们在托尔斯泰和陀思妥耶夫斯基之间的选择。

阿兰·罗伯-格里耶不喜欢巴尔扎克,因为他觉得巴尔扎克的世界太有秩序和一致性,而福楼拜的作品则反映了世界混乱和不可预测的本质。你有同感吗?

巴恩斯:如果非要把世界分成巴尔扎克派和福楼拜派,那么我就属于后者。部分原因在于,福楼拜更具有艺术性。巴尔扎克在某些方面是一位前现代小说家。《包法利夫人》是第一部真正意义上的现代小说,我指的是第一部在体例上完整的小说。在十九世纪,许多小说——特别是在英国——都是在杂志上连载刊出的。小说家写作时,印刷工拉着他的袖子要付印。与《包法利夫人》地位相当的英国小说是《米德尔马契》,就结构和情节组织而言,后者更初级——我认为,部分原因是由于它的连载方式。我确信,就社会描述而言,巴尔扎克与福楼拜不相上下。但是,在艺术控制方面——对叙事声音的控制和对自由间接体的使用——福楼拜展示了一条新的路线,并且说,现在我们重新开始了。如果说《包法利夫人》是现代小说的开端,那么在一八八一年福楼拜死后出版的未完成小说《布瓦尔和佩库歇》就是现代主义小说的开端。有趣的是,根据西里尔·康诺利的说法,《布瓦尔和佩库歇》是乔伊斯最喜欢的小说。我问过理查德·埃尔曼[①]这件事,他说很可能是这样,即使没有材料来证明。《布瓦尔和佩库歇》是一部极具现代感的小说,讲的是两个诚实的、充满幻想的职员,他们试图理解人类的全部努力和全部知识,但他们失败了,然后重新成为抄写员。小说的第二部分直接把两个主角要抄写的那一大堆垃圾扔给读者,这在一八八〇年是一个非同寻常的激进想法,迷人的大胆。

《巴黎评论》:那另外几部小说呢?比如《萨朗波》,福楼拜自己并不喜欢这部小说。

巴恩斯:哦,他喜欢。他对自己的作品说了很多自相矛盾的话,我们

[①] 理查德·埃尔曼(Richard Ellmann,1918—1987),美国文学评论家、传记作家,乔伊斯传记作者。

都会这样的。比如，他说过他想买下每一本《包法利夫人》拿去销毁，因为它遮盖了他别的作品。事实上，《萨朗波》是一个巨大的成功——既是一个社会上的成功，也是文学上的成功。我认为《三故事》位居史上最佳短篇小说之列。《情感教育》很吸引人，但可能长了一百页。《萨朗波》就是这样子的——一个由珠宝打造的新奇装置，吸引你，你不得不接受它特有的修辞。作为一个读者，总试着去折中是没有意义的。福楼拜还写很多信，有益且奇妙。

《巴黎评论》：特别是和乔治·桑的通信。现在没有人读乔治·桑了，但在那些信中，她给人的印象是睿智、富有同情心且头脑清晰的。

巴恩斯：我肯定她是这样的。你读他们的通信时，常常会觉得福楼拜是对的，但乔治·桑更善良。有时她也是对的——这部分取决于你的脾气秉性。我更认同福楼拜的美学观点；就人类心理学层面而言，我认为这场比赛以平局告终。

《巴黎评论》：福楼拜与路易丝·科莱的通信也很有启发性。她是这样一个勇敢的女人，开着一个沙龙，却没有钱支撑，穷得要把上一个酒会用过的茶叶烘干，再用到下一个酒会上，就这样扛着；而生活轻松得多的福楼拜却总是嘀嘀咕咕的，充满了抱怨和自怜。

巴恩斯：福楼拜是一位伟大的艺术家，乔治·桑是一位优秀的小说家，路易丝·科莱是一个小诗人。福楼拜不断地思考艺术。他与露易丝·科莱书信来往的怪异之处，福楼拜在一页又一页地指点她艺术是何等宏伟和复杂，可他是一个还未发表过小说的小说家，而她是巴黎沙龙的明星，与著名的艺术家传出绯闻，等等。从这方面看——其实在很多方面——我和福楼拜截然不同：在出版一部小说之前，我绝对不会有胆量去指导路易丝·科莱。

《巴黎评论》：回到你的工作，在《伦敦郊区》出版并且受到好评之后，你更自信了吗？

巴恩斯：看到这本书变成了实物，读到一些不错的评论，的确让人安慰。但接下来，这是我的天性——我想我和很多作家都一样——我想，如果我只有一本书呢？第二部小说总是更难，对我来说，第二部小说至少写得快了点儿。我发现自己还是在想，好吧，我可能已经写了七部、八部或九部小说，但是下次我能再写出来吗？但我相信，高度焦虑是小说家的正常状态。

《巴黎评论》：有些小说家只写出了一本伟大的书——比如《日瓦戈医生》《豹》的作者。说实话，以小说家为业就要每隔一段时间写出一本书来吗？为什么一本好书不够呢？

巴恩斯：说得对。完全没必要只是为了写而继续写。我认为当你没有话说的时候，停下来是很重要的。但小说家有时会因为错误的理由而停下来——芭芭拉·皮姆①放弃了，因为她的出版商让她泄气，他们说她的书变得平淡了。我并不是 E.M. 福斯特的粉丝，但当他认为自己没什么可说的时候，他就停了下来，那是令人钦佩的。也许他应该更早一点停下来。但是，有没有小说家能意识到他或她再无话可说的那一刻呢？承认这一点是一件勇敢的事。作为一个职业作家，你总是充满焦虑，你很容易误读那些信号。但关于你提到的那两部小说的质量，我和你意见一致，尤其是兰佩杜萨的《豹》，那是一本关键的书。帕斯捷尔纳克一直作为诗人闻名，他写了一部小说，后来成了一个事件，但兰佩杜萨被认为是一个无关紧要的西西里贵族，教点儿英语课，吃点儿点心；然后他拿出了这部杰作，还是死后出版的。

我想，大体上来说，人们都希望自己最好的作品能留存下去，但你如何写出你最好的作品也许是个谜——甚至对你自己而言也是如此。有些作家非常多产，比如约翰·厄普代克，我尊敬他，他写了五六十本书，"兔

---

① 芭芭拉·皮姆（Barbara Pym，1913—1980），英国小说家，代表作《秋天四重奏》曾获 1977 年布克奖提名。她被拉金等人视为 20 世纪最被低估的作家。

子四部曲"显然是战后美国最伟大的小说之一。但你不能对他说,听着,请你写"兔子四部曲",然后就到此为止。有些作家就像仙人掌——每七年开出一朵光彩夺目的花,然后又是七年的冬眠。其他人不能这样工作;从气质上来说,他们必须写作。

《巴黎评论》:会有各种文学流派兴起,产生一茬作家和书籍,而后衰亡。举例来说,魔幻现实主义,它在南美洲和第三世界国家风行,但在西方效果不佳,似乎正在逐渐消失。

巴恩斯:是的。但是魔幻现实主义是一个更长更广的传统——想想布尔加科夫吧。而他——我可能错了——似乎和别的什么东西一样,都是从俄罗斯绘画中走出来的。这是一个复杂的、富有想象力的传统,早在这个"魔幻现实主义"标签被使用之前就已经存在了。人们对魔幻现实主义的反对意见,说得简单一点,是说如果任何事情都有可能发生,那么此事发生而彼事不发生又有什么要紧呢?有些人以为魔幻现实主义是沉溺于奇想幻境的正当理由,但那是糟糕的魔幻现实主义。那些在这一类型中写出好作品的人都知道魔幻现实主义必须有结构、有逻辑、衔接连贯,就像普通的现实主义或其他东西一样。和其他类型一样,魔幻现实主义的作品质量也参差不齐。

《巴黎评论》:新的时尚形式是选取一个真实的历史人物或事件,然后围绕它建造一个虚构的体系。比如佩内洛普·菲茨杰拉德的《蓝花》,是以诗人诺瓦利斯生平为基础的。或者一九九七年获龚古尔奖的《战役》,是以拿破仑的埃卢战役为基础的。也许这个形式,是你从《福楼拜的鹦鹉》开始用的?

巴恩斯:也没准儿是福楼拜从《萨朗波》开始用的?或者沃尔特·司各特。佩内洛普·菲茨杰拉德是一位出色的小说家,我认为她赢得布克奖的那本书是错拿的,她最后四部小说才是她最好的作品,它们现在仍然被低估。但是,回答你的问题,我没有虚构福楼拜,我对他尽可能地诚实。

取材于真实历史事件的小说肯定是当下文学的一股风潮,但也不是特别新鲜。约翰·班维尔几年前写过开普勒。最近,彼得·阿克罗伊德[①]写了查特顿、霍克斯莫尔和布莱克。布莱克·莫里森[②]刚刚出版了一部关于古登堡的小说。我认为这种写作有一部分是填补真空的问题。许多历史写作给一般读者的印象是理论性的,太学术了。像西蒙·沙玛这样相信叙事、人物、风格这些虚构价值的历史学家是罕见的。直叙式的传记也很受欢迎,这可能是大多数非虚构类读者现在最喜欢去的地方;所以传记类小说家就在街角转悠,希望能引诱几个读者离开那些太直接太狭窄的地方。

《巴黎评论》:然而,传统的历史小说——玛丽·瑞瑙特的《国王必死》就是一个挺好的例子——大多貌似低俗,被人看不上?

巴恩斯:我想是因为那些总试图再现一个人物的生活及时代的旧式历史小说都太保守了。而新式的历史小说进入过去,对此后发生的事情心知肚明,并试图与今天的读者建立更明确的联系。

《巴黎评论》:你会说自己属于直接现实主义传统吗?

巴恩斯:我总觉得标签既没意义又让人恼火——好吧,不管怎样,在后现代主义之后,我们好像已经用完了这些标签。一位批评家曾称我为"前后现代主义者"——这标签在我看来既不明白也没有用。小说本质上就是一种现实主义的形式,即使用最幻影般的方式来阐释也是如此。小说不能太抽象,像音乐那样。也许,如果小说变得沉迷于理论(像新小说派那样)或者语言游戏(像《芬尼根守灵夜》),它就可以不再是现实主义的,但之后小说也就不再有趣了。

---

① 彼得·阿克罗伊德(Peter Ackroyd, 1949—),英国传记作家、小说家、文学评论家,曾为英国历史上的诸多著名艺术家如诗人布莱克、托马斯·查特顿、建筑师尼古拉斯·霍克斯莫尔等写作传记。
② 布莱克·莫里森(Blake Morriso, 1950—),英国诗人、作家。他写古登堡的小说名为《约翰·古登堡的辩护》,出版于2000年。

《巴黎评论》：这把我们带到形式的问题上来。你曾经说过，你努力让每一部作品都与众不同。一旦你打破了传统叙事的模式，在我看来，你就必须不断地改变——你就不能再继续，比如说，寻找新的历史人物和事件来构建故事。

巴恩斯：你可以的。我记得在六十年代的学校里，教我们泰德·休斯的英语老师，是一个刚从剑桥来的聪明的年轻人（他就是给我列阅读清单的人）。他说，每个人都想当然地担心泰德·休斯用光动物后会发生什么。我们认为这是我们听过的最有意思的俏皮话。当然，泰德·休斯从来没有用光过动物；他可能用光了别的什么东西，但没有用光动物。如果人们想把历史人物写下去，总能找到一些。

《巴黎评论》：但人们不是总喜欢尝试新鲜事物吗？

巴恩斯：不是那样的。我不觉得过去写的东西限制了我。我不觉得，说得粗俗一点，因为我写了《福楼拜的鹦鹉》，我就必须写"托尔斯泰的沙鼠"。我不能被关在我自己设计的盒子里。当我写《豪猪》的时候，我故意使用传统的叙述方式，因为我觉得任何一种花招都会分散我想要讲述这个故事的专注。一个作家找到与故事相匹配的形式，他的小说才真正开始。当然，你可以先试验着，然后说：我想知道我能为一部小说找到什么新的形式。但这是一个空洞的问题，直到正确的想法冒出来，形式和内容之间的交叉线产生火花。比如，《尚待商榷的爱情》是基于我五六年前听来的一个故事写的，但这只不过是一桩轶事，一种可能性，一个关于一个想法的想法，直到我理解了这个私密故事所必需的私密形式。

《巴黎评论》：那《英格兰，英格兰》呢？这是一部关于一个大亨的政治小说。你是怎么找到那个形式的？

巴恩斯：这位大亨在某种程度上是以报业大亨罗伯特·麦克斯韦为原型的，他是一个很奇特的无赖。《英格兰，英格兰》是我的英格兰理念小说（idea-of-England novel）。这部小说和《豪猪》一起，是我两部公开讨论政治问题的小说。

《巴黎评论》：你说"我的英格兰理念小说"是什么意思？你能把它和最近有几个不恰当例子的英格兰状况小说（the state-of-England novel）区别开来吗？

巴恩斯：作为一个正常运转的经济体，英格兰相当富裕而健康，许多社会成员都是比较幸福的。那可能就是英格兰的状况。但是，不管是不是这样吧，英格兰的理念是什么？它变成什么样子了？英国人不像法国人那样很有自我意识，所以我想在千禧年来临之际考虑一下英格兰理念。英格兰作为一个理念已经变得不太光彩，我感兴趣的是，如果你把它推向（在虚构意义上）一个极端会发生什么。你可以看看当代英国隐含的一些倾向，比如自由市场的完全主导地位，这个国家为了别人的消费而出卖自己和模仿自己的倾向，对游客美元的日益依赖；然后你再加上一个我最喜欢的历史概念，"发明传统"。你带着这一切，尽可能把它推到最远并把它设定在未来。这个国家照今天这样下去，就会得到这样一个华而不实、滑稽并且极端的版本。但这是小说的一个优点，你可以加快时间。

《巴黎评论》：也许是因为你对形式的执着，一些批评家把你和纳博科夫及卡尔维诺相比，他们都是以形式来拓展自己表述空间的作家。他们对你有影响吗？

巴恩斯：影响很难界定。我读过大部分纳博科夫的作品和一些卡尔维诺的作品。我可以说两件事：第一件，你会倾向于否认受到影响。为了写出我所致力写作的小说，我必须假装它独立于我以前写过的所有东西，也独立于寰宇之内史上任何人写过的任何东西。这是一种怪异的错觉和迟钝的虚荣，但也是创作所必须。第二件事是，当被问及影响时，作家往往会给出一个阅读清单，然后是读者或批评家挑选和混合的时间，由他们认定谁影响了你。这是可以理解的。但在我看来,你也可以被一本你没读过的书所影响,被你道听途说得来的一些东西中的一闪念所影响。你可能会受到间接的影响,甚至会受到一位你并不欣赏的作家的影响,如果他们做的事情足够大胆。比如我读过一些小说,心说这可真不靠谱,或者,这其实有点无聊;但也许它行文凶猛或形式大胆,提醒我这样的东西——或它的变体——可能行得通。

《巴黎评论》:但总有一位作家,一位伟大的先辈,真正给你留下了印记。对你来说是福楼拜。你意识到他的影响了吗?

巴恩斯:但我不写福楼拜式的小说。拥有一个国外的并死去且正好死了很久的祖先,是最安全的事情。我绝对钦佩他的工作;读他的信件,就好像是他亲笔写给我,昨天刚寄出来的。他对小说能做什么及如何去做、对艺术与社会之间的相互关系的关注是永恒的。他提出了所有主要的美学和专业的问题,并大声作答。我同意他的许多回答。但是,作为一个二十一世纪的英国小说家,当我坐在我的 IBM 196C 打字机前时,我并没有以任何直接或有意识的方式提及一个用鹅毛笔写作的十九世纪的伟大法国人。小说,就像科技一样,已经向前发展了。再说,福楼拜像福楼拜那样写作——别人这样做又有什么用呢?

《巴黎评论》:除了福楼拜之外,还有没有离我们这个时代更近的人,你读他们的书时会想到"啊! 就是这样! 就是这些东西!"?

巴恩斯:并没有。当我读一部伟大的小说时我在想什么,比如福特·马多克斯·福特的《好兵》,我认为它是二十世纪的伟大小说之一,一部伟大的英国小说——当然美国人也很欣赏它——读这类小说时,我确实在一定程度上吸收各种技术性的东西,比如能把一个不可靠叙述者推进到什么程度。但主要的那一课是最普通的一课:带着你对一部小说的想法,满怀激情地推动它,有时甚至到了鲁莽的地步,不管人们会怎么说——这才是你写出最好作品的道路。因此,《好兵》将是一个平行的例子,而不是什么你可以着手复制的东西。总之,再来,你想说什么?福特已经写过这个了。一部伟大小说的真正影响是对后来的小说家说,去写吧,换个花样。

《巴黎评论》:谈谈美国文学?你已经提到厄普代克了。你很早就看过了吗?我指的是那些伟大作家——梅尔维尔、霍桑,等等。

巴恩斯:当然。尤其是霍桑,然后是菲茨杰拉德、海明威、亨利·詹姆斯,伊迪丝·华顿——我是她的崇拜者——还有契弗、厄普代克、罗斯和洛莉·摩尔。我认为洛莉·摩尔是自卡佛之后美国最好的短篇小说家。但是美国小说家和英国小说家是如此不同。他们真的不同,努力像他们那样去写作是没意义的。我有时认为厄普代克作品是美国小说所能达到的最高成就,特别是我前面说过的"兔子四部曲"系列。

《巴黎评论》:美国小说家和英国小说家到底有什么不同?

巴恩斯:主要是语言。也有口语(相对于学术语言而言)形式的差别。人事安排的民主性。当下性。最重要的是,当代美国文学(就像英国维多利亚时期的文学一样)不可能不受其来自一个主导世界的国家这一事实的影响——尽管这个国家也以历史健忘症而闻名,而且只有一小部分公民拥有其护照。这个国家的美德和恶习不可避免地联系在一起。最好的美国小说展现眼界、无畏和语言的活力;最糟糕的美国小说则患有唯我论、狭隘主义和令人生厌的象皮病[①]。

《巴黎评论》:你读与自己同时代的作家吗,包括欧陆作家和英国作家?

巴恩斯:和与你同时代的作家相处是困难的;你知道他们,而且/或者你对他们知道得太多了。另一件事是,过了五十岁,你意识到你最后一

[①] 象皮病(elephantiasis),一种因血丝虫感染所造成的病症,表现为部分身体组织的明显增厚肿大。

次读前面提到的那些伟大作家的作品是在十七八岁的时候,你想——而且需要——重读它们。所以面对最新的几百页的时髦小说时,我会想,屠格涅夫的书我都读过了吗?如果都读过了,那我为什么不重读《父与子》呢?现在我正处于重读阶段。在法国,似乎并没有发生太多的事情。在我看来,米歇尔·图尼埃仍然是他们在世的最伟大小说家。我再没想到其他人。但我不会说我应该尽我所能跟上时代的。

《巴黎评论》:人们说法国没发生太多的事,但法国小说并不比这里出版的小说更微不足道。在智识方面,法国仍然很有影响力,特别是在哲学和批判理论方面。它们已经征服了美国的大学,从列维-施特劳斯到德里达。

巴恩斯:那是真的。他们文学的活力都投到理论和心理学上了。但是,加缪死后,除了图尼埃,他们并没有真正创作出任何实质性的作品。我认为加缪的遗作《第一个人》会让你意识到法国小说所缺少的东西。最近出了米歇尔·维勒贝克的《基本粒子》。这是一本粗糙、粗鲁的书,在许多方面都让人深感不快,但绝对带有某种天才色彩。

《巴黎评论》:你对那些刚刚崭露头角的小说家怎么看?如果你相信那些评论的话,我们似乎有一大批一流的刚冒出来的小说家。外国人羡慕英国小说的健康。

巴恩斯:在英国,我想不出在我后面这一代中,有谁是我特别羡慕的对象。也许是短篇小说家。在英国,有海伦·辛普森[①];在美国,有洛莉·摩尔——我之前提到过,她是一个了不起的天才。我这一代人才华横溢——石黑一雄、伊恩·麦克尤恩,还有其他人。但我该这么说吗?该说吗?我想我对下一代的缺乏雄心有点不耐烦了。我并不反对他们想赚钱——小说家们有很长一段时间一点儿钱也赚不到,我也不怨恨任何一个

[①] 海伦·辛普森(Helen Simpson, 1957—   ),英国当代小说家,以短篇写作闻名,曾获毛姆奖、欧·亨利奖等奖项。

第一部小说就得到十万英镑开价并接受了它的二十五岁的年轻人。令我不满的是，他们写的大多是一些墨守成规的东西，比如一群二十多岁的年轻人一起住在一个公寓里的故事，他们感情生活的起起伏伏，所有这些故事的叙述方式都很容易被立即改编成电影。这不是很有意思。给我看看更大的野心！表现出对形式的一些兴趣！告诉我为什么这种东西用小说的形式来处理是最好的。哦，是的，让我看看对过去伟大小说家的作品的一些敬畏。尽管如此，扎迪·史密斯最近出版的第一部小说《白牙》还是让我非常高兴，这部小说既有远大的抱负，又有勃发的才华。

《巴黎评论》：你自己写的《尚待商榷的爱情》，写三角恋的那部小说，被拍成了电影。电影好吗？

巴恩斯：它被拍成了一部名为《爱，以及其他[①]》的法国电影，合作者有夏洛特·甘斯布和夏尔·贝尔林。它在寇松电影院持续上演了一个星期。是的，它相当不错。这是一部就电影本身而言合格的影片，而不是对一本书的尽职改编。

《巴黎评论》：《尚待商榷的爱情》采用的形式是几个角色和摄像机交谈，可以这么说，轮流和摄影机交谈，让故事以这样的方式呈现。将近十年过去，你又写了几本书之后，你又重新拣起这个故事，使用了同样的核心角色。你还用了那部电影的名字《爱，以及其他》。故事的结尾让读者想知道接下来会发生什么。它似乎是一幅三联画的第二幅，是否会有第三幅呢？

巴恩斯：我不知道。我从没想过我会给《尚待商榷的爱情》写个续集。你说得对，《爱，以及其他》结束于几个角色正处在一个危机之时，这危机必须用这样或那样的方式尽快解决。很明显，我明天就可以坐下来琢磨解决的方案，但那只会让我给一部新小说写出几个章节。之后呢？我

[①] 国内或译《爱情诸如此类》。

必须让我的角色再活几年,这样他们才能为我提供素材。反正我现在就是这样的感觉。

《巴黎评论》: 你是如何塑造你的角色的?它们大致基于你认识或遇到的人吗?还是你从零开始发明它们?它们在叙述过程中是如何发展的?

巴恩斯: 我的角色很少是以我认识的人为原型的。这太局限了。有一对是大致基于我从未见过的人。《豪猪》中的佩特卡诺夫显然在某种程度上与保加利亚前任首脑托多尔·日夫科夫有关,而《英格兰,英格兰》中的杰克·皮特曼爵士则与罗伯特·麦克斯韦有关。但我做梦也没想过要研究麦克斯韦——那对我的小说毫无帮助。你最多在这里加点儿特质,在那里加点儿特质。也许次要人物——他们最初只是这里有点儿特质,那里有点儿特质——可以完全从生活中取材,但我不知道可以这么做。像许多小说写作一样,人物塑造是主观感受和客观控制的混合。纳博科夫吹嘘说,他像鞭打帆船上的奴隶一样鞭打他的人物;受欢迎的小说家有时会吹嘘(好像这证明了他们的艺术家气质)某某人物"跟他们跑了"或者"拥有了他/她自己的生活"。我不是这两个派别的人;我把我的角色拴在一根宽松的缰绳上,但毕竟还是有缰绳。

《巴黎评论》: 你对塑造女性角色很在行——她们看起来很真实。男人是如何进入女人内心的?

巴恩斯: 我的墙上挂着一幅汉德尔斯曼的漫画,画的是一位母亲在给她的小女儿读睡前故事,女儿抓着一只泰迪熊。母亲手里的书是《包法利夫人》,她说:"令人惊讶的是,福楼拜,一个男人,真正弄明白了它。"无论男女作家都应该有能力去写异性——毕竟,这是对能力的一个基本测试。俄国男性作家——想想屠格涅夫、契诃夫——似乎特别擅长写女性。我不知道,作为一个作家,除了用你在理解并非是你的任何其他人时所采用的同样方式以外,你还能怎么理解异性,不论区隔你与他们的因素是年龄、种族、信仰、肤色还是性别。你尽你所能地关注,你看,你听,你问,你想象。但那是你作为一个正常的社会成员要做的,是你应该做的。

《巴黎评论》:在你的作品中,嫉妒似乎是一个重要的主题,例如在《她过去的爱情》《尚待商榷的爱情》,以及在《爱,以及其他》中,等等。这也是法国影响的一部分吗?嫉妒是法国文学的一个伟大主题——从拉辛的悲剧到机场小说。

巴恩斯:我不认为我对嫉妒的专注是法式的或者受到法国的影响。我经常写爱,因此也会写嫉妒。这是相处的一部分;对大多数人来说,在大多数社会里,这是伴随着爱而来的。当然,它也是戏剧性的,因此具有新奇的吸引力,因为它对谁来说都经常是非理性的、不公平的、没有边界的,令人困扰且可怕的。在这个时刻,一些非常原始的东西打破了我们理应成熟的生活的外表——百合花的池塘里有了鳄鱼的鼻子。不可抗拒。

《巴黎评论》:你是少数真正对体育感兴趣的作家之一。你从事什么运动?你对这些运动有多热衷?

巴恩斯:男孩之时,我担任学校橄榄球队队长,直到十五岁左右。我还玩过足球、板球、网球、斯诺克(如果你称之为一项运动的话)、壁球、羽毛球、乒乓球,还有一点高尔夫。我是学校里的十二岁以下、六英石[①]以下拳击冠军。那是运气和计算的结果。我以前从来没有打过拳击,但在注册截止的前一天,我注意到没有其他人进入这个级别,所以我能轻松获胜。不幸的是,大约在同一时间,另一个人也有了同样的绝妙主意,所以我们不得不对打。他比我稍微害怕一点。那是我第一次也是最后一次比赛。我仍然关注大多数运动——列出我不关注的运动会更容易一些,比如花样游泳和地毯滚球;尽管在深夜,手拿玻璃杯、看电视里直播的地毯滚球会有一种怪异的吸引力。至于参与,现在我更喜欢去徒步,在英国做一天的浪游,在法国和意大利做一周的浪游。唯一的规则

---

① 约合38公斤。

是行李必须提前送到。如果你像夏尔巴人一样被压得喘不过气来,你就无法欣赏风景。至于作家和体育,不管怎么说,男性作家,我认为他们与体育之间的联系比你所想的要紧密得多。想想海明威和拳击、斗牛,贾雷尔和纳博科夫与网球,厄普代克和高尔夫,斯托帕德和品特与板球。先说这些。

《巴黎评论》:在小说集《穿越海峡》中,《隧道》那个故事里的老人说,为了成为一个作家,在某种意义上你需要放弃生活。你认为你必须在文学和生活之间做出选择吗?

巴恩斯:不,我不认为我们要这样或者能这样。"完美的生活,抑或完美的工作"——这总是让我觉得是叶芝式的装腔作势。艺术家当然会做出牺牲——政治家、奶酪师、父母也如此。但是艺术是从生活中来的——若非不断浸入生活常态,艺术家怎么能继续存在呢?有一个问题是你能游多远。福楼拜说,一个艺术家应该像入海一样涉入生活,但至多只能到肚脐眼深。另一些人游得那么远,以至于他们忘记了自己最初的意图是要当艺术家。很显然,当一个作家需要花很多时间独处,而做一个小说家比做一个诗人或剧作家需要更长时间的与世隔绝。对于一个小说家来说,合作艺术中那些创造性的交互都只能内在地发生在他的头脑里。但同时,我们也经常满怀感激地向小说寻求生活中最真实的画面,不是吗?

《巴黎评论》:你是怎么工作的?你有纪律吗?你有规律的工作时间吗?

巴恩斯:我有很长一段时间里都很守纪律。这就是说,当我开始写一部小说时,我知道如果我在十八个月内写出它最好,或者两三年,这取决于它的复杂程度,现在我通常会在这个粗略的目标日期内完成。我被工作给我的乐趣所约束;我很期待去写作。我也知道我在某些时间工作得最好,通常是在上午十点到下午一点之间。那是我心智最充分的时候。一天中的其他时间我会用来修改或者写新闻稿,或者付账单。我每周工作七天；我不去想正常的办公时间——或者这么说吧，对我来说，正常的办公时间包括周末。周末是一个很好的工作时间，因为人们会认为你外出了，不会打扰你。圣诞节也是。大家都出去买东西，没人打电话。我总是在圣诞节早上工作——这是一种惯例。

《巴黎评论》：写作对你来说容易吗？佩雷尔曼[①]说过，有两种作家，一种作家能轻而易举写出东西来，而对另一种作家来说，每一个字都是被吸出来的一滴血。他把自己归入第二类。对你来说是什么感觉？

巴恩斯：我不太同情吸血这类抱怨，因为从来没有人要求你去当作家。我曾听人说，哦，好孤独啊！好吧，如果你不喜欢独处，就别干这个。在我看来，大多数作家抱怨的时候都是在作秀。当然，这是一项艰苦的工作——理应如此。但是你愿意拿它换个照顾孩子的工作吗？比如照顾一对多动的双胞胎？

《巴黎评论》：一个人可以喜欢结果，但不一定喜欢过程，你说呢？

巴恩斯：我觉得你理应喜欢这个过程。我可以想象一个伟大的钢琴家会乐于练习，因为当你从技术上掌握了乐器之后，练习就是在测试你的演绎和细微差别以及其他一切。当然，写作的满足感、快感多种多样。写初稿的乐趣与修改的乐趣大相径庭。

《巴黎评论》：写初稿困难重重。这就像生孩子一样，很痛苦，但之后照顾婴儿跟他玩耍是充满喜悦的。

巴恩斯：啊！但有时它不是婴儿，而是丑陋畸形的东西，一点也不像婴儿。我倾向于写初稿的时候写得很快，然后修改再修改。

《巴黎评论》：所以你会重写很多？

[①] S. J. 佩雷尔曼（S. J. Perelman，1904—1979），美国幽默作家、影视编剧，曾长期为《纽约客》杂志撰稿。

巴恩斯：一直都是。那才是真正的工作开始的时候。写初稿的乐趣在于欺骗自己它与真品相当接近。写后续几稿的乐趣，部分在于你意识到你并没有被初稿所欺骗。同时，你会意识到，那些相当实质性的东西是可以改变的，即使是在一天中相当晚的时候也可以改变，一本书总是可以改进的，即使是在出版之后。这也是我反对文字处理器的部分原因所在，因为它们往往使事情看起来比实际更快完成。我相信一定量的体力劳动；小说写作应该让人感觉像是传统劳作的一个版本——无论它们之间的联系有多遥远。

《巴黎评论》：所以你是手写的？

巴恩斯：我手写了《爱，以及其他》。但通常我会在 IBM 196C 打字机上打字，然后一遍又一遍地手写修改，直到它几乎无法辨认。然后我会重打一份干净的稿子，再一遍又一遍地手写修改。周而复始。

《巴黎评论》：你什么时候放手？是什么让你觉得一部稿子已经准备好了？

巴恩斯：当我发现我所做的修改对文本的改善效果正负相抵时，我就知道是时候挥手告别了。

《巴黎评论》：那么你用电脑做什么呢？

巴恩斯：我用它收发电子邮件，还有购物。

《巴黎评论》：你对未来有什么打算？

巴恩斯：我不会告诉你的！我有点迷信。其实与其说是迷信，不如说是实用。我写的最后一篇新闻报道，是为《纽约客》写环法自行车赛。那篇报道的大部分内容都是关于职业自行车运动中的药物滥用问题。我做了很多研究，我发现自己——这对我来说不同寻常——和其他人谈论这些研究。当我动手写那篇报道时，我的情绪有点低落。我发现写起来很难。在此之前,我刚和一位研究自行车运动的荷兰社会学家聊过一八九〇年代的药物滥用史,回来后,我把它一股脑儿讲给了我遇到的每一个人听——因为它非常迷人——然后等我坐下来写它时,我开始想,这真的有那么有趣吗?这印证了我很久以前学到但又暂时忘掉的一个教训:不要把东西全说出来。这事关自保。反正我天生记性很好。不过放心,会有一些新书出来的。

(原载《巴黎评论》第一百五十七期,二〇〇〇年冬季号)

赫塔·米勒

◎杨振同/译

二〇〇九年,瑞典学院授予赫塔·米勒诺贝尔文学奖时,赞扬这位作家"以诗歌的凝练和散文的率真,描写了那些被剥夺者的境遇"。

这是一个她至今都还十分熟悉的场景。米勒于一九五三年出生于罗马尼亚巴纳特地区一个讲德语的小村子,尼茨基多夫村。第一次世界大战结束,奥匈帝国土崩瓦解之后,罗马尼亚王国扩大疆土,该地区并入罗马尼亚。一九四〇年,扬·安东内斯库[①]法西斯政府和德意志第三帝国形成正式联盟,许多少数民族的德意志人——包括米勒的父亲——都报名参加了德国军队。到了一九四四年年中,苏联红军挺进罗马尼亚腹地:安东内斯库政府被推翻,新政权倒向了苏联的怀抱。一九四五年一月,所有年龄在十七至四十五岁、居住在罗马尼亚的德意志人,都被驱逐到了苏联的劳改集中营。米勒的母亲就在这批被驱逐者之列。

在苏联治下,罗马尼亚的农场都集体化了,土地和企业都划归国有。七十年代末,当局找到米勒,但是米勒拒绝合作当告密者。

作为对这一事件的反应,米勒转向了写作。她的第一部作品《低地》是一部短篇小说集,于一九八二年以审查本的形式问世;第一个完整版于两年后在柏林出版。一九八七年,她终于获准和母亲离开罗马尼亚,最终定居柏林。接下来她出版了其他作品,主要有:《心兽》(1994)、《今天

[①] 扬·安东内斯库(Ion Antonescu,1882—1946),罗马尼亚军事法西斯独裁者,1940至1944年任罗马尼亚首相。

我不愿面对自己》（1997）和《呼吸秋千》（2009）——被翻译成英文出版时，作品名分别为《青李之地》（1996）、《约会》（2001）和《饥饿天使》（2012）。

作为《饥饿天使》这本书推广活动的一部分，米勒来到美国，进行了一系列的作品朗读活动。她读德文原文，我则读我的英文译文。这次访谈就在纽约、芝加哥、波士顿和华盛顿这几次朗读的间隙用德语进行。

文如其人，米勒就像是释放高压电能那样放出巨大的精力，在她登台朗读前聚精会神时精力达到了顶峰。她一根接一根地抽烟，这与其说是镇定自己的习惯，倒不如说是一种必要的管道，吸收额外电能的管道。尽管她的作品多年来在德国和其他欧洲国家频频获奖，但是诺贝尔文学奖给她带来了名人的地位，这种地位放大了她代表某些事业的声音，然而对于这种地位，她根本就感觉不到舒服自在。

——菲利普·贝姆，二〇一四年

《巴黎评论》：您的家庭在尼茨基多夫村是个农民家庭吗？

赫塔·米勒：我祖父当时是很富有的。他有很多土地，还开了个杂货铺。他是个粮商，每个月都到维也纳出差。

《巴黎评论》：他做粮食生意主要是卖小麦吗？

赫塔·米勒：主要是小麦和玉米。我长大的那座房子房顶上有个很大的拉粮食的升降机，有四层楼那么高。可是后来，一九四五年之后，所有的东西都被弄走了，我家什么东西都没有了。此后，只有那架升降机还竖在那儿，空荡荡的。

《巴黎评论》：那他的杂货铺呢？

赫塔·米勒： 杂货铺里有各种各样的东西。我母亲在那儿工作过，我祖母也在那儿工作过，一直到那些搞社会主义的人把所有东西都弄走为止。接着他们就搬到了一个集体农庄。不仅如此，他们还把他送到一个集中营，时间倒是不长，而且那个集中营是在罗马尼亚，不是在苏联，可那还是集中营呀。我祖父在第一次世界大战中服过兵役，在奥地利军队。他的马匹也服过役。那时候，他们不仅抓壮丁，还征用马匹。祖父甚至还收到过马匹的阵亡通知书，表格填得仔仔细细的。他们甚至把马匹在哪儿阵亡都列了出来。听到这件事的时候，我说那是胡说八道。

《巴黎评论》： 在家里每个人都讲德语吗？

赫塔·米勒： 在德意志人住的村子里人们讲德语，在匈牙利人住的村子里人们讲匈牙利语，在塞尔维亚人住的村子里人们讲塞尔维亚语。人们是不混在一起的——每个民族都有自己的语言、自己的宗教、自己的节日、自己的服装。甚至在德意志人之间，一个村子和一个村子的口音都不一样。

《巴黎评论》： 你们家的人是不是标准德语和方言都讲呢？

赫塔·米勒： 我祖父由于要做生意，标准德语和方言都讲。但我祖母只讲方言。他们也会讲完美的匈牙利语。在他们长大的时候，那个村子是奥匈帝国的一部分，因此在这个地区，匈牙利人就迫使人们同化。所以，我祖父母上的是一所匈牙利语学校。这样一来，不管死记硬背地学什么东西——比如说代数——他们都只能用匈牙利语学。可是，到了社会主义者掌权的时候，我祖父母都已经六十岁了，所以他们压根就没有学过罗马尼亚语。

《巴黎评论》： 您上学的情况如何？

赫塔·米勒： 刚开始的时候，我的日子非常难过，因为方言和他们正在教的标准德语很不一样。我们从来都不会真的搞准确我们的一些方言词语不应该溜进来的时候是不是偷偷地溜了进来。不过与此同时，它们的发音听起来毫无二致。比方说，"面包"这个词在两种情况下都是一个单词——布罗特（Brot）。可是在我听来却是不对劲的。它在标准德语里面发音肯定应该是不一样的，于是我就说成类似于"布拉特"，仅仅是因为我以为那样听起来更像是标准德语应该发音的样子。于是结果就是这种一直都有的不安全感。我从来都不完全相信任何一种语言真正是我自己的。我的印象是，它们都属于别的人，是我暂时借来一用的东西。而且这种感觉在每一个转折点都得到了强化。

《巴黎评论》：因而更加痛苦。

赫塔·米勒：当时他们已经不再是经营着他们自己的土地的农民，而是集体农庄的劳动者。我母亲被派往曾经属于她家的地里干活。晚上回到家，我祖父就问她，她去哪块地干活了，她就说这块地或者是那块地，常常就是他之前的一块地。接着他就问她，那块地种的是什么庄稼。这时候我母亲就叫他别问问题了，那块地已经不属于我们了。

《巴黎评论》：那个村子里的人都信天主教吗？

赫塔·米勒：跟大多数德意志人和匈牙利族人的村子差不多。但是我父母一点儿都不信教。人们也不怎么把神父太当成回事儿，当然了，对村子里的神父们来说，这种情形一定是很艰难的。他们过着孤独的生活。首先是由于不娶妻。他们没有任何家人——往往只有一个厨师，否则他们就独自生活。他们从别的什么地方来，所以他们在村子里就是外乡人。他们大多数人都喝酒，很多人都酗酒成性，所以，当一个神父为了摘菩提树的花而从梯子上摔下来的时候，并不一定会提高他的声誉。不过，我们还是去上教义问答课，多是由于这是国家所禁止的。

《巴黎评论》：做礼拜仪式是用德文还是拉丁文？

赫塔·米勒：德文。他们常说上帝无所不在，上帝在所有的事物之中，类似这样的话。所以这就意味着，他也在一扇门里面，在一张桌子里面,或者是在植物里面。我就觉得所有这些东西都在看我。他甚至有可能就在我体内,因为我也是物质呀,所以他有可能也从体内看着我。这是十分怪异的。十分吓人。当你是个孩子的时候,你要是很认真地对待那些东西的话,那是十分吓人的。那玩意儿感觉就像是一种威胁。所以不管我在干什么——比如说在削土豆皮——我总是觉得上帝就在看着我。我总是在想,他喜欢吗?我削土豆皮的方法正确吗?我在做家务活的时候——每个周末我都要把整个房子打扫一遍,把地板拖两遍,第一遍湿拖,然后是干拖。可是,既然我母亲在干活,我祖父母在花园里某个地方,没有一个人能看见我,我本来轻而易举就能略过角落,只拖一遍就行了。可是我总是害怕上帝会看见我。他是无所不知的。他会对我做出一些事,不知怎么就让我母亲知道了。谁知道会发生什么事呢。

他们在教堂里说的另一件事就是,死人是在天堂里的。于是我就抬起头,我所看到的也就是死人了。我看着那片片白云,心想,我看见了一个男人或者一个女人,他/她原来就住在附近,我看见他们在跑过来跑过去,上帝在这样子或那样子移动着他们。或者在教堂里,在圣餐仪式期间,神父们讲到圣血和圣体,然后就喝红葡萄酒——我觉得那完全是在发疯。因为我每一个星期都要杀鸡,杀一回或者两回,我见的血已经够多的了,所以在我看来,神父正在喝的根本就不是酒。我不时会走到教堂里面去,祭坛上会有一座巨大的圣母马利亚的石膏塑像,她身穿一件浅蓝色披风,心是在外面的,在她的裙子上头。有一次,我和我祖母在那儿,我对她说,马利亚的心是个切开的大西瓜,因为那一滴滴血都是黑的,黑得就像是西瓜籽。

《巴黎评论》:她怎么说?

赫塔·米勒:她说,你或许说得对,但是这话你对谁都不能说。

《巴黎评论》:那倒是很聪明呵。

赫塔·米勒:可是不知怎么回事,她很害怕。我也吓得要命。我总是以为，我就要让自己丢人现眼了。还有，那时候神父总是跟我们讲不允许我们做的事。比方说，我们不能化妆。那一切都是那么迂腐守旧。神父会对我们讲，口红是用虱子的血做的。对孩子们来说，那是很吓人的。所以我就有这种感觉，一切都是被禁止的。那一点，再加上上帝一直在看着这种感觉。当然了，不管怎么说，在村子里，每个人都对别的每个人的一切都了如指掌。所以呢，那就是我的第一个极权主义世界——村子和教堂。

《巴黎评论》：除此以外，还有忏悔。

赫塔·米勒： 我觉得那是很荒唐的。你去忏悔，你就得把你所有的罪孽列出来，你所有的谎话。任何不贞洁的事情——那始终都是大事情——你所想到的、读到的、看到的、听到的。可是我们有狗就在那大街上交配呢，在农庄上，母鸡不断和公鸡交配。你看那玩意儿是因为，那毕竟是很吸引人的。可是，不管是什么人，怎么能事事都记得住？我的意思是说，自从上一次忏悔过以后，在过去的那几个月里谁知道你都做了多少事呢？所以当神父问有多少次的时候，你就编一个数字了事。而就在那里，你看到人们是如何开始培养一种得过且过的感觉，一种机会主义的思维方式。孩子们相互之间做交易。比方说，我告诉他二十次，而你告诉他二十五次。因为你不想有太多次被报告上去，但也不想报告的次数太少。所以，事后我没有感到一种解脱，而是感觉更加糟糕，因为我撒了弥天大谎——而且是因为我别无选择。我对神父撒谎了，而他就是上帝的代表，于是我实际上就是对上帝撒谎了，而不仅仅是对我母亲，对我祖母或是邻居撒谎——我的天哪，现在会发生什么事？如果你对宗教很较真的话，那么你一定会遇到问题。它是一种抽象的压迫制度，抽象的方面就在于那种感觉，那种你不会以任何易于觉察的方式受到惩罚的感觉——上帝是从来都不说任何话的，他从来都不冲我喊叫，但不知怎的，他始终在那儿。你总是有这种感觉，那就是，或早或晚有些事肯定会发生。正是出于这个原因，我发现信仰很吓人，很压抑，是和每一种个人自由相对立的。

《巴黎评论》：等您年龄大些以后呢？

赫塔·米勒：等我搬到了城里，我想，上帝应该不在这儿了。但后来，我有那么多的恐惧，我一直在遭受那么多骚扰，我害怕他们会杀了我。所以，上帝在哪儿呢？他在哪儿就让他在哪儿待着吧，我不再需要他了，我是要自己照顾自己了。他爱干什么干什么，我也是爱干什么就干什么。就这样，问题解决了。

《巴黎评论》：您父母对您要求很严格吗？

赫塔·米勒：他们要求是很严格，不过那都是正常的。作为一个孩子，我必须一直干活，在家里，在外面的田地里，什么活都得帮着干。我必须把那群母牛赶到山谷里去，赶到河边，整整一天都孤零零地和那几头母牛在一起。

《巴黎评论》：有几头牛？

赫塔·米勒：通常是五六头。

《巴黎评论》：你那样子孤零零一个人的时候唱歌不唱歌？

赫塔·米勒：都是我们在幼儿园里学的那些小歌，像《一个人站在森林里》。不过我也自己跟自己说很多话，跟植物说很多话。我相信，我跟什么东西都能说话。

《巴黎评论》：您和上帝说话吗？

赫塔·米勒：我那时候本来是不敢的。即使是那个时候，我也不想更多地跟他打交道。他看到的已经足够多了，我想。我只是看那几头牛，就把两只手都占着了。我必须确保它们不跑到田地里去，因为那些田地都是国家的。有时候如果牛没有吃草，它们就会发疯，开始到处乱跑。罗马尼亚的牛可不都是像人们在电视上看到的那样子。

《巴黎评论》：您在诺贝尔文学奖颁奖仪式上讲见证文学，您曾写到等火车通过的情节。

赫塔·米勒：我那时候没有手表啊，所以我就要等到第四列火车经过山谷，才能领着母牛回家。到那时候就八点钟了——我一整天就在山谷里度过。我需要看管那些牛，可是那些牛却根本不需要我。它们有它们的日常生活，啃着草，对我一点儿也不感兴趣。它们确切地知道它们是谁——可是我呢？我常常看我的手和脚，搞不明白我究竟是什么。我是用什么材料做成的？很显然是和牛以及植物不同的东西。而不同本身对我来说就是很艰难的。我常常看着那些植物和动物，暗自思忖，它们过的生活很好，它们懂得如何生活。于是我就设法靠得更近一些。我和植物说话，我尝植物，于是就知道每一种植物是什么味道，我能发现的每一种草我都吃。我想，一旦尝了那种草，我就能靠它更近一点儿，我就会变成别的什么东西了。我就会把我的肌肉、皮肤变成某种更像那种植物的东西，这样它就会接纳我。当然了，那实在只是我的孤独而已，和我照看那几头牛所有的重重忧虑混合在一起。于是我就研究那些植物，我摘一些花，把它们配对，这样它们就能够结婚了。我以为人能做什么，植物就也能做什么。我坚信植物是有眼睛的，它们夜里会到处游荡。我知道我们家附近的那棵菩提树会去看村子里的那棵菩提树。

《巴黎评论》：您还写到过给植物起新名字的事。比如奶蓟草不叫奶蓟草，叫荆棘肋，或者叫针脖子。

赫塔·米勒：我感觉那种植物听不到奶蓟草这个名字，所以我就设法起别的名字了。

植物名称是个复杂的东西。最美丽的名字都是俗称，农民用的那些名字，人们给那些植物起那个名字是因为这些植物长什么模样，或者这些植物能干什么。学名好像十分遥远。这是很悲哀的，不过我去过柏林的一些花店，他们连最简单的植物的名字都叫不上来。他们在外面挂一个招牌，写着"Herbarium coloricum"或者是别的什么东西，但都没有什么意思，可是我从乡下所了解到的花名是"草夹竹桃"或者"蛤蟆嘴"这一类名字。

《巴黎评论》：我们也管它叫"草夹竹桃"。另外那一种在英语里叫"金鱼草"，不过我看到，在您的方言里它被叫作"蛤蟆嘴"。

赫塔·米勒：在德语里叫"Löwenmäulchen"。

《巴黎评论》："狮子嘴"，或者其实是"小狮子嘴"。不过当您取了您自己的名字——

赫塔·米勒：当我取了我自己的名字后，那就是另外一种想要更加靠近那种植物的企图，因为它们知道如何生活，而我不知道。可那也是我难以逾越的一个鸿沟。对风景也是一样。我从来都没有真正欣赏过风景，我只是观察过风景而已。我总是有一种印象，风景太广阔了——会使我感到迷失的。我认为有两种体验风景的基本方式。有的人觉得自己很安全，觉得自己受到了保护。有些人站在山顶之上，那表现仿佛那座山就是属于他们的。可是我不能站在一座山的山顶，朝下面看那一条条山谷，然后对自己说这座山有多么雄伟壮观。我总是感到害怕，感到凄凉。我觉得那风景就要把我吞噬了。它使我感到自己非常渺小，仿佛我什么都不是，只不过是一只蚂蚁而已。我知道，那些树都很老了，那些石头将永世长存，水会永不停歇地流淌。我认识到，我身体内部能有的时间非常之短，短得可怕，而我的身体只是暂时借用过来的。我知道，和我们周围的一切相比，我们的生命仅仅是一瞬间而已。就是这种人生苦短、转瞬即逝的感觉。小的时候，我对此没有任何语言可以表达，但即便是那个时候，我都感觉得到它的存在，而它使我感到害怕。那一片片玉米地不断伸展，一望无边。在社会主义制度下，在一切东西都划归集体的时候，那一块块的田地都很大很大——一旦走进那地块，你就觉得再也走不出来了。我总是以为，等到我走到地的那一头，我就成了个老太太，老得不得了了。

《巴黎评论》：《饥饿天使》里有一章，莱奥被派到一个集体农庄去干一天活,他不得不在那片大草原上走了一条又一条路,长路漫漫。"风推着我,整个大草原如溪流一般流进我的身体,催促着我垮下来,因为我是那么单薄,而大草原是那么贪婪。"

赫塔·米勒: 对我来说,这些广阔的风景始终都是很吓人的。

《巴黎评论》: 您在城里会感觉舒服些吗?还是城市的风景带来了一种不同的压抑感?

赫塔·米勒: 城市有不同的恐惧。那里也有植物,我经常说某些植物跟那些大权在握的人都串通好了——它们已经叛变,倒向了国家那一方。像金钟柏、冷杉树以及所有的常青植物,就是种在政府机构周围的常青树,所谓的活篱笆墙。还有社会主义的花。

《巴黎评论》: 我住在波兰的时候,我们从来不买红色康乃馨,因为这种花总是用于国家重大集会上。

赫塔·米勒: 我到现在看到它们还是受不了。还有剑兰。每当举行一场葬礼或者某个国家的高级领导人的埋葬仪式时,他们总是用同样的花,因为那些花开放的时间最长。但我一直喜欢很快就会凋谢的花,比如像三色紫罗兰或者是山谷里的百合花,或者大丽花、草夹竹桃花。这些花不会让自己用错了地方。人也是一样——让自己用错地方的人,他们的性格适合那一点。没有那种性格的人一开始是不会那样子被用错地方的。正像是假如康乃馨和剑兰凋谢得更快一些的话,那它们就不会落得个被塞到刚刚去世的党的领导人的花圈里的下场。然而,小花园里的花,那些只开放很短时间的花——那些都是无权无势的人的植物。

《巴黎评论》: 什么东西都开始有了注解。

我觉得这在有关压迫的作品里是一个共同的主题。比方说在豪尔赫·塞姆普伦①的作品中，处境最糟的人搞不明白，他们周遭的环境怎么会一直都是这个样子，人们怎么对人类所有的苦难都如此漠不关心。如果压迫就在外面的光天化日之下发生，那么整个景色似乎就都成了同谋者。

《巴黎评论》：这跟您小时候的那种感觉是联系在一起的，在那个地方，一切都是有生命的，您觉得各种物体到了夜里就到处乱飞。可是您没有想象植物和植物结婚的事，您现在的倾向是给周围的环境安上了更加黑暗的动机。

赫塔·米勒：每一个东西都变得充满含义。然而这些含义会随着观察者的经历变化而变化。

《巴黎评论》：而且很少有这种时候啊，自然界的一部分提供安慰。比如说像《饥饿天使》里送给莱奥的冷杉树树枝。

赫塔·米勒：有一次我跟奥斯卡·帕斯蒂奥尔在奥地利的蒂罗尔州，我开始对所有的冷杉树大发牢骚，说这些树什么都做不了，说它们乏味、孤傲，人们究竟干吗要在圣诞节这天把这种树带到家里。然而他看看我说，你不能说冷杉树的任何坏话。接着他就给我讲，他当年在集中营里，实际上都要饿死了，绝望到了极点。他用电线头和绿色的毛线拼凑成一棵圣诞树，而那棵树就成了他跟文明世界的最后一点联系。你不一定要相信圣诞节，他说，但是你依然能相信冷杉树。实际上你一定要相信。

《巴黎评论》：这件事在《饥饿天使》里也发生了。不过，刚开始，他偶然碰到一棵真正的冷杉树，就设法偷偷把那些树枝弄到集中营里去。只是卫兵们没收了树枝，用那些树枝做了一把扫帚，莱奥把这一切都看在了眼里。您用他的声音写道："三天以后就是圣诞节了——一个在房间里摆放青青的冷杉树的词语。"这是一个迷人的句子，因为您有实物——冷杉

---

① 豪尔赫·塞姆普伦（Jorge Semprún, 1923—2011），西班牙作家、政治家，1996年成为首位获得龚古尔文学奖的非法籍作家。

树树枝——还有"圣诞节"这个词语,然后用电线和纱线重新做一棵圣诞树,这棵树营造出一个完全属于它自己的现实。而这恰恰就是您在您好几部作品中的写作手法。从某个角度讲,它是您小时候就有的那种感觉,那时候您编造词语并把它们安到您正在经历的世界。不过即使是您编造的词语,也不总是能安得上去。

赫塔·米勒: 这就使得我和事物之间的鸿沟更加清晰了。

《巴黎评论》: 还有语言以及语言想要描写的事物之间的鸿沟。

赫塔·米勒: 词语有其自身的真理,而这种真理来自词语的发音。然而词语和事物本身是不一样的,从来都没有一个完美无缺的搭配。

《巴黎评论》: 您也写到过语言的不恰当性。您写道,我们并不总是以词语思考,语言并不能涵盖我们内心最隐秘的世界。所以,也许这样说更准确:您寻找种种方法描写潜藏在后面的东西,描写字里行间的东西,而且这常常仅是沉默而已。《饥饿天使》里还有一个场景,莱奥的祖父盯着一头牛犊在看,用他的眼睛吞噬着这头牛犊,书里有这个词:Augenhunger——"眼饥饿"。是不是还有"词语饥饿"这样一个东西呢?

赫塔·米勒: 饥饿的是词语。我对词语并不感到饥饿,但是词语有着其自身的饥饿。它们想消耗掉我所经历的事情,而我必须确保词语能做到这一点。

《巴黎评论》: 您在把句子写下来之前,是不是在脑子里听到那些句子了?

赫塔·米勒: 我脑子里什么句子都听不到,不过在我写作的时候,我已经写出来的一切东西我都要看见。我看见这句子。我就听见它了。我还要把它大声朗读出来。

《巴黎评论》: 一切都要朗读出来吗?

397

赫塔·米勒：一切。为的是节奏——因为这句子如果听起来不对劲，那么这句子就不起作用。那就意味着有地方不对了。我总是必须听到这种节奏，这是检查这些词语是否正确的唯一方法。不可思议的事情是，一篇作品越是超现实的，它对现实的反映就越要紧密。否则，它就不起作用。那样的文章到头来总是糟糕透顶——就是粗制滥造的东西。很多人总是要折腾很久才相信这一点，但是，超现实的场景必须以毫米的精确度和现实进行对照检查，否则这些场景就丝毫发挥不了作用，这篇文章就完全不能用。超现实的东西只有变成了现实才会起作用，所以它必须经得起和现实的核对，并根据现实结构建立起来。

《巴黎评论》：您一旦开始写那些句子，您是不是让那些句子牵着您走？

赫塔·米勒：它们自己知道一定会发生什么事情。语言知道打哪儿起，打哪儿落。我知道我想要的是什么，但那些句子知道我怎么样才能到达那里。即便如此，还一定要牢牢抓紧语言的缰绳。我创作总是很慢。我需要很多时间，因为我要用很多方法。每本书我都写二十遍的样子。刚开始，我需要所有这些拐杖，我写出很多多余的东西。之后，我走得足够远了——在我内心，我依然在探寻——我会把我已经写出来的东西删掉大约三分之一，因为我不再需要它了。不过，然后我就会回到第一稿，因为很显然，那是最真实的一稿，而别的一切都证明是不令人满意的。我常常觉得我无法把它拉开。语言和生活是那么的不同。我怎么就必须把一个安到另一个身上去？我怎么能把它们拉到一块儿呢？是没有——对应这样的事情的。首先，我得把一切东西都拆开。我一开始就照现实写，但我必须把这个现实完全打碎。然后我用语言创造出某个全然不同的东西。如果我运气不错的话，它就会一起回来，而新的语言就又和现实走得很近了。但话又说回来，这完全是一个人造的过程。

《巴黎评论》：就像莱奥的圣诞树。还有您在斯德哥尔摩说过的话，就是说，在写作的过程中，它不是一个信赖的问题，而是一个对诚实欺骗的过程——一个充满着巨大能量的过程。

赫塔·米勒： 没错，而且那能使你像着了魔一样。当人们谈到某篇文章之美的时候，它的美就是从那儿来的——事实就是，语言把我拽了进去，这样我就想写出它来。但是，这样做也痛，所以我就很害怕写作。而且我常常搞不清楚我是否胜任这项任务。不过，它也是你以前提到的——其中的一半是沉默。说出来的是一回事，但没有说出来的也必须在那儿，它必须游离于你正在写的东西之中。你也必须感受到这一点。

《巴黎评论》： 而这种沉默不仅存在于人物的内心，也存在于人物之间，存在于作品本身。在《青李之地》中，您写道："我们嘴里的话跟我们的脚踩到草上一样，有着同样的毁灭性。而我们的沉默也一样具有毁灭性。"

赫塔·米勒： 沉默也是一种讲话的方式。它们是很相像的。它是语言的一个基本成分。我们总是在选择什么话我们说，什么话我们不说。我们为什么说一件事而不说另一件事？而且我们这么做凭的是直觉，因为不管我们在说什么，没有说的总是比说的多。这也并不总是要隐藏东西——它只是我们说话当中凭直觉选择的一部分。这种选择因人而异，因此，同样的东西不管有多少人描写过，描写总是不一样的，视角不同嘛。即使有着相似的视角，说什么，不说什么，人们也会做出不同的选择。我从村子里来，这一点我就很清楚。因为那里的人说话，从来不会超出他们绝对需要说的量。我十五岁进城的时候，很惊讶于人们的话那么多，而那些话有那么多都毫无意义。还有就是人们谈自己谈得那么多——那之于我完全是陌生的。

在我看来，沉默一直都是另外一种交流方式。你只是看着一个人，就能看出那么多东西。在家里，我们哪怕不是一直谈论自己，彼此之间也非常了解。在别的地方我也遇到过很多的沉默。有那种自己给自己造成的沉默，因为你真正想的东西你永远也不能说。

《巴黎评论》：您的意思是说在乡村的家里吗？

赫塔·米勒：在村子里有一些那种情形，但我真正的意思是泛指的。你始终要非常仔细地考虑你要说多少，你要跟他们讲什么。你得保持一个平衡。一方面，你不想说太多，你不想让他们以为有些事情你知道而他们不知道，你可不想引发一个他们本来不会问到的问题。而另一方面，你必须说些事情，所以，最好的办法就是回答一点点，这样一来他们就不得不重复同样的问题。它总是这种小心翼翼的算计，每一方等着另一方，审讯人员在琢磨被审讯的人，设法看穿你，而你呢，也在设法看穿他，发现他想要什么，他的话头要往哪里走，他为什么想知道那件事。在所有这种过程中保持沉默，这里面学问大着呢。

《巴黎评论》：在您塑造的一些人物中，有另外一种类型的沉默。比如说《饥饿天使》里的卡蒂·森特丽。她脑子有毛病，而且表达的手段非常有限。

赫塔·米勒：可是她比别人说的都多。我总是喜欢短对话。某些语法结构我很不喜欢，比如说现在分词和过去完成时，所有这些复杂的德语形式，那叠床架屋的动词、间接引语的虚拟语气以及诸如此类的东西。它们都是那么笨重，那么冷冰冰的，这些形式把一切都从感情那儿推走了。我总是设法坚持使用现在时，至多使用一般过去时。其他的一切在我看来似乎都是僵死的重量。我想那也是来自我成长过程中使用的农民语言。

《巴黎评论》：简洁。

赫塔·米勒：而且总是很直接。对话总是要有锋芒。那有可能也是来自我的背景。人们很长时间都没有说话，然后到了他们终于要说些什么的时候了，情况就非常急迫了。那些话就绝对需要说出来，就没有时间浪费到语言结构上了。大多数时候是说话都已经太晚了——要说的东西本来早就应该说的，却没有说。

《巴黎评论》：即使已经很晚了——

赫塔·米勒：那样的话，急迫感就更强。

《巴黎评论》：您还把您的标点符号使用量降到最低限度。比如说没有问号。

赫塔·米勒：那些句子没有必要用问号。从写这些句子的方式就可以很清楚地看出哪些句子是问句。你从句法结构里就能看得出来。所以我不需要问号，也不需要感叹号。我发现这些东西完全是没有必要的。它们造成混乱，在那儿根本就不起作用。还有引号。如果整篇文章密密麻麻爬满了这些符号，那是很可怕的。毕竟有对话的时候你是看得出来的。

《巴黎评论》：如果有时候我们弄不准一句话是大声说出来的，还是在内心说的，就会增加文本张力。

赫塔·米勒：所有这一切都和我们过去在家里说话的方式有关，跟我们用的方言有关。后来我到城里上学，有了这些朋友的时候，他们来自不同的村子，说不同的方言。但我们一致认为，我们将只说标准的德语。他们都是作家，那时候在罗马尼亚，德语对我们来说是一种私人语言，我们必须注意我们讲德语要讲得正确。所以在这个团体内部，我们坚持不讲方言。再者说了，已经有一种用方言写的文学，这种文学是极度反动的。不像是比方说在奥地利，有一些作家以新的方式使用方言，把当地的传统和更为当下的思想结合起来。对我来说，这种文学有着很坏的联系——恰恰就是我在《低地》这部短篇小说集里写到的东西——民族中心主义的焦点，对纳粹的支持，和"祖国"这一概念捆绑在一起的一般来说是反动的态度。我不想跟这些个东西有任何瓜葛，我们团体里的任何人也都不想。没有关于"精神家园"的书，没有"热血和故土"①文学。回头看看，我觉得对我们来说，没有所有那些个保守的重负，那就容易得多，不像别的人那

---

① "精神家园"（Heimat）、"热血和故土"（Blut und Boden）都是纳粹文学的概念。

401

样,要背负着这些重负,走到哪儿,背到哪儿,这种重负就是各式各样的期望。人们对我们一点点儿期望都没有。罗马尼亚的特兰西瓦尼亚地区的德意志人有一种可追溯到八百年前的知识传统——他们总是更加保守。然而我们这个来自巴纳特的团体则是刚刚开始读书,什么东西都不懂。然后我们就走向前去,我们做什么就写什么,而这样一来,别的人都给鼓动起来。可是,我们对这些事倒是没有反复考虑过。所以,没有来自一个很大的传统,没有来自一个家庭,让你吃的都是有可能你后来连喜欢都不喜欢的东西——都是你后来为了成长不得不扔掉的东西——我真的感觉那是非常无拘无束的。我不必扔掉任何东西,因为我从一开始就什么东西都没有。

《巴黎评论》: 您家里没有书吗?

赫塔·米勒: 连童话故事都没有。年终他们给最佳学生颁发奖品的时候,我偶尔会从学校得到本什么书。但那都是社会主义的现实主义作品,我喜欢的什么东西都没有。除此以外,只有我们从神父那儿得到的东西。

不过那倒是好事,我觉得。人们经常问我家里都有什么书,我发现这个问题很奇怪。就好像你要是不在一个有书房的家里长大,或者父母有高等教育的学位,你就不能写作似的。但实际上,从某个年龄起,我们的成长就靠的是我们每一个人,我们都是靠自己的。父母有可能提供高度有文化的环境,并不意味着孩子们就会利用它。有时候那还会有相反的作用。我多次见过这种情况:来自很高文化背景家庭的孩子一点儿都不想和任何知识分子的生活发生联系。或者是父母在家里给他们的孩子提供了太多的文学作品,结果是孩子再也不想和书籍有任何关系。对我来说,情况正好反过来。这个东西没有一样是熟悉的,于是我就很饥饿。但首先我得发现它。我一度意识到文学即是我儿时所做过的事情的继续——用我的想象力。我那时候还没有意识到,但实际上我脑子里已经在把一切都变成了文学,而我对文学是什么却浑然不知。

《巴黎评论》：因为您别的什么东西都没有啊。

赫塔·米勒：那是一种内心的需求，这样我就会有某种安全感，不知怎么的就会坚持自己的权利，在我的周遭环境中，在我的孤独寂寞之中，发现了我在这个世界上的位置。它就像写作——我只身一人，不让任何人知道我在想什么，因为如果他们知道了，他们就会以为我不正常，我可不想让他们对我说，我发疯了，然后把我送到医生那儿，然后让他告诉我，我得了某种精神病或是鬼知道什么病。它一直都只是我的秘密，我从来不跟任何人说这件事，跟任何人都不说。然而自始至终我都在脑子里创作一种文学。后来突然之间，我意识到，这同样的东西是存在的，就在纸上印着呢——而这恰恰就是文学。但是，我得靠自己编造出来。

《巴黎评论》：您那些"巴纳特行动组①"的朋友们也是一样的情况吗？

赫塔·米勒：他们的父母也是农民。我们经常谈论这个问题，谈论我们是怎么从一无所有起家的。我想这就是为什么我们想创作出非常不合常规而又现代的文学的原因。当然了，后来，在我隔开了一段距离之后，我意识到，方言也有其好的一面——非常美妙的词语，高度隐喻的形象，大量的迷信以及非常富有诗意的东西——我从中汲取了许多东西，尤其是词语，那些个词语常常是兴之所至，信手拈来。像"Arschkappelmuster"（装腔作势者）这个单词，它实实在在就是个骂人的词，却是一个非常可爱的词。

《巴黎评论》：您还跟什么人讲方言吗？

赫塔·米勒：跟我母亲讲。有时候跟村子里来的人讲，但那些人我见的并不多。准确地说，他们大多数人并不喜欢我。因为《低地》那本书，

---

① 这个组织成立于1972年，其成员是一群在罗马尼亚巴纳特施瓦本地区的德裔青年，宗旨是追求言论自由。这一作家团体经常发表激烈的言论，反对当时的罗马尼亚集权政府，米勒也不例外。

他们都吐我唾沫，所以我是不可能回到那儿去的。甚至我母亲都受到了骚扰，还有我祖父，因为我写了那个村子的事情，他们都被得罪了。他们骂我弄脏了我自己的窝巢，就像德意志人喜欢说的那样。在他们眼里，我就是那个魔鬼，我并不想跟他们发生任何瓜葛。所以在罗马尼亚政权和这些做此反应的德意志人之间，我哪一方也不属于，所以你怎能何处安身呢？我最大的交际范围也就是一个五六个人的圈子。至少在那里，你依然知道你是在朋友中间的，这就够了。这也就不那么不正常了。事情最后恰恰也是如此。每当人们开始谈论身份问题的时候——身份，那是多么乏味的一个词啊——我就不知道这个词应该有何含义。它也许对开会是一个好词，但对我却绝对毫无帮助。其时我根本就不知道我是谁，也不知道我何以想在这个世界上活着。我只知道我不想要的东西。我想让自己和所有那些东西拉开距离。因此，到头来我变成这样子，结果真的是我并不想成为的那种人。可是我当时还是不知道我想要什么。

《巴黎评论》：您现在知道了吗？

赫塔·米勒：恰恰相反。人们以为你一定准确地知道你是谁，你想要什么，知道你有某一个至关重要、一心一意要实现的人生目的。我发现那是很荒谬的。就好像我们每一个人都是由外部强加给我的思想组装起来似的。那是我最不想要的东西。不管怎么说，我是做不到这一点的，因为要使那一点起作用的话，你就不得不相信那种东西，可是那种东西我听听都受不了。

《巴黎评论》：那种没有归属的感觉在您搬回城里，发现自己到了一个不同的语言世界的时候，是不是更加强烈了？突然之间，什么东西都要用罗马尼亚语？

赫塔·米勒：我们上学的时候学过一点点——罗马尼亚语毕竟是官方的国家语言嘛——不过呢，我们上罗马尼亚语课每周不过一两个小时而已，老师都是德意志族人，他们的罗马尼亚语就讲得比较差。所以，搬到城里以后，我几乎说不了罗马尼亚语，我就觉得很不安全。有一年半的时间我所做的事情就是听。可是我喜欢这种语言的声音，我喜欢所有那些习语，我喜欢它是那么有旋律感，我喜欢日常讲话中冒出来的所有富有诗意的形象。事实上，最有意思的是罗马尼亚的日常语言——它很感性，能够做到骂人而不带脏字。这一点在德语里是不存在的，在德语里，语言立马就变得丑陋、粗鲁了。但在罗马尼亚语里是很不同的，骂人是一种艺术，一种魔法。真正的骂人话总是具有魔力的，因为那些话总是随性而说的，而且会根据说话人的情绪而有所不同，这些骂人话说出来正好适合当下的情形。我觉得那是很棒的。

不管怎么说，我并没有有组织地学习罗马尼亚语，我只是通过日常使用而习得它——这通常是学习一门语言最简单的方法。所以，过了一年半，我的罗马尼亚语突然之间就在那儿了。从那时起，我就不断把它和德语比较——一个东西，为什么在一种语言中叫这个，而在那一种语言中叫那个？比方说植物的名字——我们叫作"Maiglöckchen"（铃兰）的，他们却叫"小泪珠"。名词有不同的性——在德语里，太阳是阴性，月亮是阳性，但在罗马尼亚语当中，正好反过来。而这把一切都改变了。迷信的东西不同，童话故事不同，整个的关系都不一样。玫瑰花在罗马尼亚语中是阳性，在德语里是阴性，那就会造成很大的不同，事关这种花究竟是女士还是先生。我把所有这一切都心领神会了，看到每一种语言都有自己的眼睛，想到两种语言有可能以如此不同的观点演化到如今，简直是太不可思议了。我发现这一点美丽得令人难以置信，我看得越多，就越想学习说和阅读罗马尼亚语。我喜欢这种语言的味道，我有一种印象：我在吃这种语言。这大概就是为什么我学得比较快的缘故。

《巴黎评论》：您在写作的时候，这种罗马尼亚语的观点和德语是不是同时出现？

赫塔·米勒：一直是这样。我毕竟是在罗马尼亚长大的。我说不清楚我脑子里一个特定的形象是从这种语言里冒出来的呢，还是从另一种语言里冒出来的,或者脑子里想到一个物体或者一种情形时,我弄不清楚我在使用哪一种语言。大概有时候是这样子,有时候是那样子,或者是两者混在一起,不过,罗马尼亚语是自然而然地和德语同时出现在写作过程中的。我不用罗马尼亚语写作是因为那样子写作感觉太不安全,然而它会在我脑子里生长,所以我搞不清楚每个思想是从哪儿冒出来的。

《巴黎评论》:不是所有的思想都是以语言的方式冒出来的,您写过这样的话。

赫塔·米勒:很多思想都是没有语言的,甚至语言也无法到达我们思想的最深处。但是我确实知道,我若不是生活在罗马尼亚,一切都会很不相同,三十四年不管在哪儿住,都是很长一段时间。有一种不同的文化,一种全然不同的人生态度,而语言就会把这一点反映出来。

《巴黎评论》:好的方面和坏的方面,两方面都会反映出来。

赫塔·米勒:是的,很奇怪吧。一方面,罗马尼亚语有这种巨大的感性和魔力。因为你有那种不可预测性,这种浮夸的倾向,机会主义,那巨大的机会主义。我总是相信这些是同一枚硬币的两面。罗马尼亚人有一句谚语——玉米粥是不会爆炸的。罗马尼亚人会说这样的话,因为他们认识到了自己的这一点——他们非常有忍耐力,非常容易堕落。我经常有这种印象:其他的东欧国家就不一样。我想到了波兰,想到了捷克斯洛伐克。甚至是俄罗斯。然而我对此始终心存疑虑。你有这种华美的语言,然后又有彻底的无知和残忍。所谓彻底的无知,就是一种默认倾向,一种预先的立场。然而恰恰是这种无知,这种对政治事务的兴趣缺乏,才是问题之所在。因为缺乏兴趣的人对艰难的时代毫无准备,所以他们很快就屈服,很快就顺从,然后他们很快就会对他人采取残忍的行动,为的是不让自己处于危险的境地。这就是我们过去一直在思考的问题。我们想理解它,但我不知道是不是有人理解了它,它总是如此假设。我认为我还没有把这个问题想通——你越是思考它,它就变得越发令人困惑不解,也就越难被完全领会了。

《巴黎评论》：我们可以在罗马尼亚历史中发现这种同样的顺从性，到了战争尾声，罗马尼亚突然改变了自己的效忠对象。

赫塔·米勒：是的。问题是，哪怕在一个特定的灾难时期结束后，罗马尼亚人也从不承认刚开始灾难有那么严重，也从不承认他们——至少是某些人——在这场灾难中起到了一定的作用，因而要负一些责任。

《巴黎评论》：在文学作品中也不调查？

赫塔·米勒：也许有一些学术著作会探讨某些特定的主题，但是没有更广泛地和过去角力。可是到了现在，事情过去这么长时间了，人们是能够处理、也需要处理这个问题的。现在罗马尼亚之所以几乎没有什么动静，是因为无论对于哪一个独裁统治，人们都还没有解决。什么东西都还没有澄清，而且大家谁也不想对此有任何了解。

《巴黎评论》：还没能正确对待历史。

赫塔·米勒：于是事情就重复自身。比如，就在现在，在罗马尼亚，反犹太主义甚嚣尘上。有一种民族主义咄咄逼人到了令人难以置信的地步，而这一点也跟没有人谈论过这些事情这一事实有关。

《巴黎评论》：几年前您为斯德哥尔摩的一个论坛写过一篇文章，主题是"文学能作为证据吗？"。在那篇文章中，您提到，尽管您的书常常是被作为证词阅读的，但是您本人认为您写这些书的时候，并不是在提供证词。

赫塔·米勒：我一开始从来都没有要写文学作品。我开始写作的时候，那时候是在工厂——

《巴黎评论》：您是被迫离开了您的办公室——

赫塔·米勒：你说得没错。我那时候在工厂写作，是不得已而为之，实际上是作为一种自我安慰，因为所有的门都关上了。我不知道要转向何处，不知道事情会如何发展，我父亲去世了，我不可能回到村子里去了，我丝毫没有任何前途，还经常担惊受怕。那是一个很荒谬的处境——他们已经把我从办公室里踢了出去，但我还是不得不上班。我不能离开工厂，不能给他们以开除我的口实。于是我就开始写作了，突然之间就有了这个后视镜，我在村子里的生活，一切都开始回来了。我并不是在试图写文学作品，我只是把它在纸上写下来，为的是获得一个落脚点，抓住我的生活，如此而已。

（原载《巴黎评论》第二百一十期，二〇一四年秋季号）